韓國實學思想研究 1

哲學·歷史學篇

Studies on the Thoughts of *Sirhak*
in the late Chosŏn Dynasty

연세국학총서 61

韓國實學思想研究 1
哲學·歷史學篇

연세대학교 국학연구원 편

혜안

간행사

　연세대학교는 세계적 수준의 교학 능력을 가진 대학으로 발돋움하기 위하여 2000년대 들어 '교책 특성화 사업'을 적극적으로 추진해 왔다. 국학연구단은 이러한 사업을 추진하기 위한 기구의 하나로서, 국학연구원을 중심으로 국학 관련 여러 단체를 결합하여 발족하였으며, 2002년부터 국학진흥을 위한 연구과제를 개발하여 연구해 왔다. 실학연구와 그를 압축한 '한국실학사상연구' 편찬작업은 연구단이 출범하면서 의욕적으로 내건 첫 사업이었다.

　연세대학교에서의 실학 연구는 위당 정인보 선생 이래로 오랜 연원을 가지고 있으며, 학문 방법론과 이념적 지향과 관련하여 단단한 학문적 전통을 지니고 있다. 조선후기 양명학의 학문적 전통을 이어받은 정인보 선생은 민족주의를 바탕으로 우리 민족의 역사와 정신을 체계적으로 정리하였다. '조선학' 운동으로 상징되는 일제하 국학 연구의 핵심 주제는 실학이었다. 정인보 선생은 이익 정약용 등 실학자들의 저술을 정리하는 한편으로 그 내용을 천착, 실학이 가진 현재적 의미가 무엇인가를 식민지 현실과 연계하여 정열적으로 탐구하였다.

　정인보 선생의 실학 연구는 해방을 전후한 시기에 홍이섭 선생의 실학 연구, 민영규 선생의 양명학 연구로 계승되었다. 또한 용재 백낙준 선생은 연세대학교의 실학 연구 학풍이 국학 연구의 핵심이 되어야 할 것으로 판단하여 정책적인 지원을 아끼지 않았다. 1967년부터 약 10년간 국학연구원에서 이루어진 '실학공개강좌'는 연세대학교가 내장하고

6

있던 실학에 대한 관심과 연구역량이 총결집된 대형 기획이었다. 이 강좌에는 사계의 실학 연구의 권위자들이 대거 참가하였으며, 실학과 관련된 주요한 문제들이 집중 논의되었다.

연구단에서는 이러한 연세대학교에서의 실학 연구의 전통과 성과를 되새김하여 실학의 현재적 의미를 재확인하는 한편, 앞으로 실학의 전망을 어떻게 세워나갈 것인가를 깊이 고민, 이를 '한국실학사상연구'의 편찬을 통해 확인하고자 하였다. 그동안 학계의 실학 연구는 방대한 양적 축적과 함께 괄목할 만한 질적 성장을 이룩했음에도 그 개념과 범주, 의의는 오히려 더 산만하고 모호해진 듯하여 재정리의 필요성이 커지고 있었다. 연구원은 '한국실학사상연구'의 편찬을 통해 "그동안의 실학 연구의 종합"과 "새로운 창조적인 연구"를 결합시킴으로써, 실학을 한국의 현대학문 속에서 되살리고자 하였다.

그리하여 연구단에서는 먼저 '한국실학사상연구'를 편찬하기 위하여 4명의 전임연구원을 두어 이들로 하여금 작업 실무를 담당하게 하였다. '한국실학사상연구'는 역사·철학·문학·예술·과학기술의 4분야로 나누어, 총 40개의 주제로 구성하고 이를 4권의 책으로 묶기로 하였다. 각 책별 주제는 다음과 같다.

1책인 철학·역사 분야에서는 실학의 학문관과 경학관, 세계와 인간에 대한 인식, 유교적 질서[禮]에 대한 인식과 그 지향, 역사학의 변화란 주제 등 모두 10개의 소주제를 설정하였다. 2책인 정치·경제학 분야에서는, 새로운 국가구상과 정치이념, 정치사회 개혁론, 경제 재정 개혁론의 대주제 하에 11개의 소주제를 설정하였다. 3책인 어문학 분야에서는 한시, 散文·評論, 어학, 예술의 네 가지 대주제 하에 10개의 주제를 설정하였다. 4책인 과학기술 분야에서는 실학적 자연인식의 전개, 전문과학 지식의 제 모습 등의 대주제를 9개의 소주제로 나누어 정리하였다.

'한국실학사상연구'는 실학에 대한 연구범위를 넘어 새로운 방법과 연구영역을 개척하기 위한 작업이라 할 수 있다. 우리 학문의 새로운 방법과 영역을 개척하기 위해서는 우리의 역사로부터 현실을 해석하고 전망하는 자원을 얻어내는 일이 우선되어야 할 것인데, 그 첫걸음은 당대의 시대적 과제에 대한 치열한 탐구를 통해 새로운 학문적 성취를 이루었던 '실학'의 연구로부터 시작하는 것이 적절하다고 판단된다.

앞으로 국학연구원에서는 이번에 간행되는 4책의 '한국실학사상연구'의 성과를 바탕으로, 실학과 실학자 연표 작성을 비롯, 실학의 전 범위를 아우르는 연구를 더 진행하고자 한다.

이 연구가 그간 우리학계에서 이루어진 실학 연구의 다양한 면모를 한눈에 보여주고, 또 앞으로의 연구방향이 어떠해야 할 것인가를 조감하는 데 기여할 수 있기를 기대한다. 이미 오래 전에 옥고를 보내주신 여러분들께는 미안하다는 말씀 전한다. 또 '한국실학사상연구'를 기획하고 책이 나올 수 있도록 지원해준 전임 원장과 부원장님, 그리고 국학연구단 교수들께도 감사의 말씀을 함께 전한다.

2005년 9월

연세대학교 국학연구원장 설성경

차 례

간행사 5

총설 | 21세기 실학 연구의 문법 ························· 이 봉 규 ······ 15

  1. 머리말 15

  2. 실학 연구의 현단계 17

  3. 본서의 구성 31

  4. 21세기 실학연구의 문법 39

조선후기 경학관의 변화 ······························· 김 문 식 ······ 43

  1. 머리말 43

  2. 경서언해의 출현 46

  3. 조선후기의 주자학 연구 49

  4. 청대 학문의 도입과 毛奇齡의 경학 55

  5. 정조의 학문정책과 그 영향 60

  6. 경학 주석의 자료적 집성 64

  7. 경세학적 경학관의 출현 71

  8. 맺음말 76

實學의 異學觀

  −실학자들의 陽明學에 대한 이해를 중심으로− ··········· 한 정 길 ······ 81

  1. 머리말 81

10

2. 실학자들의 異端에 대한 인식 태도 84

3. 실학과 양명학의 연관성에 관한 기존 연구 분석 90

4. 실학자들의 양명학관 97

5. 맺음말 121

실학의 인간관
　　－성호·다산·담헌·혜강을 중심으로－ ················· 안 영 상 ····· 125

1. 머리말 125

2. 성호 이익의 인간이해 127

3. 다산 정약용의 인간이해 143

4. 담헌 홍대용의 인간이해 159

5. 혜강의 인간이해 173

6. 맺음말 194

實學의 禮 認識과 그 理念的 志向
　　－李德懋의 경우를 중심으로－ ···························· 장 동 우 ····· 197

1. 들어가는 말 197

2. 『士小節』에 나타난 李德懋의 禮 認識 205

3. 李德懋 禮學의 理念的 志向 217

4. 맺음말 226

실학과 예학 －연구사에 대한 회고와 전망－ ················· 이 봉 규 ····· 229

1. 머리말 229

2. 예송 연구 230

3. 실학자의 예송론 연구 238

4. 실학자의 예설 연구 256

5. 맺음말 267

實學의 世界觀과 歷史認識 ……………………………… 鄭昌烈 ····· 271

  1. 머리말 271

  2. 天下·華夷·正統 273

  3. 朝鮮中華主義 283

  4. 實學의 小華意識 304

  5. 時勢論과 歷史發展論 327

  6. 맺음말 342

조선후기 역사지리학의 발달 …………………………… 정구복 ····· 345

  1. 머리말 345

  2. 역사지리학의 연원 347

  3. 역사지리학의 발생 배경 348

  4. 역사지리학의 발달 351

  5. 조선후기 역사지리학의 성격과 의미 372

  6. 결론 378

찾아보기 381

CONTENTS

Yi, Pong-gyu — Collected Essays-21st Century Research Methods in *Sirhak*

Kim, Moon-sik — Studies on the Ideas of Confucian Classics in Late Chosŏn Dynasty

Han, Jeong-gil — A View of heterodoxy in *Sirhak*

Ahn, Young-sang — The Interpersonal Relations of *Sirhak* - A Study of Yi Ik, Chŏng Yag-yong, Hong Tae-yong, and Choe Han-gi -

Chang, Dong-woo — *Sirhak's* Recognition of Courtesy and It's Ideological Orientation - Centering on Lee Duk-mu -

Yi, Pong-gyu — *Sirhak* and Yehak-Retrospective and Future Prospects of Research

Jeong, Chang-ryeal — The World View and the Historical View of *Sirhak*

Chŏng, Ku-bok — The Development of Historical Geography in Late Chosŏn

총설 | 21세기 실학 연구의 문법

이 봉 규[*]

1. 머리말

연구사를 되돌아보는 일은 언제나 과거적인 일이다. 그 작업에는 흐르는 물길 위에 잠시 멈추어 지나온 과정을 되돌아보는 것과 흡사한 일종의 무모함과 허망함이 늘 따라다닌다. 연구사를 들여다보고 사진을 찍듯이 인상적인 면면들을 모자이크 한 다음 그 의미들을 애써 부여해 놓으면, 내가 멈추었던 자리는 이미 저편으로 가 있고 나는 어느새 새로운 흐름 속에 파묻혀 흐르고 있음에 놀란다. 애써 모자이크 해 놓은 형상들과 의미들은 훨씬 전에 지나와 기억이 분명치 않은 곳에 대한 회상으로 낡아 있고, 나는 어느새 다른 해석이 필요한 미지의 숲 속에 들어와 새로운 소리를 듣고 있다. 우리의 이 책이 서점 진열대의 한켠에서 풋풋한 잉크 냄새를 풍길 때, 독자는 이미 빛바랜 흑백 사진에 아른한 눈길을 한번 주고 있을 것이다. 그것이 이 작업의 운명이다.

그럼에도 우리는 지나온 역사를 자꾸 되돌아본다. 허망한 返觀을 우리는 왜 되풀이하는 것일까? 지나온 역사적 자취들은 그 자체로는 되돌릴 수 없는 일회적이고 우연적인 사건들이다. 그러나 그 사건들은 물리적 자연 현상과 달리 누군가 기획하고 누군가 참여하고 누군가 실행하고 또 누군가 후회하는 그리고 누군가에게 호소하는 일련의 '구성'

---

* 인하대학교 철학과 부교수

과정을 담고 있다. 더욱이 비록 이미 지나간 것이라고 방치해 두어도 불현듯 되살아나 새로운 '구성'에 불씨가 되곤 한다. 인간의 작위가 깃든 이 사건들은 그 자체로 존재하는 것이 아니라 언제나 '구성' 속에서 활동하기 때문이다. 이 역사의 사건들은 비가역적인 물리적 시간과 상관없이 '구성'을 향해 호소하고 있다. 연구사를 되돌아보는 일은 이 호소를 듣기 위한, 그리고 그 호소를 새로운 '구성'으로 담아내기 위한 지극히 미래적인 작업이다. 따라서 우리는 서점에서 이 책을 흑백사진으로 밖에 만날 수 없지만, '구성'을 촉구하며 미래를 향해 배회하는 역사의 사건을 외면할 수 없다.

우리는 이 책에서 철학과 역사 두 측면에서 실학 연구사를 되돌아보면서 실학의 새로운 '구성'이 어떻게 진행되고 있는지, 앞으로 어떤 '구성'이 필요한지 탐사하였다. 이를 위해 철학과 역사 관련 중진과 신진 연구자들이 몇 개의 분야를 분담하여 실학에 대한 자신의 '구성'방식에 토대를 두고 집중적으로 재조명하였다. 연구방식에서 우리 집필자들은 상호 협력은 하되 자신의 시선을 명확히 드러내어 시선의 차이들이 스스로 말할 수 있도록 노력하였다. 따라서 독자는 이 책을 통해 단일하고 명확하게 표시된 한 장의 地圖 대신에 여러 모양의 형상이 담긴 특별한 사진첩을 만날 수 있을 것이다. 비록 2005년에 작성된 '실학'의 사진첩이지만, 우리는 이 사진첩에 그려진 다양한 구성들, 그 차이들을 통해 실학에 대한 不比不同의 새로운 '구성' 방향을 독자가 만날 수 있기를 희망한다.

본 총설에서는 이 책의 '구성'으로 독자를 안내하기 위하여, 먼저 실학 연구사의 쟁점을 근대 이행의 문제의식과 연관해서 반추해 보고, 현재 우리 학계의 상황을 간략히 검토하였다. 그리고 이 책에 담긴 다양한 '구성'들의 특징을 한편 한편 소개하였다. 말미에 21세기 실학을 '구성'하는 새로운 문법에 대한 필자의 단상을 몇 마디 덧붙여 맺음말을 대신하였는데, 이는 필자의 단상일 뿐 집필자들의 和聲이 아니다.

독자의 비판적 성찰을 바란다.

2. 실학 연구의 현단계

근대 이행기 인류는 정치체제와 문화형태 전체가 바뀌는 또 한 차례의 문명의 구조적 전환기를 겪었다. 제국주의가 세계적으로 팽창해 가는 상황에서 동아시아에서는 한편으로는 외세의 침탈에 저항하면서, 한편으로는 문명사적 변화에 부응한 신체제를 수립해야 하는 이중의 과제에 직면하였다. 동아시아 각 지역에서 광범위하게 전개되었던 反帝反封建을 기치로 한 抵抗과 創新 운동은 이 시대적 과제에 대한 동아시아 지성들의 진취적 대응이었다. 實學은 바로 그 책무에 대한 한국 지식인들의 한 절실한 응답을 담고 있다.

실학은 조선후기 일련의 지적 사조를 지칭하기 위하여 현대의 연구자들이 장기간의 축적을 통해 구성한 개념이지만, 그 사조와 그 연구사는 근대 이행기 한국사에서 전개된 진취적 지성 운동으로서 일차적 의미를 갖는다. 돌이켜 보면, 실학 연구는 민족운동의 전개 과정에서 성립되었다. 조선시대 유학에 대한 현대적 연구의 시작은 1890년대 애국계몽기로 거슬러 올라간다. 애국계몽운동을 거처 일제 강점기 동안 줄기차게 전개된 反帝抗日과 反封建의 민족운동은 국학에 있어서는 민족 내부의 自主的이고 脫封建的 사상과 그 실천의 역사를 발굴하여 계승하려는 학문 운동으로 이어졌고, 그 결과 實學이 탄생되었다. 해방 이후에도 실학에 대한 연구는 봉건체제에서 근대체제로 나아가는 민족 내부의 자생적 사유와 실천운동으로서 재해석하고 계승하려는 학문적 문제의식이 남과 북 양쪽에서 모두 기본 시각으로서 영향을 미쳤다.[1]

---

1) 이우성, 「초기실학과 성리학의 관계」, 『동방학지』 58, 1988, 15쪽.

그러나 해방 이후 국제적으로 냉전체제가 성립하면서, 그리고 외세의 개입과 좌우 정치체제의 분열로 인해 한반도가 냉전체제의 격전장이자 희생양이 되면서, 左·右 정치체제를 대변하거나 비판하는 체제 이데올로기의 폭력이 학문 연구에도 가해졌다. 그 결과 실학에 대한 연구에서도 좌우 정치체제의 압력으로 연구의 범위와 깊이가 축소되고 왜곡되는 현상이 발생하였다. 현재에서 돌이켜 볼 때 이 악영향은 남한의 연구에서보다 북한의 연구에서 더 깊게 나타난 것으로 보인다. 따라서 반제항일과 반봉건의 문제의식이 해방후 학문적으로 어떻게 계승되거나 바뀌었는지 살펴볼 필요가 있다.

실학 또는 한국사 내부로부터 한민족의 자주성과 주체성을 발굴하고 재정립하려는 것은 일제 강점기 한국 지식인들의 공통적 문제의식이었다. 민족주의 계열뿐 아니라, 최익한 등 좌파 계열에서도 자주적이고 애국적인 사상으로 실학파의 사상에 대하여 재조명하였다. 그러나 反帝抗日 투쟁에서 제기되었던 민족의 자주성과 주체성의 개념은 해방 후 국가주의적 근대화의 논리로 전화되었다. 냉전체제의 대립 하에 남·북 모두 체제상의 혼란을 겪으면서, 결국 양쪽 모두 중앙집권적 독재정권이 수립되었고, 양쪽 모두 체제상의 안정과 국력의 집중을 위해 민족 이데올로기가 정치적으로 이용되었다. 남북의 이러한 강력한 국가주의적 이념은 인문학 연구에도 큰 영향을 미쳤다. 북한에서는 모든 책 속에 주체사상이 반영되었고, 남한에서는 민족 주체성이 공공연히 강조되었다.

실학 연구의 경우도 마찬가지여서, 실학파의 사상을 근대로 나아가는 애국사상으로 또는 민족의 자주적 사상으로 재조명하는 연구들이 남북한에서 모두 주류를 이루었다. 이러한 연구시각은 일제 강점기 문제의식과 연속되는 것이지만, 그 중심 문법은 근대화를 통해 경제, 국방 등 제 부문에서 자립 체제를 확립하기 위하여 에너지를 결집시키는 것에 있었다. 따라서 實事求是의 과학적 방법을 통해 근대로 나아가는 선구적 사상의 측면에서 실학의 의미가 재발견되었다. 가령 남한에서는 천관우가 실학의 성격을 '자유성, 현실성, 과학성' 등의 개념으로 규정하고 민족의 주체적 사상으로 해석하여 실학 개념에 대한 논쟁을 촉발시켰는데,[2] 이후 '근대지향'과 '민족주체'의 문제의식은 『實學研究入門』(1973), 『實學思想의 探究』(1974), 『實學論叢』(1975) 등 70년대 실학 연구성과들에서 중심적 화두였다.

그러나 '애국주의'라든가 '민족 주체성' 등의 개념은 그 의미내용의 학문적 정체성이 모호할 뿐 아니라, 연구자들에게 실학자들의 사상 자체에 주목하기보다 무엇이 자주적이고 주체적 측면인가를 먼저 살펴보도록 유도하는 편향된 동기유발을 야기하였다. 그 결과 실학자들의 성찰을 지나치게 일국주의적 시각 속에서 이해하도록 유도하는 문제를 발생시켰다. 가령 실학자들이 당시 동아시아 학계와 서학으로부터 영향을 받고 있는 부분에 대하여 객관적으로, 그리고 실증적으로 재조명하는 연구는 상대적으로 적고, 대신 조선의 독자성을 드러내는 발언들만 지나치게 부각시키는, 그럼으로써 일종의 정서적 편향성을 유발시키는 연구들이 상당히 유행하였다. 또한 실학이 자주적 사상으로 재해석되면서 그와 대칭되는 성리학은 반자주적 사상으로 과잉 해석되는 편향성도 발생하였다. 이런 편향성은 현재의 연구에서도 여전히 발견된다.

근대 이행기 反封建의 시대적 문제의식은 역사의 발전 과정에 대하여 과학적으로 재조명하면서 실학의 근대적 성격을 밝히려는 학문적 연구로 반영되었다. 인류의 역사 발전에 대한 합리적 해명은 특히 사회주의 혁명을 추구하는 좌파 노선에서 주도적으로 제기하였는데, 그

---

2) 천관우, 「磻溪 柳馨遠 研究」(上)·(下) - 實學發生에서 본 李朝社會의 一斷面 - 」, 『歷史學報』 2·3, 서울 : 역사학회, 1952·1953 ; 「實學槪念成立에 관한 史學史的 考察」, 『李弘稙博士回甲紀念韓國史學論叢』, 서울 : 신구문화사, 1969(『近世朝鮮史研究』, 서울 : 一潮閣, 1979 재수록).

근저에는 당시 아시아 사회의 사회발전단계를 정확히 파악하여 합당한 단계의 혁명 전략을 수행하려는 매우 실천적 문제의식이 담겨 있었다. 따라서 좌파 진영 내부에서는 실학 시기 사회발전단계와 실학의 성격을 두고 상이한 견해가 대립하였다. 백남운, 이청원 등은 계급론에 입각하여 실학자의 견해들로부터 중소지주라는 양반신분의 계층적 한계를 벗어나지 못한 측면을 핵심적 문제로 지적하였지만, 최익한은 선진인사들의 애국적 정신에 의거한 비판적 계몽운동으로, 그리고 반봉건(反封建) 사상의 내적 전개 과정의 일부로서 실학 사상을 적극적으로 재해석하였다.

이 당시 실학에 대한 가장 실증적이고 포괄적인 연구는 최익한에 의해 제시되었다. 최익한은 동아일보에 「與猶堂全書를 讀함」이라는 제목으로 실학에 대한 자신의 성찰을 60여 회에 걸쳐 발표하고, 8·15 이후 『실학파와 정다산』(1955, 평양, 국립출판사)으로 간행되었다. 최익한은 서학과 서교를 실학자들이 구분하여 대응하였다는 것, 정약용의 王政 개념에 경제적 균등을 정치적 균등의 기초로 삼고 있는 것은 시장의 확대에 대한 물질적 징후를 반영한 것이라는 해석을 비롯하여 풍부한 성찰을 제시하였다. 그는 또한 정약용의 개혁론에 대하여 당시 자본주의 맹아를 반영한 개혁론으로 해석하면서, 실제로 갑오농민전쟁의 지도자들에게 영향을 주었다고 추정하였다. 최익한의 시각은 이후 북한에서 간행된 『조선철학사』(1962), 『정다산연구』(1962), 『실학파의 철학사상과 사회정치적 견해』(1974) 등에 반영되었다.

남한에서는 사회경제사 전공자들이 중심이 되어 내재적 발전론의 시각에서 실학을 연구할 것을 주장하고, 봉건사회의 해체 시기의 자본주의 맹아로서 실학의 의미를 재조명하였다. 김용섭은 17~18세기를 중세사회 해체기로 설정하고, 농민층의 분해 등 구조적인 사회 변화에 대하여 지주적 경로의 개혁과 농민적 경로의 상이한 대응론이 제기되었다고 해석하였다. 그는 송시열 중심의 보수층이 지주-전호제의 봉건

적 토지소유제를 옹호하는 개량적 방식, 즉 대동법과 균역법 등 수취
체계 및 세정상의 개혁을 추구한 반면, 실학파는 정전론과 균전론 등
지주-전호제를 부정하는 새로운 토지개혁론을 제기한다고 분석하였
다. 그리고 실학파의 농업론이 民亂-抗租투쟁기의 진보적 개혁사상으
로 전개하였으며, 농민전쟁기에 許傳(1797~1886), 姜瑋, 이기, 金星圭
등에게 계승되어 "전통사상이 스스로 개척한 사회개혁사상, 근대화론"
으로 발전하였다고 주장하였다. 즉 실학에 대하여 봉건적 농업체제가
내포하고 있는 모순을 농업과 상업을 관련시켜 근본적으로 해결하고
자 한 근대화의 이론으로 성장하고 있는 사상이라고 해석하였다.[3]

　이후 김준석은 봉건사회 해체기에 국가체제의 재건[再造]방식을 둘
러싼 갈등으로 17~18세기 사상계를 재조명하면서, 김용섭의 연구시각
을 사상사의 측면으로 확대하였다. 그는 '성리학 계열－보수적 개량－
봉건체제의 옹호'와 '실학 계열－진보적 개혁－反封建'의 두 상반된 대
응방식 사이의 갈등으로 파악하고, 송시열과 한원진의 사상을 체제 유
지를 위한 보수적 대응논리로, 허목과 유형원의 사상을 체제개혁적 국
가재조론으로 특징지워 대비하였다. 그는 전자가 의리-도통론에 입각
한 주희 성리학의 절대화와 異學에 대한 배척을 주장하는 반면, 후자
는 주희의 체계를 넘어서 實理의 근거로서 古制를 탐구하고 개방적이
고 객관적 학문방식을 추구하는 것으로 대비하여 해석하였다. 그는 송
시열이 내수사 혁파, 대동법과 호포제의 실시 등을 주장하는 것은 양
반지배체제를 유지하기 위한 최소한의 제도개선책으로서, 왕실과 특권
층의 대토지 소유를 억제하고 자영소농층을 외곽으로 하는 재지중소
지주층 중심의 경영체제를 지향하는 것이라고 해석하였다. 그는 송시
열의 입장은 世道政治論으로 전개되었는데, 이것이 한원진에 이르러
노론전권정치론으로 이어지며, 19세기에 이르러서는 勢道政治의 이념

---

3) 김용섭, 「최근의 실학연구에 대하여」, 『歷史敎育』 7, 역사교육연구회, 1963 ;
　　「조선후기의 농업문제와 실학」, 『동방학지 17, 1976.

적 기원이 된다고 보았다. 반면, 유형원의 三代의 법제에 대한 추구는 농민의 均産을 전제로 한 토지제도의 전면적 개혁을 통해 농민적 토지소유를 실현하고 이를 사회 정치 전반의 질서개편으로 확대하려는 전면적 개혁론으로서 小農經營을 중핵으로 하는 농업체제를 재건하여 그 기반 위에서 자유로운 계약노동 관계로의 이행, 봉건적 신분관계의 점진적 해체로 나아가는 노선이었다고 해석하였다.

조선후기 사상사를 국가재조를 둘러싼 보수세력과 진보세력 사이의 투쟁으로 이해하는 시각은 현재에도 여러 학자들에게 활용된다. 가령 정호훈은 이수광이 반주자학적 사유의 틀을 넓힌 뒤 허목, 유형원, 윤휴의 단계에 이르면 삼대의 古法에 근거하여 국제를 개혁하는 변법론적 입장으로 전개된다고 본다. 그는 사상적 측면에서 볼 때, 반주자학적 경서비판(윤휴)과 六經 중심의 해석(허목)의 두 형태로 나타난다고 해석하였다. 그는 특히 윤휴의 경전해석이 지향하는 정치적 입장을 '國家＝一家'로, 가족의 사적 질서와 윤리를 국가의 공적 질서의 체계로 통합하는 것이고, 인륜적 법제로부터 국가공권력에 의한 예법적 질서 수립으로 방향을 전환하는 것이라고 해석한다.

이러한 계급론적 발전사론의 시각은 역사의 발전 경로에 대한 실증적이고 합리적인 해명을 통해 역사를 객관화하려는 학문적 의지가 담겨 있다. 그러나 한편으로는 '변증법적 발전'이라는 2차원의 거울로 역사의 모든 현상을 비추어보려 할 때 발생하는 이론의 강제처럼, 내재적 발전론의 일부 시각 속에도 역사의 제 현상을 '옹호－온존 대 부정－혁신'이라는 대비 구도로 단순화시키게 되는 이론의 강제가 여전히 발견된다. 이를테면 실학자의 개혁론이 더 개혁적으로 해석되기 위하여 성리학자의 개혁론은 그 의미가 더욱 축소되어야 하는, 그리고 그러한 상반된 2차원적 대비 속에 사상계 전체가 성리학 대 실학의 구도로 재편되어야 하는 이론의 강제가 작용하고 있다.

1980년대 이후 조선후기 사상과 역사에 대한 일련의 연구들은 이러

한 시각에 대하여 근본적으로 이의를 제기하고 있다. 먼저 최완수를
비롯한 이른바 간송학파에서는 문화사에 대한 재조명을 통해 조선의
문화적 정체성이 17~18세기에 걸쳐 성숙 또는 완성된다는 해석을 제
시하였다. 최완수는 문화사의 측면에서 17세기 조선 문화의 정체성 확
립은 이이의 철학적 입장을 계승한 기호학파가 주도하였다고 평가하
였는데,[4] 이러한 독법은 정옥자, 유봉학, 지두환 등에 의해 사상사의
측면에서 구체적으로 제기되었다.

정옥자는 兩亂의 후유증을 조선중화주의의 확립을 통해 극복하고
18세기에 이르러 진경문화로 조선의 문화적 정체성을 발휘한다고 해
석하였다.[5] 유봉학은 북학파 사상의 전개과정을 청대학문이라는 외부
적 영향으로서가 아니라 조선의 정통주자학이 스스록 극복해 가는 과
정으로 파악하는 시점을 제기하였다. 그는 홍대용, 박지원 등이 18세기
정통주자학 계열에서 성장하였으며, 심성론에 대하여 낙론의 입장을
수용하였는데, 낙론학파와 관련 있던 상수학이나 경제사상에 영향을
받았다고 분석하고, 이들이 낙론적 관점을 토대로 物에 대한 새로운
시각을 제기하여, 인간의 심성에 대한 관심으로부터 물에 대한 관심을
갖도록 전환시키는 역할을 하였다고 주장하였다.

지두환은 17~18세기에 조선성리학이 자기 정체성을 획득하는 것을
경연과목의 변천 등을 분석하면서 조명하였고,[6] 또한 유형원, 이익, 안

---

4) 최완수, 「秋史書派考」, 『澗松文華』 19, 1980 ; 「秋史 金正熙의 北學思想」,
   『東亞日報』 1983. 12. 23 ; 「眞景時代의 文化」, 『澗松文華』 50, 1996 등. 최완
   수를 중심으로 조선후기 예술문화사 연구자들은 『澗松文華』라는 정기간행물
   을 통해 주로 자신들의 입장을 발표하고 있으며, 그동안의 업적을 『眞景時
   代』 1 · 2(서울 : 돌베게, 1998)로 정리하여 발간하였다.
5) 정옥자, 『조선후기 조선중화사상 연구』, 一志社, 1998 ; 「정조시대 연구 총
   론」, 『정조시대의 사상과 문화』, 돌베개, 1999.
6) 지두환, 「朝鮮後期 禮訟 研究」, 『釜大史學』 11, 1987 ; 「朝鮮後期 禮訟論爭
   의 性格과 意味」, 『第二十三會東洋學學術會議講演鈔』, 檀國大學校 附設 東
   洋學研究所, 1993 ; 「경연과목의 변천과 진경시대의 성리학」, 『진경시대』, 돌

정복 등이 조선성리학을 사회개혁의 이념으로 삼고 있는 반면에, 박지원, 박제가, 정약용, 김정희 등은 조선성리학을 탈피하여 농·공·상업의 균형적 산업구조를 바탕으로 근대사회를 재구성하려는 북학사상을 사회개혁이념으로 받아들였다고 대비시키고, 이들 북학사상만 실학으로 규정해야 한다고 주장하였다.[7] 이 주장은 윤사순의 시각에 대한 한 반론으로 제기된 것이기도 하다. 지두환은 실학의 경향을 주기론으로 파악하는 윤사순의 견해에 대하여 북학파의 경우 탈성리학적 입장을 지니고 있기 때문에 주기나 주리로 특징지을 수 없다고 반박하였다.

이처럼 성리학 이론을 예술사의 전개나 예송, 북학론과 서로 연계시키는 것은 문화사의 흐름을 사상사와 연관시켜 거시적으로 재조명하는 독법으로서 풍부한 성찰을 보여준다. 그러나 세부적인 주장들로 들어가면, 서로 정합적이지 못한 주장들이 혼재해 있으며, 실학에 대한 과잉 해석과 마찬가지로 17세기 성리학의 역할을 애써 긍정하려는 해석상의 편향성도 발견된다. 가령 중화주의는 조선의 독자성을 각성시키는 데 일부 기여하고 있지만, 한편으로 사상과 국제정세에 대한 폐쇄적 인식으로 17세기 이후 세계사적 변화들에 대하여 적극적으로 대응하지 못하게 만든 원인이기도 하다. 洛論의 人物性同論으로부터 유교 이념의 보편성에 대한 신념을 벗어나서 외물에 대한 객관적 인식으로 나아가는 문제의식을 읽어내려는 것은 매우 자의적 해석에 불과하다. 실학을 주기론으로 해석하는 시각에 대한 비판은 합당하지만, 북학파의 사상을 탈성리학으로 규정하는 것 역시, 북학파의 주장 내용이나 학파적 문제의식과 상당히 거리가 있는 자의적 해석에 불과하다.

계급론적 발전사론에 대한 또 다른 반론은 생산양식의 측면에서도 제기되었다. 이영훈은 토지소유와 경작방식에 대한 재검토를 통해 지주-전호의 봉건적 생산방식이 18세기에 와서 안정적으로 확립된다고

베개, 1998 등.
7) 지두환, 위의 글, 1987, 147~148쪽.

보고, 17~18세기를 조선이 소농에 기반하는 봉건적 체제를 확립하는 시기로, 均平과 安定이란 성리학적 이데올로기에 바탕하여 구축된 거대 규모의 도덕경제 체제로 파악하였다.[8] 이영훈은 이런 관점에서 실학이 근대적 사유라기보다는 조선후기 近世 小農社會의 개성적 자기 인식의 체계라고 파악하였다. 그는 다산의 경우 근대지향적 사유와 봉건적 사유가 일정한 긴장을 이루면서 복합되어 있다고 보고, 그것이 바로 그가 경험한 19세기 사회의 복합성에 기인한 것이라고 해석하였다.[9] 예를 들면, 李瀷까지도 인간의 사회적 관계들을 人倫이라는 틀 속에 하나로 통합하는 사유를 전개하였던 것에 비하여 丁若鏞은 天屬과 그로부터 파생된 義合, 그리고 族類 등으로 인간관계를 구분하고, 도덕주의적 왕정론 대신 부국강병을 추구하는 작위적 왕정론을 주장한다고 본다. 이영훈은 정약용의 그러한 시도로부터 仁을 근간으로 하는 동심원적 도덕주의를 부정하고 이미 분열하는 19세기 사회를 작위적으로 통합하기 위한 새로운 機制를 모색하는, 근대적 사유는 아니지만 근대를 조망할 수 있는 징후를 담고 있는 모습을 읽을 수 있다고 재해석한다.[10]

이러한 이영훈의 관점은 조선후기 사회변동을 '소농사회론'의 측면

---

8) 이영훈, 『朝鮮後期 社會經濟史』, 한길사, 1988 ; 「韓國經濟史 時代區分 試論 －戶의 歷史的 發展過程의 觀點에서－」, 『韓國史의 時代區分에 관한 硏究』, 韓國精神文化硏究院, 1995 ; 「韓國史에 있어서 近代로의 移行과 特質」, 『經濟史學』 21, 1996 ; 「朝鮮後期의 社會變動과 實學」, 한국사 연구회 '조선후기 실학연구 현황과 과제' 학술회의 발표문, 1999 ; 「近世 小農社會의 展開와 意義」, 한국역사연구회 발표문, 2002.

9) 그 일례로 이영훈은 정약용이 왕토주의에 입각한 국유론으로서 봉건적 토지소유제의 관철을 주장하면서, 均稅的 개혁을 통해 자립적인 재생산의 기반으로서 경제영역을 분리하는 근대로 나아가는 사유를 볼 수 있다고 한다. 이영훈, 「다산의 정전제 개혁론과 왕토주의」, 『민족문화』 19, 1996, 110쪽 ; 위의 한국사 연구회 발표문, 1999, 59쪽.

10) 李榮薰, 「다산의 인간관계 범주구분과 사회인식」, 『茶山學』 4, 다산학술문화재단, 2003.

에서 복합적으로 조명하려는 전체사적 시각에 근거하고 있다. 그러나 物價, 地價, 임금 등 경제지표를 반영하는 사료들이나 또는 정책들에 함축된 의미를 해석하는 과정에서 여전히 주관성이 발견된다. 가령 송시열 등의 북벌 이념을 다수의 양인 군정을 확보하기 위한 노비제 개혁과 연관시켜 해석하고 있지만, 사실상 송시열 등 노론 지식인들의 의도는 外攘을 위해 民生을 압박하는 국왕측에 대항하여 內修를 선행할 것을 주자의 논리를 끌어들여 주장하는 데 있기 때문이다. 또한 노비제 개혁은 조선전기 조광조 등의 개혁책으로 거슬러 올라갈 수 있으며, 직접적으로는 이이의 개혁안을 계승 실천하려는 문제의식이 기반이 된다. 天屬, 義合, 族類 등 인간관계에 대하여 구분하려는 관념은 정약용의 문제의식과는 거리가 먼 연구자의 문제의식에 지나지 않는다.

17세기 봉건사회 해체론을 견지하면서도 근대지향적 관점에서 실학을 해석하는 입장에 대한 반론도 있다. 김태영은 왕도정치 실현을 추구하는 王政論이라는 점에서 성리학과 실학이 공통적이지만, 전자가 治心에 중점을 둔 개혁론인 데 반해, 후자 실학은 법제의 정립에 초점을 두는 점에서 차이가 있다고 해석하였다. 그는 실학의 법제 개혁은 유교 이념의 근본적 지층에서 제출되었기 때문에 혁명이 아니고서는 달성될 수 없는 것이었다고 평가한다. 그러나 조선후기 사회가 자본주의 체제의 세계적 확대라는 전혀 다른 방향으로 전개되어 갔으며, 실학의 개혁론이 또한 근본적인 것이었기 때문에 현실에 적용할 수 없었다고 본다. 따라서 김태영은 실학이 근대의 실현을 추구한 것이 아니었기 때문에 근대적 사유와 연관해서 그 의미를 부여하려는 연구는 잘못된 것이라고 비판한다.[11]

그러나 이영훈과 김태영 등의 실학 연구에서도 근대 이행의 문제의식이 선입됨으로 인해 발생하는 문제가 여전히 남는다. 가령 실학사상

---

11) 김태영, 『실학의 국가개혁론』, 서울대 출판부, 1998.

내부에 발견되는 부정합적이고 다층적인 인식들로부터 근대의 징후를 읽어내는 독법을 적용하여 이영훈은 정약용의 개혁론으로부터 도덕과 정치·경제가 분열하는 인식, 곧 근대의 징후를 읽고, 정약용의 개혁론이 추구하는 방향은 결국 절대주의 형태가 될 것으로 전망한다.[12] 이러한 해석은 정약용의 주장들에서 근대의 맹아를 찾는 작업과는 분명 차별성을 갖는 것이지만, 그러나 여기에서도 성리학과 실학은 여전히 자기충족적 세계인식과 분열적 세계인식, 즉 전근대적인 것과 근대의 징후를 담고 있는 사유로 대별되어 읽힌다. 더구나 정약용의 개혁론을 절대주의의 입장과 상응하는 방향으로 해석할 때 거기에는 유럽사의 전개로서 근대 이행의 문제의식이 이미 선입되게 된다. 김태영의 연구에서도 성리학과 실학은 개혁의 내용과 방향에서 대칭적으로 읽힌다. 김태영은 기본적으로 17세기 봉건사회 해체론의 시각에 입각해 있기 때문에, 같은 王道를 지향하더라도 성리학은 治心에 근거한 것으로 실학은 제도에 중점을 둔 것으로 대별되며, 성리학에 대한 이해는 어디까지나 실학의 왕정론과 대비된 시각에서만 읽혀진다. 이처럼 분석되는 경우 근대이행의 문제의식 속에 실학과 성리학을 대립적으로 이해할 수밖에 없게 된다. 요컨대 이영훈과 김태영의 연구에서도 실학의 의미를 근대 이행과 관련해 해석하는 문제의식이 이미 선입되어 있으며, 그 때문에 성리학에 대하여 실학의 의미를 해명하는 차원에서 대비된 의미만 파악하게 되는 매우 고질적인 한계가 그대로 남는다.

성리학과 실학의 관계 설정에 대하여 철학 전공자들 사이에도 역시 상이한 견해가 제기되어 왔다. 윤사순은 역사학계에서 근대지향을 실학의 성격으로 파악하는 것에 대하여 철학의 측면에서 정당화하는 견해를 제시한다. 그는 실학의 철학적 기반에 '경험론적 사고에 기초한 근대철학'의 요소가 있다고 해석하면서, 그것을 '主氣論'으로 규정하였

---

12) 이영훈, 「茶山의 社會 認識」, 『茶山의 經世學』, 다산학술문화재단 학술회의 발표문, 2002.

다. 그리고 성리학의 주기론이 여전히 理를 실재시하는 데 비하여, 실학의 주기론은 理의 실재성을 부정함으로써 성리학적 사고방식에서 벗어나 있기 때문에 둘은 서로 구분된다고 해석하였다.13) 윤사순은 정약용이 이황과 마찬가지로 유학자이지만 개념에 대한 발상에서 근본적 변화를 보이며, 그것이 성리학과 구분되는 실학의 정체성이 깃든 부분이라고 본다. 가령 인물성이론의 담론을 정약용이 말하고 있지만, 이미 인성과 물성을 五常이 아닌 嗜好로 접근하는 발상의 전환이 담겨 있기 때문에 성리학과 연속적으로 다룰 수 없는 독자적 성격을 갖는다고 지적한다.14)

그러나 성리학과 실학을 연속적으로 이해하려는 시각도 실학 연구 초기부터 꾸준히 제기되어 왔다. 이상은은 유형원이 성리학의 약점을 보완하려는 문제의식에 입각해 있으며, 정약용도 修己治人의 문제의식과 심성수양의 측면을 근본으로 삼고 있음을 지적하면서 실학은 성리학과 대립해 있는 것이 아니라고 해석하였다.15) 유인희는 실학을 성리학의 현실화라는 문맥으로 이해하는 시각을 제기하였다. 그는 박세당, 유형원, 이익 등의 경우 현실의 구체적인 상황에 입각하여 성리학설을 신앙적 차원에서가 아닌 현실적 차원에서 의미를 갖도록 새롭게 해석하였다고 보았다. 특히, 현실을 처리하고 이치를 변별하는 실제적 방법으로 격물치지의 의미를 재해석하면서 유형원과 이익은 성리학의 형이상학을 空論으로 취급하지 않고, 현실문제를 이해하는 근거이론으로 인정한 반면, 박세당은 언어분석적인 방법과 해석학적 방법을 사용

---

13) 윤사순, 「朝鮮末期 儒學에 관한 연구-性理學과 實學의 區分點을 중심으로」, 『한국유학사상론』, 열음사, 1986 ; 「實學의 哲學的 기반」, 『한국의 성리학과 실학』, 1987.

14) 윤사순, 「성리학과 실학, 그 근본사고의 동이성에 대한 고찰-이황과 정약용을 중심으로-」, 『태동고전연구』19, 태동고전연구소, 2003.

15) 이상은, 「實學思想의 形成과 展開-體系的 哲學化를 위하여」, 『창조』, 1972 (『李相殷先生全集』(韓國哲學1), 예문서원, 1998, 재수록).

하여 이정과 주희의 주석을 비판하는 한국적 경학을 개척하였으며, 형식적으로는 뒤에 정약용에게 이어졌다고 파악하였다.

이상은과 유인희의 해석은 기본적으로 실학을 성리학과 대립시키는 연구방식을 지양하고, 성리학을 현실적 의미를 갖도록 새롭게 발전시킨 연속적 측면에서 실학을 이해하려는 시각이다.16) 그러나 이들의 연구에서도 여전히 문제가 발견된다. 성호학파에 국한된 해석이며, 반증되는 부분이 동시에 관찰된다. 가령 정약용이나 박세당의 경우 윤사순의 지적처럼 탈주자학적 성격을 부인할 수 없다. 또한 제도의 측면에서 제기된 개혁론의 성격에 대하여 답해야 하는 과제가 그대로 남아있다. 성리학과 실학을 대립적 시각에서 이해하는 역사학계의 시각은 그 중점이 제도론에 있기 때문이다.

한편 실학의 개념 자체에 대한 논의가 60~70년대에 있었지만, 이에 대하여 보다 근본적으로 회의하는 견해도 있다. 이상은이 지적하였듯이 실학이라는 용어를 성리학자들도 쓰고 있지만, 조선후기 실학파로 지칭되는 인물들에게서 실학이라는 용어가 학문적 문제의식을 갖고 사용된 것은 없다. 도날드 베이커는 신후담의 「서학변」을 분석하면서, 신후담에게 경세론에 대한 문제의식이 박약하고, 중국유학자들의 주장에서 논거를 세우며, 송대 신유학 체계에 대한 신념을 고수하는 점 등을 지적하면서, 근대지향성이나 민족주체성, 또는 고증학적 태도 등 어떤 측면으로 보아도 실학 개념에 부적합한 학자이지만, 그를 실학파로 여겨온 이유는 오직 실학 개념을 모호하게 사용하는 연구자들의 태도 때문이라고 비판한다. 그는 조선후기 일련의 학자들을 실학파 하나로 규정하는 것은 다양성을 무시한 인위적 통합을 강요하는 것이며, 실학이라는 용어를 규범적 의미로 사용하는 것이라고 비판한다. 그는 규범적 의미 대신에 조선후기 지성사의 특정한 경향을 가리키는 기술적 의

---

16) 유인희의 이러한 입장은 「성호사설의 철학사상-정주성리학과의 비교연구-」(『진단학보』 59, 1985)에서도 지속된다.

미로 실학을 사용함으로써, 개념의 오용을 막을 수 있다고 본다.[17] 김용옥은 아예 한 걸음 더 나아가 근대의 관점에서 실학을 연구하는 방식, 그리고 근대적 사유로서 실학의 성격을 특징짓는 것은 실학 연구자들이 부여한 허구적 관념이라고 비판한다. 그는 최한기의 氣 개념을 분석하면서, 그것은 철저히 동양적 사유임을 주장하고, 최한기의 사상을 근대적 사유로 특징짓는 것은 그 사상의 진수를 근대성 속에 매몰시키는 것이 된다고 비판한다.[18] 즉 실학은 근대성을 지향하는 당위적 또는 맹목적 의식 속에서 조선후기 사상을 해석하는 자의적 독법에 지나지 않는다는 것이다.

도날드 베이커와 김용옥의 반론에는 실학을 '사실'로서 해명하고자 할 뿐 '구성'으로 공감하려는 문제의식이 결여되어 있다. 따라서 실학이 실체적 사실로서 보다 근대 이행기 고난의 역사 속에서 시대적 과제에 응답하였던 진취적 지성들의 역사적 '구성'으로서 우선적 의미를 갖는다는 점을 간과하고 있다. 기술적이 아닌 규범적 의미를 실학에 부과한다는 비판이나, 아예 실학이 실체가 없는 허구라는 비판은 오직 실체적 사실로서 실학을 접근하는 2차원적 '구성'에서만 합당하다. 실학은 실학자의 문집에 기술된 실체적 언명으로서가 아니라 그 언명이 지향하였던 '구성'과, 다시 그 구성으로서의 언명을 매개로 19~20세기 과제에 응답하려 하였던 지성들의 절실한 '구성' 속에, 그리고 다시 21

---

17) 도날드 베이커 저, 김채윤 역, 「실학 개념의 사용과 오용」, 『朝鮮後期 儒教와 天主教의 對立』, 일조각, 1997b. 베이커는 규범적 의미와 기술적 의미의 내용에 대하여 자세히 밝히지 않았다. 그의 의도를 따를 때, 규범적 의미는 근대로 이행하는 내재적 요소들을 통해 조선후기를 이해함으로써, 조선후기 사상을 가치있는 것으로 재해석해 낼 수 있다는 관념 속에 실학을 근대지향적 사유로 특징지우고 조선후기 학자들의 사상을 그 시각 속에 포섭하여 해석하는 방식을 지칭한다. 반면, 기술적 의미는 조선후기 사상가의 주장들이 갖는 성격을 가치 중립적으로 기술해내는 것을 의미한다.

18) 김용옥, 『讀氣學說 : 최한기의 삶과 생각』, 통나무, 1990 ; 「기(氣)철학 서설 - 혜강(惠岡)의 기학(氣學)을 다시 말한다」, 『과학사상』 30, 1999.

세기 풍경으로 재해석하려는 우리의 '구성' 속에서 풍부한 정체성을 갖을 것이기 때문이다. 그럼에도 성리학과 실학을 분립시켜 이해해 온 '구성' 방식에 대한 항의라는 측면에서 보면, 그러한 비판들은 조선시대 유학을 연구하는 우리의 태도를 각성시키는 의미가 있다. 사실, 우리 학계가 실학의 정체성을 '구성'하려고 애쓰는 동안 그리고 그 실학 개념을 통해 성리학을 재해석하는 동안, 성리학에 대한 나아가 유학 자체에 대한 독법이 근대성의 렌즈를 통해 획득된 협소한 '구성'에 갇히게 되었기 때문이다. 성리학에 대한 독법이 협소한 '구성'은 다시 실학파로 불리는 조선후기 유학에 대한 재조명을 협소하게 만드는 악순환을 초래한다. 이를테면 修己 중심과 治人 중심, 또는 형이상학과 제도론, 治心과 作爲 등의 대비방식에 대하여 우리는 '구성'의 협소함을 느낀다. 이제 우리는 조선시대 유학의 의미를 좀더 풍부하게 읽어내려는 '구성' 속에 있고 그 때문에 실학에 대한 기존의 '구성'이 협소함에 새삼 답답해 하고 있다.

3. 본서의 구성

본서에 수록된 글은 모두 7편이다. 역사 전공자가 쓴 세 편 가운데, 두 편은 역사인식과 역사지리학의 측면에서, 한 편은 경학의 측면에서 실학의 성격을 재조명하였다. 철학 전공자가 쓴 네 편 가운데 두 편은 예학의 측면에서, 두 편은 이른바 異學으로 분류되는 양명학과 서학의 측면에서 실학을 다루었다. 실학자의 이기론과 심성론을 성리학과 관련하여 재조명하는 글은 본서에서 빠졌다. 본래 기획에는 들어 있었지만, 집필자가 탐구의 궁전에서 나오기를 끝내 주저하는 바람에 '사진'을 넣지 못한 채 빈 칸으로 남겨 두었다. 그러나 양명학과 서학의 측면에서 심성론을 다룬 한정길과 안영상의 두 글은 어느덧 빈칸의 이면을 다양한 사진들로 채우고 있어, 독자는 빈칸이 아닌 東과 西로 착색된 구성을 만날 것이다. 이제 본 사진첩의 구성을 이해하는 데 편리하도록 7편의 글을 한 편씩 차례로 소개하겠다.

먼저 정창렬은 역사의식과 역사관을 중심으로 실학의 역사이론을 재조명하는 것에 초점을 두고, 화이론을 둘러싼 역사인식에서 성리학과 실학의 차이를 재구성한다. 그는 둘 사이이의 사유내용은 성격상 성리학―조선중화주의―자민족중심주의 대 실학―소호주의―문화다원주의 사이의 차이를 보인다고 해석한다. 전자가 지역적 실체로서의 인식을 벗어나지 못하였고, 동시에 중화의 내용이 중국화라는 문화의 단일화적 성격을 보이는 데 반해, 후자는 각 문화가 독자적 가치체로 인정됨으로써 조선의 역사, 언어, 지리, 산업, 의학 등등 각 분야에서 독자적인 연구들이 쏟아져 나올 수 있게 하였다고 본다. 이런 시각에서 정창렬은 17~18세기 화이론을 문화자존의식을 보이는 점에서 민족주의 역사학의 선구로 해석할 수 있다는 기존 시각에 대하여 조정을 가한다. 그는 이익의 時勢 개념이나 한치윤의 역사기술 방식에는 국가 간의 실제적 역학관계를 春秋大義와 구분하여 객관화하려는 인식이, 그리고 국제관계를 수평적으로 이해하려는 의식이 토대가 되고 있다는 것에 주목하면서, 실학의 역사인식에서 근대 민족주의의 맹아를 발견할 수 있다고 해석한다.

정구복은 조선후기 역사지리학의 발전 과정을 재조명하고, 사학사와 실학의 측면에서 그 의미를 재구성하고 있다. 그는 임진왜란 등 전란을 통해 자국의 영토와 지리에 대한 새로운 자각이 조선후기 역사지리학 발전의 한 배경이 되었다는 점, 문헌고증과 현장의 지리적 고찰을 통해 역사의 실체에 대한 인식을 중시함으로써 강목체의 도덕적 역사인식을 위주로 한 성리학의 역사인식을 지양한 것으로 재해석하고 있다. 그러나 실학의 이러한 역사지리학은 근대 사학의 내적 기원이 되기는 하였지만, 그 자체로는 사회발전의 문제를 다루지 못함으로써 역사이론을 정립하는 데에는 이르지 못하였으며, 따라서 시민사회를 준비하는 민족주의 역사학이론의 성립으로까지는 진전하지 못하였다고 그 한계를 지적한다. 이들 두 편의 글을 통해 독자는 민족주의라는 화두를 매개로 실학의 역사관을 '구성'해 내려는 두 원로학자의 고투를 만날 수 있을 것이다.

김문식은 역사학자답게 조선시대 經學史을 '초기에서 중기에 걸쳐 진행되는 諺解類의 완성 → 퇴계 이황에서 본격화되어 후기에 지속되는 朱子 문집 연구의 심화 → 청대 고증학의 수용을 통한 주자학의 상대화 → 제도와 경세론으로의 중심 이동과 서학 등의 새로운 학문의 수용을 통한 전통 경학의 해체'라는 긴 구도 속에서 재조명한다. 그는 청대 고증학의 수용은 체제 내부에서 四書五經大全類의 한계를 극복하는 경학적 진전을 이루면서 한편으로 주자학이 부동의 正學이라는 위치에서 漢學과 한 축을 이루는 宋學으로 상대화되는 상황을 초래한다고 해석한다. 그는 주자학의 상대화에 毛奇齡의 경설이 크게 영향을 주었음을 지적하고 있다. 양명학을 옹호하면서 주자의 경학을 비판하는데 전력을 다한 모기령의 설은 조선 학자들에게 비판의 대상이었지만, 한편으로 모기령의 객관적인 논거들로 인해 주자의 경설이 갖는 절대성이 자연스럽게 와해되는 효과를 연출하였기 때문이다.

김문식은 정조가 주자학을 공자 이래 유일의 正學으로 세우면서, 한편으로 경연에서 모기령의 설을 논의하고 일부 수용하는 등 청대 고증학의 성과들을 적극적으로 포괄하는 정책을 취함으로써, 正學을 지키고 진전시키려는 정조의 의도와 상관없이 주자학을 한학과 마주하는 상대적 위치에 처하게 되는 결과를 가져왔다고 본다. 그는 또한 다산이 모기령의 설을 학문적으로 비판하는 경설을 제기하고 있음에도 불구하고 일부에서는 모기령의 설을 받아들여 주자학과 다른 독창적 경설을 수립하고 있음을 지적한다.

모기령의 설에 대한 다산의 영향이 경학 내용에 어떻게 반영되었는가 하는 문제는 학계에서 아직 논쟁중인 사안이지만, 모기령의 경설은 조선 학자들에게 주자학을 넘어서는 우회로의 역할을 하고 있음이 발견된다. 가령 모기령의 경설에 대하여 다산이 비판하는 심층적 목적은 모기령 자체에 있다기보다는 주자의 경학적 틀을 대체하는 것에 있는 것으로 보이기 때문이다. 즉 주자의 경설이 正學의 위치에 있는 상황에서 그 정학을 직접 반론하기는 매우 어려운 상황이었기 때문에, 대신 주자의 경설을 비판하는 모기령 등 청대의 경설을 반박하면서 자신의 경학 이론을 세우는 우회적 방식을 취하였던 것으로 보인다.

김문식은 청대 고증학의 수용이 주자학을 자연스럽게 상대화시켰던 것처럼, 주자학을 바탕으로 경학과 경세학을 더 진전시키려는 정조와 조선 학계의 학문적 문제의식이 한편으로는 天理 중심의 송학적 경학으로부터 제도 중심의 새로운 경학으로 그 중심이 이동하게 되고, 또 서학이 수용되면서 결국 19세기 다산과 혜강에 이르면 전통 경학은 해체되는 방향으로 나아간다고 본다. 그는 그 변화를 經과 史를 일치시키려는 학문적 문제의식, 자신의 경세적 문제의식에 입각해 경전을 재구성하는 다산의 경학론, 그리고 天道를 人倫으로부터 분리된 독자적 영역으로 파악하는 혜강의 氣論 등으로부터 추적하고 있다. 이러한 김문식의 연구는 향후 조선후기 사상사의 연구에서 새로운 시각을 예견하게 한다. 즉 성리학─보수적 체제 유지와 실학─진보적 체제 비판이라는 평면적 대칭 구도로부터 벗어나, '정통─주자의 경학 대 이단─비주자의 경학'의 사유틀 속에서 전통적 사유를 보완하려는 체제 내부의 노력이 그 사유틀을 변화시키고 해체하게 만드는 여러 상이한 효과들을 초래하는 역동적 과정에 대하여 다층적으로 읽어내는 시각이다.

이봉규는 실학자들의 예학에 대한 연구사를 검토하였다. 그는 80년대 이후 예학 이념과 정치론의 상관성에 주목한 연구들이 나오면서 실학자의 예학에 대한 연구도 실학자의 이념적 지향이나 정치론과 연관한 연구들로 진전되었음을 밝히고 있다. 그는 왕권강화론의 형태로 또는 유럽의 절대주의 체제와 연관한 문맥에서 실학자의 예학관을 해석하려는 연구성과들에 대하여 그와 상반된 견해가 실증적으로 장동우, 박종천 등에 의해 실증적으로 제기되고 있음을 지적하면서, 근대이행의 문법에서 실학자의 예학론을 해석하려는 연구시각에 일정한 문제가 있음을 지적한다. 그는 또한 17세기 절대군주론과 비교하거나, 公·私 개념에 대한 문제의식을 통해 동아시아 삼국의 지적 특성을 밝히는 연구들에서, 서구 지성사에 의해 일반화된 개념틀을 그대로 받아들여 실학자의 예학론을 재해석하는 오리엔탈리즘에 빠지지 않도록 주의할 필요가 있다고 본다. 나아가 기존의 연구가 이익과 정약용 등 성호학파 일부 학자에 집중되어 있어 북학파를 비롯한 실학자 전체로 연구를 확대할 필요가 있다고 지적하면서, 실학자들의 예학에 대한 연구는 향후 실학의 정체성을 해명하는 연구 방향에 기본적으로 영향을 미칠 것으로 전망하고 있다.

90년대 이후 실학에 대한 연구는 예학과 연관한 연구로 확대되었다. 그러나 성호학파의 예학, 그 가운데에서도 星湖 李瀷과 茶山 丁若鏞의 예학 연구에 집중되었다. 다른 실학자들의 경우 예학과 관련한 사료가 많지 않기 때문이기도 하지만, 한편으로 예학의 연구는 실학에 대하여 기존 시각과 일정한 거리를 갖게 하기 때문이기도 하다. 특히 북학파의 경우 자연에 대한 새로운 지식의 확대나 상공업 등 利用厚生的 측면과 문학의 朝鮮的 個性을 주요한 실학적 특징으로 연구해 온 반면, 예학에 대한 연구는 아직 별다른 진전이 없다. 따라서 실학과 예학의 연관에 대한 연구는 사실상 성호학파의 예학 연구로 편중되는 결과를 초래하였다. 장동우는 『士小節』과 『禮記億』을 중심으로 李德懋 禮學의 성격을 분석하였는데, 실학과 예학을 연관시킨 기존의 연구를 진전시키는 데 기여하고 있다. 장동우는 이덕무의 예학이 '생활 예절'이라는, 정약용 등에서 보이는 典章制度에 대한 예학적 연구와는 또 다른 실천 영역에 관련되어 있음을 주목한다. 그는 그 '생활 예절'을 통해 이덕무가 주자의 『소학』에 대한 문제의식을 계승하면서 궁극적으로 宗法의 실천을 지향하고 있다고 파악한다. 그리고 예의 본래 취지를 충분히 실현하려는 '두터움(厚)의 예학'을 이덕무가 추구하고 있는데 그것은 김장생 이래 기호학파의 예학에 대한 전통과 친연성을 갖는 것이라고 해석한다. 또한 『禮記億』에는 예에 대한 이념적 이해와 실천에 집중한 송학적 전통을 토대로 하면서 이덕무 당시의 훈고학적 연구를 통해 보완하려는 입장을 보이고 있다고 해석한다. 이러한 장동우의 연구를 통해 독자는 실학자의 예학에는 16세기 이래 추구되어 온 예학적 문제의식과 지향이 확대 보완되고 있음을 목격하게 될 것이다.

한정길은 양명학 전공자로서 실학자들의 양명학관을 연구사와 함께 검토하였다. 본체론과 심성론의 영역에서 실학자들이 주자학의 이론과 다른 성찰을 제시하는 부분에 대한 연구는 실학의 이론적 실체를 드러낸 것과 직결된다. 기존 연구의 한 관심은 동아시아의 지적 환경과 사상적 조류와 연관해서 실학자들의 대응방식에 담긴 문법을 고려하면서 실학의 사상적 토대를 재조명하는 것에 있다. 그 가운데에서도 명청대 중국 사상계에 풍미하는 양명학과 연관해서 실학자들의 사유를 재조명하려는 근대적 연구들은 정인보 이래 홍이섭, 이을호, 유승국, 금장태, 송석준 등등 여러 학자들에 의해 꾸준히 지속되어 왔다. 한정길은 바로 이들의 선행 연구를 한 단계 더 진전시키고 있다. 그는 기존의 연구시각들을 총체적으로 재검토하면서 동시에 지봉 이수광, 성호 이익, 순암 안정복, 담헌 홍대용, 다산 정약용, 혜강 최한기 등 실학자 자신들에게 양명학이 어떻게 사유되고 있는지를 매우 실증적으로 재조명하였다.

한정길은 '주자학─정통 대 비주자학─이단'의 구분 문법이 지배하는 학문의 현실 속에서 실학자들은 이단에 대한 비판적 수용과 보완을 가하는 개방적 태도를 견지하며, 이는 朱子─尊의 폐쇄적 태도와 상반된다고 지적한다. 또한 실학자들에게는 개인의 주체성과 능동성 또는 자율성과 자주성 등이 성리학자들에 비하여 더 강조되는 사유상의 공통점이 발견되는데, 양명학적 사유가 침윤되어 있음을 보여주는 것이라고 해석한다. 그러나 이들 실학자들은 양명학을 주자학과 대등한 학문 체계로가 아니라 정통에 대한 이단으로서 다루기 때문에, 주자학의 한계를 지양하려는 양명의 주요한 성찰들이 객관적으로 정당하게 검토되지 못하는 한계를 갖는다고 지적한다. 한정길은 담헌의 논의 속에서 그러한 한계를 넘어서는 학문적 진지성과 개방성을, 그리고 다산과 혜강에 이르러서는 '정통과 이단'의 문법 자체가 해체되고 있음을 밝히고 있다. 이러한 한정길의 연구는 조선후기 주자학에 대한 반성과 극복의 문법에 대하여 좀더 정밀하게 관찰할 필요가 있음을 일깨워준다. 즉 주자학의 이론구조 자체를 넘어서기 위하여 양명학 등 타 이론을 검토하고 수용하는 문법과 '정통―주자학 대 이단―비주자학'의 맥락 속에서 주자학의 말폐를 보완하기 위하여 타 사상을 긍정적으로 수용하는 문법은 매우 별개이다. 기존의 연구들 가운데에서 종종 발견되는 한 경향이지만, 이 두 층차에 대한 구분을 유보하고 후자를 전자의 층차까지 끌어올려서 해석하는 과잉된, 이를테면 연구자 자신이 어느새 '비주자학―정통 대 주자학―이단'의 문법 속에 부지불식간에 말려드는 편향된 의식은 실학 연구의 진전을 위해서 극복되지 않으면 안된다.

한편, 안영상은 서학과 연관하여 실학자들의 인간론을 살피면서 기존의 연구들로부터 일정한 편향성을 발견한다. 그것은 실학자들이 주자학과 다른 이론적 사유를 제시하는 배경 문법으로서 양명학 등 동아시아 내부의 사상적 전통에 더 무게 중심을 두고 서학의 영향에 대해서는 소극적으로 해석하려는 태도이다. 안영상은 그에 대한 반론을 성호, 다산, 담헌, 혜강 등 네 실학자의 인간론을 분석하면서 제시한다. 가령 성호가 주자학의 맥락과 다른 미발 개념을 제시하는 것에 대하여 양명학의 영향으로 해석하는 입장과, 嗜好로서 性개념을 새롭게 재해석하는 다산의 성찰에 대하여 洙泗學的 맥락에서 해석하는 입장에 맞서 안영상은『天主實義』등 서학서에 담긴 아리스토텔레스의 영혼 관념과 토마스 아퀴나스의 본질 관념이 배경으로 작용하고 있는 점을 적극적으로 고려해야 한다고 주장한다. 또한 다산의 '自主之權'와 관련해서는『영언여작』에서 발견할 수 있는 영성적 욕구와 자유의지 관념을, 그리고 담헌의 '人物無分'의 사유와 관련해서는 천주교의 삼혼설을 그 배경 문법으로 적극 고려해야 한다고 해석한다. 혜강의 신기 개념과 관련해서는 권오영과 마찬가지로 토마스 아퀴나스의 영혼론을 그 배경 문법으로 고려해야 한다고 주장한다. 안영상은 이를 통해 서학을 한편으로 수용하고 한편으로 비판하면서 새로운 논리를 도출하는 과정을 드러내야 한다고 강조한다. 이러한 안영상의 분석은 과거 연구들에서 동아시아 내부의 전통에 중점을 두고 실학을 해석하던 한계를 돌파하는 데 매우 적극적으로 기여할 것으로 보인다.

실학의 시대는 동아시아 내부에서는 주자학으로부터 양명학과 고증학으로의 학문적 확장과 변화가 전개되는 시기였고, 세계사적으로는 유럽 문명이 세계적으로 확산되는 西世東漸의 시기였다. 이후 세계사는 동서를 막론하고 문명의 패러다임이 바뀌는 새로운 시기로 진입하였다. 유럽은 자신의 전통 위에서 탈바꿈하는 형태였지만, 동아시아에서는 한 세기 이상에 걸쳐 세계관에서부터 생활양식에 이르기까지 한 번도 공유해 본 경험이 없는 타자의 전통을 새로운 토대로 수용해야 하는 구조적 변화였다. 실학자들은 동아시아 내부의 사상적 변화들과 함께 자신들에게 다가온 유럽문화의 東進에 전면적으로 대면한 첫 세대였다. 따라서 실학에 대한 연구는 이들 외부의 변화에 대하여 실학자들이 대응하는 문법을 정밀하게 읽어내지 않으면 안된다. 이에 대한 우리 학계의 연구는 의외로 성과가 제한되어 있다. 明·淸 교체기 이후 동아시아 사상사의 변화와 이 시기 동아시아에 소개된 서교와 서학의 내용 자체에 대한 정밀하고 심층적인 분석이 여전히 미흡한 상태이다. 또한 내재적 발전론의 시각 자체가 서학을 비롯한 외부의 영향에 대하여 소극적으로 해석하도록 유도하는 경향이 있었다. 이제 우리의 연구 시각은 동아시아와 세계사의 변화를 충분히 고려하는 새로운 방법론으로 확대될 필요가 있다. 그런 점에서 한정길과 안영상의 연구는 실학에 대한 새로운 '구성'의 한 방향을 예시하고 있다.

4. 21세기 실학연구의 문법

혁명의 격랑이 밤새 휩쓸고 간 지금 동아시아는 다소 평온한 아침이다. 한때 굳게 닫혔던 關門은 밀려드는 인파로 매일 확장하느라 바쁘다. 北京 長安大路에는 한국 회사의 광고가 거리를 차지하였고, 서울 지하철에서는 영어뿐 아니라 중국어 안내 방송이 익숙하다. 냉전의 최전선에서도 상품이 자유로이 넘나든다. 오늘 아침 인터넷으로 보는 뉴욕발 중국관련 기사는 경제발전이 초래하는 환경오염에 대하여 국제적 연대의 방법을 모색하고 있다. 우리는 어느새 민족국가의 한계를 넘어서는 연대와 통합에 대하여 논하고 있는 것이다. 유럽에서 불기 시작한 연대의 바람은 아시아의 지성들에게도 일상적 화두가 된 지 오래다. 한때 정의의 여신이 자신의 신념을 지지해줄 것으로 믿었던 좌파와 우파, 어느 쪽도 이제 자신의 정의를 고집하지 않는다. 물론 부국강병을 위해 경계를 늦추어서는 안된다는 이데올로기가 국가마다 우세하다. 그러나 어떻게 적대적 관계를 벗어나 배려할 것인지, 어떻게 연대하여 재통합할 것인지 고민하는 목소리가 작지 않다. 이런 고민은 자신이 저지른 비극에 대하여 대면하기를 두려워하는 쪽뿐 아니라, 깊은 상처를 입고 치유하려는 비극의 당사자들에게도 공감을 불러일으킨다. 우리는 혁명의 시대와는 또 다른 상황을 맞고 있다.

　연대와 통합의 풍향은 실학연구에서도 감지된다. 정약용의 사유 내부로부터 분열하는 다층적 양상을 읽어내는 이영훈의 작업이나, 王政論이라는 유교의 문법 속에서 성리학과 실학의 사유를 재구성하는 김태영의 작업은 실학을 '근대'의 렌즈로 바라보는 협소한 시선을 넘어서고 있다. 또한 김문식, 장동우, 한정길, 안영상의 글은 실학의 독자성을 드러내려 애쓰지 않는다. 오히려 사상사의 상호 호환하는 문법 속에서 실학을 상대화하고 있다. 성리학과 실학의 관계가, 실학자의 예학론이, 서학과 양명학의 실학에 대한 영향이 호환적으로 재조명되고 있다. 차이를 말하는 것은 이제 한 쪽의 정의를 통해 다른 쪽의 불의를 비판하려는 것이, 또는 그 역사의 전진을 한쪽으로 정당화하기 위함이 아니다. 수직적으로 또는 대칭적으로 또는 비가역적 전진의 문법으로 읽혔던 실학이 호환적 연대의 문법 속에서 재구성되고 있는 것이다.

　국가 사이의 또는 문화권 사이의 연대에 대한 관심은 이미 상당히 진척되었다. 그러나 실학을 연구하는 우리에게는 또 다른 관심이 있다. 그것은 古와 今의 호환적 연대이다. 우리의 今은 철저히 '근대'를 통해 구성된 혁명의 산물이다. 따라서 이제껏 古를 논하는 것은 필연적으로 '근대'의 렌즈로 무장한 今의 망루에서 내려다보는 일이었다. 이건방이 『목민심서』를 『민약론』과 비교할 때부터 이미 이 불평등한 오리엔탈리즘은 시작되었다. 그 결과 古의 根幹이 今의 문법으로 해석되면서 古는 기껏해야 今의 우아한 기품을 더해주는 장식품으로 전락되었다. 실학 연구사는 한편으로 그 문법의 혁명을 정당화해 온 역사였다. 이제 우리는 다시 이 '구성'을 조정할 필요를 느낀다. 今으로 古를 일그러뜨리는 것이 아닌, 古와 今이 호환하고 연대하는 문법으로 재구성할 필요를 느낀다. '근대'를 구성해야 했기 때문에 실학을 통해서 성리학을 재단할 수밖에 없었던 일방통행로에서 나와, 연대의 근거에 대한 성리학의 성찰을 통해 실학의 의미를 읽는 재구성이 필요함을 느낀다.

그것은 곧 실학을 근대의 장식품으로 내려다볼 수밖에 없었던 망루에서 내려와, 실학으로부터 근대의 오만을 치유하는 불씨를 발견해 재구성하는 길이 될 수 있을 것이다.

조선후기 경학관의 변화

김 문 식[*]

1. 머리말

고려말 신흥사대부에 의해 본격적으로 도입된 性理學은 조선시대에 많은 발전을 이루었다.

삼국시대 이래 우리나라에는 漢·唐유학이 소개되었고, 지식인들은 유교 경전을 읽고 연구하면서 중국과 자국의 역사를 유교 이념에 따라 정리했다. 또한 자신의 감정을 詩文으로 읊으며 유교적 특성을 가진 문학을 창작하기도 했다. 이에 따라 삼국시대의 유학을 전부 漢·唐의 경학이라 할 수는 없지만, 그 철학적 기초가 이에 기반하고 있었음은 부인하기가 어렵다.

고려시대에도 꾸준히 유학을 연구하고 이를 정치에 연결시켰으며, 자신들의 역사를 창조할 때에는 한·당 유학을 이용했다. 그러나 당시의 유학은 왕실 중심의 문화이자 정치이념이라는 성격을 가졌고, 점차 시대이념으로서의 한계를 드러내면서 많은 비판을 받았다. 宋·元대에 정립된 性理學은 고려사회를 비판적으로 보는 일련의 지식인들에게 관심과 수용의 대상이 되었다.[1]

조선시대에 들어와 성리학은 유일의 지배이념으로서 정립되었고, 학

문적 발전을 거듭했다. 그러나 성리학만을 강조하고 불교, 도교, 양명학과 같은 여타 학문을 이단시하는 학풍은 학문의 발전을 저해하는 요인이 되기도 했다. 다음은 張維(1584~1647)의 발언인데, 성리학 일변도로 치닫는 조선 학술의 한계를 지적한 것이었다.[2]

중국의 학술은 多岐하다. 正學, 禪學, 丹學이 있는가 하면, 程朱, 陸氏(陸象山을 말함)를 배우는 자가 있어 길이 하나가 아니다. 그런데 우리나라는 유식한 사람, 무식한 사람을 막론하고 죽간을 끼고 독서하는 자는 모두 程朱를 칭송하며, 다른 학문이 있다는 것을 들어보지 못했다. 우리나라의 士習이 과연 중국보다 낮기 때문에 그런 것인가?

그렇지 않다. 중국에는 학자가 있고, 우리나라는 학자가 없기 때문이다. 중국의 인재는 뜻하는 바가 녹녹하지 않아 가끔 뜻을 가진 선비가 등장하여 實心으로 학문을 한다. 이 때문에 자기가 좋아하는 것을 따르고 배우는 것이 달라도, 그중에는 각자가 실제로 터득하는 것이 있다.

우리나라는 그렇지 않다. 도량이 좁고 구속을 받는 데다 모두 志氣가 없으며, 程朱學만 듣고 세상에서 귀중하게 여기는 것을 입으로 말하고 겉으로 존경할 뿐이다. 이른바 雜學이란 것이 없는데, 어찌 正學에서 터득한 것이 있겠는가? 이는 비유하자면 토지를 개간하여 씨앗을 뿌리는 것과 같으니, 빼어난 것, 열매 맺는 것이 있어야 五穀과 돌피를 분별할 수 있는 것이지, 황량한 황무지에 어느 것이 오곡이 되고 어느 것이 돌피가 되겠는가?

조선의 학풍이 성리학 일변도로 흐르고 소위 '이단'의 사상이 발을 붙일 수 없는 억압적인 분위기에 대해서는 18세기의 학자인 박제가도 지적했다.[3]

---

2) 張維, 『谿谷漫筆』 卷1.
3) 朴齊家, 『北學儀 外編』, 「北學辨」.

중국에 陸象山, 王陽明의 양명학이 존재하는 것은 사실이지만 朱子의 嫡統 역시 그대로 남아 있다. 우리나라는 사람마다 정자 주자를 말하여 이단의 사상이 전혀 없다. 우리나라에 감히 江西 餘姚의 양명학설을 주장하려는 사대부가 없는 것은 그들이 추구하는 목적이 한 가지에 집약되어 있기 때문에 그런 것이 아니겠는가? 우리나라는 과거로 몰아가고, 풍기로 옴짝달싹 못하게 묶어 놓았다. 그것을 따르지 않으면 그 자신은 몸을 붙일 곳이 없고, 나아가 그들의 자손을 보전할 수가 없다. 이것이 바로 규모가 큰 중국보다 못한 이유이다.

그렇지만 조선 학술의 한계는 성리학 일변도로 흐르는 학풍에만 있었던 것이 아니었다. 17세기 후반 망명정부로 명맥을 유지하던 南明이 멸망하면서 異民族이 세운 청나라의 중국 지배가 안정기에 들어갔고, 이후 조선과 청의 교류도 점차 활발해졌다. 이때 청에서 발달한 고증학은 조선으로 유입되었고, 일부 학자들은 이를 참조하며 새로운 경학 연구로 나아갔다.

그러자 이제는 새로운 학문 정보의 확산이 문제였다. 조선과 청의 교류가 활발해지면서 청으로부터 학술 정보가 많이 들어왔지만, 여기에 접근하는데 있어 수도권에 거주하는 학자와 지방에 거주하는 학자 사이에 커다란 격차가 벌어졌던 것이다. 19세기 초, 죄인의 몸으로 전라도 강진에 유배되었던 정약용은 자식들에게 서울에 살면서 文華의 안목을 떨어뜨리지 않기를 신신 당부했다.[4]

중국은 文明이 일반화되어 궁벽한 시골이나 산골 마을에 살아도 聖人이 되고 賢人이 되는 데에 장애가 없다. 우리나라는 그렇지 못하여 都城의 문에서 수십 리만 벗어나도 이미 황량한 세계가 되어 버리니, 하물며 멀리 떨어진 외딴 곳은 말할 게 있겠는가?
士大夫의 家法이란 벼슬길에 나갔을 때에는 즉시 높직한 산언덕에

---

4) 丁若鏞, 『與猶堂全書』, 詩文集 卷18, 「示二兒家誡」.

세내어 살면서 處士의 본색을 잃지 말아야 하고, 벼슬에서 떨어지면 즉시 서울에 의탁해 살면서 文華의 안목을 떨어뜨리지 않아야 한다. 나는 지금 이름이 죄인의 명부에 올라 있기 때문에 너희에게 우선 시골집에서 숨어 지내도록 했지만, 뒷날의 계획은 오직 서울의 십 리 안에 거처하는 것이다. 만일 家勢가 쇠락하여 도성에 깊이 들어갈 수 없다면, 반드시 잠시 近郊에 머물며 과수를 심고 채소를 가꾸어 생계를 유지하다가, 재산이 좀 넉넉해지기를 기다려 도심의 중앙으로 들어가더라도 늦지 않을 것이다.

이 글은 성리학에 몰두했던 조선후기의 지식인들이 청에서 들어오는 학문 정보를 어떤 방식으로 수용하면서 새로운 경학관을 정립해 나가는지를 살펴보기 위해 작성되었다. 이를 위해 먼저 15, 16세기에 경서언해가 이뤄지는 과정을 정리했고, 17, 18세기에 주자학 연구가 주류를 이루던 조선 학계에 청대의 학문이 도입되고 정조의 학문정책이 더해지면서 경학 주석이 집대성되고 경세학적 경학관이 출현하는 과정을 검토했다. 그리고 맺음말에서는 경학 연구의 마지막 단계로 19세기에 경학이 해체되는 현상을 서술했다.

2. 경서언해의 출현

유교 경전이 전해지자 이를 국어식으로 읽으려는 노력이 시작되었다. 고려말 주자학 계열의 주석이 붙은 經書가 전해지자 이에 口訣을 붙이고 諺解하는 작업이 병행되었는데, 이는 元나라에서 경서 直解를 편찬한 것에서 보듯 이민족이 중국의 서적을 이해하려면 불가피한 작업이었다. 고려말에 鄭夢周가 詩經口訣을 낸 것이나, 조선초에 權近이 詩經·書經·易經에 관한 구결을 낸 것은 모두 경서를 이해하기 위한 노력이었다.5)

　세종대에 구결에 의한 경서의 해독이 어느 정도 이루어졌을 때 명나라로부터 『四書五經大全』이 들어왔고, 거의 동시에 국내에서 훈민정음이 창제되었다. 『사서오경대전』본의 유입과 훈민정음의 창제는 한국경학사에서 중요한 의미를 가진다. 보다 완전한 경서의 底本을 바탕으로 하면서 독자의 문자인 훈민정음으로 讀音·口訣을 달거나 경문 전체를 번역할 수 있게 되었기 때문이다. 이후의 과정은 『사서오경대전』의 완전한 번역을 추구하는 과정이라 할 수 있다.

　세종은 집현전 관리인 金汶, 金鉤, 崔恒, 徐居正 등을 시켜 『소학』과 사서오경의 구결을 정하게 했다. 작업이 진행되던 중에 김문이 사망하자 세종은 김구를 불러 대신하게 했다.6) 그러나 이러한 세종의 지시는 당대에 마무리되지 못하고 세조대에 가서 결실을 보았다.

　1466년(세조 12) 2월, 세조는 사서삼경의 구결을 제정한 자와 교정하는 자들을 불러 서로 논란하게 했다. 이때 『소학』 구결은 세조 자신이 만들었고, 『春秋左氏傳』의 구결도 따로 작업을 하고 있었다. 당시 사서삼경의 구결을 제정한 사람과 토론에 참석한 사람을 정리하면 다음의 <표 1>과 같다.7) 이들은 제정된 구결을 놓고 논란을 벌이면서 교정을 보았는데, 중요한 구절에 대해서는 일일이 세조의 재가를 받았다. 세조 당시 구결 작업의 저본은 『사서오경대전』이었는데, 그 때의 성과물로 현재 남아있는 것은 『周易傳義口訣』과 『禮記集說大全口訣』이 있다.8)

---

5) 『世宗實錄』 卷40, 世宗 10년 윤4월 기해(18일).
6) 『世宗實錄』 卷119, 世宗 30년 3월 계축(28일).
7) 『世祖實錄』 卷38, 世祖 12년 2월 신사(9일) ; 崔恒, 『太虛亭集』, 文集 卷2, 「經書小學口訣跋」.
8) 安秉禧, 「世祖의 經書口訣에 대하여」 『奎章閣』 7, 1983, 4~13쪽.

<표 1> 1466년 사서오경 구결 제정자 및 토론자

경서	제정자	토론자	기타
小學	世祖	丘從直(지중추부사)	李補((孝寧大君), 李琰(永膺大君)
詩	鄭麟趾(河東君)	金禮蒙(동지중추부사)	具致寬(좌의정), 黃守身(우의정)
書	鄭昌孫(蓬原君)	鄭自英(공조참판)	洪達孫(南陽君), 朴元亨(右贊成)
禮	申叔舟(高靈君)	李英垠(이조참의)	崔恒(左參贊), 尹子雲(右參贊)
論語	李石亨(한성부윤)	金壽寧(호초참의)	韓繼禧(이조판서), 盧思愼(호조판서)
孟子	成任(이조판서)	朴楗(전 우승지)	金國光(지중추부사), 魚孝瞻(지사)
大學	洪應(동지중추부사)		徐居正(지사)
中庸	姜希孟(형조판서)		

중종대에는 柳崇祖가 중심이 되어 경서 구결을 제정하여 선조 초까지 참고가 되었고, 명종대에는 이황의 『經書釋義』가 완성되었다. 『경서석의』는 『사서오경대전』에 수록된 사서삼경의 경문과 주석들을 대상으로 하여 吐釋과 音註, 학문적 쟁점을 검토한 것으로 16세기 조선의 학문적 수준을 보여주는 것이다. 또한 선조 초년에는 이이가 『大學吐釋』을 별도로 편찬했다.

경서언해의 결정판은 선조대에 만들어졌다. 1574년(선조 7), 『주자대전』의 교감 작업을 진행하던 柳希春이 처음 시작했고, 1585년(선조 18)에 언해본 편찬을 위한 校正廳이 설치되면서 작업이 더욱 본격화되었다. 처음 유희춘은 이황이 교정한 『朱子大全』 『朱子語類』 『四書五經口訣諺解說』을 바탕으로 하고, 이이의 『大學吐釋』을 참고하면서 작업을 진행했다. 그러나 1576년 유희춘이 병으로 사망하고, 그 직후에 이이의 『四書吐釋』이 마무리되었다. 1585년 교정청이 설립된 이후의 작업은 기왕의 성과를 바탕으로 하면서 결정판을 만드는 작업이었다. 1586년 『小學諺解』의 간행을 시작으로 『四書諺解』 『詩傳諺解』 『書傳諺解』 『周易諺解』 『孝經諺解』가 순차적으로 나왔고, 1602년 『주역언해』의 간행을 끝으로 언해 작업이 마무리되었다.

조선초 권근의 구결에서 시작된 경서언해 작업은 선조 연간에 교정청 언해본이 간행됨으로써 마침내 결실을 맺었다. 선조대에 편찬된 언해본은 경서의 본문을 大文으로 하고 吐를 단 다음 이를 언해하는 방식이었다. 그러나 이 언해본은 주자의 『四書集註』『易本義』『詩集傳』이나 程伊川의 『易傳』, 蔡沈의 『書集傳』에 근거하여 경문의 장구를 읽는 것을 도와주는 것이므로, 『사서삼경대전』의 학습을 도와주었지 경전의 해석을 새롭게 시도한 것은 아니었다. 선조대에 완성된 언해본은 인조대 이후 국가의 기본 교과서로 공인되었고, 기왕에 나와 있던 다른 학자들의 언해는 폐지되었다.9)

　이후의 경학 연구는 선조대에 마무리된 언해본을 바탕으로 『사서오경대전』을 이해하면서 새로운 경학 해석을 시도하는 과정이었다.

3. 조선후기의 주자학 연구

　조선후기의 지식인은 『朱子大全』·『朱子語類』와 같이 방대한 주자의 저작을 요약하고 이를 정밀하게 분석하는 작업을 통해 주자학에 대한 이해를 심화해 나갔다. 『주자대전』을 選集으로 편찬하는 방식은 이미 중국에서도 있었는데, 王柏의 『紫陽書詩類』나 高攀龍의 『朱子節要』와 같은 책이 그러한 예에 속한다. 조선에서 이러한 전통은 이황의 『朱子書節要』에서 시작하여 鄭經世의 『朱文酌海』, 宋時烈의 『節酌通編』으로 이어졌다. 이황은 또 『주자서절요』의 주석서에 해당하는 『朱子書節要記疑』를 편찬했는데, 송시열은 이를 계승하여 『주자대전』 전체의 주석서인 『朱子大全箚疑』를 편찬했다. 다음은 송시열이 『주자대전차의』를 편찬하면서 작성한 서문이다.10)

　退溪 李先生(李滉)께서 『주자대전』의 簡牘을 뽑아 20권으로 만들고

---

9) 沈慶昊, 「詩經論의 전개」, 『조선시대 漢文學과 詩經論』, 일지사, 1999, 451~452쪽.
10) 宋時烈, 『宋子大全』 卷139, 「朱子大全箚疑序」.

『주자서절요』라 이름했다. 다시『주자서절요기의』1책으로 그 핵심 내용과 이해하기 어려운 곳을 해석하여 蒙士들을 가르쳤으니 그 공이 크다. 그 뒤에 文肅 鄭公(鄭經世)이 다시『朱文酌海』8권을 만들어 세상에 통행시켰으니 이는『주자서절요』의 羽翼이다. 두 책을 보면 그전에 『주자대전』을 아득하게 바라보았던 사람들이 요약을 통해 박학함을 다할 수 있다. 그런데『기의』란 책은『주자서절요』에서 그치고,『주문작해』에 대한 것은 누락되었다.

나는 손자 宋疇錫과 함께 일찍이『기의』를 계속하여『주문작해』를 모두 해석하고, 이로 계기로 그 나머지에까지 이르러 빠트리거나 잊어버린 것을 갖추고자 했다. 다만 참람한 짓이 아닐까 걱정하여 文谷 金相國(金壽恒)에게 의논하자, 상국께서 좋게 들으시고 도와주겠다고 하셨다. 내가 이에 箚錄하여 질문하면, 잘못을 바로잡고 빠진 것을 보충해 주었는데, 정밀하고 박학함이 극진했다. 더러는 그의 伯氏와 仲氏인 谷雲(金壽增)과 止堂(金壽興)과도 한두 가지를 의논했는데, 이 세 분은 文正 선생(金尙憲)의 적손이다. (중략) 책의 편찬이 대략 이루어지자 友人인 權尙夏(致道)에게 부탁하여 상국의 후사인 金昌協(仲和)과 함께 교정을 보게 했으며, 나는 더욱 노쇠해져서 다시 힘을 쓰지는 못했다.

『주자대전차의』는 주자의 주석을 통해 경서를 이해할 뿐만 아니라 주자학 자체를 이해하기 위해『주자대전』에 대한 주석서를 만든 것으로, 조선 지식인들의 주자학에 대한 연구가 그만큼 치밀해졌음을 의미한다. 이들은 성리학을 正學으로 규정하고 이를 수호하는 운동을 벌였고, 주자서 연구를 위한 보조 자료를 만들거나 논리적으로 일치하지 않는 곳을 찾아 일일이 대조하면서 정합적으로 해석하는 작업을 진행했다.11) 이러한 방식의 주자서 연구는 19세기까지 계속되었는데, 그 목록을 정리하면 <표 2>와 같다.

---

11) 金駿錫, 「朝鮮後期 畿湖士林의 朱子인식-朱子文集·語錄 연구의 전개과정」『百濟研究』18, 1987, 99~119쪽 ; 李俸珪,『宋時烈의 性理學說 研究』, 서울대 박사학위논문, 1996, 37~41쪽.

<표 2> 조선시대 주자서 선본 및 연구서 목록

연구자 ＼ 구분	書名	권, 책	기타
李 滉	朱子書節要	20권 10책	1563
	朱子書節要記疑	15권 2책	
	朱書百選	6권 2책	1567
李德弘	朱子書節要講錄	1책	1561(?)
鄭經世	朱文酌海	16권 8책	1622
趙 翼	朱書要類	12권 6책	1642
朴世采	朱子大全拾遺	6권 2책	1672
宋時烈	朱文抄選	4권 2책	1683
	節酌通編	36권 20책	1686
	節酌通編補遺	7권 5책	
	朱子大全箚疑	121권 17책	1689
金昌協	朱子大全箚疑問目	12권 12책	1680년대
	朱子語類同異考	6권 3책	
魚有鳳	朱子語類要節略		
李 縡	朱子語類抄節		
李栽·李象靖	朱書講錄刊補	6권 3책	1713
	朱子大全集覽	4책	1726
韓元震	朱子言論同異考	6권 3책	1741
姜浩溥	朱書分類	84책	
李宜哲	朱子大全箚疑後語	18권 9책	1762
	朱子語類考文解義	42권 10책	1774
金敏材	朱子大全箚疑補	121권 6책	1771
柳希春·洪啓禧	朱子文集語類校刊凡例		1771
安鼎福	朱子語類節要	8권 5책	
正 祖	朱子會選	48권	1774
	紫陽子會英	3권	1775
	朱子選統	3권	1781
	朱書百選	6권 2책	1794
	朱文手圈	10권	1798
	朱書分類	12권 6책	1802
李震相	朱子言論同異考辨		1852
金邁淳	朱子大全箚疑問目標補	24권 12책	1854
李恒老	朱子大全箚疑輯補		
	朱子大全集覽	20권	

주자서를 정밀하게 연구하여 그 定論을 확립하는 연구는 西人내지는 老論계 학자들에게서 많이 나타난다. 이에 비해 남인이나 소론계 학자들은 주자의 주석에 의문을 표시하고 연구 대상도 四書에서 六經으로 옮겨가는 경향을 보였다. 그러나 이들이 주자의 주석을 비판한다고 해서 주자학을 완전히 도외시한 것은 아니었다.

남인이나 소론계 학자들은 주자를 존경한다고 그 학설마저 맹종하는 것은 결국 학문을 황폐화시키는 것이며, 오히려 이를 비판적으로 계승하여 더욱 발전시키는 것이 후학의 책무라 생각했다. 따라서 이들 역시 진정으로 주자를 존숭했던 학자들이라 할 수 있다.[12] 초기 실학을 열었던 것으로 평가받는 유형원의 학문이 성리학에 깊은 조예를 가졌고, 성리학적 교양 속에서 시대 현실에 대처하려는 학문이 실학으로 나타났다는 해석도 이런 점에서 유효하다.[13]

조선의 지식인들은 名物의 訓詁에 있어 주자학에 약점이 있음을 인정했다. 그렇지만 경학 연구에서 중요한 것은 이미 주자가 마무리했기 때문에 후대 학자들의 연구는 그 중요도에 있어 주자학에 크게 미치지 못한다고 생각했다. 조선의 지식인들이 주자학을 깊이 신뢰한 것은 李滉으로부터 비롯되었다. 이황은 李彦迪이 『大學章句補遺』에서 주자의 『대학장구』를 개정하자 다음과 같이 비판했다.[14]

지금 이곳에 큰집이 있는데, 正寢(經文)은 온전하여 흠이 없고 廊廡(傳文)에는 한 군데 잘못된 곳이 있다. 大匠(朱子)이 그것을 발견하고 손질하여 보수를 하자 재목도 좋고 규모도 훌륭하여 조금도 논란할 것이 없었다. 뒤에 良工(주자 이후의 학자)이라는 자가 지나가다 그 집을

---

12) 최석기, 「貞山 李秉休의 경전해석과 그 의의」, 『21세기에 다시 읽는 實學』, 성균관대 대동문화연구원, 2002, 44쪽.
13) 李佑成, 「初期 實學과 性理學과의 關係-磻溪 柳馨遠의 경우」, 『東方學志』 58, 1988, 16~22쪽.
14) 李滉, 『退溪先生全書』 권12, 「答李仲久 別紙」(甲子).

보고 자신이 이 집에 손을 댈 곳이 하나도 없다는 것이 부끄러웠다. 그
래서 억지로 지혜를 짜내고 팔을 걷어 부치면서, 大匠이 보수한 것을
허물고 正寢의 재목 몇 개를 빼어 허문 곳을 보완하려고 했다. 게다가
정침의 재목이 원래 廊廡의 재목이 아니란 것을 알지 못했기 때문에,
완전하게 수리하고자 했지만 완성을 보지 못하고 집이 무너지고 말았
다.

조선의 지식인들은 명물의 훈고에 장점을 가진 고증학이 들어오자
당대의 학문을 義理之學, 經濟之學, 文章之學, 考證之學으로 구분하
여 파악했다. 이들은 의리지학, 경제지학, 문장지학이 이미 송나라 때
에 거의 갖춰졌고, 새로 들어온 고증지학은 경서의 연구에 장점을 가
지지만 고증 자체가 경서 연구의 목적일 수는 없다고 생각했다. 그들
에게 있어 경서 연구의 목적은 의리를 파악하는 것이었고, 의리를 위
주로 하는 주자학은 여전히 正學이었다.
다음은 19세기 초의 학자인 洪奭周의 발언인데 주자학과 고증학의
장단점을 설명하는 논리가 이황의 그것과 매우 유사한 것임을 알 수
있다.

義理之學, 經濟之學, 文章之學은 漢에서 시작하여 宋에 이르러 대
략 갖추어졌다. 뒤에 온 사람은 그 대작을 계승해서는 끝내 앞사람을
이길 수가 없었다. 오직 미세하고 급하지 않은 것에는 더러 앞사람이
미치지 못한 것이 있었으므로, 저들이 앞사람을 이기려고 한다면 앞사
람이 미치지 못한 것을 찾을 수밖에 없고, 그러자면 考證에서 찾을 수
밖에 없었다. 그러나 고증 중에서도 큰 것은 앞사람이 이미 다 해놓았
으므로 작고 지엽적인 것에서 찾을 수밖에 없었다. 아아! 지금 이후로
천하의 학술은 점점 떨어질 것이다.
考證之學은 실로 독서하는데 도움이 없지 않다. 그러나 근세의 학문
은 오직 이것에만 힘써서 經을 말하는 사람들은 義理를 강구하지 않
고, 史를 말하는 사람은 治亂을 묻지 않으며, 오직 훈고의 차이와 시기

의 선후만 가지고 논란하는 것을 평생의 가계로 한다. 정력을 다하여 찾고 입술이 마르도록 다투면서 평생을 다해도 그칠 줄을 모르니 마음을 잘못 쓰는 것이라 하겠다.[15)]

조선의 지식인들은 청대의 학자 가운데 주자의 주석을 정밀하게 연구한 汪份과 李沛霖의 연구를 긍정적으로 평가했다. 汪份의 『四書大全』이나 李沛霖의 『四書朱子同異條辨』은 모두 18세기 초에 나온 저작으로, 주자의 주석에 대한 역대의 주석들을 종합 정리한 것이다. 1709년(숙종 35) 1월, 崔錫鼎이 『禮記類編』에서 『대학』과 『중용』을 『예기』로 되돌리고 이에 대한 주자의 주석을 임의로 편집한 것 때문에 큰 물의가 일어났다. 당시 金昌翕은 주자의 체제를 따랐던 李沛霖의 『사서주자동이조변』을 거론하면서 최석정의 학문을 비판했고,[16)] 그 동생인 金昌緝은 『사서주자동이조변』을 일일이 분석하면서 이 책이 박학하고 상세한 장점이 있지만 몇 군데 분명하지 못한 곳이 있다고 주장했다.[17)] 또한 홍석주는 汪份과 李沛霖을 宋學의 訓詁를 전문으로 하는 학자로 파악하며, 많은 자료를 수집하고 고증이 정밀하여 명대에 정리된 『사서대전』의 오류를 바로잡았다고 평가했다.[18)]

조선후기의 경학 연구는 주자의 주석을 정밀하게 이해하고 이를 통해 경서의 본지를 파악하는 데 중점이 있었다. 조선의 지식인들이 『주자대전』의 주석서를 만들거나 주자 주석에 대한 청대 학자의 연구서를 긍정적으로 평가한 것은, 주자학을 정확하게 이해하는 데 크게 도움이 된다고 생각했기 때문이다.

---

15) 洪奭周, 『鶴岡散筆』 卷1, 21쪽.

16) 『肅宗實錄』 卷47, 肅宗 35년 1월 경인(18일).

17) 金昌緝, 『圃陰集』 卷5, 「李沛霖四書同異條辨辨」.

18) 金文植, 『朝鮮後期 經學思想 研究』, 일조각, 1996, 149~151쪽.

4. 청대 학문의 도입과 毛奇齡의 경학

조선의 지식인들은 주자학을 正學으로 규정하고 이에 대한 연구를 심화하는 과정에서 주자의 학설이 시기에 따라 변화가 있고 명물 훈고의 파악에 오류가 있음을 발견했다. 그들은 주자가 만년에 주장한 학설과 자신의 학설은 동일하다고 주장했던 王陽明의 「朱子晚年定論」을 수긍하지 않았지만, 이를 통해 주자의 학설이 시기에 따라 차이가 있음을 깨달을 수 있었다.[19] 또한 18세기에 들어와 청에서 간행한『古今圖書集成』과『四庫全書』는 조선 학자들의 지적 호기심을 강하게 자극했다. 주자학의 미비점을 보충하려는 내적 욕구가 활발한 가운데 청에서 방대한 서적을 출판하자 조선의 지식인들은 청대의 학문을 적극적으로 도입했다.

조선의 지식인들이 청대의 학문을 도입하는 방식은 일정한 비판을 거친 제한적인 것이었다. 이들은 특히 청대 학자의 행적과 학문 성향에 따라 평가를 달리했는데, 明 왕조에 대한 의리론에 하자가 없고 주자학을 옹호하는 학자들을 긍정적으로 평가했다. 이를테면 錢謙益은 명말 東林黨의 지도자였지만 청조에 항복하여 고위직에 오른 인물이란 점에서 비판하는 반면, 顧炎武는 명에 대한 절의를 지킨 인물로 평가를 받았다. 呂留良이나 李光地는 주자학에 정통하다는 이유로 긍정적인 평가를 받았지만, 毛奇齡은 주자의 경학을 공박했다는 점에서 많은 비판을 받았다.[20]

그런 가운데 청 학문의 도입은 계속되었고, 19세기에는 徐乾學의『通志堂經解』, 阮元의『皇淸經解』, 秦蕙田의『五禮通考』와 같이 방대한 저작들이 지식인들의 필독서로 거론되는 상황에 이른다.[21]

---

19) 林象德,『老村集』卷10,「讀書箚錄」心經.
20) 金文植,「18세기 후반 서울 學人의 淸學認識과 淸 文物 도입론」,『奎章閣』17, 1994, 14~20쪽.
21) 申錫愚,『海藏集』卷17,「紫霞軼譚」. 이 글은 1835년 11월, 申錫愚가 자신을

經說을 집대성한 것으로는 徐乾學의 『經解』만한 것이 없는데 그 분량이 600~700권이나 된다네. 秋史(김정희)가 한 질 소장한 것을 내가 얻어본 적이 있었는데, 經義를 돕는 것이 많지만 번잡함이 지나쳤지. 근래에 『皇淸經解』가 있는데 阮元이 편집한 것이야. 역대의 經說이 청나라에 와서 크게 갖추어졌는데, 이 청나라 학자는 爾雅하고 考據에 정밀하기 때문에 이 책이 높은 평가를 받는다네.……秦蕙田의 『五禮通考』는 吉凶이 모두 갖추어져 있는데, 徐乾學의 『讀禮通考』가 그 중에 들어가면 완전한 책이 되지. 唐·宋 이래 책을 편찬하는 신하들이 윗사람에게 아부하고 말을 감추는 것이 많았는데, 凶禮는 이 책에 와서 크게 갖추어졌다네.

毛奇齡은 조선의 지식인들로부터 가장 많은 비판을 받은 청의 학자였다. 그는 청대 浙東학파의 한 사람으로 博學鴻詞科를 거쳐 청의 관리가 되었고, 『明史』 편찬에 참여했다가 병이 나서 고향으로 돌아가며 벼슬길을 그만두었다. 毛奇齡은 六經四書를 아우르는 방대한 저술을 통해 經의 본 뜻을 밝혀낸 공적이 많았는데,22) 주자의 주석을 공박했다는 이유로 조선 지식인들의 비판을 받았다.

모기령을 비판한 조선의 지식인에는 주자학 계통의 학자는 물론이고, 청대 학문에 호의적이던 학자도 포함되어 있다. 李德懋는 모기령이 명나라에 忠節을 지킨 학자들을 논박하고 程朱學을 공격한 것을 비판했고, 朴齊家는 주자의 학설이 古注의 미비점을 비판하지만 결국은 古注와 합치되는 것을 제대로 이해하지 못한 학자로 모기령을 꼽았다.23) 고증학의 대가인 金正喜는 모기령이 宋儒를 공격하는 것을 능사로 삼고 독단적으로 해석한 것이 많다고 비판했다.24)

찾아온 申緯와 하룻밤 동안 나눈 대화를 기록한 것이다.
22) 『淸史稿』 卷481, 列傳 卷268, 儒林 2, 「毛奇齡」. 毛奇齡의 경학 저술은 重輯本인 『毛西河先生全集』(『西河合集』) 경우 51종 236권에 이른다.
23) 李德懋, 『盎葉記』 卷3, 「毛奇齡駁忠臣」; 朴齊家, 『貞㽸文集』 卷4, 「答金大雅正喜」.

固陵(모기령을 말함)이 나와서는 濂·洛·關·閔의 틀을 크게 배반하여 굽은 것을 바로잡는 것이 中正의 도에 지나치고 강압적으로 독단한 것이 가장 많아 古訓에 모두 부합할 수가 없었다. 그는 宋儒들을 비난하고 공격하는 것만을 능사로 삼아서, 이른바 천하 학술의 다른 것을 보지 못하게 되었으니, 그 폐단은 장차 이루 다 말할 수 없는 것이 있다.

모기령의 학설에 대해 가장 강하게 비판한 지식인은 정약용이었다. 정약용은 자신의 경학 저술에서 모기령의 설을 두루 인용하며 비판했는데, 특히 고문상서를 眞古文으로 강변한 모기령의 『古文尙書冤詞』에 대해서는 비판의 강도를 높였다.[25]

毛奇齡이 지은 경전에 관한 학설 수백 권은 한결같이 宋儒의 학설을 반대하며, 辭氣가 사납고 오만하여 놀랍고 싫증이 날만하다.……이른바 『古文尙書冤詞』 8권은 오직 朱子를 배척하고 梅賾을 억지로 변호하려는 것이었다. 아, 그의 박식함과 놀라운 기억력은 伏生과 孔安國의 문호를 변별하고 鄭玄과 매색의 진위를 밝혀주기에 충분한데도 치우치고 편협한 마음 때문에 遁辭를 함부로 내었으니, 답답한 마음을 견디지 못하겠다.

이상에서 보듯 조선의 지식인들은 모기령의 학설을 비판했지만 그의 영향 또한 많이 받았다. "明나라 이후 漢學을 밝혀 사람들이 空言으로 經을 말하지 못하게 한 것은 毛奇齡에서 시작되었다"는 평가에서 보듯,[26] 조선후기의 경학자라면 모기령의 학설을 의식할 수밖에 없는 상황에 있었다.

다음의 <표 3>은 朱熹, 毛奇齡, 丁若鏞의 경학 연구서를 비교한 것

---

24) 金正喜, 『阮堂全集』 卷1, 「學術辨」.
25) 丁若鏞, 『梅氏書平』 卷3, 「冤詞1」.
26) 『淸儒學案』, 「西河學案」.

인데, 모기령의 연구 범위가 얼마나 광범위한 것인지를 알 수 있다.

<표 3> 朱熹·毛奇齡·丁若鏞의 경학 연구서 비교[27]

경서 \ 경학자		朱 熹	毛奇齡	丁若鏞
六經	詩	詩集傳(8)	國風省篇(1) 毛詩寫官記(4) 詩札(1) 詩傳詩說駁義(5) 白鷺洲主客說詩(1) 續詩傳鳥名	詩經講義(12) 詩經講義補(3)
	書		古文尙書冤詞(8) 尙書廣聽錄(5)	梅氏尙書平(9) 古訓蒐略(6) 尙書知遠錄(7) 尙書古訓(21) 閻氏尙書疏證鈔(4) 讀尙書補傳(1)
	易	周易本義(12) 易學啓蒙(14)	仲氏易(30) 推易始末(4) 太極圖說遺議(1) 易小帖(5)	周易四箋(24) 易學緒言(12)
	禮	儀禮經傳通解(37) 家禮(8) 古今家祭禮(20)	昏禮辨正(1) 廟制折衷(1) 大小宗通繹(1) 辨定祭禮通俗譜(5) 喪禮吾說篇(10) 曾子問講錄(4) 周禮問(2) 明堂問(1) 學校問(1) 郊社禘祫問(1)	喪禮四箋(50) 喪禮外編(12) 四禮家式(9) 國朝典禮考(2) 禮疑問答
	春秋		春秋毛氏傳(36) 春秋屬辭比事記(4) 春秋條貫篇(11) 春秋占筮書(3) 春秋簡書刊誤(2)	春秋考徵(12)

---

27) 괄호 안의 숫자는 권수를 말한다.

六 經	樂		聖諭樂本解說(2) 竟山樂錄(4) 皇言定聲錄(8) 李氏學樂錄(2)	樂書孤存(12)
四 書	四書	四書或問(39) 論孟精義(34)	四書索解(4) 四書賸言(4) 四書賸言補(2) 四書正事(8) 四書改錯(22)	
	論語	論語集註(10) 論語訓蒙口義(8)	逸講箋(3) 論語稽求篇(7)	論語古今注(40)
	孟子	孟子集註(7)	逸講箋(3)	孟子要義(9)
	中庸	中庸章句(1) 中庸集略(2)	中庸說(5)	中庸自箴(3) 中庸講義補(6)
	大學	大學章句(1)	逸講箋(3) 大學證文(4) 大學知本圖說(1) 大學問(1)	大學公義(3) 大學講義(1)
기타	小學	小學	古今通韻(12) 易韻(4)	小學枝言(1) 小學珠串
	心經			心經密驗(1)
	孝經		孝經問	

　조선후기의 지식인들은 모기령이 주자의 학설을 아무 거리낌 없이 비판하는 것을 보면서 엄청난 충격을 받았고 이에 강하게 반발했다. 그렇지만 모기령이 동원하는 방대한 자료와 논리적 치밀함까지도 도외시할 수는 없었다. 이에 따라 조선의 지식인들은 모기령의 好勝之心을 비판하면서도 한학과 송학을 절충하거나 주자학을 새롭게 발전시키려고 할 때 모기령의 학설을 많이 참고했다.

　정조는 『詩經講義』나 『周易講義』를 통해 모기령의 학설을 의식하는 질문을 했고, 서유구는 『시경』 연구에서 주자와 모기령의 학술을 절충하려는 시도를 했다.28) 정약용은 易學 연구에서 易理四法 가운데

---

28) 沈慶昊, 「조선후기의 경학연구법 분화와 毛奇齡 비판」, 『東洋學』 29, 1999,

推移・物象・互體에 대한 해석에서 모기령의 학설을 수용했고,[29]『시
경』연구에서 주자의 淫詩說을 부정하고 美刺說을 주장하면서 역시
모기령의 학설을 수용했다.[30]

조선의 지식인들이 모기령의 학설을 수용한다고 해서 그의 학문 체
계까지 그대로 수용하는 것은 아니었다. 그렇지만 모기령의 학설은 불
변의 진리로 인식되던 주자학이 漢學에 대비되는 宋學으로 상대화되
고, 주자의 주석은 여러 주석 가운데 하나일 뿐이라는 사실을 깨닫는
데 결정적인 기여를 했다. 이제 조선의 지식인들은 주자의 주석과 함
께 모기령을 비롯한 여타 학자들의 주석을 대등하게 보았고, 여러 주
석을 비교하면서 새로운 해석을 시도하게 되었다.

5. 정조의 학문정책과 그 영향

조선후기 경학관의 변화에 있어 정조의 학문정책은 많은 영향을 미
쳤다. 삼대의 이상적 군주상인 君師를 삼대 이후로는 최초로 실현한
것으로 자부한 정조는 많은 저술을 남긴 대학자였다. 정조는 개인문집
인『弘齋全書』184권을 남긴 이외에도『群書標記』에 수록된 책이 150
여 종, 4천 권에 이른다. 물론『군서표기』에는 정조가 편찬을 주관한
御定書와 규장각 각신을 비롯한 국왕 측근의 신료들이 편찬한 命撰書
가 함께 있어, 4천 권 모두가 정조의 저술은 아니다. 그렇지만 정조의
의도가 반영된 어정서만 하더라도 2,490권에 이르는 방대한 분량이다.

41~49, 57~58쪽.

29) 김승동,「毛奇齡과 丁若鏞의 易卦 해석에 관한 비교 연구」,『인문논총』36,
　　부산대학교, 1990 ; 신원봉,「다산의 易學觀 정립에 미친 淸代 사상의 영향 -
　　毛奇齡을 중심으로」,『다산학』3, 2002, 189~190쪽.
30) 심경호,「丁若鏞의 詩經論과 청조 학술-특히 毛奇齡설의 비판 및 극복과 관
　　련하여」,『다산학』3, 2002, 227~229쪽.

정조의 측근 관료였던 徐瀅修는 정조의 저술이 분량이 많은데다 경서에서 주자 이후의 과제를 해결하고 역사서에서 司馬遷·班固의 필법을 계승했다고 평가했는데,31) 이는 그 나름대로 근거가 있었던 것이다.

정조는 규장각의 초계문신제를 통해 뛰어난 학자들을 양성했을 뿐만 아니라, 성균관·四學·지방의 유생들을 시험하고 선발하는 일체의 과정을 주관함으로써 당대의 학풍을 주도해 나갔다.32) 따라서 정조의 학문정책이나 경학관은 어떤 식으로든 당대의 학자들에게 큰 영향을 미칠 수밖에 없었다.

정조의 학문정책 가운데 경학관의 변화와 관련이 있는 것은 『四書五經大全』을 비판한 것이다. 15세기에 조선으로 전래된 『사서오경대전』은 동시기에 들어온 『朱子大全』 『朱子語類』와 함께 조선 성리학의 발달에 큰 영향을 주었던 책이다. 그러나 『사서오경대전』이 官學의 교재로 지정된 이후, 학자들은 그 주석만을 따랐고 경전의 자유로운 해석이나 활발한 학문 토론이 불가능하게 되었다는 데 문제가 있었다. 정조는 『사서오경대전』이 일대의 학문적 성과를 밝혀 유학의 단서를 계발한 공로는 있지만, 결국은 경학의 쇠퇴를 가져왔다고 평가했다.

『사서오경대전』은 永樂 12년(1414) 11월에 시작하여 13년 9월에 완성되었다. 당시 成祖 황제는 학술이 두 갈래로 나눠질 것을 걱정하고 道法이 하나로 귀결되도록 하기 위해 胡廣·楊榮·金攸孜 등에게 명하여 음식을 하사하고 붓 종이 등의 비용을 지급하면서 纂修館을 설치하여 편찬하게 했다.……그는 이 책이 간행되면 가르치고 연구하는 공로가 한 세대에 빛나고 百世 儒林의 실마리를 열어 놓을 것이라 생각한 모양이지만, 겨우 이전 학자들이 이룩해 놓은 업적을 한번 베껴놓

---

31) 김문식, 「정조대에 편찬된 문헌 목록집, 『군서표기』」, 『정조의 경학과 주자학』, 문헌과해석사, 2000, 31~33쪽.

32) 鄭玉子, 「奎章閣 抄啓文臣 연구」, 『奎章閣』 4, 1981 ; 金文植, 「君師 正祖의 敎育政策 硏究」, 『民族文化』 23, 2000.

았을 뿐이다.……

　명나라 학자들이 '경학을 망친 것이 실로 이로부터 시작되었다'고 하고, 청나라 학자들이 '박학다식한 학자들이 보고 비웃을 것을 어찌 생각하지 않았는가'라고 한 것은 지나친 말이 아니다.[33]

　명나라 영락 연간에 儒臣에게 지시하여 『四書大全』을 편찬할 때에 『四書輯釋』을 저본으로 삼았다. 그러나 상세함에서나 간략한 면에서 『사서집석』만 못하며, 그 중에서도 『대학혹문』과 『중용혹문』에는 특히 착오가 많다. 당시 薛瑄 같은 학자들은 이미 『사서대전』이 체계가 없이 어수선한 것에 대해 깊은 유감을 표하면서도 『사서집석』에 대해서는 많은 관심을 보였으니, 두 책의 장단과 우열에 대해서는 옛날부터 定論이 있었던 셈이다.[34]

　정조가 『사서오경대전』을 비판한 것은 새로운 학문, 즉 명·청대의 연구성과를 적극 수용하면서 종래의 경학 연구를 일신하는 계기를 제공했다. 정조는 漢學의 성과를 상당히 수용하는 입장을 보였다. 그는 한학이 焚書坑儒 이후 사방으로 흩어진 경전을 수집하고 누락된 부분을 보충한 공적이 있는 데다, 원경전의 시대와 가깝고 자료 섭렵의 범위가 광범위하기 때문에 경학 연구에 많은 장점이 있다고 보았다. 또한 정조는 청에서 출판되는 서적에 깊은 관심을 가지고 구입을 희망하는 도서목록인 『內閣訪書錄』을 작성하고 『古今圖書集成』 1만 권을 구입했으며, 顧炎武·李光地와 같이 주자학에 깊은 관심을 가지고 경학과 경세학을 밀접하게 연관시킨 학자들의 성과를 적극적으로 평가했다. 그러나 정조는 청대의 考證學에 대해서는 매우 비판적이었다. 그는 고증학이 지엽적인 명물 훈고에 빠져 경학의 本旨를 도외시하는 것이 불만이었고, 宋學의 성과를 비난하거나 엄연한 경서를 후대의 僞書로 취급하는 것을 비판했다.[35]

---

33) 正祖, 『弘齋全書』 卷161, 「日得錄」, 文學, 26~27쪽.
34) 『弘齋全書』 卷182, 群書標記 卷4, 御定, 「重訂四書輯釋三十八卷」.

정조는 주자학을 공자 이후 유학의 정통을 계승한 正學으로 파악했
다.36)

> 朱夫子는 孔夫子 이후의 일인자이다. 堯·舜·禹·湯의 도는 공자
> 로 인해 밝혀졌고, 孔子·曾子·子思·孟子의 학문은 주자로 인해 전
> 해졌으니, 주자가 높아진 다음에야 공자가 높아지게 된다. 천지를 위해
> 마음을 세우고, 백성을 위해 天命을 세우며, 만세를 위해 태평을 열어
> 놓았고, 떳떳한 가르침을 끝없는 우주에 밝히며, 올바른 법도를 당대에
> 베풀었다. 그로 인해 異端이 종식되고 백성의 뜻이 안정되었으니, 바
> 로 우리 유학을 지키고 정학을 옹호했기 때문이다. 그런데 그 근본을
> 밝혀보면 우리 주부자를 높이는 것 이것이다.

정조는 학문정책의 방향을 '유학을 지키고 정학을 옹호하는 것'에 두
었는데, 이는 결국 정학인 주자학을 발전시키려는 것이었다. 실제로 정
조는 주자학에 학문적 기반을 두고 주자의 모든 저술을 집대성하려 했
고,『朱書百選』,『朱子書節約』,『雅誦』등으로 이어지는 일련의 주자
서 選本을 편찬 보급하기도 했다.

그렇지만 정조가 주자학을 완벽한 학문으로 파악한 것은 아니었다.
정조는 주자의 학설이 시기에 따라 달라지는 부분이 있고, 주자와 제
자의 설에 상충되는 점이 있으며, 人心=人欲=惡으로 파악하는 人性論
에도 무리가 있다고 생각했다. 따라서 정조는 주자학을 그대로 따르기
보다는 그 오류를 지적하고 비판적으로 계승하는 것이 오히려 주자학
의 진면목을 드러내는 것이라 생각했다. 정조가 초계문신을 대상으로
한『詩經講義』에서 毛奇齡을 비롯한 청대 학자들이 주자학을 비판한
성과를 재검토하게 한 것도, 결국은 義理之學으로서의 宋學을 중시하
고 그 우위성을 입증하기 위해서였다.37)

---

35) 金文植,『朝鮮後期 經學思想 研究』, 일조각, 1996, 48~51쪽.
36)『弘齋全書』卷29, 綸音,「命使行購朱夫子書眞本」, 1799.

정조는 주석을 제거한 白文本이나 經文과 함께 특정 학자의 주석만 수록한 定本을 편찬함으로써 경학 발전의 계기를 마련했다. 주석이란 원래 원문의 내용을 쉽게 이해할 수 있도록 붙여진 해설이었다. 그러나 후대로 올수록 주석은 계속 늘어났고, 심지어는 주석의 내용을 놓고 다시 논란을 벌이는 주석까지 나타났다. 이 때문에 복잡한 주석을 따라가다 보면 원문의 본지를 파악하기보다 주석의 논란에 휩쓸려 어디로 갈지를 모르는 상황이 벌어졌다. 이에 정조는 모든 주석을 제거하고 경서의 원문만 수록한 『三經四書正文』을 편찬했는데, 이는 주석에 구애됨이 없이 經文에서 유학의 본지를 발견하고자 했기 때문이었다. 또한 정조는 후대의 주석 일체를 제거하고 元나라 倪士毅가 편찬한 『四書輯釋』을 재간행했는데, 이는 『사서오경대전』이 나오기 이전 송·원대 저술의 원형을 회복한다는 의미가 있었다.[38]

정조가 『사서오경대전』을 비판하고, 경서 원문만 수록한 白文本과 한 학자의 주석만 수록한 정본을 편찬한 것은 당대 학자들에게 특정 주석의 구속에서 벗어나 자유롭게 경학을 연구할 수 있는 계기를 마련했다. 이러한 정조의 노력은 결국 명, 청의 연구성과를 폭넓게 수용하면서 송학의 의리지학을 재정립하려는 데 목적이 있었다. 그렇지만 정조의 영향을 받으면서 성장한 학자들은 다양한 방식으로 각자의 경학관을 전개해 나갔다.

6. 경학 주석의 자료적 집성

정약용은 그의 유명한 「技藝論」에서 효도와 우애는 인간의 천성에 근거한 것이므로 개인의 수련에 의해 실천할 수 있지만, 기예는 시대

---

37) 沈慶昊, 「詩經論의 전개」, 『조선시대 漢文學과 詩經論』, 일지사, 1999, 454~456, 550~552쪽.
38) 김문식, 「정조대 경학문헌의 특징」, 『韓國學報』 100, 2000, 68~72쪽.

가 내려올수록 사람의 지혜가 모일수록 발전하는 것이므로 외부에서 도입해야 한다고 주장했다.[39]

　　대저 효도와 우애는 天性에 근거하고 聖賢의 글에 밝혀졌으므로, 이를 넓혀서 충실하게 하고 닦아서 밝힌다면, 禮義의 풍속을 이루게 될 것이다. 이는 진실로 밖(外)에서 기다릴 필요가 없고, 뒤에 나오는 것에 힘입을 필요도 없다. 그런데 백성이 사용하는 器物을 편리하게 하고 財物을 풍부히 하여, 백성의 생활을 윤택하게 하는 데 사용되는 것과 百工의 技藝는 뒤에 나온 제도를 가서 배우지 않는다면, 몽매하고 고루함을 타파하고 이로움과 혜택을 일으킬 수 없다. 이것은 국가를 도모하는 사람으로서 마땅히 강구해야 할 일이다.

　　그런데 경학 연구의 목적이 경서에 수록된 聖人들의 本旨를 파악하는 것이라면 이는 과연 개인의 수련만으로 가능할 것일까? 그보다는 한나라 이후 수많은 학자들이 작성한 주석들을 집성하고 서로 비교함으로써 새로운 경학의 이해로 나아가는 것이 아닐까? 만일 그렇다면 경학 연구도 시대가 내려올수록, 사람들의 지혜가 모일수록 발전하는 측면이 있다고 보아야 할 것이다.

　　조선후기의 경학 연구에서 일어난 변화는 경서의 원문을 재검토하는 것에서 나타났다. 주자는 『대학』의 원문을 經1장 傳10장의 체제로 파악하고, 格物致知를 해석한 傳5章에 闕文이 있으므로 이를 보충한 『大學章句』를 편찬했다. 또한 『중용』의 원문을 33章으로 구분하고, 1장과 33장에 전체의 요지가 담겨있다고 해석한 『中庸章句』를 편찬했다. 그러나 주자의 이러한 해석은 여러 학자들로부터 도전을 받았다.

　　尹鑴는 주자가 궐문이 있다고 파악한 古本大學을 저본으로 하여 경1장 전6장으로 구분했고, 李秉休 역시 고본대학을 저본으로 하여 경1장 전5장으로 구분했다.[40] 이들이 고본대학을 저본으로 한 것은 주자

---

39) 『與猶堂全書』, 詩文集 卷11, 「技藝論 3」.

가『대학』의 원문에 闕文이 있다고 보고 원문의 순서까지 바꾼 것을 비판하는 의미가 있었다. 한편『중용』의 원문에 대해, 윤휴는 전체를 10장으로 구분했고, 박세당은 20장으로 구분하여 보았다.[41] 이보다 앞서 李彦迪도 고본대학을 저본으로 하는 가운데『대학』을 경1장 전9장으로 구분하고 주자가 사라진 것으로 본 格物致知의 傳이 원문에 포함되어 있으며,[42]『중용』은『대학』을 보완하여 정치의 조목을 드러낸 책으로 해석한 바가 있었다.[43] 그러나 주자에 의해 구축된 경서 원문의 체제를 비판적으로 보려는 추세는 시간이 흐를수록 점차 강해졌고, 이는 결국 새로운 경학 연구로 이어졌다.

조선후기의 지식인들은 또한『사서오경대전』에 수록된 宋·元대의 주석뿐만 아니라 곳곳에 흩어져 있는 경서의 주석들을 수집하면서 종합하기 시작했다. 이들은 새로운 경서의 주석으로『十三經注疏』를 주목했는데, 다음의 <표 4>에서 보듯『십삼경주소』는 漢·唐 학자들의 주석을 중심으로 한 책이었다. 조선의 지식인들이 송·원대의 주석에 국한되지 않고 한·당대의 주석을 함께 비교하면서 연구한다는 것은 조선후기에 나타난 새로운 변화였다.

李瀷은 경학에 관한 자료를 모아 經說을 이룬 것이 바로 주자의 연구 방법이라고 하여 주석의 집성을 통한 연구의 가능성을 열어 놓았다.[44]

---

40) 최석기,「貞山 李秉休의 경전해석과 그 의의」,『21세기에 다시 읽는 實學』, 성균관대 대동문화연구원, 2002, 28~30쪽.

41) 安秉杰,『17世紀 朝鮮朝 儒學의 經傳 解釋에 관한 研究』, 성균관대 박사학위논문, 1991, 77~78, 125~126쪽.

42) 李東熙,「晦齋 李彦迪의 경학사상 -『大學章句補遺』의 分析」『朝鮮朝 儒學思想의 探究』, 여강출판사, 1988, 77~81쪽.

43) 鄭在薰,『朝鮮前期 儒敎政治思想 研究』, 서울대 박사학위논문, 2001, 164~170쪽.

44) 崔錫起,「星湖 李瀷의 窮經觀」,『朝鮮後期 經學의 展開와 그 性格』, 성균관대 대동문화연구원, 1998, 87~89쪽.

<표 4> 『五經正義』『十三經注疏』『四書五經大全』의 주석

經 \ 종류		五經正義(651년)	十三經注疏(1190년)	四書五經大全(1415년)
易		周易正義(14권) 魏 王弼 注 晋 韓康伯 注	周易正義(10권) 魏 王弼 注 晋 韓康伯 注 唐 孔穎達 疏	周易大全(24권) 宋 朱熹 注 元 董楷・董眞卿・胡一桂・胡炳文 疏
書		尙書正義(20권) 梅本僞古文 隋 劉灼등 注	尙書正義(20권) 梅本僞古文 隋 劉灼 등 注 唐 孔穎達 疏	書傳大全(10권) 宋 蔡沈 注 元 陳櫟・陳師凱 疏 (『尙書集傳纂疏』『書蔡傳旁通』)
詩		毛詩正義(40권) 漢 毛蘭 傳 東漢 鄭玄 箋	毛詩正義(40권) 漢 毛蘭 傳 東漢 鄭玄 箋 唐 孔穎達 疏	詩經大全(20권) 宋 朱熹 注 元 劉瑾 疏(『詩傳通釋』)
禮	周禮		周禮注疏(42권) 漢 鄭玄 注 唐 賈公彦 疏	
	儀禮		儀禮注疏(50권) 漢 鄭玄 注 唐 賈公彦 疏	
	禮記	禮記正義(70권) 東漢 鄭玄 注	禮記正義(63권) 漢 鄭玄 注 唐 孔穎達 疏	禮記大全(30권) 宋 陳澔 注(『禮記集說』) 元 染采 등 42家의 疏
春秋	左傳	左傳正義(36권) 西晉 杜預 注	左傳正義(36권) 西晉 杜預 注 唐 孔穎達 疏	春秋大全(70권) 宋 胡安國 注 元 汪克寬 疏(『春秋胡傳纂疏』)
	公羊		公羊傳注疏(28권) 漢 何休 注 唐 徐彦 疏	
	穀粱		穀粱傳注疏(20권) 晋 范寧 注 唐 楊士勳 疏	
爾雅			爾雅注疏(10권) 晋 郭璞 注 宋 邢昺 疏	

孝經			孝經注疏(9권) 唐 玄宗 注 宋 邢昺 疏	
四書	論語	論語正義(20권) 魏 何晏 注	論語注疏(20권) 魏 何晏 注 宋 邢昺 疏	四書大全(36권) 宋 朱熹 注 元 倪士毅 등 疏(『四書輯釋』)
	孟子	孟子正義(14권) 漢 趙岐 注	孟子注疏(14권) 漢 趙岐 注 宋 孫奭 疏	
計		180권+20권	416권	154권+36권

聖人과의 거리가 멀어졌기 때문에 그 뜻을 모두 짐작해 확정하지 못하는 부분이 있다. 따라서 朱先生(주자를 말함)은 경전을 해석할 때에 관계 자료를 두루 채집하고 널리 구해서 지당한 것에 귀결되도록 힘썼고, 소리가 가깝거나 글자가 비슷한 것들을 모두 모아서 학설을 이루지 않은 것이 없었다. 망언을 했다는 질책이 더해진 적이 없었으니, 이 때문에 지극히 공정하여 천하에 홀로 행해졌던 것이다.

이병휴는 『시경』을 해석하면서 종래 정설로 여겨졌던 주자의 『詩集傳』에만 의지하지 않고, 『십삼경주소』에 수록된 舊說, 즉 小序, 毛傳, 鄭箋, 孔穎達의 正義 등을 주로 참고했고, 심지어는 참위서에 속하는 『書緯』의 설까지 섭렵하여 정리하려고 했다. 이병휴의 이러한 시도는 주자의 주석이 비록 훌륭하지만, 주자의 모든 주석이 경문의 해석에 적합한 것은 아니라고 생각했기 때문이다.[45]

주자의 集註는 집대성한 것이라 할 수 있지만, 모든 것이 經旨에 부합하는 것인 줄은 어찌 알겠습니까? 따라서 주석을 가지고 經을 살필 때에 분명한 것은 논란할 필요가 없지만, 그렇지 못한 것은 부득이 그 의심을 기록하는 것입니다. 어찌 하나의 설을 얻었다고 이전 학자들의 설을 모두 무시하겠습니까?[46]

---

45) 최석기, 위의 글, 2002, 25~36쪽.

주자학의 순수성을 고수하려는 태도는 시간이 지날수록 큰 의미를 지니지 못하게 되었다. 주자학이 漢學에 대응하는 宋學으로 상대화되고, 주자의 주석에도 한계가 있음이 확인된 상황에서, 이를 그대로 따른다는 것은 바람직한 연구 태도가 아니었기 때문이다. 이제 경학 연구는 漢에서 淸에 이르는 역대의 주석들을 수합하고 비교하면서 진행되었고, 방법적으로는 문자학의 지식을 응용하여 훈고 작업을 진행하는 일이 많아졌다. 李匡師는 고증학이 들어오기 이전에 독자적으로 문자 풀이의 훈고학을 시도했고, 李令翊은 元 吳澄의 방법론을 발전시켜 古文尙書의 진위 논쟁까지 펼쳤다.[47] 이제 경전의 주석만 문제가 아니라 經文까지도 비판적으로 검토하는 단계로 진전된 것이다.

申綽은 『詩次故』·『易次故』·『書次故』·『春秋左傳例』와 같은 경학 연구서를 남겼는데, 周·秦·漢·唐의 經文을 인용한 대부분의 문헌을 섭렵하여 古訓을 채집하면서도 宋 이후의 주석은 아예 언급하지 않는 경향을 보였다.[48] 이러한 연구 방식은 긍정이든 부정이든 주자의 주석을 의식할 수밖에 없었던 당시 분위기에서는 매우 이례적인 것으로, 경서의 해석은 신뢰도가 높은 증거들을 상호 대질하는 가운데 도출된다는 자신의 경학관을 피력한 것이었다.[49]

경학의 주석을 집성함으로써 새로운 해석으로 나아가는 방식은 丁若鏞에게서도 발견된다. 그가 저술한 『論語古今註』는 제목이 의미하는 바와 같이 『논어』에 관한 古註와 今註를 집성한 책이었다. 정약용은 이 책에서 古註는 何晏의 『論語集解』, 皇侃의 『論語義疏』, 邢昺의 『論語正義』, 今註는 주자의 『論語集註』를 위주로 하는 가운데, 淸 顧

---

46) 李秉休, 『貞山雜著』 제5책, 「答龍湖尹丈書」.
47) 沈慶昊, 앞의 글, 1999, 493~495쪽.
48) 沈慶昊, 「石泉 申綽의 學問」, 『江華學派의 文學과 思想』(4), 한국정신문화연구원, 1999, 518~523쪽.
49) 金興圭, 『朝鮮後期의 詩經論과 詩意識』, 고려대 민족문화연구소, 1982, 141~154쪽.

炎武·毛奇齡의 주석은 물론이고 일본의 古學派 학자인 伊藤仁齋·
荻生徂徠·太宰春臺의 주석까지 비교하면서 자신의 견해를 제시했
다.50) 또한 그는『尙書古訓』에서 역대의 주석을 집성하는 가운데 고증
학적 연구 방법을 더욱 진전시켰는데, 문자가 다른 것은 '考異', 뜻이
잘못된 것은 '考誤', 다른 자료를 인용하여 증명한 것은 '考證', 서로 논
의하고 판결한 것은 '考訂', 서로 논쟁하는 것은 '考辦'으로 구분하면서
경서의 本旨를 논증했다.51) 따라서 정약용의 경학은 훈고학, 주자학,
양명학, 고증학의 연구성과는 물론이고, 西學의 과학적 사유방법과 신
앙적 세계관까지 아우르면서 독자적인 세계관을 구축했다고 하겠다.52)

여러 학자들의 주석을 집성하여 연구하는 태도는 고증학을 수용하
는데 있어서도 마찬가지였다. 조선의 지식인 가운데 청대의 고증학을
가장 적극적으로 받아들인 金正喜는 翁方綱·阮元의 經說을 가장 많
이 수용했지만, 이와는 별도로 戴震이나 凌廷堪을 비롯한 청대 학자들
의 학설을 폭넓게 수용하면서 자신의 입장을 정리해 나갔다.53)

---

50) 李篪衡,「『論語古今註』와 茶山의 經學」,『茶山經學硏究』, 태학사, 1996, 36
～37쪽.
51)『與猶堂全書』經集 卷21,「尙書古訓凡例」.
52) 금장태,『다산실학 탐구』, 소학사, 2001, 15쪽.
"다산 경학의 기본 성격은 바로 이 시대의 다양한 사상조류를 폭넓게 수용하
고 이를 종합하는 과정에서 자신의 독자적이고 통일된 세계관을 구현해 가는
데서 드러난다. 곧 다산 경학이 지닌 다양한 사상조류의 종합적 성격은 주자
의 경학 체계를 근본적으로 비판 극복하면서도, 필요에 따라 적극 수용하기
도 한다. 청조 고증학이나 한대 훈고학 및 양명학에 대해서도 어느 하나를 옹
호하여 조술하는 입장이 아니며, '洙泗學'을 표방했다고 하여 선진 경학에 귀
결시키는 복고적 태도를 지닌 것도 아니다. 오히려 그 자신의 시대 현실에서
모순과 불합리함을 해결하기 위해 요구되는 개혁의식을 각성하고, 새로 전래
된 서학의 과학적 사유방법과 신앙적 세계관에서 받은 영향까지도 포함하여,
유교경전에 새로운 빛을 투사한 경학의 체계를 통해 새로운 세계관을 구축한
것이다".
53) 정재훈,「청조 학술과 조선성리학」,『추사와 그의 시대』, 돌베개, 2002, 150～
156쪽.

경학 주석을 집성하는 마지막 단계는 고증학의 성과를 중심으로 13
경에 관한 주석을 정리하자는 것이었다. 다음은 徐有榘가 仲父인 徐瀅
修에게 보낸 편지의 일부분이다.54)

　　원컨대 선생께서 수 년 동안 작업을 하여, 같고 다른 점을 대조하여
　교정하고 義例를 바로 잡으며, 다시 여러 학자들의 해석을 채집하여
　부록을 만드십시오. 다음의 책에서 인용하여 확충하시되, 易은 『周易
　折中』을 사용하고, 詩・書・春秋는 『彙纂』을 쓰며, 三禮는 『義疏』를
　이용하여 더욱 넓게 포괄하십시오. 다음으로 『孝經』과 『爾雅』에 미치
　고, 『대학』과 『중용』은 『禮記』로 돌려보내며, 『左傳』・『穀梁傳』・『公
　羊傳』은 각각 독립된 책이 되게 하여 『十三經傳說』을 만드십시오. 그
　리고 註疏는 前編이 되게 하고, 傳說은 後編이 되게 하여, 여러 학자
　들의 주석을 망라하고 古今을 모두 거두어들이며, 여러 성인들의 訓謨
　를 천양하여 은미한 뜻이 모두 드러나게 한다면 아름답지 않겠습니까?

　이상에서 서유구가 주석을 집성해야할 책으로 추천한 것은 李光地
의 『周易折中』과 『五經彙纂』, 王鴻緒의 『欽定詩經傳說彙纂』, 允祿의
『欽定禮記義疏』・『欽定周官義疏』・『欽定儀禮義疏』와 같이 18세기
에 청 황제의 명령에 의해 편찬된 책이었다. 서유구는 성리학자들이
『예기』에서 분리시켰던 『대학』과 『중용』을 『예기』로 되돌리고, 한대에
서 청대에 이르는 역대의 주석을 집성함으로써 경서의 본지를 밝힐 수
있다고 생각했다.

7. 경세학적 경학관의 출현

조선후기의 지식인들이 청으로부터 유입된 성과를 적극 수용하여

---

54) 徐有榘, 『楓石全集』, 『鼓篋集』 卷3, 「上仲父明皐先生論四書輯釋書」.

경학의 주석을 집성한 이유는 무엇일까? 주석의 집성을 통해 경전을 새롭게 해석할 수 있다면, 이는 결국 무엇으로 귀결되는 것일까?

유학은 흔히 修己治人之學이라 불린다. 학문을 통해 인간의 기본 윤리를 파악하여 실천하며, 개인의 실천을 이웃으로 확장하여 최종적으로는 治國·平天下를 실현한다는 것이다. 그런데 경학은 유학의 가장 근간이 되는 학문이므로 결국 경학도 경세학으로 귀결되어야 할 것이다. 유학을 하는 이유가 수기와 치인에 있다면, 경학은 이를 위한 이념과 실천 방안을 모색하는 학문이 되어야 하기 때문이다. 尹鑴가 『대학』의 格物致知를 해석하면서 治國·平天下에 관한 모든 일(事)이 격물치지의 대상이라고 한 것은 경학 연구가 경세학을 위한 것임을 잘 보여준다.[55]

경세학적 경학관의 출현과 관련하여 주목되는 것은 經學과 史學을 하나로 일치시켜 파악하는 견해이다. 청의 학자 章學誠(1738~1801)은 '六經은 모두 역사서이며 先王의 政典'이라는 六經皆史說을 주장한 바 있는데,[56] 만일 경서를 역사서로 본다면 경학 연구에서 경세학의 구체적인 실천 방안을 모색할 수도 있기 때문이다.

1783년에 서형수는 제왕학 교재의 편찬에 관심을 두었던 정조가 『大學衍義補』에 대한 책문을 내자, 다음과 같은 답변을 올렸다.[57]

천하의 학문이 治道에 뜻을 두지 않은 지 오래입니다. 정치를 말하는 사람은 이치를 빠트리고, 학문을 말하는 사람은 實事를 소홀히 하

---

55) 鄭豪薰, 『17세기 北人系 南人學者의 政治思想』, 연세대 박사학위논문, 2001, 139~143쪽.
56) 曹秉漢, 『淸代 後期 經世思想과 洋務論의 形成』, 서울대 박사학위논문, 1992, 61~76쪽. 章學誠은 또한 주자학이 博文約禮로서 性命(義理), 事功(經世), 학문(考據), 문장이 합일된 本末을 구비한 학문이며, 經義의 해석이나 고증에 다소 결함이 있더라도 大體를 손상시킨 것이 아니라고 옹호한 학자였다.
57) 徐瀅修, 『明皐全集』 卷12, 策問, 「大學衍義補」.

여, 서로 바라보면서도 아무 상관이 없다고 여깁니다.……臣이 일찍이 經史의 체로 정치와 학문의 분리를 상고해 보니, 千世의 연고를 분별할 수 있었습니다. 대개 삼대 이전에는 經이 곧 史였고, 史가 곧 經이었습니다. 따라서 '危微精一'이 『상서』「대우모」편에 환하게 걸려 있고, 修己·治人은 「입정」편에 찬연히 빛납니다.「열명」편은 학문을 논한 글이지만 정치가 그 안에 있고,「홍범」편은 정치를 위한 도구이지만 학문이 그 안에 있으니, 언제 敎學에 관한 책이 法令 밖에서 따로 행해진 적이 있었습니까?

후세에 내려와 經과 史가 분리되어 학문을 하는 학자는 法書를 가리켜 末務라 하고, 경륜을 펴는 관리는 유가를 가리켜 迂闊하다고 합니다. 그들이 저술한 것 또한 모두 각자가 좋아하는 바를 따른 것입니다.

이어서 서형수는 經史의 분리, 학문과 정치의 분리에 문제가 있으며, 경학과 경세학을 함께 갖추어야만 體用과 本末을 구비한 책이라 주장했다. 이는 결국 치국과 평천하의 실천 방안을 수록한 『대학연의보』를 평가하기 위한 발언이지만, 경서가 삼대의 정치를 고스란히 담은 政典이란 인식은 조선후기에 나타난 새로운 경학관이라 할 수 있다.

정조는 서형수의 답변을 옳게 여겼으며, 1797년 제왕학 교과서인 『大學類義』를 편찬하면서 이를 받아들였다.[58]

秦漢 시대에 이르러 학문을 말하는 자는 法書를 가리켜 末務라 하고, 경제에 뜻을 둔 자는 儒家를 가리켜 우활하다고 한다. 전자는 體가 있으나 用이 없는 것이고, 후자는 末을 따르면서 本을 버리는 것이다. 이 때에 經과 史가 처음으로 나뉘었고, 治道의 성쇠 또한 여기서 결정되었다.

오직 眞德秀의 『大學衍義』와 丘濬의 『대학연의보』가 학문하는 세목

---

58) 김문식,「정조와 서형수의 『대학연의보』 평가」, 『정조의 경학과 주자학』, 문헌과해석사, 2000, 200~202쪽.

을 중심으로 하면서 정치하는 방안을 연계시켰고, 위로 경전의 훈고를 인용하고 옆으로 역사적 사실로 증명하여, 고인들이 불변의 경전과 가변의 역사를 날줄과 씨줄로 하여 현실세계를 이루었던 뜻을 터득한 것이다.

정조는 經과 史, 학문과 정치를 일치시키는 것이 三代의 이상정치를 회복하는 길이라 주장하고, 『대학연의』와 『대학연의보』를 그 대안으로 제시했다. 여기서 『대학연의』는 주자의 再傳 제자인 眞德秀가 格物에서 齊家에 이르는 6조목의 실천 방안을 경서와 역사서에서 뽑아서 자신의 견해와 함께 정리한 것이고, 『대학연의보』는 1487년에 丘濬이 『대학연의』에서 누락된 2조목(治國, 平天下)의 실천 방안을 같은 방식으로 정리해 올린 책이었다. 정조는 이 두 책의 핵심 구절을 선별하여 『대학』의 8조목 체제로 재정리한 『대학유의』를 편찬하여 자신의 제왕학 교과서로 삼았는데, 이는 결국 경학과 사학, 경학과 경세학을 일치시켜 보았기 때문이었다.[59]

정약용은 경학과 사학을 일치된 것으로 보고, 경학 연구에서 발견한 삼대의 제도를 현실 개혁의 방안으로 응용하려고 한 학자였다. 정약용은 천하의 이치는 古今이 같으므로 先王의 제도는 후대에도 시행할 수 있으며, 후대에 시행될 수 없는 제도라면 先王도 마찬가지라고 주장했다.[60]

井田이란 聖人의 經法이다. 경법이란 과거와 현재에 통할 수 있는 것이다. 옛날에는 편리하게 시행되었지만 지금 불편하다는 것은 반드시 그 제도에 분명치 못한 것이 있어 그런 것이지, 천하의 이치에 과거와 현재의 차이가 있기 때문은 아니다.……천하의 이치는 하나이다. 지금 사람이 반드시 할 수 없는 것이라면 堯·舜·三王도 할 수 없었던

---

59) 김문식, 「正祖의 帝王學과 『大學類義』 편찬」, 『奎章閣』 21, 1998, 78~80쪽.
60) 丁若鏞, 『經世遺表』 卷1, 地官修制, 田制1, 「井田論1」.

것이요, 요·순·삼왕이 이미 할 수 있었던 것이라면 지금 사람도 반드시 할 수 있는 것이다. 어찌 의심할 것이 있겠는가?

정약용에게 있어 경서는 바로 고대의 제도적 실상을 수록한 역사서였고, 경서를 통해 옛 제도의 실상을 정확히 파악하여 현실에 제대로 응용한다면, 경서는 곧 경세서가 되었다. 다음은 정약용이 작성한 것인데, 그가 『상서』·『춘추』를 통해 옛 제도의 실상을 파악하고 이를 현실에 적용시키기 위한 연구를 했음이 잘 나타난다.

知遠이란 무엇인가? 『상서』의 가르침이 옛것을 아는 것일 뿐이니, 字句를 훈고하는 것은 먼 옛적 제왕들의 일을 아는 것으로 귀결될 뿐이다. 옛것을 알아서 어떻게 하겠다는 것인가? 그것을 현재에 적용하려는 것이다. 부적합한 것은 어떻게 할 것인가? 제대로 모르기 때문에 부적합한 것이지, 제대로만 안다면 현재는 과거와 같은 것이다. 考績과 같은 것이 바로 그러한 예이다.[61]

周왕실이 동쪽으로 옮겨진 뒤에도 文王·武王의 도는 여전히 여러 나라에 남아 있었다. 『春秋』 240여 년간 策書에 기록된 吉禮·凶禮 등의 禮는 바로 周禮가 남아 있는 것으로, 鼎彝와 같은 옛 그릇에 새겨진 옛 글자가 은연중에 나타나는 것처럼 매우 귀한 것이다. 세상에 『춘추』의 학을 공부하는 사람들은 항상 褒貶과 賞罰의 뜻에 대한 연구에 몰두할 뿐, 선왕의 典禮로서 후세에 징험할 수 있는 것들을 모두 생략하여 염두에 두지 않았다.……『춘추』에서 징험하는 바는 각기 다르지만, 모두 오늘날 근거로 삼을 자료가 되기에 충분하다. 周禮와 비슷한 모습이라도 알고자 한다면 이 책을 버려두고 어디서 찾겠는가?[62]

정약용의 경학 연구는 바로 경전에 나타난 선왕의 제도를 파악하는

---

61) 『與猶堂全書』, 經集 卷21, 「尙書知遠錄序說」.
62) 『與猶堂全書』, 詩文集 卷12, 「春秋考徵序」.

단계였고, '一表二書'로 나타나는 경세학 연구는 경학 연구에서 발견한 옛 제도를 시대적 상황에 맞게 변통하여 현실적 대안을 제시하는 과정이었다.63) 실제로 정약용은 경학 연구를 통해 고대 사회의 교육, 인재 선발, 관리 고과, 토지, 재정, 군사, 제사, 상례 등과 같은 다양한 분야의 제도적 실상을 파악하고, 이를 현실 세계에서 실현할 수 있는 방안들을 제시했다.

모든 유학자들은 자신의 학문적 기반을 어디에 두든 삼대의 정치를 이상적인 것으로 보았다. 그런데 현재 남아있는 六經이 바로 삼대의 政典이므로 이를 통해 삼대의 제도적 실상을 파악할 수 있다는 생각은 바로 경세학적 경학관의 출현으로 이어졌다. 이제 경서는 옛 聖王의 말씀만 있는 것이 아니라 그들의 정책과 제도가 수록된 역사서로 보였고, 경학 연구를 통해 발견한 삼대의 제도는 당대의 현실에서도 실천되어야 할 모범적 대안이 되었다.

8. 맺음말

19세기에 들어와 조선의 지식인들은 경학 연구를 활성화함과 동시에 경학을 해체시킨 것으로 나타난다. 한대에서 청대에 이르는 역대의 경학 주석을 집성하고 이를 통해 經文을 새롭게 해석하거나, 경서를 고대의 제도적 실상이 기록된 역사서로 보고 경학 연구에서 발견한 옛 제도를 현실에 응용할 방안을 찾았던 것은 분명 새로운 움직임이었다. 그러나 이런 움직임은 경학을 경학인 채로 존재하게 하는 것이 아니라 이를 조금씩 해체시키는 조짐을 보였다.

정약용은 경학 연구를 경세학으로 연결시키면서, 경학 연구를 통해 삼대의 제도적 실상을 확인하는 데 주력했다. 따라서 그의 禮經 연구

---

63) 金文植, 『朝鮮後期 經學思想 研究』, 일조각, 1996, 217~222쪽.

는 오경의 하나인 『禮記』를 기준으로 하는 것이 아니라, 『주례』·『의
례』·『예기』를 종합적으로 활용하면서 자신이 파악하는 삼대의 의례
체계를 재구성하는 것이었다. 이 과정에서 정약용은 각 예경을 경전별
로 주석하지 않고 喪禮나 祭禮를 중심으로 하는 몇 가지 의례를 주제
별로 분류하고 재구성함으로써 독자적인 예학 체계를 구축했다. 또한
그는 『춘추고징』에서도 『춘추』의 경문을 주석한 것이 아니라 『춘추』
와 『주례』를 기준으로 삼아 주대의 의례를 확인하는 작업을 수행했
다.64) 경학 연구를 통해 삼대의 제도를 발견하고 이를 기준으로 경문
을 재구성하는 방식은 각 경전의 원문을 해체시키는 움직임으로 나타
날 수 있었다.

최한기는 경학 해체의 정점에 서 있었던 학자로 판단된다. 최한기는
일찍부터 유학, 도교, 불교, 천문학 등 다양한 학문 분야에 관심을 두었
고, 1840년대 이후 조선에 들어온 『海國圖志』·『瀛環志略』과 같은 서
적을 두루 섭렵하면서 자신의 인식 세계를 대폭 확대시켜 나갔다.65)
그에게 있어 모든 가르침과 기술은 人爲이므로 바뀔 수 없는 定則이
아니며, 경서에 수록된 성인의 말씀이라 하더라도 자연의 경험 세계에
부합하지 않으면 버리거나 고쳐야 할 대상이 되었다.66) 최한기가 경학
의 세계를 벗어나 독자의 언어를 사용한 데에는 종래의 경학 세계로는
적절히 설명할 수 없는 새로운 세계를 보았기 때문이다. 그런데 최근
발굴된 자료를 보면, 최한기는 경학의 세계를 완전히 벗어나기 이전에
경전을 통합하여 하나의 일관된 세계로 파악하려는 단계가 있었던 것
으로 나타난다.

경학의 세계를 하나의 통합된 세계로 보고 각 경전이 가지는 전문적

---

64) 금장태, 「茶山 經學의 脫朱子學的 세계관」, 『다산실학탐구』, 소학사, 2001,
　　41~45쪽.
65) 權五榮, 『崔漢綺의 學問과 思想 研究』, 집문당, 1999, 49~53쪽.
66) 박희병, 「최한기의 사상과 21세기- 자연과 인위의 관계에 대한 음미」, 『21세
　　기에 다시 읽는 實學』, 성균관대 대동문화연구원, 2002, 73~76쪽.

효용이 있다고 본 것은 15세기에 權近에게서 나타났다. 권근은 五經을 삼대 성인의 大用으로 파악하고,『주역』과『춘추』를 중심에 두는 가운데『시』·『서』·『예』는 각각 전문적인 효용성이 있는 것으로 보았다. 그렇지만 권근의 생각은 아직 조선의 지식인들이 본격적인 경학 연구로 들어가기 이전의 인식이었다.

> 『易』은 五經의 전체요,『春秋』는 오경의 大用이며,『書』로 政事를 말하고,『詩』로 性情을 말하고,『禮』로 節文을 삼간다. 비록 각각 한 가지 일을 전문으로 하지만『역』과『춘추』의 體用은 갖춰지지 않은 곳이 없다. 오호라 위대하도다. 聖人은 五經의 전체이며, 오경은 성인의 大用이다.『역』이란 천지에 있는 道를 성인이 본받은 것이요,『춘추』는 성인에게 있는 도를 천지가 어길 수 없는 것이므로 河圖가 나왔다. 그리고『역』『서』『춘추』가 만들어지자 麒麟이 이르렀다.[67]

최한기는 청년 시절에 13經을 연구한『通經考』를 저술했다. 그는 經이란 원래 精一한 것인데 하나의 설이 여기저기에서 산견되고, 후대의 注疏가 번잡하여 會通시키기 어렵게 되었다고 보았다. 따라서 그는 여러 경전에서 나타나는 사항을 조목별로 분류하여 통합 정리함으로써 일관된 常道를 보이고, 한대에서 명대에 이르는 역대의 音訓과 大旨를 수집하여 簡明하게 정리함으로써, 注疏가 經에 귀일되고 經은 다시 하나의 常道로 귀일되게 했다.[68] 이렇게 된다면 13경 경전이란 독립된 경전이 아니라 하나의 常道를 밝히는 부분으로 존재할 뿐이었다.

경학의 도가 하나의 常道로 귀일되며, 13경을 회통시켜 하나의 常道로 정리할 수 있다는 것은 조선의 지식인들이 경학 연구에서 도달한 마지막 단계였다. 최한기는 人道의 常과 天道의 常을 구분하여, 전자

---

67) 權近,『入學圖說』,「五經體用合一之圖」.
68) 권오영,「새로 발굴된 자료를 통해 본 혜강의 기학」,『혜강 최한기』, 청계, 2000, 60~63쪽.

는 성인의 경전을 연구함으로써 회통시킬 수 있지만, 후자는 성인의
경전이 출현한 것과 상관없이 원래부터 그냥 그대로 존재했던 經常으
로 파악했다.[69]

　　吾心의 常은 바로 人道의 常이다. 성인의 경전을 기다린 이후에 드
　러나고, 연구한 이후에 존재하며, 수행한 이후에 밝아지고, 融會한 이
　후에 통한다. 그런데 天道의 常은 성인의 경전이 있기 전에도 감소한
　적이 없고, 성인의 경전이 있은 후에도 늘어난 적이 없다. 성인께서 天
　言을 말하여 人道를 밝히셨으니 天人의 通經이 여기에 있다.

　그런데 만일 최한기가 파악한 天道의 常이 성인의 경전에서 파악한
人道의 常을 넘어서는 것이라면 그는 경학의 테두리를 넘어갈 수밖에
없었다. 조선의 지식인이 경학의 범위를 넘어서는 세계를 인식하기 시
작했을 때, 지금까지 경학이 누렸던 절대 권위는 무너지고 해체의 길
을 걷게 되었다.
　경학의 해체는 經文의 眞僞에 대한 논란이 일어나고 경문의 주석뿐
아니라 경문 자체의 眞僞를 따지는 연구가 진행되었을 때부터 이미 예
견할 수 있는 상황이었다. 그러나 서양에서 들어온 신지식을 통해서만
알 수 있는 새로운 세계, 성인의 경전으로는 도저히 파악할 수 없었던
세계가 등장했을 때, 경학의 해체는 더욱 가속화되었다.

---

69) 崔漢綺, 『惠岡雜藁』, 「通經序」.

實學의 異學觀
—실학자들의 陽明學에 대한 이해를 중심으로—

한 정 길[*]

1. 머리말

　이 글은 조선후기 실학자들이 異學을 바라보는 관점과 태도를 정리하고, 그에 나타난 사상사적 의의와 한계를 규명하고자 한 것이다.

　임진왜란과 병자호란 양란을 거치면서 조선사회는 혼란해진 현실을 바로잡을 수 있는 새로운 질서체제의 확립을 요구받고 있었다. 이에 당시의 지식인들은 현실을 구제할 수 있는 다양한 방안을 모색하게 된다. 그런데 그 모색은 크게 두 가지 측면에서 진행된 것으로 정리할 수 있다. 하나는 조선조 통치이념이었던 주자학적 의리명분을 강화시킴으로써 현실을 바로잡으려는 것이다. 이것은 주로 당시 노론계열의 정통 성리학자들에 의해 추진되었다. 또 하나는 주자학적 이념의 강화라는 방식이 지니는 현실적 한계를 자각하고 보다 실질적인 측면에서 새로운 현실 구제 방안을 모색하고자 한 흐름을 들 수 있다. 이 모색은 보다 다양한 형태로 나타난다. 즉 국가 경영을 위한 새로운 제도에 대한 탐구, 민생의 물질적 조건을 개선할 수 있는 방법에 대한 탐구, 실질적인 일에서 올바름을 구하려는 것 등이 그것이다. 이들 학문의 정체성에 대한 회의와 비판이 없는 것은 아니지만, 이들은 공리공담으로 흐

---

* 연세대학교 국학연구원 연구교수

를 수 있는 일체의 관념적인 논의를 거부하고, 실제적인 삶에 절실한 것들을 학문의 대상으로 삼고 있다는 점에서 하나로 묶일 수 있다. 우리 학계에서는 이들의 학문을 '실학'이라는 하나의 학문 범주에 포함시켜서 다루어 왔다.

이 글에서 논의의 대상으로 삼고 있는 異學은 성리학의 입장에서 바라본 것이다. 말하자면 주자학적 도통론에 입각한 성리학적 세계관과는 다른 범주에 속하는 학문을 '異學'으로 규정한다. 따라서 여기에서 말하는 異學의 범주에는 도교, 불교, 양명학, 천주학, 서양의 자연과학 등이 포함된다. 이 학문들은 그 주요 문제와 이념의 측면에서만이 아니라, 그 학문 방법과 이론체계에 있어서 성리학자들이 말하는 道學과는 일정한 거리가 있다. 이 때문에 성리학을 절대적인 진리 체계로 간주하는 사람들에게서 이들 학문은 수용보다는 비판과 배척의 대상이 되어왔다. 특히 양란 이후 혼란해진 국가의 지배체제를 주자학적 이념을 강화함으로써 재확립하고자 했던 노론계열의 정통주자학자들에게는 더욱 그러하였다.

그럼 주자학의 현실적 효용성을 반성하고 있는 실학자들의 異學에 대한 인식은 어떠한가? 적어도 우리는 실학의 異學에 대한 인식이 정통주자학자들의 그것과는 같지 않으리라는 것을 짐작할 수 있다. 주자학적 진리체계를 절대적인 것으로 간주하는 이들은 '자기와 다른 것'에 대해서 비판적인 태도를 취하는 반면, 주자학적 진리체계를 반성하는 이들은 그것들에 대해서 보다 자유로운 입장을 취할 수 있기 때문이다. 우리는 실학자들이 異學을 어떻게 바라보는가를 살펴봄으로써 실학의 학문적 특성을 보다 잘 이해할 수 있을 것이다. 이 때문에 실학의 異學觀은 실학의 정체성을 밝히는 작업에도 어느 정도 기여할 수 있으리라고 본다. 그것은 또 성리학과 실학의 거리가 어느 정도인지를 가늠하는 효과를 가지고 올 수도 있을 것이다.

실학의 이학관을 충분히 다룰 수 있기 위해서는 異學에 해당하는 전 영역, 즉 도교, 불교, 양명학, 천주교, 서양의 자연과학 등에 대한 실학자들의 견해를 총망라하여 논의해야 한다. 그런데 그 작업은 실로 많은 공력이 요구된다. 이 글에서는 일단 실학자들의 양명학에 대한 이해를 중점적으로 살펴보고, 나머지 부분은 차후의 연구과제로 남겨 두고자 한다. 이 글에서 실학자들의 양명학관을 중심 논제로 삼은 데에는 필자 나름대로의 이유가 있다. 그것은 개인적으로 양명학에 보다 많은 관심이 있기 때문이기도 하지만, 양명학을 어떻게 대해야 할 것인가의 문제가 조선후기의 학자들 사이에 주된 논의거리로 제기되고 있기 때문이다. 퇴계에 의해 일찍이 이단의 학문으로 비판을 받은 양명학은 사상으로서의 영향력을 거의 상실해 버렸다. 그런데 양란 이후 주자학에 대한 반성의 흐름이 형성되면서 학자들 사이에서 다시 연구되기 시작하였고, 17~18세기에 이르면 정통주자학자들에 의해 주된 비판의 대상이 될 만큼 양명학의 영향력이 커져 있었다. 당시의 학자들은 양명학에 대한 자신의 입장 표명을 요구받고 있을 정도였다. 이것은 도교와 불교가 그 중심 논의의 대상에서 멀어져간 것과 비교할 때 특징적이라고 할 수 있다. 따라서 우리는 당시 실학자들의 양명학관을 검토함으로써 그 학문적 성격의 일단을 가늠해 볼 수 있을 것이다.

이 글에서는 먼저 실학자들의 이단관을 살펴볼 것이다. 여기에서는 정통주자학자들에 의해 이단으로 배척되고 있는 학문들에 대한 실학자들의 인식 태도는 어떤지를 알아보는 데 중점을 둘 것이다. 그리고 3장에서는 실학과 양명학의 연관성에 대한 기존의 연구들을 분석하고, 4장에서는 실학자들의 양명학관을 본격적으로 검토할 것이다.

2. 실학자들의 異端에 대한 인식 태도

정통주자학자들은 성리학 이외의 일체 사상조류를 이단으로 규정하고 배척하였다. 그러나 도학의 의리론적인 이념이 현실의 위기를 해결하는 데 실패했을 때 발생하는 사회적인 혼란이나 경제적인 피해 등을 해결하기 위한 방법을 정통이념의 밖에서까지 찾으려는 노력으로 발생한 실학[1]은 주자학자들에 의해 규정된 이단에 대해서도 다른 태도를 취하게 된다. 우리는 많은 실학자들에게서 정통주자학자들에 의해 이단으로 배척된 학문을 객관적으로 평가하고 비판적으로 수용하려는 태도를 취하고 있음을 발견할 수 있다.

먼저 李睟光(1563~1628)은 당시 시대에 성인의 가르침이 밝혀지지 않고 이단이 제멋대로 퍼지고 있음을 우려한다. 그에 의해 이단으로 규정되는 학문은 역시 도교와 불교이다. 그러나 그는 이단 비판을 통하여 성인의 가르침을 밝히려고 하는 태도보다는, 성인의 가르침을 밝히면 이단이 저절로 없어질 것이라는 견해를 지닌다. 뿐만 아니라, 그는 異端이라는 것은 원래 儒道를 해치지만 또한 유익한 점도 있다고 말한다. 즉 "道家의 無爲는 有爲하는 자에게 경계가 되고, 養生은 삶을 해치는 자에게 경계가 된다. 그리고 부처의 마음을 본다는 것은 放心하는 자에게 경계가 되고, 殺生을 경계하는 것은 죽이기를 좋아하는 자에게 경계가 된다."[2]는 것이다. 이처럼 그는 이단으로 간주되는 道・佛의 가르침에 대해서도 무조건적으로 배척하는 것이 아니라, 유의미한 것은 받아들이는 유연한 태도를 취한다.

李瀷(1681~1763)의 경우도 대부분의 성리학자들과 마찬가지로 도교와 불교를 이단으로 간주한다. 그러나 이단을 대하는 그의 태도는

---

1) 琴章泰, 「朝鮮 後期의 實學思想」, 『韓國哲學史』 下卷, 85쪽 참조.
2) 『芝峰類說』 卷18, 外道部, 禪門, "異端固害儒道, 亦有所取益者. 道家之無爲乃有爲者之戒, 其養生乃戕生者之戒. 釋氏之見心乃放心者之戒, 其戒殺乃嗜殺者之戒".

대체로 개방적이다. 이것은 공자의 '이단을 전공하면 해로울 뿐이다'는 말에 대한 그의 풀이에 단적으로 나타난다. 그는 공자의 말을 이단을 전공하는 것을 금지했으나 엄중히 배척하지는 않았으며, 오히려 '적은 道라도 볼만한 것이 있다.'는 범위에 속하는 것3)으로 풀이한다. 이단의 가르침은 유가의 그것과는 그 기본적인 성격과 내용을 달리하므로 전문적으로 연구할 필요는 없지만, 그 가운데도 받아들일 만한 것이 있기 때문에 무조건 배척해서는 안 된다는 것이다. 이러한 태도는 당시의 정통주자학자들이 도통관념을 고수하고 이단을 배척함으로써 사상 통일을 기하고, 그 기반 위에서 사회의 질서를 도모하고자 했던 것과 비교할 때 큰 차이를 보인다. 이단에 대한 이러한 견해의 차이는 현실과 그 구제방안에 대한 인식의 차이에서 비롯된다고 할 수 있다. 당시 정치와 사회의 제반 상황을 바라보는 이익의 관점은 매우 현실적이다. 그는 성군이 나오지 않고 승평한 정치가 이룩되지 못하여 백성의 곤궁이 극도에 달한 그 문제 상황의 원인을 추구해 보면 이단의 폐단만은 아닌 듯하다4)고 말한다. 그가 직시한 것은 곤궁하게 피폐한 삶을 살아가고 있는 백성의 모습이었다. 백성을 도탄으로부터 구제하는 문제는 유가의 도를 밝히고 이단을 배척한다고 해서 해결될 수 있는 것이 아니다. 적어도 민생문제가 해결된 상황, 즉 승평한 정치가 이루어지는 시대에는 이단을 배척함으로써 도를 밝히는 것이 중요한 문제일 수 있다. 그러나 이익이 보기에 백성의 곤궁이 극도에 달한 당시의 상황에서 무엇보다 중요한 문제는 백성을 부유하게 만들고 생업을 즐기게 하는 것이었다. 민생문제가 해결이 된다면 이단을 따르는 많은 이들이 유학의 가르침으로 되돌아옴으로써 이단의 폐해도 자연히 적어질 것이라고 본 것이다. 그리고 민생문제를 해결하기 위해서는 법을 먼저

---

3) 『星湖僿說』 卷14, 「人事門·異端」, "子曰攻乎異端, 斯害也. 已雖禁其專治, 而未嘗排去甚嚴, 猶在小道可觀之內也".

4) 『星湖僿說』 卷14, 「人事門·異端」, "聖王不作, 世治不復, 斯民之窮厄, 極矣. 仁人君子思所拯救, 是爲目下之急務, 窮厄由來, 恐非異端之爲妨也".

86

세우고, 포악을 금지하는 정사를 베풀 것을 주장한다.[5)]

安鼎福(1712~1791)의 이단에 대한 태도는 다른 실학자들과 비교할 때 비교적 엄격하다. 그는 천하의 도가 하나만은 아니지만 유학의 도 이외에는 모두 異端으로 간주한다.[6)] 그리고 老·佛·楊·墨과 天主學만이 아니라,[7)] 양명학까지도 그 이단의 범주에 포함시킨다.[8)] 이단에 대한 그의 태도는 "이단의 학설이 진리를 어지럽힐 경우에는 발본색원하여 반드시 바른 도리로 돌려놓은 다음에야 그만두었다"[9)]고 언급될 만큼 매우 엄중하고 비판적이었다. 이러한 태도는 안정복 개인의 신념에서 우러난 것이기도 하겠지만, 또 한편으로는 이익 문하의 수장으로서 당시 異學에 대해서 비교적 자유롭게 연구하려는 풍조가 유행함으로 해서 자신들이 정통주자학자들에 의해 위해를 입을 수도 있다는 우려도 있었던 것으로 보인다.

洪大容(1731~1783)은 자기의 마음이나 사상으로 다른 사람의 마음이나 사상을 통일시키려고 하지 않는다. 그는 사물, 사람의 마음, 사상, 학문의 다양성을 인정한다. 그리고 늘 객관적인 태도로 그것들을 대하려고 한다. 이러한 태도는 그의 이단관에도 그대로 반영된다. 흔히 주자학의 도통론을 옹호하는 정통성리학자들은 楊朱, 墨子, 老子, 禪學, 陽明學, 事功學 등을 이단으로 배척한다. 그러나 홍대용은 이것들을

---

5)『星湖僿說』卷14,「人事門·異端」, "君子居治, 成化行之世, 明道爲重. 斥異端所以明道也. 至後世則立法爲急, 立法所以優民.……暴禁則民自護生, 方有措手地矣".

6)『順菴先生文集』卷2,「上星湖先生書」(戊寅2), "夫天下之道非一, 而儒外皆異端也".

7)『順菴先生文集』卷6,「答權旣明書」(甲辰2), "老佛楊墨, 以其道之不同於吾儒, 故其弊也, 歸於虛無寂滅, 無父無君之敎, 此所以爲異端也. 今所謂天學爲佛氏之變其名者爾".

8)『順菴先生文集』卷17,「天學問答」, "王陽明大倡儒學, 而其實異端".

9)『順菴先生文集』卷27,「順菴先生行狀」, "若異端之亂眞, 則亦爲拔本塞源, 必反經而後已".

이단으로 간주하기는 하지만, 그것을 무조건 배척하는 것이 아니라 그 장단점을 객관적으로 평가하고 정당하게 자리매김하려는 태도를 보인다. 즉 양주의 爲我主義는 극단적인 개인주의로 흐를 위험이 있으나 그의 淸高하여 세상을 끊은 것은 완악한 것을 변화하여 염치 있게 할 만하고, 묵자의 겸애와 근검 및 절용은 형체를 수고롭게 하여 사람들이 감내하지 못하게 할 문제점이 있지만 세상의 급박한 사정에 대비하여 시속을 구제하고 사사로움을 잊게 할 만하다고 평가한다. 그리고 노자는 청담을 일삼고 허무를 숭상할 유폐가 있을 수 있지만 그 소박함과 도덕은 치세를 이룰 수 있고, 禪學은 福田과 輪廻를 주장하는 데로 흐를 폐단이 있지만 上乘의 심성을 말한 것을 장점으로 들고 있다. 또한 양명학과 사공학은 이단이기는 하지만 의리를 밝게 분변함으로써 세상을 맑게 하거나 실용을 강조함으로써 난국을 바로 잡을 만하다고 말한다. 이러한 객관적인 평가에는 '이단의 학문이 비록 여러 가지 있으나, 마음을 맑게 하고 세상을 구제하여, 몸을 닦고 남을 다스리는 데로 돌아감을 목적으로 하는 것은 한 가지이다.'라고 하여 이단을 긍정적인 시각에서 바라보는 그의 관점이 내재되어 있다. 이단은 이제 배척의 대상이 아니라 포용의 대상으로 전환된 것이다. 그것들이 각자 지니고 있는 장점을 실현할 수 있도록 하기만 하면, 서로 다른 것들이 함께 어울려 하나의 大同사회를 이룩할 수 있다고 보는 것이다.[10]

丁若鏞(1762~1836)은 이단으로 노장학, 불교, 상산학, 양명학 등을 언급한다. 그리고 이들 이단에 대하여 기본적으로 배척적인 태도를 보인다. 그가 正學을 밝힘으로써 이단을 배척하고자 한 점은 기존의 정통성리학자들과 크게 다르지 않은 듯하다. 그러나 정학에 대한 그의 규정은 성리학자들과는 분명한 차이점이 있다. 이것은 주자학적 도통론에 대한 정약용의 비판과도 연관된다. 그에 의하면 正學은 堯舜과 周公·孔子에 의해서 이루어진 經學으로서, 그 기본 정신은 『중용』과

---

10) 『湛軒書』, 「外集1」, 「杭傳尺牘」, '與孫蓉洲書'.

『대학』에까지 전해지다가 그 이후로는 경학에 대한 잘못된 해석으로
말미암아 도통의 맥락이 단절되었다는 것이다.11) 이것은 주자가 공자
의 도통이 曾子, 子思, 孟子, 程子를 거쳐 朱子 자신에게로 이어지는
것12)으로 파악한 것과 다르다. 정약용은 도통의 계열에서 맹자, 정자,
주자를 제외시킨다. 말하자면『중용』과『대학』이후의 모든 유학, 즉
한당의 훈고학과 사장학만이 아니라 송명이학까지 비판한 것이다. 이
런 도통론은 결국 조선후기 집권자인 노론층의 주자 도통론에 대한 전
면적 부인을 의미한다.13) 이러한 태도는 당시 성리학에 대한 정약용의
견해에 단적으로 나타난다. 그는 성리학은 道를 알고 자신을 알아서
올바른 도리를 실천하는 데 그 의의가 있다고 말한다. 그러나 성리학
의 기초개념이자 조선성리학에서 제기된 바 있는 理와 氣, 性과 情, 體
와 用, 本然과 氣質, 理發과 氣發, 已發과 未發, 單指와 兼指, 理同氣
異와 氣同理異, 心善無惡과 心有善惡 등의 문제를 둘러싼 다양한 주
장들과 논쟁을 시비를 판별할 수 없는 관념적이고 공허한 논의로 치부
해 버린다.14) 주자학을 심화 발전시킨 조선성리학의 논의전통을 관념
적인 논의로 간주한 것이다. 그가 이단 배척의 방법으로서 밝히고자
한 것은 주자학이 아니라 바로 선진 경학의 본래적인 의미였다고 할
수 있다. 이로써 보면 정약용에게서 비판과 배척의 대상이 되는 학문
은 선진 경학의 본의를 왜곡시키거나 그로부터 벗어난 일체의 학문으
로 규정할 수 있을 듯하다. 거기에는 노장학, 불교, 상산학, 양명학만이
아니라, 당시의 관념적인 논의에 빠져 있었던 성리학, 훈고학, 문장학,
과거학, 술수학 등이 포함되고 있다.15)

---

11)『與猶堂全書』第2集 卷2,「尙書古訓·皐陶謨」, “道之大源, 起於堯舜, 歷夏
　　與殷, 流于周禮, 終于孔門, 爲『中庸』·『大學』二書而止”.
12) 朱子의 道通論은『中庸章句』서문에 잘 나타나 있다.
13) 趙誠乙,「丁若鏞의 學問觀」,『京畿史學』창간호, 102쪽.
14)『與猶堂全書』第1集 卷11,「詩文集·五學論1」.
15)『與猶堂全書』第1集 卷11,「詩文集·五學論1」.

崔漢綺(1803~1877)는 삼강오륜의 질서와 수기치인의 방도와 일용음식의 절도와 天時와 地氣의 조화는 모두 변할 수 없는 常道이고, 그 밖의 것은 모두 異端으로 간주한다.16) 그리고 회교, 불교, 기독교 등을 그 이단의 범주에 포함시킨다. 그러나 그는 이단을 배척하기보다는 그들의 가르침도 좋게 변하면 상도에 이를 수 있다고 하여,17) 비교적 포용성 있는 태도를 취한다. 이단의 학설은 상도를 밝히면 제거하지 않아도 저절로 제거될 것이라고 보는 것이다. 그 상도를 밝히는 방법이 바로 주공과 공자를 통해서 내려오는 학문방법으로서 實理를 좇아 지식을 확충하고, 이로써 나라를 다스리고 천하를 평화롭게 하는 것이다. 그에 따르면 氣는 실리의 근본이요, 추측은 지식을 확충하는 要法이다. 그러므로 氣에 연유하지 아니하면 궁구하는 것이 모두 虛妄하고 怪誕한 이치이고, 추측에 말미암지 아니하면 안다는 것이 모두 근거가 없고 증험할 수 없는 말일 뿐이다. 실리의 근본인 氣에 연유하여 추측을 통하여 지식을 확충해 나간다면 잡학이나 이단사설은 자연히 제거될 것18)이라고 보는 것이 그의 이단에 대한 기본적인 인식 태도이다.

　이상의 논의를 통하여 우리는 실학자들의 이단에 대한 인식에서 몇 가지 특성을 발견할 수 있었다. 먼저 그들이 이단으로 규정하는 학문의 범주가 기존의 주자학자들과 크게 다르지 않다는 점이다. 그러나 그 이단을 대하는 태도에 있어서는 비교적 큰 차이를 보이고 있다. 정통주자학자들이 이단에 대해 배척적인 태도를 취하고 있는 것과는 달

---

16) 『明南樓全集』, 『推測錄』 卷5, 「推己測人·西敎沿革」, "三綱五倫之秩, 修己治人之方, 日用飮食之節, 天時地氣之化, 皆是不可變之常道也. 高明者, 將此而究闡其理. 昏愚者, 日用而不識其理. 總不離於常道之中, 欲變易而不可得, 欲增減而又不可得也. 外於此, 則皆異端".

17) 『明南樓全集』, 『推測錄』 卷5, 「推己測人·西敎沿革」, "又將其不善變而善變之, 則可至於常道".

18) 『明南樓全集』, 「氣測體義序」, "周孔之學, 從實理而擴其知. 以冀進乎治平, 則氣爲實理之本. 推測爲擴知之要, 不緣於是氣, 則所究皆虛妄怪誕之理. 不由於推測, 則所知皆無據沒證之言. 近古之雜學異說, 不期祛而自祛".

리 이들 실학자들은 이단을 무조건 배척하는 것이 아니라, 그것을 객관적으로 평가하고 그 가운데 유익한 것은 적극적으로 수용하려는 개방적인 태도를 보인다. 실학자들은 자신들이 직면한 현실 문제를 해결하는 데 도움이 되는 것이라면 그것이 '자기와는 다른 것'일지라도 유연하고 융통성 있게 수용하는 태도를 보여주고 있는 것이다.

3. 실학과 양명학의 연관성에 관한 기존 연구 분석

실학사조와 양명학의 연관성을 밝힌 대표적인 연구가로는 정인보·홍이섭·이을호·유명종·유승국·금장태·송석준·서종태 등을 들 수 있다.

실학과 양명학의 연관성을 가장 먼저 언급한 사람은 정인보이다. 그는 조선의 양명학파를 양명학 정신의 표현 방식에 따라 세 가지 부류, 즉 "하나는 뚜렷한 저서가 있다든지 그렇지 않으면 그 언론간에라도 분명히 증거할 만한 것이 있어 외간에서는 몰랐을지라도 양명학파라 하기에 의심 없는 이들이요, 하나는 양명학을 비난한 말이 있는데 전후를 종합하여 보면 이는 詭辭라 속으로는 양명학을 주장하던 것을 가릴 수 없는 것이 있는 이들이요, 하나는 양명의 학을 일언반구 提及한 적이 없고 尊奉함은 晦菴에 있어서 양명을 말하지 아니하되 그 생평 주장의 主腦되는 정신을 보면 두말할 것 없이 양명학임을 알 수 있는 이들"[19]로 나눈다. 그리고 그는 「毉山問答」의 虛實論이 왕양명의 拔本塞源論과 표리가 됨이 완연하다고 보고, 또 '학문의 分界는 虛實일 뿐이라. 하곡의 「存言」과 담헌의 「問答」이 모두 한 實字를 表揭함이니, 이 점 後學이 着眼할 곳이다'고 하여 홍대용을 위에서 언급한 세 번째 부류에 속하는 숨은 양명학도로 파악하였다. 정인보의 이러한 연

---

19) 鄭寅普, 『陽明學演論』, 211쪽.

구는 양명학과 조선조 후기의 실학사상의 관계를 처음으로 지적함으
로써 조선조 양명학의 역사적 성격에 관한 연구에 돌파구를 열었다[20]
는 점에서 의의가 있다고 하겠다.

홍이섭은 실학자들의 사상적 기저의 일부는 양명학이었다고 주장하
고, 성호학파 실학의 급진적인 사상의 성격과 동시대 선행적인 청대
학자들의 급진적 사회비판과의 관련성을 언급한다. 그에 따르면 성호
나 여타의 남인학자들이 退栗을 내세우며, 더욱 주자학적인 전통에서
퇴계를 숭앙하지만, 그들이 안으로 새기어 전개시킨 사상은 곧 전통적
주자학의 정신기반에서만 움직인 것이 아니다. 생각한 것을 실천에 옮
기는 데 적극적이었던 것은 급박한 '조선현실'이 요청하고 있는데서 주
자학적인 정통만의 고취로서는 감당할 수 없었다.[21] 실학에 있어 남인
학파의 사상조류는 外朱內王으로 이 왕학의 흐름은 대륙의 그것을 농
후하게 수용하며, 금학이었던 이 고장에서는 그 출처를 밝히지 않고
소화시킨 데서 이른바 실학사상의 급진성이 여기에 숨어 있었다고 본
다.[22]

정인보가 홍대용에 주목하여 실학과 양명학의 연관성을 조명한 것
과는 달리, 이을호는 정약용에 주목하여 그 연관성을 밝히는 작업을
이어간다. 그는 정약용이 양명학을 禪學이라고 비판하지는 않고 있다
는 사실, 비록 왕양명의 '치양지설'에 대해서는 비판하고 있지만 '지행
합일론'에 대해서는 긍정적인 입장을 취하고 있다는 사실을 들어서 다
산의 사상에 있어서 양명학적 경향이 있음을 주장하였다.[23] 이을호의
이러한 견해는 훗날 김길환에 의해 비판을 받게 된다. 김길환은 다산

---

20) 松田弘, 「朝鮮朝 陽明學 硏究의 現狀과 今後의 課題」, 『정신문화』 10, 1981,
    50쪽.
21) 洪以燮, 「實學에 있어서 南人學派의 思想的 系譜」, 『人文科學』 10, 연세대
    학교 문과대학, 1963, 198쪽.
22) 洪以燮, 위의 글, 204쪽.
23) 李乙浩, 「茶山 經學의 陸王學的 斷面」, 『東方學志』 8, 1967.

92

이 치양지설을 異端이라고 비판한 것에 근거하여 다산과 양명사상의 연관성을 부정한다.[24]

실학과 양명학의 연관성을 비교적 폭넓게 연구한 이로는 유명종을 꼽을 수 있다. 그는 흔히 북학파로 꼽히는 홍대용과 박지원 및 박제가의 실학사상과 양명학의 영향관계를 검토하였다.[25] 그는 홍대용과 양명학의 연관성에 대한 정인보의 연구를 기본적으로 받아들이면서도 보다 조심스럽게 접근하는 태도를 보인다. 그는 홍대용의 「의산문답」과 왕양명의 「발본색원론」이 모두 만물일체론의 기반 위에 서 있음을 보여줌으로써 양자를 표리 관계로 파악하는 정인보의 관점에 그 철학적 근거를 제공한다. 그러나 그는 정인보가 하곡의 「존언」과 담헌의 「의산문답」이 다 '實'字를 表揭하고 있다는 점에서 담헌의 '실'자의 정신이 바로 양명학의 정신이라고 규정한 것은 독단에 따를 가능성이 짙다고 비판하고, 담헌의 실학정신의 사상사적 연원을 담헌의 스승인 김원행이 實心과 實學을 주장하여 후학을 교도한 데서 찾는다.[26]

유명종은 또 「조선조 양명학과 그 전개」(1978)라는 글 가운데서 실학과 양명학의 관계를 성리학의 극복사조라는 관점에서 조명하였다. 그는 실학파의 양명학 수용을 '실학계몽파의 양명학 절충', '良知와 實事求是의 통일', '북학파의 양명학 절충', '박지원의 문학사상', '박제가의 신독학'으로 나누어 설명하였다. 우선 '실학계몽파의 양명학 절충'에서는 허균과 이수광에게서 발견되는 양명학의 정신을 다루고 있다. 허균의 경우에는 그의 인도주의적이고, 주자학적 교조주의를 반대하며, 인욕을 긍정하고, 개성을 존중하는 문학정신이 양명좌파인 何心隱·李贄 및 公安派의 袁宗道·袁宏道·袁中道 등의 새로운 문학운동과 닮은 점을 지적하였다.[27] 그리고 이수광의 경우, 그의 학문적 근본은

---

24) 金吉煥, 『韓國陽明學硏究』, 一志社, 1984, 31쪽.

25) 劉明鍾, 「北學派의 陽明學-湛軒의 主氣說을 中心으로-」, 『철학연구』 제20집, 1975.

26) 劉明鍾, 위의 글, 99쪽.

첫째 구질서에 대한 비판적 안목인데 그것은 양명학·천주교·세계에 관한 인식으로 나타났고, 둘째 實事·實用·實得·實心·實證 정신은 백과전서파를 형성하였으며, 셋째 務實정신은 생산적 사회 개조로 나아갔고, 넷째 詩文의 주체성, 개성적 정신은 모방·표절을 거부케 하고, 진심의 발로와 실용성을 강조하게 되었다고 정리하고, 이러한 모든 정신의 기초에는 眞僞를 판별하고 엄숙한 眞과 誠을 구하는 양명학의 정신이 있었다고 주장하였다.[28] '良知와 實事求是의 통일'에서는 梁得中(德村, 1665~1742)의 사상과 양명학의 영향 관계를 밝히고 있다. 즉 양득중의 사상은 '실사구시의 강조'와 '양지설의 주장'으로 요약되는데, 이는 양명학의 영향을 받은 것이라고 보았다. '북학파의 양명학 절충'에서는 북학파에 속하는 홍대용·박지원·박제가의 실학사상이 양명학과 절충되어 있음을 지적하고 있다. 즉 홍대용과 박지원의 主氣說이 존재론적 측면에서 왕양명의 氣哲學과 동일노선을 취하고 있으며, 홍대용의 「의산문답」과 왕양명의 「발본색원론」이 만물일체관의 동일한 기반 위에서 봉건적 신분제도를 타파하는 인간평등관을 제시하였다는 점을 예로 들었다. '박지원의 문학사상'에서는 박지원의 한문 소설인 「兩斑傳」·「許生傳」·「虎叱」·「廣文者傳」·「馬駔傳」·「金神仙傳」 등에서 양명 좌파인 何心隱·李贄·三袁의 公安派와 같은 문예정신을 발견할 수 있다는 점을 박지원과 양명학의 연관성을 주장하는 근거로 제시하였다. '박제가의 신독학'에서는 박제가가 학문의 근본을 愼獨에서 구한 것은 양명 우파의 마지막 종사인 劉宗周의 誠意愼獨學에 비할 수 있고, 또 「고본대학」을 취한 것으로 보아 양명학을 절충하였음을 알 수 있다고 주장하였다.

유승국은 「한국근대사에 있어서 양명학의 역할」(1980)에서 조선조에 있어서의 유교와 천주교, 의리학과 실학, 개화와 보수를 매개할 수

---

27) 劉明鍾, 「朝鮮朝 陽明學과 그 展開」, 『韓國哲學史』 下, 東明社, 1978, 18쪽.
28) 劉明鍾, 위의 글, 26쪽.

94

있는 기저로서의 철학사상이 양명학이었던 것을 구명하여, 그것에 의하여 한국근대사상사에 있어서 양명학이 담당한 역할을 해명하려고 하였다. 이 연구에서 주목되는 것은 조선조 양명학이 담당한 역할이 매우 광범위하게 파악되고 있다는 점이다. 정인보가 홍대용과 양명학의 관계에 대하여 지적하였고, 그 후 유명종이 홍대용, 박지원, 박제가와 양명학의 관계에 대하여 논한 데 이어서, 유승국은 우선 홍대용과 이익을 들어 그 실학정신 속에 양명학적 의식이 있음을 지적하고 있다. 그리고 다시 양명학의 논지를 원용하여 동양사상과 서양의 천주교를 매개시킨 학자로서 정약용, 권철신을 들고 있다. 특히 천주교의 수용에 즈음해서 양명학의 역할에 대해서는 종래에 지적되지 않았던 것으로 유명종이 허균의 사상구조에서 양명학의 요소를 보려고 했던 것과 같이 조선조 양명학의 새 국면을 찾아내려고 하는 시도라고 할 수 있다.[29]

한편 양명학을 실학 및 근대사상과의 연관성 속에서 조명하려는 연구태도를 비판적으로 바라보는 시각도 존재한다. 대표적인 인물로 김길환이 있다. 그는 양명학자로 규정할 수 있는 기준에 관한 검토가 요구된다고 말하면서, 양명학과 실학이 모두 주자학의 공리공론, 관념과 추상, 권위와 횡포에 대해 반기를 든 점에서는 같을 수 있지만, 양자가 기본 이념과 체계, 확충 방법 등에서 동일하게 취급될 수 없는 독자성이 있으며, 다만 실학이 그 이론을 확립하는 과정에서 양명학으로부터 힌트를 얻었을 것이라고 주장하였다.[30]

금장태는 실학파의 양명학에 대한 공감적인 이해는 도학의 일방적 지배 아래서 벗어나려는 노력을 가능하게 하였고, 특히 양명학이 주자학의 규범적 형식성을 비판하는 태도를 취하고 있는 것은 실학파에게도 자극을 줄 수 있었다고 본다. 그에 의하면 도학파들이 양명학에 대

---

29) 松田弘, 앞의 글, 56쪽.
30) 金吉煥, 『韓國陽明學硏究』, 一志社, 1984, 69쪽.

한 기본적인 배척 입장에서 관심조차 갖지 않았던 반면에, 실학파에서
긍정적이든 부정적이든 비교적 풍부한 관심을 양명학에 대해 보여준
것은 조선후기 실학파가 양명학을 보다 개방적으로 이해하고 있었음
을 보여준다는 것이다. 이것은 도학의 정통주의로 획일화된 사상계를
다원화시키는 데 기여할 수 있는 긍정적 역할이 양명학에 주어졌음을
의미한다. 그리고 지식과 행동의 거리에서 오는 주자학파적 모순을 극
복하려는 양명학의 지행합일론은 실학파의 실천정신을 격려할 수 있
었다고 본다. 결론적으로 그는 실학파는 양명학에서 철학적 근거를 발
견하기보다는 도학파의 절대적 권위를 상대화시키는 수단적 역할에
접근하였던 것으로 이해할 수 있다고 평가한다.[31]

송석준은 기존의 양명학 연구가 양명학을 연구한 학자들을 발굴하
는 데 치중했던 것과는 달리 양명학이 역사적 상황의 동질성에서 오는
공통 인식을 통해 실학과 상호 사상적으로 연계되고 있는 점을 중시하
여 한국 양명학의 특성을 실학과의 관련성 속에서 찾는다. 그는 실학
자들의 사상 속에 나타난 양명학적 사유구조를 탐색함으로써 한국사
상사에 있어서 실학과 양명학이 사상적 교류를 하고 있다는 사실을 비
교적 구체적으로 입증해 나간다. 그리고 한국 양명학은 조선조 후반기
의 사회적 상황과 관련하여 실학과 상호 사상적 교류를 통해 주자학을
실천적으로 극복하고 현실의 문제를 해결하는 데 사상적으로 기여하
고 있다고 주장한다.[32]

송석준에 의해 분석된 양명학적 사유를 지닌 실학자들로는 양득중
・이익・홍대용・권철신・정약용・정하상 등이 있다. 그에 따르면 양
득중・이익・홍대용 등은 객관적 가치관의 기준을 인간 주체에 둔 점
에서 양명학적 사유체계를 수용하였으며, 권철신・정약용・정하상 등

---

31) 琴章泰, 「朝鮮後期의 實學思想」, 『韓國哲學史』 下卷, 87~88쪽.
32) 宋錫準, 「實學派의 思想에 나타난 陽明學的 思惟構造」, 『儒敎思想研究』,
    1994, 415쪽.

성호일파는 양명학을 통해 천주교와 유교의 조화를 꾀하였다는 것이
다.[33]

성호학파의 양명학과 실학의 관계에 대하여 오래 동안 폭넓은 연구
를 해온 바 있는 서종태는 성호학파의 인물들은 이익의 제자 대부터
이미 양명학을 수용하기 시작하였으며, 또한 후대로 갈수록 더욱 많은
성호학파의 학자들이 정주학을 배격하고 양명학을 받아들이게 됨에
따라서 양명학은 마침내 성호학파 소장학자들의 지배적인 학문으로까
지 발전하기에 이르렀다고 주장한다.[34] 그리고 그 이유를 성호학파 실
학의 철학적 기반이 주자학과 모순되고 양명학과 합치된다는 점에서
찾는다. 말하자면 덕을 이루는 학문과 아울러 事功에 관한 학문도 적
극 추구한 이익의 실학체계는 근본적으로 정주학과 배치되고 양명학
과 합치되는 것이었지만 이익 자신이 양명학을 비판하고 정주학을 지
지함으로써 심각한 이론적 모순을 범하였으며, 따라서 그 이론적 모순
을 극복하는 길은 서로 배치되는 주자학을 배척하고 합치되는 양명학
을 수용하는 방향으로 전개될 수밖에 없었다는 것이다.[35] 그의 분석에
따르면 성호학파의 실학은 양명학을 수용함에 따라 그 철학적 토대를
확립하게 되며, 양명학을 철학적 토대로 한 성호학파의 실학자들은 도
덕실천에 있어서 보다 적극적이었으며, 서양과학기술을 적극 탐구하는
등 사공에 관한 학문을 널리 추구하였다. 성호학파의 양명학은 강화학
파의 양명학이 양명우파 계통을 수용한 것과는 달리 양명좌파 계통을
수용하였다는 점에서 그것을 좌파적 성격을 지닌 실학적 양명학이라
고 규정한다.[36]

---

33) 宋錫準, 『韓國陽明學과 實學 및 天主敎와의 思想的 關聯性에 關한 硏究』,
   성균관대학교 박사학위논문, 1992.
34) 서종태, 『星湖學派의 陽明學과 西學』, 서강대학교 박사학위논문, 1996, 7~73
   쪽.
35) 서종태, 「星湖學派의 陽明學과 實學」, 『조선시대사학보』 7, 조선시대사학회,
   1998, 146쪽.

4. 실학자들의 양명학관

실학과 양명학의 연관성에 대한 기존 연구 분석에서 보듯이 양명학에 관심을 갖고 있었던 실학자들로는 李晬光(1563~1628), 梁得中(1665~1742), 李瀷(1681~1763), 權日身, 洪大容(1731~1783), 朴趾源(1737~1805), 朴齊家(1750~1805), 丁若鏞(1762~1836) 등이 언급된다. 그런데 실학자들 가운데는 양명학에 별 관심을 가지지 않거나 비판적인 태도를 취하는 이들도 적지 않게 발견된다. 이 글에서는 양명학에 깊은 관심을 가지고 있었던 실학자들만이 아니라, 비판적이거나 무관심한 태도를 보이고 있는 실학자들까지 망라하여 실학자들의 양명학관의 대체적인 모습을 그려보고자 한다.

1) 李晬光(1563~1628)의 양명학관

① 이수광의 실학정신과 양명학의 연관성에 대한 기존 연구 : 실학의 선구자로 알려지고 있는 李晬光은 도학에 기반을 두면서도 성리학의 이론적 천착으로 나아가는 방향을 벗어나, 현실의 구체적 실천을 추구하는 실학정신을 발휘하는 데로 관심의 초점을 돌렸다.[37] 그런데 그의 실학정신, 즉 구질서에 대한 비판적 안목, 實事·實用·實得·實心·實證 정신, 務實정신, 주체적이고 개성적인 시문정신 등의 기초에는 眞僞를 판별하고, 엄숙한 眞과 誠을 구하는 양명학의 정신이 있었다[38]는 연구 보고가 있다. 이수광의 실학정신과 양명학의 내재적 연관성이 주장되고 있는 것이다. 그러나 그가 양명학을 자기 실학사상의 기초로 파악하고 있는가는 보다 세심하게 살펴볼 필요가 있다. 그 까닭은 양명학에 대한 그의 평가가 긍정적이지만은 않기 때문이다. 이에

---

36) 서종태, 위의 글, 146~147쪽.

37) 琴章泰, 「朝鮮後期의 實學思想」, 『韓國哲學史』 下, 98쪽.

38) 劉明鍾, 「朝鮮朝 陽明學과 그 展開」, 『韓國哲學史』 下, 26쪽.

우리는 양명학에 대한 이수광의 기본태도와 관점은 무엇인지, 양명학에 대한 그의 이해와 평가가 얼마나 적실한지를 살펴봄으로써 이수광의 양명학관에 관한 기존의 연구를 반성적으로 되짚어보고자 한다.

② 양명학에 대한 기본 관점과 태도 : 李睟光은 양명학을 직접 異端으로 규정하지는 않는다. 그러나 왕양명의 학문종지인 '致良知說'을 불교의 '卽心見性'으로 간주하고 있는 데에서 알 수 있듯이 양명학을 禪學에 물들어 있는 것으로 이해한다.39) 이 때문에 그는 양명학을 유학의 正道가 아닌 邪道로서,40) 성인의 학문에 죄를 지은 것41)으로 파악하는 관점을 지닌다. 그러나 그는 양명학이 선학에 물들어 있음을 경계하면서도 양명의 많은 가르침들을 수용하는 태도를 보인다.

③ 양명학의 기초 이론에 대한 이해 : 대개 聖學이 의거하는 기본 경전은 '六經'이다. 그런데 양명학에서는 '육경'은 성인이 자신의 마음을 기록한 것이며, 성인의 마음은 내 마음과 동일하므로 "육경이란 내 마음의 기록이고, 육경은 실제로 내 마음에 갖추어져 있다."42)고 주장한다. 이것은 經學을 心學으로 파악한 것이다. 이러한 경학관에서는 문자의 의미 해석보다는 마음으로 문자의 뜻을 풀이하기를 요구한다. 육구연이 말하듯이 "육경이 모두 나의 주석인 것"43)이다. 그런데 우리는 이수광에게서 이와 비슷한 경학관을 발견할 수 있다. 그는 "육경은 성인의 마음이다. 학자가 마음으로써 경문의 뜻을 찾는다면 이것을 얻을 것이나, 문자로서 경문을 살핀다면 이것을 상실할 것이다."44)라고

---

39) 『芝峯類說』 卷5, 「儒道部」, '學問', "其致良知之說乃佛家卽心見性, 以其簡易, 故一時學者多趨之, 然得罪於聖學".

40) 『芝峯類說』 卷7, 「經書部」3, '著述', "噫文皇此擧. 扶正抑邪之意至矣. 不然則陸氏之學, 不待陽明而盛行於世矣".

41) 『芝峯類說』 卷5, 「儒道部」, '學問', "其致良知之說乃佛家卽心見性, 以其簡易, 故一時學者多趨之, 然得罪於聖學".

42) 『王陽明全集』 卷7, 「稽山書院尊經閣記」, 254쪽, "六經者, 吾心之記籍也, 而六經之實則具於吾心".

43) 『象山語錄』 卷1, "學苟知本, 六經皆我註脚".

말한다. 육경을 성인의 마음을 기록한 것으로 이해한다는 점에서 이수광은 양명학적 사유에 많이 접근해 있음을 볼 수 있다. 그러나 그는 성인의 마음과 내 마음이 본질적으로 동일하다고 보는 양명학의 기본적인 견해를 받아들이고 있는 것으로 보이지는 않는다.

이수광은 지행관에 있어서 비록 지행의 합일을 매우 강조하지만, 여전히 주자학에서 말하는 지행관을 벗어나지는 않고 있다. 그는 "聖賢이 사람을 가르치는 데 비록 천 가지 만 가지의 말을 하지만, 그 要點은 이 '안다', '행한다'는 것에 지나지 않는다. 陳眞晟이 말하기를, '사람들이 이 학문에 있어서 만약 참으로 안다면, 행하는 것은 그 가운데에 있는 것이다'라 하였다. 나는 말한다. 배우는 자는 아는 것이 어렵지 않고 참으로 아는 것이 어려우며, 행하는 것이 어렵지 않고 실천하는 것이 어렵다. 그 어떤 이는 알면서도 실행하지 못하는데, 그것은 참으로 알지 못한 데에서 연유한 것이다."[45]라고 하여 실천으로 옮겨지는 참된 앎을 중시한다. 그러나 그가 말하는 지와 행은 양명학에서 말하는 지행과는 거리가 있다. 양명학에서 앎과 실천은 본원상에서 합일의 관계를 이룬다. 지와 행이 본래적으로 분리되어 있지 않은 것으로 파악하는 양명학에서는 『대학』의 이른바 '치지'와 '성의'를 지와 행으로 구분하지도 않으며, 『중용』의 이른바 박학·심문·신사·명변과 독행을 지와 행의 서로 다른 단계로 구분하지도 않는다. 그러나 이수광은 이와는 달리 격물치지와 성의를 지와 행으로 구분하고, 박학·심문·신사·명변과 독행을 지와 행의 서로 다른 단계로 구분한다.[46]

---

44) 『芝峯集』 卷29, 「警語雜編」, "六經聖人之心也. 學者以心求經則得之, 以文字看經則失之".

45) 『芝峯類說』 卷5, 「儒道部」, '學問', "聖賢敎人. 雖千言萬語, 其要不過出此. 陳眞晟曰, 人於此學, 若眞知之則行在其中矣. 余謂學者非知之難, 眞知爲難. 非行之難, 實踐爲難. 其或知之而不能行者, 由不能眞知故也".

46) 『芝峯類說』 卷5, 「儒道部」, '學問', "余在童丱, 及聞先生長者之餘論, 以謂爲學之方, 惟在知行二字. 大學之格物致知, 求所以知之也. 誠意以上, 卽所以行之之目也. 至於中庸所謂博學審問愼思明辨四者, 所以知之也. 篤行者, 所以

치양지에 대해서도 그는 왕수인의 견해를 충분히 이해하고 있다고 보기는 어렵다. 그는 '치양지설'을 양명학의 종지로 파악한다. 이것은 왕수인이 '치양지를 일관지도'[47]로 간주하는 것에 근거할 때 양명학의 핵심소재를 제대로 본 것이라고 할 수 있다. 그런데 그는 致良知說을 불교의 '卽心見性'으로 이해함으로써 양명학을 불교와 마찬가지로 성인의 학문에 죄를 짓게 되었으므로 그것을 상세히 변론하지 않을 수 없다고 말한다.[48] 치양지설을 기본 종지로 하는 양명학을 선학으로 비판함으로써 성인의 학문으로부터 배제하고자 한 것이다. 그러나 그는 왕수인의 치양지설이 어떻게 불교의 '卽心見性'과 동일한 의미로 이해될 수 있는지에 대한 구체적인 설명을 하지 않고 있다. 다만 왕수인이 본심만을 직지하고 학문사변의 공부를 빠뜨렸다[49]는 언급을 예시하고 있는 것으로 볼 때, 왕수인의 치양지설이 심성공부에만 매몰되어 학문사변의 궁리공부를 빠뜨린 것으로 이해하였음을 짐작할 수 있다. 양명학에 대한 이수광의 이러한 비판은 성리학자들도 공통적으로 제기하고 있는 것이다. 이 점에서 보자면 이수광의 양명학관은 성리학자들의 일반적인 견해로부터 크게 벗어나 있지 않음을 보여준다. 따라서 진위를 구별하고, 眞과 誠의 실질을 중시한다고 해서 그것의 근원을 양명학에서 찾고자 한 것은 지나치게 작위적이라는 비판을 면하기 어렵다.

이수광은 비록 치양지설과 사구교 등 양명학의 핵심적인 이론을 비판하고는 있지만, 그 가르침 가운데 많은 것들을 의미 있는 것으로 받아들인다. 즉, 양명학의 가르침이 간이하여 사람들을 쉽게 끌어들일 수

行之也".

47) 『傳習錄』, 140조목, "一以貫之, 非致其良知而何?"

48) 『芝峯類說』 卷5, 「儒道部」, '學問', "余按守仁推尊象山, 而力詆朱子, 其致良知之說乃佛家卽心見性, 以其簡易, 故一時學者多趨之, 然得罪於聖學. 以此學者不可不詳辨焉".

49) 『芝峯類說』 卷5, 「儒道部」, '學問', "王世貞謂, '王守仁爲致良知說, 直指本心, 最簡易痛切, 乃至欲盡廢學問思辨之功'".

있다는 점, 사욕을 제거하는 공부법이 엄중하고 절실하다는 점,50) 오만함에 대한 경계와 겸손의 미덕에 대한 존중,51) 마음이 태허처럼 확연하여 부귀와 빈천, 得喪과 愛憎이 서로 만나도 걸림이 없는 무집착의 정신경계52)에 대한 언급 등을 들고 있다.

④ 이수광의 양명학관에 대한 종합적 평가 : 이상에서 살펴본 것처럼 이수광은 양명학을 기본적으로 선학에 물들어 있는 것으로 보면서도 그 가르침 가운데 많은 부분을 수용하고 있다. 치양지, 사구교, 무집착의 정신경계 등 양명학의 핵심이론과 정신을 알고 있다는 점에서 볼 때, 그는 양명학에 대해서 기존의 어떤 성리학자들보다도 폭넓은 이해를 하고 있었다고 평가할 수 있다. 그러나 그 이해의 심도에 있어서는 여전히 한계를 드러낸다. 그것은 양명학의 치양지를 불교의 '卽心見性'과 동일한 것으로 이해한 데서 단적으로 드러난다. 비록 그가 육경을 성인의 마음을 담은 것으로 이해한 점이나, 실천으로 옮겨지는 참된 앎을 강조한 점 등에서 양명학과의 유사성을 말할 수 있을지라도, 그의 학문과 양명학 양자 사이에는 근본적인 차이가 있다. 양명학에서는 성인의 마음과 내 마음을 동일시함으로 해서 육경을 성인의 마음만이 아니라 내 마음을 표현한 것으로 이해한다. 그러나 이수광은 '육경을 내 마음의 표현'이라고까지는 말하지 않는다. 이것은 그가 성인의 마음

---

50) 『芝峯類說』 卷5, 「儒道部」, '學問', "王陽明曰, '君子正目而視之, 無他見也. 傾耳而聽之, 無他聞也. 如猫捕鼠, 如雞覆卵, 精神心思, 凝聚融結, 不復知有其他. 然後此志常立. 神氣淸明, 一有私欲, 卽便知覺, 自然容住不得.' 余謂陽明此言, 極爲嚴切".

51) 『芝峯類說』 卷5, 「儒道部」, '學問', "王守仁曰, 今人病痛大段只是傲. 傲則自高自是, 不肯屈下. 故爲子而傲, 必不能孝, 爲弟而傲, 必不能弟, 爲臣而傲, 必不能忠. 又曰爲學先要除此病根, 方寸有地步可進. 傲之反爲謙, 謙字便是對症之藥. 余謂世之爲文詞者自高自是, 則畢竟不能進一步, 而反究於退. 坐是病也. 傲之爲病, 豈惟學者然哉. 所謂千罪萬惡, 皆從傲上來是矣".

52) 『芝峯類說』 卷5, 「儒道部」, '心學', "王陽明曰, '此心廓然, 與太虛同體. 太虛之中, 何物不有. 而無一物能爲太虛之障礙. 凡富貴貧賤得喪愛憎之相値, 卽飄風浮靄之往來變化於太虛. 而太虛之體, 固常廓然無礙也.' 余謂此言固善".

을 내 마음과 동일한 것으로 보지 않고 있기 때문이다.

그리고 지행관에 있어서도 이수광은 앞에서 살펴본 대로 기본적으로 주자학적 관점을 벗어나지 않고 있다. 그도 여전히 주자학적 입장에서 양명학을 이해하고 있는 것이다. 그렇지만 양명학에 대해서 일정 부분 긍정적인 평가를 하고 있는 것은 주자학 도통론자들과는 크게 달라진 점이라고 하겠다.

2) 李瀷(1681~1763)의 양명학관

① 이익 및 성호학파의 실학정신과 양명학의 연관성에 대한 기존 연구[53] : 이익의 실학사상을 양명학과 연관을 지어 설명한 최초의 학자는 홍이섭이다. 그는 실학자들의 사상적 기저의 일부는 양명학이었다고 주장하고, 성호학파 실학의 급진적인 사상의 성격과 동시대 선행적인 청대 학자들의 급진적 사회비판과의 관련성을 언급한다. 그리고 유승국은 이익의 실학정신 속에 양명학적 의식이 있었다고 주장한다. 그는 이익이 서인의 '謹守規矩'의 학문태도만이 아니라 주자의 학설까지도 비판할 수 있었던 것은 진리의 척도를 선현의 예법에 두지 않고 자기가 선천적으로 소유한 판단할 수 있는 능력에 두었기 때문이라고 본다. 그리고 그는 『대학』의 '絜矩之道'에 대한 이익의 해석을 그 구체적인 논거로 제시한다. 이익이 진리판단의 기준을 인간주체의 선천적인

---

53) 성호학파의 실학과 양명학의 관계에 관한 주요 연구논문들은 다음과 같다. 洪以燮, 「實學에 있어서 南人學派의 思想的 系譜」, 『人文科學』 10, 延世大學校 文科大學, 1963 ; 柳承國, 「韓國 近代 思想에 있어서 陽明學의 役割」, 『同大論叢』, 동덕여대, 1980 ; 安在淳, 「李星湖의 大學疾書에 관한 考察」, 『東洋哲學研究』 2, 1981 ; 劉明鍾, 「尹白湖·丁茶山과 陽明說折衷」, 『韓國의 陽明學』, 同和出版社, 1993 ; 宋錫準, 『韓國陽明學과 實學 및 天主教와의 思想的 關聯性에 關한 研究』, 성균관대학교 박사학위논문, 1992 ; 金吉洛, 「조선조 후기 陽明學에 있어서 근대정신의 형성과 전개」, 『儒學研究』 1, 1993 ; 金吉洛, 「朝鮮後期 陽明學에 있어서의 近代精神」, 『東洋學』 24, 1994.

능력에 두었다는 점에서 양명학과의 연관성을 설명하고 있는 것이다. 그리고 성호가 양명학을 통속적으로 비판하고 있으며 또 양명학을 표방하지는 않았지만 자세히 관찰하여 보면 그의 학적인 논설은 그와 다르다고 말한다.54) 이러한 유승국의 관점은 송석준에 의하여 보다 구체적으로 전개된다. 그는 이익의 실학정신 속에 나타난 양명학적 사유구조를 탐색한다.55) 한편 서종태는 이익이 덕을 이루는 학문과 아울러 사공에 관한 학문도 적극 추구하고 있다는 점에서 그의 실학체계가 근본적으로 정주학과 배치되고 양명학과 합치되는 성격을 지녔음에도 이익 자신이 양명학을 비판하고 정주학을 지지함으로써 심각한 이론적 모순을 범하였다고 주장한다. 그리고 이러한 이론적 모순은 성호학파가 양명학을 철학적 기반으로 수용함으로써 해소되는 것으로 본다.56)

그런데 이들과는 달리 이익의 실학사상을 주자학의 연장선상에서 파악하려는 견해가 일찍이 류인희에 의해 제시된 바 있다. 그는 조선 실학의 성격을 정주리학에 대한 반동으로부터 규정하려는 일반적인 경향이 모든 실학자들에게 다 적용되는 것은 아니라는 기본 관점 위에서 성호의 철학사상과 주희의 철학을 비교 검토한다. 그는 성호의 학문관, 인간관 및 心論과 방법론, 수양론을 중심으로 성호의 철학사상을 분석하여 정리하고, 그것이 주희철학의 문제와 이론들을 발전시킨 것이라는 결론을 도출해낸다.57) 이러한 견해는 비록 이익의 사상을 양명학과의 연관 속에서 조명하려는 기존의 연구에 어떤 직접적인 반론

---

54) 柳承國, 「韓國 近代思想에 있어서 陽明學의 役割」, 『同大論叢』, 동덕여대, 1980, 525~526쪽.
55) 宋錫準, 「實學派의 思想에 나타난 陽明學的 思惟構造」, 『儒敎思想硏究』, 1994, 415쪽.
56) 徐鍾泰, 「星湖學派의 陽明學과 實學」, 『朝鮮時代史學報』 7, 조선시대사학회, 1998, 146쪽.
57) 柳仁熙, 「星湖僿說의 哲學思想」, 『震檀學報』 59.

을 제기한 것은 아니지만, 철저하게 주자철학의 발전선상에서 이익의
철학을 이해하려고 하였다는 점에서 이익의 사상과 양명학과의 연관
성을 밝히려는 일련의 연구 경향과는 전혀 다른 입장을 취한 것이라고
할 수 있다. 그럼 이익의 양명학에 대한 기본관점과 태도는 무엇이며,
양명학에 대한 이해와 그 평가는 어떤지를 중심으로 하여 이익의 양명
학관을 살펴보도록 하겠다.

② 양명학에 대한 기본 관점과 태도 : 道佛의 이단에 대해서 비교적
개방적인 태도를 취한 이익은 양명학에 대해서도 기본적으로 부정적
이었지만 그것을 전적으로 이단사설로 배척하는 당시의 주자학자들과
는 달리 양명이 지닌 장점을 아무런 선입견 없이 긍정하고 있다. 그는
양명학을 禪家의 풍미를 띠고 있으며,58) 또 偏僻된 학설59)이라고 비
판한다. 그리고 양명의 학술을 비판한 퇴계를 문묘에 從祀한 이상 양
명을 함께 종사할 수 없다는 주장을 펼친다.60) 퇴계의 학문을 聖學의
정통계열로 파악하고 있는 이익은 양명학을 퇴계의 학문계열로부터
벗어난 것으로 이해하고 있는 것이다. 그러나 그는 양명학의 이론을
부분적이기는 하지만 객관적으로 이해하고 평가하려는 태도를 보인다.

③ 양명학의 기초 이론에 대한 이해 : 양명학의 기초이론 가운데 하
나가 지행합일설이다. 그것은 앎(知)에는 행위(行)가 본래적으로 포함
되어 있고, 행위는 앎을 현실화하는 공부의 과정이기 때문에 지와 행
을 둘로 나눌 수 없다는 주장으로서 주자의 先知後行說에 대한 비판
의 성격을 지니고 있다. 지행관에 대한 주자학과 양명학의 차이를『중
용』의 이른바 博學·審問·愼思·明辨·篤行을 가지고 말하자면, 주
자학에서는 學問思辨과 篤行을 각각 知와 行으로 구분하고, 양자의

---

58)『星湖僿說』卷20,「經史門·丘文莊」, "如白沙陽明之類, 皆未免禪味".
59)『星湖僿說』卷18,「經史門·王陽明」, "陽明學術, 雖甚頗僻, 其自好則亦不淺
　　矣. 虐民瀆貨, 其有是耶. 余觀陽明十家牌法, 奸僞無所容, 即必可施者也".
60)『星湖僿說』卷9,「人事門·王陽明」, "東人既不能不祀退溪, 陽明之不可並
　　享, 亦明矣".

관계를 선지후행으로 풀이하는 반면에, 양명학에서는 學問思辨과 篤行을 모두 行에 포함시키고 이 행을 분명하게 자각하고 정밀하게 살피는 주체를 知로 간주하고, 양자의 관계를 본래적으로 합일되어 있는 것으로 이해한다. 이러한 차이는 '지'의 의미를 주자학에서는 어떤 대상에 대한 '지식'으로 이해하는 반면에 양명학에서는 그 무엇을 알 수 있고 행할 수 있는 '인식과 실천의 주체'로 이해하는 데서 기인한다. 그리고 주자학에서는 지와 행은 학문의 두 가지로서 혼동할 수 없는 것이며, 다만 궁극적으로 지행합일의 경지에 이르도록 해야 한다고 주장한다. 따라서 주자학자들은 당위로서 또한 완성된 학문의 결과로서 지행합일에는 찬성한다. 그러나 양명에 의하면 지행합일은 학문의 당위성으로서 말할 뿐만 아니라, 매 학문을 수행하는 단계마다 지행이 합일하도록 해야 한다는 것을 의미하며, 나아가서는 지행이 그 본체상에서부터 합일적 관계에 있다고 본다.[61]

이익은 양명의 지행합일설은 옳은 점도 있고 그렇지 못한 점도 있다고 평가한다. 그는 먼저 '學'의 의미가 지와 행을 겸하고 있다는 차원에서 양명의 지행합일의 논리를 수용한다. 예컨대 학은 몸으로 배우는 것이 있고 마음으로 배우는 것이 있으나 학 자체는 행이라고 할 수 있듯이, 학의 목표는 지이지만 학의 행위자체는 행이므로 학은 지행이 겸한 것이라 말할 수 있다는 것이다. 그러나 그는 실천에 있어서는 앎이 전제가 되지 않을 수 없다고 보아서 선지후행의 입장을 견지하고, 지와 행을 두 가지로 분리시킨다.[62]

그런데 양명의 지행합일설에 대한 이익의 이해가 어느 정도 적실한가는 의문의 여지가 있다. 그는 단지 '학'은 지와 행을 겸하고 있다는 차원에서 양명의 지행합일설을 이해할 뿐, 양명의 지행합일설이 지행

---

61) 박연수, 『양명학의 이해』, 227쪽 참조.
62)『星湖僿說』卷18, 「經史門・知行合一」, "然自躬行孝弟而言, 則先知而後行也, 固無可疑.……若曰知與行非二物, 則思與學之間, 豈復有殆罔之失".

의 본체상에서부터 합일관계를 이루고 있음에 대해서는 알지 못하고 있다. 말하자면 양명이 말하는 '知'가 단순한 '지식'이 아니라, 인식과 실천의 주체인 '양지'임을 깨닫지 못한 것이다. 이 때문에 이익은 양명의 지행합일설이 나름대로 이유가 있다고 말하면서도, 결국엔 주자학에서와 같이 지와 행을 둘로 구분하고 선지후행의 견해를 취하게 된다. 이익의 지행관은 주자학의 범위를 넘어서지 않고 있는 것이다. 지행관에서 이익과 양명학의 연관성을 주장하는 견해는 양자의 본질적 차이를 살피지 못한 것이라고 평할 수 있다.

이익은 대학의 '혈구지도'의 해석에서 양명학적 사유체계를 간직하고 있으며, 이를 통하여 당시 주자학자들의 말폐 현상을 비판하고 있다. 따라서 '혈구지도'에 대한 해석은 비록 부분적이긴 하지만, 실학자로서의 성호가 지니고 있는 양명학적 사유체계를 보여주는 것으로, 이것은 곧 실학과 양명학의 사상적 연계성을 시사하는 중요한 자료로 생각된다.[63]

이익은 양명의 학문은 비록 편벽되지만, 양명의 인물됨과 그가 제시한 '십가패법'에 대해서는 긍정적으로 평가한다. 이익이 양명학을 편벽되다고 한 것은 양명이 주자학의 격물궁리설을 비판하고 리의 외재성을 부정한 점을 일컫는 것으로 생각된다.[64] 이것은 이익이 여전히 주자학을 자신의 학문적 바탕으로 삼고 있는 데서 기인한 것이다. 이처럼 양명학에 대해 비판적인 태도를 취하면서도 이익은 양명의 인물됨은 청렴결백하여 백성에게 사납게 굴거나 재물을 탐한 일이 없었으며, 왕양명이 제안한 '십가패법'은 간악함과 거짓됨을 용납함이 없기 때문에 곧바로 시행할 만하다고 말한다.[65] '십가패법'은 十家가 같은 牌가

---

63) 宋錫準, 「實學派의 思想에 나타난 陽明學的 思惟構造」, 『儒敎思想研究』, 1994, 408쪽.

64) 宋錫準, 위의 글, 402쪽.

65) 『星湖僿說』 卷18, 「經史門 · 王陽明」, "陽明學術, 雖甚頗僻, 其自好則亦不淺矣. 虐民瀆貨, 其有是耶. 余觀陽明十家牌法, 奸僞無所容, 即必可施者也".

되는데, 아무는 머리가 되고 아무는 꼬리가 되어 날마다 輪番으로 그 일을 맡아본다. 매일 酉時(오후 5시부터 7시까지)에 牌를 가지고 집집마다 다니며 紛牌를 대조하여 심사하는데 아무의 집에는 오늘 밤에 아무가 없으니, 그는 어느 곳에 가서 무슨 일을 보고 어느 날 돌아오며, 아무의 집에서는 오늘 밤에 아무가 더 있으니, 그의 성명은 누구며 어느 곳에서 무슨 일로 온 것을 여러 집에 통보하여 알린다. 만약 의심스러운 일이 있으면 곧 관가에 보고하고 혹 숨겼다가 일이 발각되면 옆집이 같이 죄를 입으니, 비록 잠시 쉬어가는 손님도 또한 모두 기록하는 것이다.66) 말하자면 십가패법은 향촌 공동체의 질서를 유지하기 위한 한 방법으로서 十家가 하나의 단위로 묶여서 자율적으로 상호 감시하고 공동으로 책임을 지는 제도이다. 이 제도하에서는 어떤 간악함과 거짓됨이 숨겨지거나 용납되지 않기 때문에 깨끗한 사회가 이루어지고, 사회 구성원들도 국법을 어길 가능성이 그만큼 줄어들며, 국가에서도 가혹한 정사를 베풀 이유가 없어진다. 이익이 양명의 십가패법을 시행할 만하다고 평한 데에는 가혹한 정사로 많은 백성들이 범죄자로 내몰린 당시의 정치와 사회 현실에 대한 비판적 인식이 바탕에 놓여 있었다고 말할 수 있다.

④ 이익의 양명학관에 대한 종합적 평가 : 이상의 논의를 통해서 보면 이익은 퇴계를 통해서 내려오는 주자학적 사유체계의 바탕 위에서 양명학을 그나마 객관적으로 이해하려고 한 인물로 규정할 수 있다. 그러나 그의 관점이 이미 주자학에 뿌리를 내리고 있었기 때문에 양명학에 대한 이해도 자연히 한계를 가져오지 않을 수 없었다. 그 대표적인 사례를 우리는 양명학의 지행합일설에 대한 이익의 이해가 그리 깊

---

66) 『星湖僿說』卷15, 「人事門·十家牌」, "蓋其法十家同牌, 某爲頭, 某爲尾. 輪日收掌. 每日酉時, 持牌到其家, 照粉牌查審. 某家今夜少某人, 往某處, 幹某事, 某日當回. 某家今夜多某人. 是某姓名, 從某處來, 幹某事, 仍通報各家知會. 若事有可疑, 卽行報官. 如或隱蔽事發, 十家同罪, 雖寄歇客人, 亦皆錄識".

지 않다는 점을 통하여 확인한 바 있다. 그럼에도 이익은 양명의 인물됨과 '십가패법'에 대해서는 매우 긍정적으로 평가하고 있다. 이것은 당시의 정통주자학자들이 양명학의 이론 자체만이 아니라, 왕양명의 인물됨까지도 비판하고 있는 점과 비교할 때 특징적인 것이라고 할 수 있다. 진리를 탐구하고, 현실을 구제할 수 있는 방법을 모색하는 데 있어서 이익은 보다 융통성 있는 태도를 취하고 있는 것이다. 주자학에 입각해 있으면서도 異學에 대해서 융통성을 보이는 이러한 태도는 이익의 제자 문인들에게 계승 발전된다.

3) 安鼎福(1712~1791)의 양명학관

① 안정복과 양명학의 연관성에 대한 기존의 연구는 아직 보고된 바없다.

② 양명학에 대한 기본 관점과 태도 : 안정복은 왕양명이 비록 유학을 크게 倡道했지만 그 내면은 실제로 이단이었다고 보고, 양명학에 대해서 전반적으로 비판적인 태도를 취한다.

③ 양명학의 기초 이론에 대한 이해 : 안정복은 양명학의 주요 이론들을 비판한다. 그의 비판은 당시 양명학에 깊은 관심을 가지고 있었던 녹암 권철신(1736~1801)에게 보낸 서신에 주로 나타나 있다. 그는 권철신이 양명의 치지설을 매우 옳다고 보는 견해를 논박하는 과정에서 양명의 '심즉리설'과 '치양지설', '지행합일설' 등을 비판한다.

그는 '심과 리의 합일'은 사유기능을 지닌 마음으로 사물의 이치를 궁구하는 과정을 통해서 이루어진다고 보는 주자학의 입장에서 양명의 '心卽理說'을 비판한다.[67] 그런데 왕양명이 '心卽理說'을 제출하게 된 그 사상사적 배경에는 주자학에 대한 반성이 놓여 있다. 주자학에

---

67) 『順菴先生文集』卷6, 「答權旣明書」丙戌, "心之官則思, 思主知. 朱子釋致知格物, 以心之知, 格物之理. 蓋心有知之理, 故能窮物理, 則吾心所知之理, 與散在物上之理, 合而爲一, 何必直訓心爲理".

서는 리를 객관사물에 실재하는 것으로 파악하는 형이상학적 관점에
기초하여 구체적인 사물에서 리를 궁구하여 알아내고 그것을 자신의
삶을 이끌어나가는 도덕실천의 원리로 간주한다. 그런데 양명에 따르
면 리는 내 마음과 무관하게 객관사물에 실재하는 것이 아니라, 내 마
음에 의해서 창출된다. 내 마음이 바로 일체의 도덕원리를 창출해내는
근원으로 생각하는 것이다. 이것을 표현한 것이 바로 '심즉리'이다. 주
자학에 대한 반성을 거쳐서 제기되는 양명의 '심즉리설'의 본래적인 의
미에서 보면 안정복의 그에 대한 비판은 주자학의 입장을 반복하는 것
에 불과하다. 그는 양명의 고민을 전혀 읽어내지 못하고 있는 것이다.
치양지설에 대한 비판도 크게 다르지 않다.

　안정복은 또 양명학에서 마음의 지각인 양지를 천리로 파악하는 것
을 비판한다. 그에 따르면 마음의 지각이 바로 양지이다. 그리고 마음
의 지각은 기질의 영향을 받는다. 따라서 기질의 영향을 받는 마음의
지각은 기질에 따라 그 편차가 있게 된다. 기질이 맑은 성인의 경우는
그 마음의 지각이 바로 양지의 본연에서 나오는 것이지만, 기질이 탁
한 일반인들의 경우에는 그 마음의 지각이 인욕에서 나온 것이 많다.
그런데도 양명학에서 마음의 지각인 양지를 천리로 이해하는 것은 인
욕을 천리로 간주한 것과 다름없다는 것이다.[68] 안정복의 이러한 비판
은 주자학에서 말하는 양지의 개념에 대한 이해의 토대 위에서 진행된
것이다. 그러나 양명학에서 말하는 양지는 기질의 영향을 받는 마음을
가리키는 것이 아니다. 양명학에서 말하는 마음은 사욕에 물들지 않은
순수한 천리의 마음으로서 선악을 판별하고 선을 실천할 수 있는 능력
을 지니고 있다. 그것이 바로 모든 사람들이 똑같이 지니고 있는 도덕
본심으로서의 양지이다. 이와 같이 주자학과 양명학에서는 '양지'라는

---

68) 『順菴先生文集』卷6, 「答權旣明書」丙戌, "以心之所知爲良知. 夫人之氣質
　　不同. 聖人之心, 則固皆出於良知之本然, 而衆人之心, 則爲氣所乘, 流於偏
　　塞, 其心之知多出於人欲. 陽明此說, 認人欲爲天理. 其流之弊, 豈可勝言哉".

110

동일한 용어를 그 의미가 전혀 다른 개념으로 사용하고 있는 것이다. 그럼에도 안정복은 '양지'라는 개념에 대한 주자학적 이해에 근거하여 양명학의 이해를 비판하고 있는 것이다. 이것은 안정복이 양명학을 제대로 이해하고 있지 못함을 의미한다.

양명학의 지행합일설에 대해서도 안정복은 "『대학』의 경문을 제대로 풀이하면 지와 행의 합일을 말할 수 없는데, 주자의 치지설을 깨부수기 위하여 지행합일설을 제출하였다."[69]고 비판한다. 그런데 이것도 양명의 지행합일설을 피상적으로만 파악하고 한 발언이다. 지행합일설을 제출하게 된 양명의 고민과 깨우침을 전혀 이해하고 있지 못한 것이다. 양명의 지행합일설은 단순히 경문에 대한 풀이나, 주자학에 대한 사적인 반감에 의해서 제출된 것이 아니다. 그것은 주자학의 치지설이 지닌 문제점, 즉 사물의 이치에 대한 앎이 곧바로 내 마음의 자각과 실천적인 행위로 옮겨지지는 않는다는 문제점에 대한 깊은 고민에서 제출된 것이다. '사물의 이치에 대한 외적 탐구와 내 마음의 내적 자각을 어떻게 합일시키고, 그 앎을 또 어떻게 구체적인 행위로 드러나게 할 수 있을까'의 문제를 두고 고민했던 것이다. 그러나 안정복은 양명의 이러한 고민을 전혀 고려하고 있지 않다.

④ 안정복의 양명학관에 대한 종합적 평가 : 주자학의 개념체계를 고수할 경우에는 양명학을 제대로 이해하기 어렵다. 이상의 논의에서 알 수 있듯이 양명학의 기초 이론들에 대한 안정복의 이해와 비판은 철저히 주자학적 입장에서 이뤄진다. 따라서 안정복의 양명학관 역시 대부분의 주자학자들이 지니고 있는 양명학에 대한 이해의 한계를 그대로 드러낼 수밖에 없었다고 할 수 있다.

---

69) 『順菴先生文集』 卷6, 「答權旣明書」 丙戌, "又倡知行合一之說, 以經訓言之, 知行何嘗合一, 而陽明之騁辯爲此者, 欲破朱子致知之說".

4) 洪大容(1731~1783)의 양명학관

① 홍대용과 양명학의 연관성에 대한 기존 연구 보고 : 홍대용과 양명학의 연관성을 처음 언급한 사람은 정인보이다. 그는 홍대용의 「毉山問答」은 왕양명의 拔本塞源論과 표리가 되며, 하곡의 「存言」과 더불어 하나의 '實'자를 드러내고 있다고 주장한다.[70] 그리고 유명종은 홍대용과 양명학의 연관성에 대한 정인보의 연구를 기본적으로 받아들이면서도 보다 조심스럽게 접근하는 태도를 보인다. 그는 홍대용의 「의산문답」과 왕양명의 「발본색원론」이 모두 만물일체론의 기반 위에 서 있음을 보여줌으로써 양자를 표리 관계로 파악하는 정인보의 관점에 그 철학적 근거를 제공한다. 그러나 그는 정인보가 하곡의 「존언」과 담헌의 「의산문답」이 다 '實'字를 表揭하고 있다는 점에서 담헌의 '실'자의 정신이 바로 양명학의 정신이라고 규정한 것은 독단에 따를 가능성이 짙다고 비판한다.[71] 그리고 실학자들의 사상 속에 나타난 양명학적 사유구조를 탐색하여 실학과 양명학의 사상적 연관성을 밝히고자 하는 송석준은 홍대용이 객관적 가치관의 기준을 인간주체에 둔 점에서 양명학적 사유체계를 수용하고 있다고 주장한다.[72]

② 양명학에 대한 기본 관점과 태도 : 홍대용은 양명학을 이단으로 간주한다.[73] 그러나 이단이라고 해서 무조건 배척하지는 않는다. 오히려 그는 양명학을 이단사설로 배척하는 당시의 학문풍토를 비판하고, 왕양명이라는 인물과 그의 학문을 객관적으로 평가하려는 태도를 지닌다.

우선 홍대용은 왕양명을 시대를 근심하고 世道를 걱정하는 뜻이 높

---

70) 鄭寅普, 『陽明學演論』, 211쪽.
71) 劉明鍾, 「北學派의 陽明學-湛軒의 主氣說을 中心으로-」, 1975, 99쪽.
72) 宋錫準, 『韓國 陽明學과 實學 및 天主敎와의 思想的 聯關性에 關한 硏究』, 성균관대학교 박사학위논문, 1992.
73) 『湛軒書』 外集 卷1, 「杭傳尺牘」, '與篠飮書', "竊以爲陽明之高, 可比莊周, 而學術之差, 同歸於異端矣".

았던 '호걸지사'로 평가한다. 그리고 왕양명의 글을 읽고 그의 인물됨에 감복하여 저 세상에 가면 그를 위하여 채찍을 잡겠노라고 술회하기도 한다.74) 여기에서 홍대용이 읽었다고 하는 양명의 글은 아마도 『전습록』에 실려 있는 「答顧東橋書」 가운데 흔히 '拔本塞源論'이라고 불리는 글일 것이다. '발본색원론'이야 말로 양명의 세상에 대한 우환의식과 구세정신, 그리고 호걸선비를 계몽시키는 정신이 잘 나타난 글이기 때문이다. 홍대용이 양명을 위하여 채찍을 잡겠다고 한 것은 바로 왕양명의 그러한 정신을 따르겠다는 의지의 표현이라고 할 수 있다. 실제로 홍대용의 학문은 허학을 비판하고 세상을 구제할 수 있는 실질적인 방안들을 마련하고자 하는 실학정신이 바탕을 이루고 있다. 이 실학정신을 잘 드러내고 있는 것이 그의 「의산문답」이다. 정인보가 홍대용의 「의산문답」의 虛實論이 왕양명의 '발본색원론'과 서로 표리가 된다고 평한 것도 두 사람의 정신이 서로 소통하고 있음을 보고 한 말임이 분명한 것이다.

홍대용은 또 왕양명의 문장과 사업을 明代의 巨擘으로 평가한다.75) 그는 "양명의 빛나는 사공의 업적은 실지로 얻은 공효로서, 空言이나 하고 훈고나 일삼는 학자들과는 판이하게 다르다"76)고 말한다. 여기에서도 우리는 허학을 비판하고 실학을 지향하는 홍대용의 정신이 왕양명의 사공의 업적에 대한 긍정적인 평가로 드러났음을 알 수 있다. 실학을 추구하는 정신이 서로 이어지고 있음을 볼 수 있는 것이다. 그러나 홍대용은 왕양명의 학술에 대한 평가에서 관대하지만은 않다. 그는 양명학의 장점과 단점을 객관적으로 평가하고자 한다.

당시 조선의 유학자들은 주자학을 절대적인 진리체계로 간주하고,

---

74) 『湛軒書』 外集 卷3, 「杭傳尺牘」, '乾淨衕筆談', "陽明間世豪傑之士也. 愚嘗讀其書, 心服其人, 以爲九原可作必爲之執鞭矣".
75) 『湛軒書』 外集 卷3, 「杭傳尺牘」, '乾淨衕筆談', "陽明間世豪傑之士也. 文章事業, 實爲前朝巨擘".
76) 『湛軒書』 外集 卷3, 「杭傳尺牘」, '乾淨衕筆談'.

주자학을 비판한 양명학을 이단으로 배척하였다. 그런데 홍대용은 고루하게 주자학만을 묵수하는 태도를 향원의 마음으로 주자를 바라보는 것이라고 비판할 뿐만 아니라,77) 묵수주자학의 입장에서 양명학을 배척하는 당시의 학문풍토를 신랄하게 비판한다. 그에 따르면 왕양명의 학문 종지인 치양지학은 더없이 높고 깊으며, 실제로 세상을 구제하려는 뜻에서 나온 것으로서 결코 후세의 말로만 떠드는 선비 따위가 흉내를 낼 수 있는 것이 아니다.78) 그러나 그는 양명이 주자말학의 폐단을 바로잡으려는 것이 너무 지나쳐 방자한 의논의 폐해가 迂儒나 曲士와 다를 것이 없었고, 도를 바로 잡으려는 해독이 자못 記誦이나 訓詁보다도 더 심하게 되었다79)고 지적한다. 이와 같이 홍대용은 양명학의 장단점을 객관적으로 파악하려는 태도를 지니고 있었다.

③ 양명학의 기초 이론에 대한 이해 : 홍대용은 양명이 주자학을 등지게 된 점이 바로 격물치지에 대한 해석에서부터 비롯되었음을 정확하게 알고 있었다.80) 그리고 주자학과 양명학의 격물치지에 대한 해석의 차이에는 심과 리의 의미 및 그 관계에 대한 인식의 차이가 전제되어 있음도 이해하고 있었다. 주자학에서는 마음을 지각기능을 지닌 인식주체로, 리를 사물 속에 내재하는 인식대상으로 설정하고 있으며, 마음과 리의 합일을 위해서는 궁리의 과정을 필수적으로 요구하게 된다. 반면에 양명학에서는 이치를 마음 밖에 설정하지 않고 있기 때문에 외부 사물에서 이치를 궁구할 필요가 없고, 내면의 양지를 실현하기만

---

77) 『湛軒書』外集 卷3, 「杭傳尺牘」, ‘乾淨錄後語’, “東儒之崇奉朱子, 實非中國之所及. 雖然惟知崇奉之爲貴, 而其於經義之可疑可議, 望風雷同, 一味掩護, 思以箝一世之口焉. 是以鄕原之心, 望朱子也”.

78) 『湛軒書』外集 卷3, 「杭傳尺牘」, ‘乾淨衕筆談’.

79) 『湛軒書』外集 卷1, 「杭傳尺牘」, ‘與篠飮書’, “陽明嫉俗, 乃致良知, 此其憫時憂道之意, 不免於矯枉過直, 而橫議之弊, 無以異於迂儒曲士, 正道之害, 殆有甚於記誦訓詁”.

80) 『湛軒書』外集 卷1, 「杭傳尺牘」, ‘與篠飮書’, “陽明之背朱子, 要在於格物致知”.

하면 된다는 것을 그 핵심 주장으로 하고 있음을 잘 알고 있었던 것이다. 주자학과 양명학의 기본적인 입장 차이에 대한 인식 하에 홍대용은 주자의 격물론을 지지한다. 양지를 실현(致)해야 한다는 양명의 주장이 옳지 않은 것은 아니다. 그러나 그러기 위해서는 궁리공부가 선행되어야 한다고 본다. 궁리공부가 선행되지 않으면 객관적 사실에 대한 정확한 인식을 빠뜨리게 되어 본심양지가 혼란에 빠지게 된다는 것이다.81) 이는 이치를 마음 가운데 끌어들이고, 내 마음의 양지만 밝히기만 하면 천하의 온갖 일들을 다 비추어낼 수 있다고 보는 왕양명의 주관적 관념론을 비판한 것이다.82)

④ 홍대용의 양명학관에 대한 종합적 평가 : 홍대용은 왕양명이라는 인물과 그의 학문을 객관적으로 바라보고 이해하고자 하였다. 이 때문에 당시 대다수의 주자학자들과는 달리 왕양명이라는 인물과 그의 철학에 대해서 긍정적으로 평가한다. 특히 왕양명의 구세정신과 그 지향점에 대해서는 깊이 감복할 정도이다. 말하자면 왕양명의 철학적 고민과 주자학에 대한 비판도 세상을 구제하고자 하는 숭고한 뜻에서 비롯되고 있음을 간파하고 있는 것이다. 뿐만 아니라 홍대용은 왕양명이 거둔 실질적인 사공의 업적도 높이 평가한다. 그리고 그 사공의 업적이 왕양명의 가식 없는 實心에 기초하여 이루어진 것임을 잘 이해하고 있다. 왕양명에 대한 그의 이러한 이해는 매우 정확하다고 하겠다. 이것이 가능할 수 있었던 것은 홍대용이 어떤 주관적인 편견이나 선입견이 없는 객관적이고 공정한 태도로 왕양명을 대했기 때문이다. 왕양명이 이단으로 배척되는 당시 상황에서 그런 태도를 취한다는 것은 쉬운 일은 아니다. 그런데 이것 이외에 왕양명을 긍정적으로 이해하고 평가하려고 한 데에는 홍대용이 당시 지니고 있었던 문제의식이나 사상경

---

81) 『湛軒書』 外集 卷1, 「杭傳尺牘」, '與篠飮書', "陽明之背朱子, 要在於格物致知……夫良知者, 孟子之說也. 苟其致之, 大人之心, 乃赤子之心也. 夫誰曰不可. 然其所以致之者, 不先之以窮理之功, 其不至於指東爲西, 認賊爲子乎?"
82) 정성철, 『조선철학사』Ⅱ, 과학백과사전출판사(이성과 현실, 1987, 375쪽).

향과 밀접한 연관이 있다.

홍대용이 왕양명을 긍정적으로 평가한 대목을 보면, 현실에 대한 깊은 우환의식에서 허위와 가식을 비판하고 실심에 기초하여 실질적인 사공의 업적을 거두고자 한 부분이다. 이것은 당시 홍대용이 지니고 있었던 문제의식이자 의지지향이기도 하다. 홍대용은 자신이 지니고 있었던 문제의식으로 왕양명을 만나고 있었던 것이다. 그는 壬丙兩亂 이후 주자학자들의 현실성 없는 공리공담적 논리를 지양하고 실사에서 실공을 이룰 수 있는 실심을 확보하고자 하였다. 현실성이 없는 공허한 논리나 헛된 명분만을 내세우는 당시 학자들의 허위의식을 비판하고 인간 주체의 심금에서 울려나오는 참된 양심의 소리에 귀를 기울여 백성들의 아픔을 내 아픔으로 여기며 시대적 모순을 해결하려 하였던 것이다.[83] 그것은 바로 왕양명의 정신과 상통하는 것이었다. 이 때문에 홍대용은 죽어서라도 왕양명을 위하여 채찍을 잡겠다고 말할 수 있었던 것이다. 이런 점에서 "담헌의 양명학적 조예는 이미 양명학의 장점과 단점을 파악하는 경지에 이르렀으며, 그는 양명학의 내심공부를 바탕으로 주자학의 말폐적 현상인 허위와 가식의 논리를 척결하고 실심에 입각한 실공을 강조함으로써 양명학과 실학의 사상적 연계를 시도하고 있다."[84]는 평가는 의미 있는 것이라고 하겠다. 그러나 우리는 홍대용을 양명학자로 규정하는 데에는 보다 조심스러워야 한다.

실심으로 실사에서 실공을 거두고자 하는 홍대용의 정신은 양명학의 정신과 서로 상통하는 것이라고 말할 수 있다. 그렇다고 해서 홍대용을 양명학자로 귀결시킬 수는 없다. 양명학자로 규정할 수 있기 위해서는 그가 양명학의 종지를 수용하고 있어야 하기 때문이다. 잘 알고 있듯이 양명학의 종지는 치양지이다. 그런데 홍대용은 치지에 대한

---

83) 宋錫準, 「實學派의 思想에 나타난 陽明學的 思惟構造」, 『儒敎思想研究』, 1994, 413쪽.
84) 宋錫準, 위의 글, 415쪽.

양명의 해석을 비판하고 주자의 해석을 따르고 있다. 양명학의 근본종지를 부정할 뿐만 아니라, 그것을 기본적으로 이단으로 간주하는 홍대용을 양명학자로 규정하는 것은 지나치게 자의적인 것이라고 하지 않을 수 없다.

5) 丁若鏞(1762~1836)의 양명학관

① 정약용과 양명학의 연관성에 대한 기존 연구 보고 : 정약용 사상에 수용된 양명학적 측면을 고찰한 연구로는 이을호를 들 수 있다.[85] 그는 정약용의 사상과 양명학의 연관성을 다산의 大學經說이 대부분 양명의 설에 접근하고 있다는 점에서 찾는다. 하지만 이는 다산이 양명학을 계승한 것이 아니라, 오로지 양명의 실천윤리학적 行의 철학이 다산의 학과 부합함으로써 오는 자연스러운 결과일 뿐이라고 말한다.[86]

② 양명학에 대한 기본 관점과 태도 : 다산은 왕양명이 높은 문장과 통달한 식견을 지니고 있을 뿐만 아니라 매우 훌륭한 인품을 지닌 것으로 평가한다. 양명은 본래 선하고 맑은 자질을 타고나서 선을 좋아하고 용기를 좋아하여 선한 마음이 속에서 싹트면 즉시 뜻을 날카롭게 가지고 과단성 있게 행할 수 있는 성품의 소유자라는 것이다.[87]

왕양명의 인품에 대한 긍정적 평가와는 달리 다산은 그의 학문을 이단으로 간주한다. 그 이유는 왕양명의 학문종지인 '치양지'가 사람들을 잘못된 길로 이끌 수 있기 때문이다. 다산은 한 구절의 말을 宗旨로 삼는 학문은 모두 異端이 되었다고 본다. 비록 그 한 구절의 말이 성인에게서 나왔다고 하더라도 그것을 종지로 삼게 되면 반드시 그로 인한

---

85) 李乙浩, 「茶山經學의 陸王學的 斷面」, 『東方學志』 8, 1965.
86) 李乙浩, 위의 글, 135쪽.
87) 『與猶堂全書』 第1集 卷12, 「詩文集·辨·致良知辨」, "陽明之性, 樂善好勇, 凡有善心, 萌於中, 卽銳意果行".

폐단이 생기기 때문이다. 그리고 그 실제적인 논거를 왕양명을 따르는 무리들이 악하게 된 경우가 많았다는 점에서 찾는다. 종지를 깨우쳤다고 하는 自得과 自樂에서 大患이 생기는 것을 우려하고 있는 것이다.88)

③ 양명학의 기초 이론에 대한 이해 : 다산은 양명의 학문종지인 '致良知說'을 비판한다. 양명의 치양지설은 논리적으로 모순을 범하고 있다는 것이다. 말하자면 '致'와 '良知'는 그 의미상 서로 연속될 수 없는데 서로 이어놓았다는 것이다. 그의 주장에 따르면 '良知'는 '自然'의 뜻으로서, '良'이라는 것은 본래 선한 것을 의미한다. 양지란 본래적으로 선한 앎으로서 그 자체 충족적이라는 것이다. 그것은 다른 것의 도움을 필요로 하지 않는다. 그런데 '致'라는 것은 저 사람이 스스로 오지 않자 내가 그를 위하여 說法을 해서 오게 하는 것이며, 내가 自得하지 못하고 저에게 相助를 요구하여 상대방으로 하여금 오게 하는 것이다. '致'란 자신으로는 불충분하기에 다른 것의 도움을 요청하는 것을 의미한다. 그렇다면 치양지란 양지를 오게 하는 것이다. 이것은 본래적이고 자체 충족적인 양지를 비본래적이고 불충분한 것으로 여기는 것으로서 논리적으로 모순을 범하고 있는 것이다. 양지는 본래부터 선하여 인위적으로 '致'할 필요가 없는 것인데, '致良知'라고 하니 어불성설이라는 것이다.89)

그런데 다산의 이러한 비판은 '致'에 대한 평면적인 해석에 그 문제점이 있다. 양지는 사람이면 누구나 선천적으로 지니고 있는 것으로서 선을 알고 선을 실천할 수 있는 능력이다. 그것은 자연적으로 본래부터 선한 것이라고 말할 수 있다. 적어도 양지에 대한 다산의 이해는 문제가 없다고 하겠다. 문제는 '치'자에 대한 다산의 이해에 있다. 양명은

---

88) 『與猶堂全書』 第1集 卷12, 「詩文集·辨·致良知辨」, "人於其自得而自樂也, 正所以生大患也".
89) 『與猶堂全書』 第1集 卷12, 「詩文集·辨·致良知辨」.

치양지의 치를 양지를 불러서 오게 한다는 의미로 사용하지 않고 있다. 양명이 말하는 치양지의 '치'자에는 크게 두 가지 함의가 있다. 하나는 극점에까지 이른다는 '지극'의 의미이고, 다른 하나는 실천한다는 '실행'의 의미이다.[90] 양명은 '치'를 치양지에 대한 다산의 비판 근거가 되는 '불러 온다'는 의미로 사용하고 있지 않은 것이다. 그렇다면 다산의 비판은 양명의 치양지설에 대한 오해에서 비롯된 것이라고 할 수 있다. 양명의 학설이 아닌 것을 양명의 학설로 간주하여 비판한 셈이 되어 버린 것이다.

④ 다산의 양명학관에 대한 종합적 평가 : 왕양명의 철학이나 다산의 철학이 모두 형이상학적 천리에 의거하여 천인을 관통하고자 하는 주자학적 사유체계에 대한 반성적인 작업을 시도하고 있다는 점에서 기인하는 유사성이 있을 수 있다. 구체적으로 예를 들면 주자학의 천리가 만물에 내재한다는 형이상학적 관점에 근거하여 천인을 관통하는 이론체계나 사물에 내재되어 있는 이치를 궁구한다는 궁리의 방법론, 실천보다 지적 탐구를 앞세우는 이성주의의 성격에 대한 비판이 그것이다. 말하자면 양명학과 다산학은 천리의 만물내재성을 비판하며, 사물에 내재되어 있는 이치탐구를 통하여 활연관통에 이를 수 있는 학문방법론에 대한 비판, 선지후행을 비판하고 실천을 앞세우는 학문성격을 공유하고 있다. 그럼에도 불구하고 양명과 다산철학에는 커다란 차이점이 있다. 먼저 양명학은 여전히 천인을 관통하는 이론체계를 지닌다. 반면에 다산학은 천과 인의 내재적 연관성을 부정한다. 양명학에서는 선천적으로 내재하는 밝은 덕성인 양지를 일상생활 가운데서 실현하는 지행의 본래적 합일을 언급하는 반면에 다산학에서는 孝·弟·慈의 실천적 도덕규범을 '明德'으로 간주하고, 그것은 구체적인 실천을 통해서만이 그 의미를 지니는 것으로 이해한다. 다산은 명

---

90) 韓正吉, 『王陽明의 마음의 철학에 관한 硏究』, 연세대학교 박사학위논문, 1999, 161쪽.

덕을 선천적으로 내재하는 어떤 능력으로 파악하지는 않는 것이다. 이로써 보면 양명학은 주자학보다는 다산학과의 거리가 훨씬 더 멀다고 할 수 있다. 따라서 우리는 주자학적 사유체계에 대한 반성을 시도하고 있다는 점에서 양명학과 다산학이 공유하는 점을 찾을 수는 있겠지만, 그 양자의 반성 내용은 매우 큰 차이가 있다고 하겠다.

6) 崔漢綺(1803~1877)의 양명학관

① 최한기와 양명학의 연관성에 대한 기존 연구 : 최한기와 양명학의 연관성에 대한 기존의 연구는 보고된 바 없다. 이것은 최한기가 양명학으로부터 받은 영향이 거의 없는 데서 비롯되었을 개연성이 크다. 그러나 우리는 최한기가 양명학을 어떻게 대하고 있는지, 양명학의 기초이론들에 대한 이해는 어떤지를 검토할 수는 있다.

② 양명학에 대한 기본 관점과 태도 : 양명학에 대한 최한기의 직접적인 평가는 찾아보기 어렵다. 다만 심학에 대한 언급은 여러 곳에 나타난다. 우리는 심학에 대한 최한기의 생각을 통하여 심학의 대표적인 학문으로 간주되고 있는 양명학에 대한 기본 태도를 간접적으로나마 확인할 수 있다.

최한기는 심학의 문제점을 心과 物의 소통을 방해한다는 점에서 찾는다. 그는 두 가지 측면에서 그 문제점을 지적한다. 하나는 심학이 '마음만을 지키고 외부의 사물과 경험을 소홀히 여긴다는 것'[91]이다. 그에 의하면 天과 人, 心과 物이 서로 소통하기 위해서는 神氣의 체득이 있어야 한다. 신기가 천인, 내외를 관통하는 근본이기 때문이다. 마음만을 지켜서 외부 사물에 대한 탐구를 배제하는 심학으로는 천인, 내외를 소통시킬 수 없다. 또 하나는 심학은 감각기관을 지엽적인 것으로 간주한다는 점이다. 최한기에 따르면 마음이 외부사물과 소통하기 위

---

91) 『明南樓全集』, 『神氣通』 卷1, '體通', "心學之人, 守內而遺外".

해서는 외물을 감각적으로 지각할 수 있는 감각기관들의 소통이 전제
되어야 한다. 그런데 심학은 외부사물과 통할 수 있는 일체의 감각기
관들을 비루하고 지엽적인 것으로 여기고 내면의 성명의 이치만을 탐
구한다.[92] 이것으로는 내외의 소통을 확보할 수 없다.

③ 양명학의 기초 이론에 대한 이해 : 양명학에 대한 최한기의 직접
적인 언급을 찾아보기 어렵기 때문에 양명학의 기초이론에 대한 그의
이해가 어떤지를 알 수는 없다. 다만 최한기의 철학을 통해서 미루어
보면 마음에 대한 이해가 서로 다르다. 양명학에서는 마음이 일체 도
덕규범이 창출되어 나올 수 있는 도덕원리로 간주된다. 마음이 하나의
도덕본심인 것이다. 그러나 최한기에게서 마음은 사물의 이치를 추측
하고 인식할 수 있는 인식주체이다. 이러한 체계에서는 마음 자체를
도덕원리로 간주할 수는 없다. 말하자면 최한기는 양명학에서 말하는
‘心卽理’를 부정하는 것이다. 또 심물관계에 대해서도 양명학과 최한기
의 철학은 그 이해를 달리한다. 양명학에서는 마음 밖에 사물이 없다.
그러나 최한기에게서는 마음 밖에 사물이 있으며, 그들은 허령한 인식
주체와 이치(物理)를 지니고 있는 인식대상으로 구분되어 있다. 또 지
행관에 있어서도 양자는 차이가 있다. 양명학에서는 지행합일을 주장
한다. 최한기에 의하면 그 의미는 ‘대개 行에는 知가 있고 지에는 행이
있어서 선후의 차서를 분별하지 않는 것’이다. 그러나 최한기의 지행관
은 ‘행하여 아는 것도 있고, 알아서 행하는 것도 있는 것’이다.[93] 그의
지행관은 지행합일의 체계가 아니라, ‘知先行後’와 ‘行先知後’를 모두
인정하는 것이다.

④ 최한기의 양명학관에 대한 종합적 평가 : 최한기와 양명학의 연

---

92) 『明南樓全集』, 『神氣通序』, “專攻心學之人, 以諸竅諸觸爲卑屑, 而貪究性命
之理”.

93) 『明南樓全集』, 「推測錄」卷一, 「推測提綱·推測互用」, “王陽明知行合一之
論, 蓋以行有所知, 知有所行, 雖不分先後之序. 然今所言推測, 與知行之義稍
殊. 推而測者, 卽行而有知. 測而推者, 卽知而有行也”.

관성은 매우 적다. 최한기의 철학은 양지의 본심을 종지로 하는 왕양
명의 심학체계와는 전혀 다른 체계라고 할 수 있다. 그런데도 양명학
에 대한 비판적인 발언 내용을 찾기 어렵다. 그것은 그가 고금, 동서의
학문을 氣學이라는 새로운 지평 위에서 회통시키고자 하는 원대한 철
학적 문제의식을 지니고 있는 데서 기인한 것으로 보인다. 적어도 그
에게는 양명학이 연구와 비판대상이 되지는 않았던 것이다.

5. 맺음말

실학의 이학관을 대표적인 실학자 몇 명의 이단에 대한 인식과 양명
학에 대한 이해를 중심으로 살펴보았다. 먼저 실학자들의 이단 인식에
나타나는 특징과 그 의미를 정리하면 다음과 같다.

첫째, 실학자들이 이단으로 규정하는 학문범주가 일치하지는 않지
만, 기존의 성리학자들과 크게 달라지지는 않았다는 점이다. 실학자들
에 의해 이단으로 규정되는 학문은 대체로 도교, 불교, 양주, 묵적, 상
산학, 양명학, 천주학 등이다. 이 학문들은 모두 성리학자들에 의해 이
단으로 규정되고 있다. 실학자들이 이단으로 규정하는 학문범주가 성
리학자들의 그것과 일치한다는 것은, 정통과 이단을 구분하는 성리학
적 기준이 실학자들에게도 대체적으로 여전히 유의미한 것으로 받아
들여지고 있음을 의미한다. 그러나 자세히 살펴보면 실학자들의 이단
규정 기준이 모두 동일하지는 않으며, 심지어는 성리학적 기준과도 달
라지는 점이 있음을 발견하게 된다. 대표적으로 정약용과 최한기가 그
렇다. 정약용의 경우에는 주자학적 도통론을 부정하고, 요순과 주공·
공자를 통해 내려오는 경학의 본래적인 의미를 정학과 이단을 가름하
는 기준으로 사용한다. 이 때문에 정약용은 노장학, 불교, 상산학, 양명
학만이 아니라 당시에 관념적인 논의에 빠져 있었던 성리학, 훈고학,

문장학, 과거학, 술수학 등을 모두 이단의 범주에 포함시키게 된다. 정약용의 이러한 이단 인식에서 우리는 그의 철학적 입장이 전통 성리학에서 어느 정도 벗어나 있음을 확인할 수 있다. 최한기의 경우에도 정학과 이단을 구분하는 기준이 성리학자들과의 그것과는 달라지는 점이 있다. 그는 삼강오륜의 질서와 수기치인의 방도와 일용음식의 절도와 天時와 地氣의 조화로 이루어진 常道를 밝히는 것을 正學으로 간주하고, 그 밖의 것을 이단으로 취급한다. 그리고 상도를 밝히는 방법으로서 실리의 근본인 氣에 연유하여 추측을 통하여 지식을 확충해 나갈 것을 제시한다. 이것이 바로 그가 말하는 바의 氣學인 것이다. 최한기의 기학은 기를 가장 근원적인 존재로 이해하는 것으로서, 성리학에서 '리'를 천인을 관통하며, 일체의 도덕규범을 가능하게 하는 최고의 형이상학적 존재로 파악하는 것과 구분된다. 이 기학에 근거할 때 이단의 범주에 속하는 학문으로는 회교, 불교, 기독교 등이 언급된다.

둘째, 실학자들은 이단을 대하는 기본 태도가 비판적이기는 하지만 비교적 객관적으로 평가하고 유익한 것은 적극적으로 수용하려는 개방적인 태도를 보인다는 점이다. 이러한 태도는 성리학자들이 이단을 배척함으로써 정학을 밝히려고 했던 것과 구별된다. 실학자들은 자신들이 직면한 현실 문제를 해결하는 데 도움이 되는 것이라면, 지향하는 바 이념이 '자기와 다른 것'일지라도, 그것을 주체적으로 유연하고 융통성 있게 수용하려고 했던 것이다. 여기에는 현실 인식과 그 구제 방안에 대한 상이한 이해가 내재되어 있었다. 이것은 실학자들이 기존의 주자학적 권위로부터 점차 풀려나고 있음을 보여주는 것이라고 하겠다.

우리는 실학자들의 양명학관의 특성과 그 의의도 다음과 같이 정리할 수 있다.

첫째, 실학자들의 양명학에 대한 기본 태도는 대체적으로 비판적이다. 그러나 정통성리학자들과 비교할 때 양명학의 장·단점을 비교적 객관적으로 평가하려는 태도를 보인다.

둘째, 양명학의 기초이론에 대한 이해가 그다지 깊이 있게 이루어지고 있지 못하다는 점이다. 이것은 양명학을 깊이 있게 연구할 수 있는 학술 풍토가 아직까지 조성되지 못했음을 의미한다. 여기에서 우리는 실학자들이 비록 주자학적 권위로부터 벗어나는 경향을 보이고는 있지만, 그로부터 완전히 자유로울 수는 없었다는 것을 알 수 있다.

셋째, 양명학에 대해 비판적이고, 또 양명학의 기초이론에 대한 이해가 부족하다고 하더라도, 실학자들에게서 양명학적 사유가 비교적 많이 나타난다는 점이다. 흔히 양명학적 사유의 특징으로서는 주체성, 능동성, 자율성, 개인의 자주성의 강조가 언급되고 있다. 그런데 실학자들의 학문정신에 이러한 사유 특성들이 깊이 스며들어 있다는 연구들이 있다. 사유체계의 유사성이라는 점에서 양명학과 실학의 연관성이 탐구되고 있는 것이다. 성리학 중심의 조선사상사에서는 비록 그것을 반성하는 이들이 있었다고 하더라도 그 반성 작업이 어떤 학맥이나 학파를 형성하고 지속적으로 전개될 수 없었던 것이 사실이다. 성리학 자체에 대한 직접적인 비판도 어려웠으며, 성리학이 이단시하는 학문을 전적으로 연구하기도 어려운 상황이었다. 이 때문에 많은 실학자들의 경우에도 학술 내용상에서는 성리학의 이론체계를 벗어나기는 어려웠지만, 그 사유방식에 있어서는 보다 자유로울 수 있었을 것이다. 따라서 실학과 성리학, 또 실학과 양명학의 관계에 관한 앞으로의 연구과제는 각 학자들이 지니고 있는 사유양식의 특성을 밝히는 데 초점이 맞추어져야 하리라고 본다.

실학의 인간관
─성호·다산·담헌·혜강을 중심으로─

안 영 상[*]

1. 머리말

성리학은 종교성을 바탕으로 삶의 의미를 개인적 차원에 두고 있었던 도교나 불교를 비판하고 그것의 사회적 의미를 강조하면서 성립하였다. 그리고 이러한 성리학은 조선의 창업과 더불어 조선의 시대의 사상체계를 담당하였다. 초기에는 도교 불교비판을 통한 성리학의 이념성을 확인하고 그것을 사회적 제도로 정착시키려는 노력들이 진행되었다. 시간이 경과하면서 그 이념을 개인에게 내면화시켜 일상적 생활에서 자연스럽게 드러나게 하도록 하려는 노력들이 있게 되었다. 그러면서 이것을 '어떻게 실천해야 하느냐?' 하는 방법론이 제기되어 사단칠정론과 같은 이론 논쟁이 야기되었다. 이후 임진왜란과 병자호란을 거치면서 기존의 성리학에 대한 자기반성으로 '민생이 안정된 부강한 나라'에 대한 열망이 높아지면서 사회적 제도 개혁에 대한 관심이 증폭되었다.

이런 가운데 중국을 거쳐 유입된 서양문화가 큰 변수로 작용하게 되었다. 서양선교사들은 그들의 종교를 전파시킬 목적으로 서양의 과학기술을 이용했다. 우선 과학기술로 지식인들의 호기심을 자극하고 나

───────────────

* 안동대학교 퇴계학연구소 학술연구교수

서 그 과학기술의 궁극적 기반으로 천주교 세계관을 제시했다. 즉 과학기술이라는 수단을 통하여 종교를 전파시키려는 것이 목적이었다. 또 다른 한편으로 당시의 지배적 담론 체계인 주자학의 범신론적 경향을 비판하면서 자신들의 초월적 신이 수용될 수 있는 입지를 마련하기 위해 원시 유교의 상제·귀신 개념을 이용하였다. 이런 과정들을 통하여 영혼과 육체를 중심축으로 하는 서양의 인간관을 소개하였다.

성호 이익, 담헌 홍대용, 다산 정약용, 혜강 최한기는 과학기술의 적극적 수용을 주장하면서도 선교사들의 의도대로 천주교 신자가 되어 그 종교적 가치관을 일방적으로 수용하지 않았다. 이들은 단지 서양의 과학기술과 제도의 일부분을 기존의 유교사회에 접목시키려 하였고 또 그렇게 되기 위해서는 유교의 어떤 부분이 변화되어야 하는가에 대해 고심하였다. 이 과정에서 기존의 성리학적 인간관에 대한 일정 정도의 비판이 있게 되었고, 또 서양의 인간관도 어느 정도 수용하게 되었다. 다른 한편으로 종교적 구원론과 관련된 영혼 개념을 수용하지 않으면서 유학적 인간관을 완전히 포기하지 않았다. 따라서 서양의 영혼개념의 비판과 수용, 동양의 성리학적 인간관의 비판과 계승이 서로 융합된 새로운 인간관이 모색되었다. 그리고 그들의 궁극적 관심이 달랐던 것만큼 그 비판이나 수용의 방식도 달랐다. 더 나아가 이러한 성호·다산·담헌·혜강의 인간관에 대한 후대 연구자들의 해석도 다양하였다. 이러한 측면이 있기 때문에 모든 것을 다루기보다는 기존의 연구에서 쟁점이 될 수 있는 사안들을 비판적으로 검토하면서 그들의 인간관을 알아보고자 한다.

2. 성호 이익의 인간이해

1) 탈주자학적 心說

일반적으로 성호의 사상을 실학으로 규정하는 데 문제되는 것은 경세를 논하는 데서는 주자학을 벗어나려는 경향이 있지만 理氣心性論에서는 성리학에 깊은 뿌리를 두고 있다는 것이다.[1] 성호는 이기심성 개념을 주자학의 체계 내에서 사용하고 있기 때문에 이 점을 부정할 수 없다. 그러나 그 개념의 세부 내용을 자세히 살피면 그의 심성론과 사칠론이 기존의 주자학과 달라지는 요소가 전혀 없는 것은 아니다. 이 점을 중심으로 그의 인간관을 살펴보기로 하겠다.

성호의 심설 가운데 논란의 대상이 되는 것은 다음과 같은 것이다.

순자의 『王制』篇에서는 "水과 火는 氣는 있어도 生이 없고, 초목은 生은 있어도 知가 없으며, 금수는 知는 있어도 義는 없다. 그런데 사람은 氣도 있고 生도 있고 知도 있고 또 義도 있다. 그러므로 사람이 천하에서 가장 귀하다."고 하였다. 이것은 이전의 성인들이 밝히지 못한 것을 밝힌 것이니 마음을 다스리는 학문에 큰 도움이 된다.[2]

---

1) 학회자료, 「제13회 한국고전연구 심포지움-성호사설의 종합적 검토- : 토론」, 『진단학보』 59, 1985. 이 토론에서 사회자 이우성은 "성호가 사단칠정이나 심성이기론을 말할 경우 주자학과 별로 다른 것이 없을지 모르지만 성호가 생각하는 방향이 우리나라 사상사의 방향에 어떤 위치를 차지하고 있는가 하는 것이 문제되어 왔습니다."라고 한 것은 바로 성호의 경세학과 이기심성론의 불연속성에 대한 발언이다. 이을호는 반계 성호와 다산을 비교하여 "그러므로 다산실학은 유형원의 그것처럼 「치용의 학」에만 그치지 않았고, 이익의 그것처럼 존신주자학과 경세학풍과의 부조화를 이루지도 않았다."고 말하였다(이을호, 「다산실학의 수사학적 구조」, 『아세아연구』 8(2), 1965).

2) 『星湖全書』, 僿說 卷19, 『荀子』, 66-a, "又王制篇云, 水火有氣而無生, 草木有生而無知, 禽獸有知而無義, 人有氣有生有知, 亦且有義, 故最爲天下之貴也. 此發前未發, 於心術之學, 大益".

이 내용을 ① 성리학적 근거 ② 순자적 경향 ③ 서학의 영향으로 말하는 것이 있다. 먼저 ①을 주장하는 근거는 성호의 이러한 해석에는 주자에서 강조되지 않았던 새로운 면모가 있지만, 전체적으로 주자의 原論과 성호의 細論이라는 차이에 불과하다는 것이다.[3] ②를 주장하는 이유는 인용문에서 성호는 분명히 순자를 언급하고 있다는 점이다. 순자는 위와 같은 논리를 바탕으로 예법과 형법을 중시했는데 성호도 이러한 순자설에 의하여 예법과 형법을 중시하는 節欲論을 주장했다는 것이다. 그리고 성호는 이러한 논리를 발전시켜 天人分二의 기반을 마련했다는 것이다.[4] ③을 주장하는 이유는 성호가 生魂(vegetable soul), 覺魂(sensitive soul), 靈魂(intellectual soul)이라는 천주교 三魂說의 영향을 받았다는 것이다.[5]

이러한 주장은 나름의 근거가 있다. 그런데 당시 이런 순자설이 갑자기 나온 배경을 살펴보면 무엇보다도 천주교의 영향이 있었던 것으로 보인다.[6] 성호는 이런 논리가 서학과 관련이 있음을 스스로 말하기

---

3) 유인희, 「성호사설의 철학사상-정주리학과의 비교연구-」, 『진단학보』 59, 1985, 159쪽.

4) 원재린, 「성호 이익의 인간관과 정치개혁론-조선후기 순자학설 수용의 일단-」, 『학림』 18, 1997, 74쪽.

5) 금장태, 「성호 이익의 서학인식」, 『동아문화』 38, 2000, 23쪽.

6) 마테오 리치는 중국 선비에게 삼혼설을 설명하면서 다음과 같이 말하였다. "分類之物, 貴邦士者曰, 或得其形, 如金石是也, 或另得生氣而長大, 如草木是也. 或更得知覺, 如禽獸是也, 或益精而得靈才, 如人類是也."(『天主實義』第4篇). 여기서 貴邦士者는 순자를 지칭한다고 할 수 있을 것이다. 이런 의미가 있기 때문에 안정복은 천주교 삼혼설에 어떤 사람이 물었을 때 다음과 같이 말하였다. "吾中國亦之, 荀子曰, 水火有氣而無生, 草木有生而無知, 禽獸有知而無義, 人有氣有生有知有義, 高最爲天下貴. 此語眞西山, 表出於性理大全中, 西士之言 與此大同, 而但靈魂不死之言, 與釋氏無異, 吾儒之所不道也"(『順庵全集』卷17, 「天學問答」). 여기서 보면 당시 순자설이 마테오 리치설의 영향을 받아 그것에 대응하기 위한 논리라는 것을 알 수 있다. 또 위의 『성호사설』에 있는 인용문은 『성호사설유선』에 있는 것과 그 내용이 약간 다르다. 『성호사설유선』에서는 『성호사설』에 있는 「荀子」의 내용과 순

도 하였다.

거기(서학)에서 말하기를 "머리가 생명을 받아들이는 근본이고, 머리
에는 腦囊이 있어 記슴의 주인이 된다."고 하였다. 또 "초목에는 생혼
이 있고, 금수에는 각혼이 있고, 사람에게는 영혼이 있다."고 하였다.
이것이 그(서학) 학문이 논하는 요체이다. 이것은 비록 우리 유학의 심
성설과 다르지만, 어찌 반드시 그렇지 않다는 것을 알 수 있겠는가?[7]

이것은 성호가 천주교 영혼설을 긍정적으로 검토했다는 뜻이다. 여
기서 삼혼설과 기함은 그의 사상에서 매우 중요한 의미를 갖는다. 그
리고 그는 이것을 성리학과 연계시켜 이해하면서 독특한 이론을 구성
한다. 먼저 삼혼설의 영향으로 새로운 심론을 구성하는 것에 대하여
알아보기로 하겠다.

① 이것은(위에서 말한 순자의 이론) 이미 선배 성리학자의 감정을
거친 것으로 『성리대전』에 보인다. 그렇다면 사람은 세 가지 마음을
가진 것인가? 그것은 아니다. 인심과 도심에는 두 가지 양상이 있지만
이외에 다른 心은 없다. 심은 오장 중의 하나인 심장에 뿌리를 둔 것으
로 오직 인간과 동물만 그것을 가지고 있고, 식물에는 처음부터 없었
다. 심은 성을 싣는 것으로 性은 理이고 心은 氣이다. 따라서 理가 기

서를 조금 바꾸고 「荀子性惡」와 「荀子」편으로 나누어 설명하고 있다. 그런
데 『성호사설유선』의 「순자」의 마지막 부분에는 『성호사설』의 「순자」에 없
는 다음과 같은 구절이 있다. "近觀西洋人畢方濟所著靈言蠡酌, 其說恰符,
如出一口, 豈可以遠人而忽之也". 이것은 천주교의 영향이 있다고 스스로 말
하는 것이라고 할 수 있다. 그런데 『성호사설』에는 이러한 내용이 없는 것은
그것이 후대 편집되면서 빠졌을 가능성이 있다.

7) 『遯窩西學辨』, 「甲辰春見李星湖紀聞」(숭실대학교 박물관본 복사본), "其言
  云, 頭者受生之本也, 頭有腦囊爲記슴之主. 又云草木有生魂, 禽獸有覺魂, 人
  有靈魂, 此其論學之大要也, 此雖與吾儒心性之說不同, 而亦安知其必不然
  也".

를 다스리게 되면 지각이 리를 따라 의리의 心이 된다. 기가 치우쳐 理가 어둡게 되면 단지 지각의 心만 있게 되어 동물과 같게 된다.[8]

② 天地의 心이라고 말하는 것은 무엇인가? 이것은 초목의 心과 같은 것으로 지각이라는 것이 없다. 천이 어찌 오장 중에 있는 심을 가졌겠는가? 그 자연적 운행이 분명하게 법칙에 감응하는 것은 이치가 정말로 그러한 것이다.[9]

우선 대체로 인용문 ①의 설명을 요약해 보면 다음과 같다. 식물은 심장 없이 생장력만 있는 생장지심이 있다. 동물은 심장을 가지고 있어 생장지심뿐만 아니라 지각력이 있는 지각지심이 있다. 인간은 생장지심과 지각지심이 있으면서 또 도덕적 규범인 理를 따를 수 있는 義理之心이 있다. 성호는 이렇게 심에 의해 식물, 동물, 인간을 구분한다.[10] 이것만 한정해서 보면 서양의 삼혼설의 영향이 농후해 보이지만 이것을 다시 인심도심과 연결해서 이해하고 또 성은 리이고 심은 기라는 성리학의 논리를 그대로 사용하고 있기 때문에 성리학과 완전히 다르다고 할 수는 없다. 특히 성호가 여전히 心을 氣로 보는 것은 천주교의 영혼과 같을 수 없는 것이다. 서양선교사들이 주자학을 비판했던 핵심 중의 하나는 바로 심을 기로 보는 논리였다. 왜냐하면 기는 물질과 정신을 모두 포괄하는 것으로 궁극적으로는 사라지는 것이다. 그러나 사후의 세계인 천당지옥설을 설정하여 종교적 구원을 주장하는 천주교에서는 영혼은 물질과 완전히 분리되면서 불멸해야 하는 것으로

---

8) 『星湖全書』, 雜著 卷22, 「心說」, 37-a, "此已經先儒勘定之論, 見性理大全. 然則人有三心也, 曰非也, 人心道心固有此兩樣, 外此無心也. 心本五臟之一, 人與禽獸有之, 草木未始有也, 心者, 載性者也, 性理而心氣, 故理御于氣, 則知覺循乎理而爲義理之心, 氣偏理昧, 則只有知覺之心而同乎禽獸".

9) 『星湖全書』, 雜著 卷22, 「心說」, 37-b, "其曰天地之心, 何也. 此與草木之心一般, 亦無所謂知覺也, 天何嘗有五臟之心也. 其自然運行昭明感格者, 理之固然".

10) 『星湖全書』, 雜著 卷22, 「心說」, 36-b, "故人者較之於草木, 而均有生長之心, 較之於禽獸, 而亦均有知覺之心, 其義理之心, 則彼草木禽獸所未有也".

설명한다. 그래서 선교사들은 심은 물질적 의미를 포함하고 있는 기가 아니고 또 죽은 사람의 혼령인 귀신은 기가 아니라고 하였다. 그러나 성호는 이런 체계를 궁극적으로 받아들이지는 않았다.11)

그럼에도 불구하고 인용문 ②의 설명은 주자학과 다르다. ①에서 구축된 성호 心說의 특징은 '심은 심장에서 활동하는 것'만 말하는 것이다. 따라서 초목지심이나 천지지심은 심장을 가지고 있지 않고 지각작용이 없기 때문에 엄격히 말하면 心이라고 할 수 없다. 다만 유추해서 말했을 때 그것을 心이라고 할 수 있다고 한다.12) 이렇게 되면 사실 인간의 心이 天地의 心보다 우월한 위치에 있게 되는 것이다. 이것은 주자학에서 天地之心을 仁으로 해석하여 모든 생명의 본체로 삼는 것과 다르다.13) 이 점에서만 보면 일종의 天人分二가 성립한다고 할 수 있다. 그렇다면 성호는 '도덕의 근거로 천을 완전히 부정한 것인가?' 하는 문제가 발생하는데, 성호는 그렇지는 않다.

---

11) 안영상, 「동서 문화의 융합 충돌과정에 나타난 성호학파의 철학적 특징의 일단면 - 인체관에 나타난 pneuma와 心氣론을 중심으로 - 」, 『민족문화연구』 41호, 2004.

12) 『星湖全書』, 雜著 卷22, 「心說」 36-a, "心之名, 初從人之心臟上說去, 而若草木天心者, 特以類推言, 非歪曲皆同者也".

13) 주자는 "天地之心亦靈否 還只是漠然無爲"에 대하여 曰, "天地之心不可道是不靈, 但不如人恁地思慮. 伊川曰, 天地無心而成化, 聖人有心而無爲."라고 하고 또 "若果無心, 則須牛生出馬, 桃樹上發李花, 他又卻自定. 程子曰, 以主宰謂之帝, 以性情謂之乾. 他這名義自定, 心便是他簡主宰處, 所以謂天地以生物爲心."라고 하였다(『朱子語類』 卷第一, 「太極天地上」). 그런데 성호는 주자의 이런 의미를 "朱子曰, 天地之心, 不可道是不靈. 但不如人恁地思慮. 其所謂靈者, 不過曰牛生不出馬, 桃樹上不發李花, 此與人之髮落不生爪, 爪剪不生髮一般."(『星湖全書』, 星湖續集 卷4, 「答金仲鎭」)라고 해석한다. 즉 주자는 천지지심을 天地以生物爲心(=仁=理)이라고 하여 인간보다 더 우위에 둔 것이었다. 그러나 성호는 이것을 지각이 없는 초목이나 인간의 손톱이나 머리털이 자라는 것과 같이 순전히 생장력으로 한정해서 해석하여 그 가치를 草木之心과 같은 것으로 낮추었다.

132

忠信篤敬은 性의 영역 안에 있는 일에 불과하다. 性은 天에서 나왔
고, 天의 주재를 상제라고 한다. 사람은 천지의 中을 품수 받아 태어나
므로, 모든 움직임과 엄숙한 용모, 장중한 자세는 근원에 대한 지류의
관계와 같다. 본체가 드러날 때 여기에 조금이라도 소홀하게 되면, 한
때 힘써 노력해도 실효를 거둘 수 없다.[14)]

이것은 분명히 도덕적 근거를 천에다 두고 있는 것이다. 다만 그는
천을 이중적으로 해석한 것이다. 하나는 천지지심으로 말하는 자연 운
행 자체이고, 다른 하나는 그 운행의 주재자로 상제를 설정하여 종교
적 대상으로 삼는다는 것이다.[15)] 그렇다면 이것은 천인분이라기보다도
천과 인간 모두에게 규범의 영역과 자연의 영역을 나누었다는 표현이
적절할 것이다.

성호는 "머리가 생명을 받아들이는 근본이고, 머리에는 뇌수(腦囊)
가 있어 기억(記舍)의 주인이 된다."고 말하는데, 실제로 그는 心說에
서 기억을 강조한다. 이 기억이 심설에 끼어들면서 주자의 未發已發說
을 벗어나는 방향으로 나간다.

① 사람이 십년 후에 만나서도 문득 그 얼굴을 알아보고 그 이름을
들으면 그가 어떤 사람인지를 안다. 이것은 (구체적 형체를) 남기지 않
는 가운데 (기억으로) 남기는 것이 있었기 때문이다. 그러므로 귀와 눈
이 (십년 후의 사람을) 접촉되면 인식할 수 있게 되는 것이니, 이것이
靈應이다.[16)]

---

14) 『星湖全書』, 僿說 卷14, 「心體」, 40-a, "忠信篤敬者, 不過性分內事. 性出於
天, 天之主宰曰上帝. 人受天地之中以生, 凡動作威儀, 如支流之於本源. 本體
露呈, 小忽於此, 則一時勉行, 終非實有".

15) 안영상, 「천주교의 수용 과정에 나타난 사상적 변용에 관한 연구-상제 귀신
설을 중심으로-」, 『동양철학연구』 28, 2002. 안영상은 성호가 『장자』의 천운
편에 대한 언급을 분석하여 이 점을 논의하였다.

16) 『星湖全書』, 僿說 卷14, 「心體」, 48-a, "然有人相逢於十數年後, 便識其面聞
其名, 而知其爲何人. 是不留中有留者存, 故耳目既接, 便能認識, 方是爲靈應

② 내가 생각하기로, 귀가 있어서 듣고 눈이 있어서 보는 것은 心에 지각이 있기 때문이다. 듣고서 그 소리를 알고 보아서 그 색깔을 알면서도 心에서 愛惡의 情이 움직이지 않으면, 이와 같은 것은 靜이 되는데 방해가 되지 않는다. 靜은 未發이다. 만약 듣고 보면서 그 소리와 색깔을 알지 못한다면, 일에 대하여 어떻게 應할 것인가?17)

인용문 ①은 인식이 기억에 저장되어 있는 것과 현재의 보고 있는 것을 비교 판단해서 이루어진다는 뜻이다. 여기서 천주교의 인식론에서 강조하는 기억(記含)이 연상되지만 성호가 음이 기억의 역할을 하고 양이 靈應의 역할을 한다고 말하고 있기 때문에 주자학과 큰 차이가 없다고 볼 수도 있다.18) 그런데 인용문 ②에서는 이전의 기억을 바탕으로 비교 대조해서 성립하는 인식 과정(思量)까지가 미발이고 이 思量에서 다시 희노애락의 감정이 일어나면 그때에 비로소 이발이라고 말한다. 다시 말하면 인식은 있더라도 희노애락의 감정이 일어나지 않으면 미발이라는 것이다. 그런데 주자는 사려와 희노애락의 미발을 엄격히 구분하지 않고 미발을 '구체적 사려의 작용이 심에 나타나지 않아(思慮未萌) 감각 대상인 사물이 구체적으로 포착되기 이전(事物未至)'이라고 하였다.19) 이것은 성호가 思量과 희노애락의 미발을 구

也".

17)『星湖全書』, 僿說 卷24, 「知覺」, 7-a, "愚臆之, 耳有聞目有見, 而心有知覺. 聞而知其爲聲, 見而知其爲色, 心未嘗動愛惡之情, 如此者不害爲靜. 靜便是未發. 若聞見而不知其爲聲色, 則及其有事,將何以應之".

18)『星湖全書』, 僿說 卷14, 「心體」, 48-b, "藏往屬陰靈應屬陽, 臟往如種在土中, 靈應如萌芽外見"이라고 한 것은 주자가 "又曰, 陰主藏受, 陽主運用. 凡能記憶, 皆魄之所藏受也, 至於運用發出來是魂. 這兩箇物事本不相離. 他能記憶底是魄, 然發出來底便是魂, 能知覺底是魄, 然知覺發出來底又是魂. 雖各自分屬陰陽, 然陰陽中又各自有陰陽也."(『朱子語類』卷87, 「禮四」)라고 한 것과 큰 차이가 없다고 할 수도 있다.

19) 안영상,『성호 이익의 성리설 연구』, 고려대학교 박사학위논문, 1998, 53~58쪽.

분한 것과 차이가 있는 것이다.

성호는 이런 논리를 이끌어 내는데 직접 주자를 비판하지 않고 주자 논리를 확대 발전시키면서 말하고 있기 때문에 주자설과 외면적으로 다르지 않다고 볼 여지는 있다.[20] 그래서 인용문 ②의 내용을 주자와 다르지만 주자학의 발전선상에 보는 것도 있고,[21] 인식이 미발까지 확장된 새로운 설로써 주자학과 달라지는 것이 있다고만 말하는 경우도 있다.[22] 그런데 이것은 주자학과 완전히 결별할 수 있는 사고의 단초가 될 수 있다. 성호의 제자에 속하는 이기양은 "사려와 희노애락을 구분하여 눈으로 보고 귀로 듣고 마음으로 생각하고 말하는 것에서 희노애락이 아직 발하지 않은 상태를 미발이라고 하면서 이 논리에 입각하여 주자학에서 사려 이전을 미발이라고 하고 여기에 치중하는 敬공부를 禪學에 빠진 것이라고 비판했었다". 이러한 이기양의 설을 양명학의 영향으로 보는 관점이 있다.[23]

그러나 이것은 양명학보다도 성호설의 연장이라고 볼 수도 있다. 즉 성호가 사량과 희노애락의 감정을 구분한 것은 이기양이 사려와 희노애락을 구분한 것과 같은 논리라고 할 수 있다. 이 점은 다산 정약용으로 계승되는 측면이 있다. 다산은 미발을 사려는 있지만 단지 희노애락이 아직 일어나지 않는 상태라고 정의하여, 미발상태에서 상제와 대면할 수 있는 戒懼, 愼獨의 공부가 있고 窮理와 세상의 여러 가지 변화를 생각하는 것도 있다고 하였다. 그리고 이런 논리로 인식이 성립

---

20) 『星湖全書』, 心經附註疾書, 「中庸」(『성호전서』 4, 833쪽), "若思量而知其爲何物, 則雖未及於喜怒而不可道未發, 此所以發子思言外之意……未發之前, 己有知覺, 明矣". 여기서 성호는 주자說을 자기 나름대로 확대 해석해서 이 같은 결론을 도출한다.

21) 유인희, 「성호사설의 철학사상-정주리학과의 비교연구-」, 『진단학보』 59, 1985, 153쪽.

22) 허종은, 「성호 이익의 인식론 연구」, 『한국철학논집』 2, 1992, 159쪽.

23) 서종태, 「성호학파의 양명학 수용-복암 이기양을 중심으로-」, 『한국사연구』 66, 1989.

하기 이전 상태를 미발로 보는 성리학을 불교에 빠진 것이라 하고 비판하면서 동적 수양론의 이론적 출발점으로 삼았다.[24]

이렇게 인식은 있지만 희노애락의 감정이 나타나지 않은 상태를 미발이라고 정의한 성호의 설은 제자들에게 계승되면서 주자학을 벗어날 뿐 아니라 비판할 수 있는 논리로 발전하였다. 그런데 이러한 心說은 어디에 기인하는 것일까? 이 점에 대하여 성호가 분명하게 말하고 있지 않으므로 어느 한 요소로 단정하여 말할 수는 없지만, 천주교의 영향을 생각해 볼 수 있다. 천주교에서는 영혼의 주요 능력으로 감각기관을 통해 들어온 내용을 기억하는 기함(memory : 司記숨), 기억속의 저장된 이전의 개념을 꺼내 비교 추리하여 그 사물의 본성을 판단하는 명오(intellect : 司明悟), 그리고 이러한 인식을 바탕으로 일어나는 좋아하고 싫어하는 감정을 수반한 애오(appetite : 司愛惡)를 말하면서 이들의 관계를 다음과 같이 말한다.

> 우리가 한 사물을 명백하게 인식하려면, 사명오가 사기함속에 들어 있는 그 사물의 상을 취하여 그 사물의 실체를 여러 가지로 따져보고 그 사물의 본성과 실정이 이치에 합당한지 아닌지를 살펴본다. 그것이 선이면 우리는 사애오로 사랑하고 욕구하게 되고 그것이 악이면 우리는 사애오로 그것을 미워하고 원망하게 된다.[25]

사기함은 사명오에 포함되어 설명되는 되기도 하는데 그렇게 되면 지성에 의한 인식작용과 욕구에 의한 의지작용으로 나누어진다. 즉 인

---

24) 『與猶堂全書』, 中庸講義 卷1, 7-a, "未發者, 喜怒哀樂未發而已. 豈遂枯木死灰, 無思無慮, 若禪家之入定然乎. 喜怒哀樂雖未發, 可以戒愼, 可以恐懼, 可以窮理, 可以思義, 可以商量天下之事變, 何爲未發時無工夫乎".

25) 『天學初函』, 天主實義, 「第七篇論人性本善而術天主門士正學」(『천학초함』 1, 한국학자료연구원, 1984, 574쪽), "後吾欲明通一物, 卽以司明者, 取其物之在司記者像, 而歪曲折衷其體, 協其性情之眞于理當否. 其善者 吾以司愛者愛之欲之, 其惡也, 吾以司愛者惡之恨之".

식작용은 의지작용에 수반되는 愛惡와 구분되면서 전자가 먼저 있은 후 후자가 있게 된다. 이것을 미발이발설의 틀에 적용시켜 보면 미발 상태에서 인식작용이 먼저 있고 이발 상태에서 비로소 애오가 있게 된다. 아마도 성호는 여기에 착안하여 "인식작용과 애오의 감정발출을 구분하여 인식은 있지만 애오가 아직 일어나지 않은 상태를 미발에, 그리고 애오가 발생한 이후를 이발에 대응시키지 않았을까?"하는 추측을 해 볼 수 있다.

그렇다고 성호의 심론이 천주교의 영혼설과 같은 것은 아니다. 그는 心을 氣로 보면서 그것의 불멸성을 인정하지 않는 것은 천주교와 다르다. 다만 천주교 영혼설의 영향을 어느 정도 수용하여 주자학과 달라지는 새로운 심설을 세웠다는 것이다.

2) 성호 이익의 사단칠정설

성호의 사단칠정설은 퇴계의 설에 강하게 의존하고 있기 때문에 어떤 측면에서는 그의 실학적 경세치용론과 연결되기 어려운 점이 있다.26) 그리고 스스로 자신의 주장을 번복한 것이 있기 때문에 그의 실질적 주장이 어디에 있는 것인지에 대해서도 모호한 점이 있다. 그러나 그는 사칠론을 기존의 방식과 다른 식으로 전개하면서 그의 제자들에게 주자학을 벗어날 수 있는 단초를 제공하기도 하였다.

이러한 성호의 사단칠정설은 크게 세 번의 변화과정을 거쳤다. 34세 무렵 『四七新編』을 썼는데 거기서는 사단과 칠정을 모두 理發이라고 하면서 형기매개 여부에 의해 그것을 구분하였다. 그리고 칠정 중에 성인의 칠정인 公喜怒는 사단과 같은 공적인 특성이 있을 수 있지만 궁극적으로 형기가 매개된 것으로 사단과 다른 것이라고 하였다. 즉

---

26) 이봉규, 「유교적 질서의 재생산으로서 실학-반계와 성호의 경우--」, 『철학』 65, 2000.

사단은 理發(형기 매개 없는 이발)이지만 공칠정은 氣發(형기가 매개된 이발)로 서로 구분된다는 것이다. 그 후 나이 61세에 제자 신후담의 제안을 받아들여 『重跋』이라는 글을 써서 사단과 칠정을 모두 理發氣隨之로 설명하고 또 공적 칠정인 공희노를 사단과 같은 이발(형기가 매개되지 않은 이발기수지)이라고 하였다. 즉 사단과 칠정은 구분되지 않는 측면이 있는 대신 公과 私는 확실히 구분되는 논리이다. 여기에 대해 제자 윤동규가 비판을 제기하자, 성호는 이를 수용하여 62세에 『三段說』을 써서 공희노를 궁극적으로 형기가 매개된 것으로 보아 사단과 다른 것으로 보았다. 즉 『중발』을 버리고 『사칠신편』으로 회귀하는 모습을 보였다. 이러한 성호의 사단칠정설을 설명의 편의를 위해 理氣論의 관점에서 보는 논리적 측면과 公과 私라는 관점에 보는 의미론적 해석으로 나눌 수 있다.

먼저 理氣論으로 사단칠정론을 논리적으로 설명하는 것을 살펴보도록 하겠다.

① 사단과 칠정 중에 어느 것이 理發이 아니겠는가? 나누어지는 연유를 말하면, 외부 사물을 느낄 때 이 리가 곧 應하여, 처음부터 형기의 매개가 없는 것을 사단이라고 한다. 외부 사물이 형기를 촉발시킬 때 형기가 매개되고 여기에 리가 응하는 것을 칠정이라고 한다.[27]

② 形氣의 氣는 大氣에 속하고, 理發氣隨之의 氣는 小氣에 속한다. 大氣는 一身으로 말하는 것이고, 小氣는 心으로 말하는 것이다. 心의 感應은 理發氣隨之의 한 길이 있을 뿐이다. 四七이 어찌 다른 것이 있겠는가.[28]

---

27) 『星湖全書』, 四七新編, 「讀李栗谷書記疑」(『성호전서』 7, 24쪽), "四端七情, 孰非理發, 以其緣由之分言, 則外物感而此理便應, 初無形氣之媒者謂之四端, 外物觸於形氣, 形氣爲媒, 而理於是應者, 謂之七情".

28) 『星湖全書』, 星湖續集 卷6, 「答李汝謙」, 24-b, "形氣之氣, 屬之大, 理發氣隨之氣, 屬之小. 大以一身言, 小以心言. 心之感應, 只有理發氣隨之一路而已. 四七何嘗有異哉".

③ 理發氣隨之는 사단과 칠정이 똑같다. 그러나 칠정의 경우에는 理發에 앞서 한 층의 묘맥이 더 있으니, 이른바 形氣之私라고 하는 것이 그것이다. 이 뜻은 나의 친구 신후담에게 얻은 것이다.[29]

피상적으로 보면 ①, ②, ③은 거의 차이가 나지 않는 것처럼 보일 수 있기 때문에 이것을 엄격히 구분하지 않는 관점이 있다.[30] 그리고 ①의 의미에 집중하여 이발설은 율곡의 기발일도설에 정면으로 배치되면서 퇴계보다도 더 근원적인 理發를 주장한 것이라고 하고[31] 또 ②의 의미를 읽어 理發氣隨之를 주장하는 관점도 있다.[32] 반면에 성호가 사단칠정을 모두 이발기수지라고 한 것은 율곡이 기발이승지를 말하면서 그 발현 경로를 하나로 했던 것과 유사점이 있다는 주장도 있다.[33]

그런데 성호가 말하는 이발과 이발기수지에는 차이가 없는 것이 아니다. 먼저 ①은 『사칠신편』의 내용이다. 사단과 칠정은 모두 외감-내응의 과정을 거쳐야 하는데 이 구조가 바로 理發이고, 사단은 이 구조에 형기가 매개되지 않은 것이고 칠정은 형기가 매개된 것이다. 그런데 사단을 '형기가 매개되지 않는 리발'이라고 하면 '사단에는 기의 작

---

29) 『星湖全書』四七新編,「重跋」(『성호전서』7, 30쪽), "理發氣隨四七同. 然而若七情, 則理發上面更有一層苗脈, 所謂形氣之私是也. 此義, 吾友愼耳老得之".

30) 다카하시 도로우 지음, 조남호 옮김, 『조선의 유학』, 소나무, 1999, 261쪽. 다카하시는 소기대기론과 관련해서 청대 권상일이 성호에게 보내는 편지를 분석하면서 "성호의 만년설에서는 사단은 형기를 통하지 않고 곧바로 나오기 때문에 리발이고, 칠정의 경우는 리가 형기를 통하여 발하기 때문에 기발이다."라고 하였는데, 이것은 성호의 초년설이다.

31) 안재순,「이성호의 사단칠정론(四端七情論)-『사칠신편(四七新編)』을 중심으로-」,『동양철학연구』5, 1984.

32) 안재순,「성호 사상의 종합적 검토/성호의 서학관」,『한국철학논집』7·8, 1999.

33) 이상익,「성호 사상의 종합적 검토/성호의 사단칠정론-『사칠신편』을 중심으로, 퇴계 율곡과 관련하여-」『한국철학논집』7·8, 1999.

용이 없는 것인가?'하는 의문이 제기 된다. 인용문 ②는 신후담의 지적을 받기 전에(성호 나이 60세)에 성호가 스스로 생각한 것이다. 이것은 외감-내응의 구조에는 기의 작용이 있어야 한다는 자각에서 사단과 칠정을 모두 이발기수지라고 한 것이다. 이것만으로 사단과 칠정은 분리되지 않기 때문에 小氣와 大氣라는 개념을 적용시켜 분리하려고 하였지만 그것을 명확한 논리로 완성시키지 못하였다. ③은 신후담의 지적을 받고 자신의 생각을 완전히 굳힌 「중발」의 내용이다(성호 나이 61세). 여기서 보면 사단과 칠정은 모두 이발기수지로 설명된다. 그리고 형기 매개 여부에 따라 사단은 '형기 매개 없는 이발기수지', 칠정은 '형기가 매개된 이발기수지'가 된다. 그런데 칠정의 '형기 매개된 이발기수지'라는 것은 기가 둘이 있는 모순처럼 보이게 된다. 이 모순을 피하기 위하여 大氣는 순전히 육체적 욕구와 관련된 육체(一身)인 형기이고, 小氣는 욕구와 관련 없는 지각의 心氣라고 하여, 두 기가 전혀 다른 성격임을 주장한 것이다.

성호에게 있어서 이 소기대기론은 아담 샬이 『주제군징』에서 서양의 프뉴마(pneuma) 개념을 중국의 氣로 해석한 것에 영향을 받은 것으로 매우 중요한 의미를 갖는 것이다. 그리고 이러한 소기대기의 개념이 적용된 사단칠정론은 퇴계의 호발설을 부정하면서도 사단과 칠정의 발현 경로를 뚜렷이 분리하고자 한 것이다. 그 결과 칠정이 사단을 포함한다는 율곡설과 달라질 뿐 아니라 영남의 퇴계학자들이 혼륜(사단은 칠정에 포함됨)과 분개(사단은 칠정과 분리됨)의 양 측면을 인정하는 것과도 다른 논리가 되었다. 즉 성호는 형기 매개 여부에 의해 철저하게 사단과 칠정을 분리한 것이다.[34] 그리고 이것은 『중발』설에서 완성된 논리로 이후 그가 『중발』설을 폐기한다고 말하였지만 이 논

---

34) 안영상, 「동서 문화의 융합 충돌과정에 나타난 성호학파의 철학적 특징의 일단면-인체관에 나타난 pneuma와 心氣론을 중심으로-」, 『민족문화연구』 41, 2004.

리까지 폐기된 것은 아니다. 다만 공희노에 관한 것만 달라지는 것이다.

　두 번째는 公과 私에 대한 문제이다. 성호는『사칠신편』에서 사단은 公이고 칠정은 私라고 정의하였다. 그러면서 스스로 다음과 같은 문제를 제기하고 이것에 대해 고민을 하였다.

　　맹자의 喜, 순임금의 怒 같은 종류는 성현이 仁을 같이 하고자 하는 私(同仁之私)이다. 傳에서 말하기를 "여자를 좋아하면 백성들과 같이 하고, 재물을 좋아하면 백성들과 같이 한다."라고 한 것은 자신에게 있는 欲惡의 私를 公으로 미루어 나아간 것이다.……聖人은 유독 인간을 사랑하기 때문에 천하를 한 가족으로 여기고 중국을 한 사람으로 생각한다. 한 사람으로 생각하게 되면, 사물이 모두 자기에게 속하고, 氣가 저절로 관통하여 천하의 喜怒가 자신의 喜怒가 된다. 이것은 마치 신체의 특정 부분이 아프고 가려우면 반드시 (몸 전체가) 즉각적으로 깨닫는 것과 같은 것으로, 외물이 감촉해 옴에 어느 것이나 자신에게 절실하게 느껴지지 않음이 없는 것이다. 그러므로 의도하는 것이 아니라고 말한 것이다.[35]

　인용문에서 백성과 함께 하는 성인의 喜怒를 同仁之私라고 하는데 성호학파 내부에서는 이것을 좁게는 公喜怒, 넓게는 公七情이라고 한다. 이 내용으로 보면 성인의 칠정은 인간이 궁극적 도달해야 하는 목표처럼 서술되었을 뿐 아니라 성호의 경세론은 많은 부분이 이런 논리에 근거해 있다. 그래서 이러한 공적인 성격을 가진 칠정은 도덕적 상위 개념인 이발(형기 매개 없는 이발)의 사단과 같이 볼 여지가 생긴

---

35)『星湖全書』四七新編,「聖賢之七情」(『성호전서』7, 7쪽), "若向所謂孟之喜舜之怒之類, 亦是聖賢同仁之私也. 傳曰, 好色, 則與百姓同之, 好貨, 則與百姓同之者, 方是自吾身欲惡之私, 而推向公去也……聖人偏愛人類, 是以天下爲一家, 以中國爲一人也, 旣是一人, 則物皆屬己, 而氣自貫通, 天下之喜怒, 卽吾之喜怒也, 如四肢百體痛痒必覺, 外物之感, 莫不切己, 故非意之也".

다. 그렇지만 그럴 경우 사단은 칠정의 중절이라는 고봉의 논리와 같
아질 것을 우려하여 이발인 아닌 기발(형기가 매개된 이발)로 정의하
였다. 즉 고봉은 중절된 성인의 칠정을 예로 들어 그것이 사단과 아무
런 구분이 없다고 퇴계를 비판한 적이 있었는데 성호는 자신의 논리가
고봉설과 같아질 것을 우려하여 공칠정을 궁극적으로 사단과 다르게
보았다.

그런데 제자 신후담이 理發과 氣發의 기준은 사단과 칠정이 아니라
公과 私에 있어야 한다는 의견을 제시하자 성호는 여기에 동의하였다.
그리하여 『사칠신편』의 동인지사를 『중발』에서는 형기의 의미를 가진
私라는 말을 제거하고 곧바로 萬物一體라고 하면서 사단과 아무런 구
별이 없는 公이라고 하였다.36) 즉 「중발」에서는 공사 개념을 엄격히
적용하여 공칠정은 칠정이라 하더라도 그것이 그 공이기 때문에 이발
(형기 매개 없는 이발기수지)이라는 것이다.

이 「중발」설에 대하여 윤동규가 고봉의 논리와 같아진다고 문제제
기를 하자 성호는 인간 마음의 발출에는 ① 개인의 사사로움에서 발출
하는 것(일반적인 칠정), ② 동체의 사에서 발하는 것(공칠정), ③ 의리
에서 발하는 것(사단)이 있다는 「삼단설」을 내놓게 되었다.37) 여기서
同體之私라는 것은 『사칠신편』에서 말하는 同仁之私와 같이 私가 개
입된 것이다. 이 점에서 『삼단설』은 『사칠신편』의 복귀라고 볼 수 있
다.38) 즉 『사칠신편』과 『삼단설』에서는 사단과 칠정의 名目을 엄격히

---

36) 『星湖全書』四七新編,「重跋」(『성호전서』7, 30쪽), “惻隱羞惡, 亦從萬物一
  體中流出. 所以然者理爲主, 而不爲形氣所屬. 然則凡喜怒之不干己私者, 莫
  非理發, 不可與形氣生者混稱也”.

37) 『星湖全書』, 星湖集 卷12,「答尹幼章」, 10-a, “有發於一己之私者, 有發於同
  體之私者, 有發於義理者, 必須分三段說, 究極於毫忽之際, 方可以語此矣. 綱
  領旣斷, 節目未合者, 自可漸至於同歸. 今不一一辨答, 瀷亦何敢自是, 惟思良
  友藥石之晦, 易說猝看難了”.

38) 『星湖全書』, 星湖續集 卷8,「與耳老」, 25-b, “四七說論中, 舜怒孟喜一條, 高
  峯終守理發前見, 而退溪許之, 新編中雖不從此意, 胸裏畜疑久矣. 頃得耳老

적용하여 공칠정이라도 칠정이기 때문에 형기가 매개된 것이라고 한 것이다.

이 문제로 그의 제자 이병휴와 윤동규 간에 심각한 의견 대립이 있게 되었다. 이병휴는 성호의 사상이 전체적으로 『중발』에 있다고 본 반면 윤동규는 자신의 주장으로 성호가 『중발』을 폐지하였다는 것으로 이병휴를 반박하였다. 이 때문에 성호의 제자들은 「중발」을 중심으로 성호를 이해하는 이병휴—이구환·이삼환—이기양·권철신—정약용의 계열과 「사칠신편」을 중심으로 성호를 이해하는 윤동규—안정복—황덕길·황덕일—허전의 계열이 분열하게 되었다.

성호는 분명히 삼단설로 「중발」을 부정했다고 볼 수 있다. 그러나 성호는 「중발」을 제기함으로써 「중발」을 계승한 脫주자학적 실학 계보를 여는데 역할을 한 것도 사실이다. 중발을 계승한 학자들은 기존의 퇴계설이 이발 기발의 기준으로 사단칠정의 명목을 내세웠던 것과 다르게 어떤 감정이든지 그것이 공적이면 이발이고 사적이면 기발이라고 하여 도덕 기준을 새롭게 세우려고 노력하였다. 또 이들은 성호의 새로운 심론에 의해 구성된 독특한 사단칠정 이론에서 파생한 자연 우주론과 도덕 가치론적 심성론을 구분한 것도 함께 계승한다.

> 천지의 항상 됨(常)은 그 마음이 만물에 두루 미치지만 心(심장에 근거한 心)이 없기 때문에, 사람의 마음이 情意와 知覺을 발출하는 것과 같지 않다. 天과 人이 조그만 차이도 없다고 하면, 잘 알지 못하겠지만 '天道에도 兼善惡이라는 칠정과 善一邊이라는 사단이 있는 것인가?' 또 '外物이 그 형체에 感하여 안에서 應하는 것이 있는 것인가?' 어찌 천지의 묵묵히 운행하는 理와 사람의 마음이 外物에 感하여 應하는 것을 억지로 같다고 할 수 있겠는가?[39]

書, 更繹退溪說, 旣改轍從新, 尹幼章諸友, 疑限界之不明, 後來思之".

39) 『星湖全書』四七新編, 「讀李栗谷書記疑」(『성호전서』 7, 24쪽), "蓋天地之常, 以其心普萬物, 而無心, 非有情意知覺之發, 如人心之爲矣. 如曰天與人, 無小

이것은 성호가 그의 새로운 심론을 사단칠정설에 적용시켜 인간의 영역과 하늘의 운행질서를 구분한 것이다. 이병휴와 정약용은 이러한 논리를 더 밀고 나가서 자연 우주론에서 말하는 理氣論과 도덕 가치론적 심성론에서 말하는 理氣論을 구분한다. 이것은 우주론과 심성론의 일치를 전제하고 있는 주자학을 벗어나는 방향이라고 할 수 있다.[40]

3. 다산 정약용의 인간이해

1) 性 삼품설과 기호의 성

다산의 인간관은 확실히 성리학적 인간관과 구분된다. 그리고 여기에 대한 기존 연구는 언급할 수 없을 만큼 많다. 따라서 여기서는 기존 연구의 주요 성과를 바탕으로 그 성 개념과 자주지권에 대하여 집중적으로 알아보기로 하겠다.

성호는 心에서 식물, 동물, 인간에 존재의 위계질서(the ladder of being)를 주장하였지만 다산은 주로 性에서 그것을 주장한다.

성에는 三品이 있습니다. 초목의 性은 생명이 있으면서 지각이 없고,

異, 則未知天道亦有兼善惡,善一邊之情乎. 豈可以混元默然之理, 與人心應物而生者, 强化而同之".

40) 율곡은 理化氣化라는 우주론이 우리 인간의 마음 발출 과정을 설명하는 사단칠정론과 같다는 전제에서 퇴계를 비판하였다. 즉 율곡은 퇴계와 같이 理發과 氣發을 분리하는 것은 우주론과 심성론을 분리하는 결과를 초래한다고 한 것이다. 즉 율곡이 "天地之化, 卽吾心之發也, 天地旣無理化氣化之殊, 吾心安得氣發理發之異乎. 若曰吾心異於天地之化, 則非愚所知也."라고 한 것에 대하여 성호는 본문 인용문에서와 같이 우주론과 사칠론은 다른 것이라고 율곡을 재비판한 것이다. 그리고 이러한 이론은 이병휴―이삼환―권철신―다산에 이르게 된다. 그리고 다산은 우주 변화관점에서는 율곡이 도덕 실천적 관점에서는 퇴계가 옳다고 정의하게 된다(안영상, 「성호학파의 우주론과 도덕 실천적 심성론의 분리」, 『민족문화연구』 32, 1999).

> 금수의 性에는 生이 있으면서 또 지각이 있고, 우리 인간의 性에는 生
> 이 있고 지각이 있는 데다 또 靈과 善이 있습니다.[41]

다산은 이 같은 맥락을 순자와 관련지어 "순자가 水火는 氣만 있고
生은 없다. 초목은 氣와 生이 있으며 禽獸는 氣·生·知가 있고 인간
은 氣·生·知·義가 모두 있다."한 것은 이치가 있다고도 하였다.[42]
바로 이것에 근거하여 다산의 성론을 순자의 이론을 발전시킨 性四等
級說이라고 말하는 관점이 있다.[43] 여기서 천주교의 영향을 전혀 언급
하지 않은 것은 주로 수사학적 관점에서 보려는 의도가 있기 때문이
다.

반면에 다산의 이런 논리는 외견상 순자와 비슷해 보이지만 실제로
는 다르다는 주장이 있다. 다산은 같은 맥락에서 "생과 사가 있는 사물
은 다만 세 등급이 있을 뿐이라 하면서 식물은 生, 동물은 生·知가
있고, 인간의 大體는 生·知 위에 다시 영명하고 신묘한 작용(靈明神
妙之用)이 있다."[44]고도 하였다. 이것에 근거하면 '氣로만 이루어진 生
死가 없는 무생물'에는 고유한 類的 속성으로 性이 부여되지 않음을
알 수 있다는 것이다. 그리고 순자의 義는 후천적으로 획득된 것이라
면 다산이 말하는 영명성은 선천적으로 선한 근거를 강조하는 것이라
고 한다.[45] 그리고 이 性은 단순히 속성으로 볼 수 없는 면이 있다고
말한다. 즉 "사물의 성이 같으면 그 존재의 종류가 같고, 같은 종류의
존재는 그 성도 같다. 이렇게 볼 때 (다산이 依賴者로 정의한) 理가 속

---

41) 『與猶堂全書』, 中庸講義 卷1, 47-a, "臣對曰, 性有三品, 草木之性有生而無
　　覺, 禽獸之性旣生而又覺, 吾人之性旣生旣覺, 又靈又善".

42) 『與猶堂全書』, 論語古今註 卷9, 13-b, "荀子曰, 水火有氣而無生, 草木有生
　　而無知, 禽獸有知而無義, 人有氣有生有知有義, 此合理之言也".

43) 정일균, 「다산 정약용의 맹자론」, 『98후기 사회학 발표문 요약집』, 1998.

44) 『與猶堂全書』, 論語古今註 卷9, 11-b, "凡天下有生有死之物, 止有三等, 草
　　木有生而無知, 禽獸有知而無靈, 人之大體旣生旣知, 復有靈明神妙之用".

45) 유초하, 『정약용의 우주론』, 고려대학교 대학원 박사논문, 1990, 129쪽.

성에 가깝다면 성은 본성에 가깝다. 전자는 잡다한 성질들에 모두 적용될 수 있는 개념임에 비해 후자는 사물존재의 종류별 등급별 유적 고유성을 뜻하는 개념이기 때문이다."고 한다.[46] 그러면서 고유한 유적 공통속성을 줄여 本性이라 하겠다고 말한다. 따라서 여기 말하는 본성은 주자식의 본연지성이 아니라는 뜻이다.

직접적으로 이것은 천주교의 생혼, 각혼, 영혼이라는 삼혼설의 영향을 받은 것이라는 주장이 있다. 신후담과 같이 천주교를 비판했던 사람들은 이 혼을 氣로 이해했지만 정약용은 魂을 서학의 원래 의미인 본질로 이해하고 三魂說을 性三品說로 대치했다는 것이다.[47]

여기서 다산이 말하는 성삼품설은 순자의 논리로 보는 것보다 천주교의 논리로 보는 것이 더 설득력이 있어 보인다. '본질'이나 '고유한 유적 공통 속성'은 종을 규정하는 원리로써 토마스 아퀴나스가 말하는 본질(essence)에 해당한다고 할 수 있다. 그런데 토마스 아퀴나스는 이 본질을 본성(nature)과 거의 같은 개념으로 쓰지만[48] 인간 영혼을 이 본질만으로 설명하지 않는다. 왜냐하면 생혼이나 각혼의 경우 질료가 사라지면 더 이상 실존(esse : act of being)[49]도 작용할 수 없지만, 인간 영혼은 질료가 사라지더라도 그 자체로 스스로 실존할 수 있다. 즉 인간 영혼은 육체와 분리된 독립된 실체(substance)가 아니지만 실체

---

46) 유초하, 위의 책, 125쪽.

47) 금장태, 『동서교섭과 한국 근대사상』, 서울 : 성균관대학교 출판부, 1984, 76쪽.

48) 이경재, 「토마스 아퀴나스의 개별화 문제」, 『철학연구』 23, 서울 : 고려대학교 철학연구소, 2000. 89쪽, 주 19). 이경재에 따르면 "엄밀하게 구별할 경우 토마스 아퀴나스에게는 본질(essentia) 본성(natura) 이해된 본질 혹은 무엇임(quidditas)은 서로 구별되는 의미를 지니지만 사실상 실재에서 동일한 것에 대해 서로 다른 방식으로 이해되는데 따르는 구별이므로 많은 경우 이들은 호환적으로 사용된다."라고 한다.

49) 라틴어 ens를 有 또는 존재자로, esse를 존재로 번역하는 경우도 있다. 그러나 최근 장욱 교수와 그를 지지하는 학자들은 ens를 존재, esse를 실존으로 번역한다. 논자도 이들을 따라 esse를 실존이라고 하였다.

와 유사한 자립성(subsist)이 있다.[50] 따라서 중국에 온 선교사들은 이점을 다음과 같이 말한다.

> 本自在는 무엇을 말하는 것인가? 본자재는 영혼을 생혼 각혼으로부터 구별하는 특성을 말한다. 생혼·각혼은 물질로부터 생겨나고 그 형체에 의거하여 비로소 존재하게 된다. 그러므로 의거하는 것이 사라지면 생혼 각혼도 사라진다. 영혼은 사람에게 있어서 물질로부터 생겨나는 것이 아니고 그 형체에 의거하여 존재하는 것도 아니다. 그러므로 사람이 죽어도 없어지지 않는다. 그래서 本自在라고 한다.[51]

생혼·각혼은 물질에 의뢰하는 것이지만 영혼은 자립적이기 때문에 영혼은 생혼·각혼과 같이 본질로만 설명될 수 있는 것이 아니다. 만약 그렇게만 한다면 영혼불멸을 설명하기 어려워진다. 따라서 토미즘에서 혼에 의해 생혼, 각혼, 영혼을 분류하는 것은 식물, 동물, 인간의 본질적 차이를 분류하는 것 못지않게 인간 영혼의 자립성을 증명하는 것이 중요하다. 그렇기 때문에 다산이 단순히 性에 의하여 식물, 동물, 인간을 본질적 차이만 구분하는 방식과 미묘한 차이가 있을 수 있는 것이다. 즉 성에 의한 구분 방식은 인간의 성을 실체와 같은 자립적 특성이 있다는 것을 논증할 필요가 없는 것이다. 이 점은 특별히 다산이

---

50) 토마스 아퀴나스는 아리스토텔레스의 전통에 따라 플라톤이 영혼을 육체와 완전히 구분되는 실체로 보면서 그것으로 인간을 규정하는 것을 비판하였다. 즉 인간은 영혼과 육체가 실체로써 완전히 구분되는 것(parallelism)이 아니라 영혼과 육체의 실체적 통일(hylomorphism)을 강조한다. 그러나 다른 한편으로 영혼은 불멸성을 논증하기 위하여 그것은 육체와 구분되어 실체와 같은 자립성이 있다고 하였다. 따라서 영혼은 육체의 실체적 형상(forma substantialis corporis)이며 자립적 형상(forma subsistens)이라고 정의된다.

51) 『天學初函』, 靈言蠡勺, 「論亞尼瑪之體」(『천학초함』 2, 1136쪽), "何謂本自在者. 言本自在以別於生魂覺魂也. 生魂覺魂從質而出, 皆賴其體而爲有. 所依者盡, 則生覺俱盡, 靈魂在人, 非出於質, 非賴其體而有, 雖人死而不滅, 故爲本自在也".

영혼불멸설과 그에 근거한 천당지옥설을 개진하고 있지 않다는 점과
도 관련이 있을 것이다. 다산은 성이 실체와 같은 특징을 가진 것이 아
니라고 하는 것은 성을 嗜好라고 하는 데서 나타난다.

　① 天命之謂性은 天이 사람이 태어나는 시초에 덕을 좋아하고 악을
부끄럽게 여기는 性을 허령한 본체 가운데 부여한 것을 말하는 것이
다. 따라서 性은 본체로 이름 붙일 수 있는 것이 아니다. 성이라는 것
은 嗜好와 厭惡로써 이름이 있게 되는 것이다.52)
　② 만약에 하늘이 인의예지 넷을 열매의 낱알처럼(실체처럼) 인간의
본성으로 부여했다고 말한다면, 그것은 실제와 다른 것이다.53)
　③ 인의예지는 行事(실천)이후에 성립하는 것이다.54)

다산이 性을 기호라고 하는 것은 실체와 같은 특성을 가진 것이 아
니라는 점을 말하는 것이다. 즉 기호로써 말해질 수 있는 사단이 마음
속에 가능성으로 있고 그것이 실천을 통하여 현실화될 때 인의예지라
는 도덕적 덕목이 성립하게 된다는 것이다. 이것은 성리학에서 인의예
지가 마음 속에 실체처럼 자리잡고 있고 그것에 의하여 사단이라는 감
정이 유출된다는 것과는 정반대 구조이다. 이 점에서 다산의 성과 성
리학의 성은 명확한 차이를 가지지만 그럼에도 불구하고 이러한 사단
을 인간의 본질적 특징으로 규정하는 한, 다산이 성을 기호로 정의한
것이 정확히 무슨 개념인지가 분명하지 않다.
　이 기호를 인용문 ①에서와 같이 본체가 아니라는 말에 근거하여 본
질적 속성이라고 말하기도 하고,55) 곧바로 속성으로 말하는 경우도 있

---

52) 『與猶堂全書』, 論語古今註 卷9, 10-b, “天命之謂性者, 謂天於人生之初, 賦
　　之以好德恥惡之性於虛靈之本體之中, 非謂性可以名本體也. 性也者 以嗜好
　　厭惡而立名”.
53) 『與猶堂全書』, 中庸講義 卷1, 22-a, “若云 上天以仁義禮智四顆, 賦之於人之
　　性中, 則非實矣”.
54) 『與猶堂全書』, 孟子要義 卷1, 22-a, “仁義禮智之名, 成於行事之後”.

다.56) 그런데 앞에서 살펴보았듯이 다산은 성을 본질이라는 개념으로 보고 그것에 의해 식물, 동물, 인간을 구분하였다. 그런데 여기서 갑자기 속성으로 바꿔 이해하기는 어렵다. 사실 토미즘에 있어서 본질 본성은 거의 같은 개념으로 그것은 가능성의 의미를 담고 있다.57) 본질 그 자체는 무와 거의 같은 것이고 여기에 그것을 현실화하는 실존(act of being)이 부가되어야 비로소 실체와 같은 것들이 존재하게 되기 때문에 가능태의 의미를 가지고 있다. 인용문 ① ② ③은 바로 토미즘을 일정정도 수용하여 성을 가능태의 본질로 보고 여기에 실존과 같은 행사가 있어야 비로소 실체와 같은 인의예지의 덕목이 성립된다고 말하는 것이다. 이러한 논리에서 실체처럼 볼 수 있는 성이 마음 안에 이미 존재하고 있다는 성리학적 성 개념을 비판하는 것이라고 할 수 있다.58)

다산이 이러한 성을 기호로 이해하였다는 것은 이론의 여지가 없다. 그런데 '기호라는 것이 정확히 무엇을 의미 하느냐?' 하는 문제는 쉽지 않다. 이 기호에 대하여 "물이 아래로 흐르는 것과 같이 특정한 대상을 향하여 가는 趣向性 내지 志向性으로 보는 듯하다"는 주장이 있다. 즉

---

55) 금장태,『동서교섭과 한국 근대사상』, 서울 : 성균관대학교 출판부, 1984. 104쪽.

56) 실시학사경학연구회,『다산과 문산의 인성논쟁』, 한길사, 1991, 61쪽.

57) 이경재,「왜 도덕적이어야 하는가?-토마스 아퀴나스 인간학을 바탕으로-」,『신학과 철학』4, 서울 : 서강대학교 비교사상연구원, 2002, 196쪽. 이경재는 토마스 아퀴나스의 본질에 대해 다음과 같이 말한다. "본질이란 단순히 존재자의 유와 종을 결정하는 틀뿐 아니라 그러한 틀 안에서 보다 현실화되어야 한다는 즉 '되어야 하는 내용'을 포함하고 있다. 본질을 지닌다는 것은 곧 현실화되어야 할 가능태를 자신 안에 지님을 의미하고……따라서 존재한다는 것은 곧 자신의 본질 혹은 형상에 의해 규정되어 있는 자신의 목적과 완성을 지향하는 것이며(esse est tendere), 존재하는 모든 것들은 이러한 목적 달성을 하려는 내적 경향성(inclinatio), 즉 욕구(appetitus)를 가진다".

58) 안영상,「토미즘과 비교를 통해서 본 정약용의 인심도심론」,『한국실학연구』9, 2005.

이러한 지향성과 어떤 특정한 행위 내지 대상의 適·不適에 의해 好·惡·悅·恥·快·不快 등의 여러 감정이 나타난다는 것이다. 그러면서 이것을 곧바로 性向이란 말로 대치해 쓰기도 한다.[59] 대부분의 다산 연구자들은 이렇게 기호의 성을 지향성으로 해석하는 것을 따른다.

사실 이러한 의미는 토미즘에도 찾아볼 수 있다. 토미즘에서는 인간의 영혼이 가지고 있는 여러 능력 중에 대표적인 것으로 진리를 파악하는 지성(intellect : 司明悟)과 그것을 의욕하는 욕구(appetite : 司愛惡)를 말한다. 여기서 욕구는 자신의 類的 목적인 형상을 실현하려는 욕구이므로 이것은 그 목적을 지향한다는 말과 통한다. 즉 욕구(appetite)는 지향(inclination) 경향(tendency)이라고도 말할 수 있는 것이다.[60] 무생물과 식물에게는 자연적 욕구(natural appetite : 性欲)가 있고 동물에게는 감각적 욕구(sensitive appetite : 司欲)가 있고 인간에게는 이성적 욕구(rational appetite : 靈欲)가 있다. 예를 들면 다산이 생장능력만 있는 식물인 벼는 물을 기호한다고 한 것은 자연적 욕구에 해당할 수 있고, 감각기관이 있는 동물인 꿩이 산을 기호한다는 것은 감각적 욕구에 해당할 수 있고, 인간이 선을 기호한다는 것은 이성적 욕구에 해당할 수 있는 것이다. 그리고 토미즘에서는 인간에게 있는 이성적 욕구만이 자발성을 가졌다고 하여 특별히 의지(voluntas : will)라고도 말한다. 이렇게 토미즘에서 욕구 개념이 지향이라는 말로 귀착되는 것은 기호라는 말에 지향이라는 뜻이 들어 있는 것과 같은 맥락이다.

이렇게 다산의 성기호설은 토미즘의 영향을 받았다고 할 수 있는데,

---

59) 성태용, 「다산의 인성론」, 『철학연구』 14, 서울 : 철학연구회, 1979, 77쪽.
60) Robert Pasnau, The Thomas Aquinas on Human Nature, Cambridge University Press, 204쪽. Robert Pasnaus는 appetites 를 inclinations 혹은 tendencies로 번역한다. 그리고 appetites를 desire 로 변역되는 경우도 인정한다.

150

바로 이 지점에서 토미즘과 달라질 수 있다. 토미즘의 특징 중의 하나는 그 이전에 의지만 강조하던 신학체계에서 이성을 부활하려는 시도였다. 따라서 그는 인간 영혼이 가진 여러 능력 중에 지성과 의지라는 두 체계를 가장 중요하게 취급한다. 그 중에서 지성이 의지보다 앞선 것으로 취급되면서 매우 정교한 인식론을 전개한다. 그런데 다산과 같이 성을 기호로만 설명하면 그것은 주로 의지에만 관계되는 것이기 때문에 지성의 작용이 결여되어 토미즘과 다르게 된다. 즉 토마스 아퀴나스는 의지(司愛惡)가 작동하려면 지성(司明悟)을 통하여 획득되는 진리가 있어야 한다. 그리고 지성적 진리의 궁극적 목적은 신에 대한 이해이다. 그래서 마테오 리치는 다음과 같이 말한다.

> 이렇기 때문에 사랑의 동기는 明達(intellectual truth)에 있으니, 힘을 들여 仁을 확대 실천하려 한다면 모름지기 먼저 마음을 다해 천주의 事理(Divine knowledge)를 이해하여야 한다. 그러면 바로 그 가르침을 알고 따르게 된다.[61]

그리고 이러한 신의 사리는 실제로 신의 말씀을 기록한 성경이다. 여기에 기초해서 신학자들의 신학적 이론이 있었고 이것이 전해지게 된 것이다. 따라서 이런 것에 근거하지 않고 신에 대한 직관적인 이해를 함부로 가져서는 안 되는 것이다.[62] 그런데 다산에게는 이러한 기억 추론을 통한 지성 작용을 거쳐 상제를 이해한다는 내용이 거의 없다.[63] 대신에 상제는 도심을 통하여 직관적으로 이해된다는 식으로 말

---

61) 『天學初函』, 天主實義, 「第七篇論人性本善而術天主門士正學」(『천학초함』 1, 583쪽), "是故愛之機在明達, 而欲致力以廣仁, 先須竭心以通天主事理, 乃識從其敎也".
62) 『天學初函』, 天主實義, 「第七篇論人性本善而術天主門士正學」(『천학초함』 1, 584쪽), "況夫天主事, 非一夫之言, 天主親胎正經, 諸國之聖賢傳之, 天下之英俊, 僉從之信之, 故不可爲妄, 何恍惚之有".
63) 천주교에서는 신을 이해하기 위한 기억 추리 과정은 매우 상세하고 복잡한

한다.

> 하늘의 목구멍과 혀는 도심에 깃들어 있으니 도심이 미리 경고하는
> 것은 하늘의 경고하는 명령이다.……하늘의 명령을 예언하여 기록한
> 책에서 구하는 것은 허황한 이단의 학술이다. 본심에서 하늘의 명령을
> 구하는 것이 성인이 하늘을 밝게 섬기는 학문이다.64)

이것은 인간의 내면에서 울려나오는 양심의 소리가 바로 상제라는
것이다. 그리고 여기서 미래를 예언한 책(도록)을 부정하고 있는데 사
후 세계나 최후심판 등의 내용을 담고 있는 성경도 여기에 속할 수 있
을 것이다. 그리고 다산은 상제를 찾는데 경험과 추론을 통한 지성적
진리(intellectual truth)를 활용하지 않는다.

> 性대로 따르는 것을 道라고 한다. 그러므로 성에서 나온 것을 도심
> 이라고 하고, 도심이란 항상 선을 의욕하면서 또한 선을 선택한다. 그
> 래서 한결같이 道心이 의욕하는 대로 선택해 따르는 것, 그것을 솔성
> 이라 하니 솔성이란 천명을 따르는 것이다.65)

다산의 이러한 주장에는 지성(司明悟)을 사용하는 진리의 확보과정
이 유보되어 있다. 진리의 확보과정이 유보된 자리에 맹자의 성선설이
강하게 자리잡고 있어 그것으로 선함을 보증 받아 선을 기호(지향)하

과정이 있다. 이 점은 뒤에서 다룰 혜강과 비교해 보면 더욱 뚜렷이 나타난
다. 혜강은 천주교 신을 인정하지 않지만 천주교의 인식론의 영향을 받아 기
억과 추리 과정을 매우 중요시 여겼다. 다산에게는 이러한 혜강과 같은 인식
론은 거의 찾아보기 힘들다.

64)『與猶堂全書』, 中庸自箴 卷1, 3-b, “天之喉舌在道心, 道心之所儆告. 皇天之
　　所命戒也……求天命於圖籙者, 異端荒誕之術也. 求天命於本心者, 聖人昭事
　　之學也”.
65)『與猶堂全書』, 中庸自箴 卷1, 3-b, “率性之謂道, 故性之所發謂之道心, 道心
　　常欲爲善, 又能擇善, 一聽道心之所欲爲, 玆之謂率性, 率性者循天命也”.

여 실천으로 바로 나가는 것이다. 반면에 천주교에서는 기억 추리 과정을 거치는 지성이 眞僞를 판별하고 이것에 대해 의지가 제대로 따르느냐 그렇지 않느냐에 따라 선과 악이 생겨나는 것이다. 그리고 이러한 진리는 기독교 신학체계 전체와 연관되어 있다. 그러나 다산은 성을 기호(의지)로만 말하기 때문에 직관적 체계를 띠는 것이고, 그것의 대상은 유학적 덕목에 연관되어 있다.

다산의 이러한 성론을 당시 성리학의 인물성동이론과 비교해 보는 관점도 있다. 정조가 다산에게 자주 인물성동이론을 질문하는 데서 알 수 있듯이 당시의 성리학계는 인물성동이론이 주 쟁점 대상이었다. 여기에 대하여 다산은 성삼품설의 논리를 바탕으로 生·知는 육체적 기질만 가지고 있는 동물에도 있다고 하면서 그러한 성을 기질지성이라 하였다. 그리고 인간만이 氣質에 道義가 더해진 성을 갖는데, 이것을 본연지성이라고 하였다. 그리고 이러한 논리에 의하여 주자학에서 파생한 주로 인물성동론의 性同氣異(인간과 동물은 본연지성에서 같고, 기질지성에서 다르다)를 주로 비판하였다.

그런데 인물성이론을 주장했던 남당 한원진은 구체적인 기가 형성되기 이전의 超形氣로 말해지는 太極(天命)의 理에서는 인간과 동물이 같지만, 그것이 기에 부여된 因氣質에서는 태극(천명)의 理를 말할 수 없고 性이라고만 말해야 한다고 하였다. 이 인기질의 관점에서 보면 인간과 동물은 그 본연지성이 각각 다르다는 것이다. 이 점에 주목하여 다산의 성삼품설은 인물성이론을 비판·극복하고 계승·발전시킨 이중주의 선율이 있다는 주장이 있다. 즉 다산과 남당은 하늘에서 부여하는 천명에 의하여 인간과 동물이 다르다고 하였다고, 거기에 기반해 인간과 동물은 그 도덕성에서 차이가 난다고 하였는데 이 점에서 서로 유사성이 있다는 것이다. 그렇지만 다산은 본연지성은 인간에게만 있다 하고, 남당의 경우 동물은 인의예지신의 하나로 본연지성을 삼고 있다고 하여 본연지성을 완전히 부정하지 않았기 때문에 둘의 차이를 인정한다. 즉 남당의 경우 자연은 여전히 도덕의 연장선에 있지만 다산에게는 도덕성이 완전히 탈각된 근대적 자연관이 자리잡고 있다는 것이다.66)

그러나 남당의 이론은 주자학을 모순 없이 철저히 이해하기 위한 산물이 있고, 본연지성의 근거인 천명(초형기)은 기를 초월해 있는 순전히 논리적 설명인 것이다. 이에 비하여 다산은 그 본연지성의 근거인 상제를 초월적 실체와 같은 것으로 보면서 주자학을 비판했다. 이 점에서 서로가 다르다. 그럼에도 불구하고 성리학의 비판·극복과 계승·발전의 이중주의 선율이 있다고 한 것은 무의미하다고 할 수 없다. 다산은 성리학적 본연지성 기질지성의 개념을 비판하고 또 다른 방식으로 정의하였지만 본연지성과 기질지성을 완전히 폐기한 것은 아니다. 사실 그는 새롭게 정립한 본연지성과 기질지성으로 퇴계의 이발, 기발 논의를 계승·발전시키는 점도 있기 때문이다.67)

2) 自主之權과 상제

다산은 인간에게 선을 행할 수 있는 본질로서 영지의 기호가 있지만 이와 더불어 욕망의 근거가 되는 형구의 기호도 있음을 부정하지 않는다. 그리고 현실적인 인간은 이 둘 사이에서 갈등하는 존재이면서, 동시에 이 둘 중의 하나를 선택·결정하고 책임을 지는 것으로 인간의

---

66) 최영진, 「다산(茶山) 인성, 물성론의 사상사적 위상-호락논쟁의 인물성동이론과 관련하여-」, 『철학』68, 2001.

67) 안영상, 「성호 이익의 사단칠정설」, 『동양철학』11, 1999. 다산은 성호의 『중발』설을 계승한 이병휴―권철신―이기양의 논리를 따르고 있다. 이들은 이발과 기발의 기준을 사단과 칠정이 아닌 公과 私로 본다. 도덕과 비도덕의 이원적 분리의 측면에서 퇴계를 계승하고 있지만 사단과 칠정의 명목을 무시한다는 점에서 퇴계를 벗어난 것이다. 그리고 다산은 공의 근원으로 본연지성, 사의 근원으로 기질지성을 대비시키고 있다. 특히 이 기질지성은 본연지성을 포함하고 있는 것이 아니라 순전히 동물적인 것으로 보는데 그 특징이 있다.

154

자주지권을 말한다.

> ① 또 눈과 귀, 입과 몸의 嗜欲을 性이라 하니, 이것은 形軀의 기호이다. 天命之性·性與天道·性善·盡性에서 말하는 性은 곧 靈知의 기호이다.[68]

> ② 하늘은 사람에게 자주지권을 주었다. 따라서 사람은 선을 행하고자 의욕하면 선을 행할 수 있고 악을 행하고자 의욕하면 악을 행할 수 있으니, 유동적이면서 (선천적으로 선악의 방향이) 정해지지 않아 그 (선택의) 권능이 자신에게 있는 것은 금수가 (선천적으로 선악의 방향이) 정해진 심을 가지고 있는 것과는 다르다. 그러므로 선을 행하면 실제로 자기의 공이 되고 악을 행하면 자신의 죄가 된다. 이는 心의 권능이지 性이 아니다.[69]

인용문 ①은 인간에게 있는 기호는 육체(小體)가 있기 때문에 나타나는 형구의 기호와 정신(大體)이 있기 때문에 나타는 영지의 기호가 있다는 뜻인데, 이것은 감각적 욕구(sensitive appetite : 司欲)와 이성적 욕구(rational appetite : 靈欲)에 대응할 수 있는 개념이다. 그리고 이 두 측면의 기호 중에서 하나를 선택하는 것이 인용문 ②에서 말하는 자주지권이다. 이 자주지권은 토마스 아퀴나스의 선택의 자유(liberum arbitrium : free choice of the will : 일반적으로 말하는 자유의지 : free will)를 수용한 측면이 있다.[70] 아퀴나스는 "동물의 행위는 자발적인 행위라고 할 수 없고 피동적인 행위라고 할 수 있는데 그것은 스스로 제재하지 못하기 때문"이라고 했다.[71] 즉 동물의 감각적 욕

---

68) 『與猶堂全書』, 墓誌銘, 「自撰墓誌銘(集中本)」, 16-a, "又以耳目口體之嗜爲性, 此形軀之嗜好也. 天命之性, 性與天道, 性善盡性之性, 此靈知之嗜好也".

69) 『與猶堂全書』, 孟子要義 卷1, 34-b, "天之於人予之以l自主之權, 使其欲善則爲善 欲惡則爲惡, 遊移不定, 其權在己, 不似禽獸之有定心. 故爲善則實爲己功, 爲惡則實爲其罪, 此心之權也, 非所謂性也".

70) 송영배, 「다산철학과 『천주실의』의 패러다임 비교연구」, 『한국실학연구』 2, 2000.

구에는 어떤 대상물을 즐기려고 하는 호의적 욕구(concupiscible appetite : 欲能)와 그것이 성취되지 못했을 나타나는 거부적 욕구(irascible appetite : 怒(惡)能)가 있는데 이것은 선천적으로 고정되어 있기 때문에 동물은 본능적으로만 행위 한다는 것이다. 그러나 인간은 진리를 파악하고 그 진리에 기준해서 스스로 제재한다는 점에서 감각적 욕구뿐만 아니라 이성적 욕구가 있다. 즉 스스로 주재하는 선택의 자유가 있다는 것이다.72)

인용문에서 다산이 기호의 性과 자주지권의 心을 구별하여 말하는 것은 보편적 선의지와 선택의 자유를 구분하는 데서 기인한 것이다. 이성적 욕구에 의하여 모든 인간은 보편적 선의지를 지향하고 있다. 구체적 개인이 직면하고 있는 개별사안에서 그것을 실현시키려고 할 때 선택의 자유가 있다. 항상 선으로 지향되어 있는 보편적 선의지가 목적이라면 선택의 자유는 수단이고, 이 수단에 의하여 궁극적으로 목적이 성취되기도 하고 그렇지 못하기도 한다. 때문에 이 선택의 자유를 어떻게 행사했느냐에 따라 도덕적 책임을 묻게 된다.

이러한 논리만 가지고 말하면 다산의 체계는 매우 자율성이 강조된 체계처럼 보인다. 그러나 이러한 행위를 상제가 감시하고 있다는 측면이 강조되면 그 자율성은 축소된다.

옛날 사람들은 진실한 마음으로 하늘을 섬기고 진실한 마음으로 신을 섬겼다. 고요할 때나 움직일 때나 한 생각이 싹틀 때에는 참되기도 하고 거짓되기도 하며 착하기도 하고 악하기도 하니 '(상제가) 나날이 굽어 살핌이 여기에 있다.'라고 경계하여 말하였다. 그러므로 삼가하고

---

71) 『天學初函』, 靈言蠡勺, 「論愛欲者」(『천학초함』 2, 1192쪽), "聖多瑪斯曰 禽獸所行, 不可謂行, 可違彼行, 不能自制之謂也".

72) 『天學初函』, 靈言蠡勺, 「論愛欲者」(『천학초함』 2, 1195쪽), "何謂得自專. 得自專者, 亦獨指靈欲也. 靈欲在人, 自能主宰. 凡明悟所呈, 一切所向, 雖有可愛有可惡, 然可愛者, 或能惡之, 可惡者, 亦能愛之, 或可愛可欲, 虛懸以待其去取……能自主者, 其行髓理, 故順理爲功, 逆理爲罪, 功可賞, 罪可罰也".

두려워하면서 홀로 하는 공부가 참으로 독실해져서 천덕에 이른다. ……그러므로 어두운 방에서 속이는 마음이 방자하여 거리낌이 없으며 종신토록 배워도 요순의 영역에 들어가지 못하는 것은 모두 귀신(상제)에 대한 설에 밝지 못하기 때문이다.[73]

다산의 자율적 自主之權과 그것을 감시하는 상제에 대하여 어떻게 평가해야 하는지에 대한 여러 논의가 있다. 천주교의 체계에서 인간에게 선택의 자유가 있다고 하지만 그것은 신에 지향되어 있는 방향으로 행위해야 하고 또 상제가 그런 행위를 감시하고 있다는 점에서 타율적 도덕률이라고 할 수 있다. 조선후기 성리학자들이 천주교를 비판한 가장 핵심적 요소 중 하나가 바로 '천주교의 타율적 도덕률'이었다는 것을 천주교 측에서도 인정한다.[74] 이런 점이 있기 때문에 "다산이 굽어 감시하는 능력이 없는 理로써 天을 배격하고 인격적 천으로 나아가는 것은 타율적인 것일 수밖에 없다."고 주장하는 관점이 있다.[75] 즉 군자가 두려워 떨면서 악을 행하지 못하는 것은 상제의 감시가 있기 때문이라는 다산의 주장이 그렇다는 것이다.

그런데 인간의 자율적 자주권과 타율적 상제가 모순 관계가 아니라

---

73) 『與猶堂全書』, 中庸講義補 卷1, 21-a, "古人實心事天實心事神, 一動一靜一念之萌, 或誠或僞或善或惡, 戒之曰日監在玆. 故其戒愼恐懼, 愼獨之切眞切篤, 實以達天德,……然暗室欺心肆無忌憚, 終身學道, 而不入堯舜之域, 皆於鬼神之說, 有不明故也".

74) 최석우, 「한국의 전통사회와 기독교의 수용」, 『한국기독교논총』 1, 서울 : 숭실대학교 한국기독교문화연구소, 1983, 19쪽, "요컨대 유교에서는 자율적인 도덕률을 요구하고 있다. 이것은 결국 인간의 양심과 도덕의 근원으로써 최고 입법자인 天主의 절대적인 권위를 인정하지 않는다는 것을 뜻한다. 그것은 기독교 수용에 있어 가장 큰 장애를 이루는 소위 인류지상의 사상이다. 기독교에서는 인간의 완성이 인간의 힘만으로 성취될 수 없고 무엇보다도 하느님의 은총을 전제하는 것이므로 인류지상의 유교사상은 결과적으로 천주교 수용의 장벽이 되지 않을 수 없었다."라고 하여 천주교가 성리학에 비해 타율적 성격이 강하다는 것을 인정하고 있다.

75) 성태용, 「다산의 인성론」, 『철학연구』 14, 1979, 89쪽.

고 보는 관점도 있다. "다산의 자율권 개념을 지금 비교하면 기독교에서 하느님 안에서의 자유라는 개념과 비슷하다. 이는 성리학에서처럼 형식화된 윤리규범을 따르는 것이 아니라 스스로의 권능에 의하여 자신의 행동을 결정하는 것이다. 이것은 일면 기독교에서 하느님의 율법을 규범으로 따르던 데서 벗어나, 하느님 안에서 자유를 누린다는 의미가 통하는 것도 있다"[76]는 것이다. 즉 그는 신을 내세운 기독교 논리에서도 충분히 자율권이 확보될 수 있다고 하는데 이것은 기독교 체계 전체를 자기 세계관으로 삼고 있는 신자라는 면이 전제되었을 때 가능한 논리라고 할 수 있을 것이다.

신부이면서 다산을 연구하는 또 다른 학자는 "다산은 원죄로 인한 본성의 타락과 인간의 無力을 강조하면서 구세주에 의한 타력 구원관을 제시한 西敎와 완전히 다른 것"이라고 한다. 즉 천주교에서는 성경이라는 말씀에 의한 구원(有言有爲)이 강조되지만 다산에게 있어서는 인간의 도심을 기반으로 상제와 통하는 말씀없는(無言有爲) 소리를 실천하여 자기를 완성한다는 측면이 강하다는 것이다. 더 나아가 천당 지옥을 분명히 설정하지 않고 현세적인 측면을 강조한 것 역시 기도 예배를 통해 사후세계의 구원을 염두한 천주교와 다르다는 것이다.[77] 그렇다 하더라도 상제를 인정한 다산의 논리를 인격 천을 부정하는 성리학과 비교하면, 천주교보다는 덜하지만 그 타율성이 인정될 수밖에 없을 것이다.

다산의 이런 논리는 정치경제학의 관점에서 연구되기도 한다. 그 가운데 욕구의 주체로써 자율성과 상제를 대신한 절대왕권의 강화가 양립할 수 있다는 듯이 말하는 관점이 있다.[78] 그런데 '욕망의 자기 조절

---

76) 장승희, 「다산 정약용 '도덕적 자율성'의 윤리교육적 의의」, 『국민윤리연구』 39, 1998, 440쪽.

77) 최기복, 「다산의 사생구원관」, 『종교신학연구』 4, 1991. 최기복은 서교의 원죄론에 입각한 부정적 인정론, 타력구원론과는 판이하게 다산은 긍정적 인성론과 자력구원론을 제시하였다고 한다.

이라는 자율'과 '무한 욕망의 외적 강제력'(절대왕권)에 의한 조절이라는 것이 양립할 수 있는지에 대해 의문이 들지 않을 수 없다. 이와는 다르게 "다산의 성선론에 입각한 인간평등이나 자율성은 형이상학적 철학에 적용되는 논리라면 그가 바로 본 현실 정치경제학의 세계에서는 대부분의 사람들은 자율성을 제대로 사용하지 못한 육체적 욕망으로 가득 찬 小人들이었다."[79]고 주장하는 학자도 있다. 그래서 결국 다산은 상제를 대신한 강력한 왕권의 지배를 주장했고 여기에 다산의 근대성이 있다는 것이다.

이렇게 경제사나 정치학의 관점에서는 홉스식의 '욕망의 주체로서 근대적 자아'에서 출발한 이윤추구의 정당화나 절대왕정의 국가관을 찾아보려는 노력을 한다. 그러나 다산은 욕구를 인정하지만 여전히 동물적인 감각적 욕구보다 그것을 조절해야 하는 이성적 욕구를 우위에 두고 있다. 즉 그의 욕구개념은 중세적인 천주교에 기반하고 있고, 또

---

78) 김태영, 「다산경세론에서의 왕권론」, 『다산학』 창간호, 2000, 256쪽. 김태영은 "인간이 근원적으로 지니게 된 욕구는 정당한 것이며 그 심체의 주체적 자율적 운영을 통하여 사회적 성장의 능력을 구비하게 된 존재인 것으로 긍정되고 있었다.……각자 원초적 욕심을 지닌 주체적 인간들의 소유관계 생산관계를 국가 공동체 속에 재편성하여 왕정을 실현해야 하는 것이므로 다산의 왕권은 강력무비하고도 지공무사해야 하는 것이었다." 라고 한다. 즉 욕구를 심체의 자율에 의해 조절하는 것과 왕권에 의해 조절되어야 하는 것이 양립되는 것처럼 표현하고 있다.

79) 이영훈, 「다산 경세론의 경학적 기초」, 『다산학』 창간호, 2000, 158쪽. "인간은 상제로부터 받은 선의 영명과 부모로부터 받은 악의 형구를 선택할 자주권을 가지고 있다. 많은 이들이 쉬운 길을 따라 악에 빠지니 곧 소인이며 소수의 사람들만 어렵게 선을 이루니 곧 군자이다. 상제는 인간을 심판하여 그들을 군자와 소인의 등급으로 나누고 군자가 소인을 다스리게 하였다. 다산의 경세론은 이렇게 사회화된 인간존재를 대상으로 하고 있다. 이 국면에서 교화를 정치의 근본으로 간주하는 성리학의 본말·체용론이 부정된다. 도덕과 정치가 분리되고 인륜과 방례가 분리되며 그렇게 성립한 정치학·법학·경제학에서 작위의 왕정을 주체로 하는 치국평천하의 국가경영이 펼쳐진다."고 한다.

거기에 유학의 '도심에 의한 자율적 욕망의 조절'이라는 요소가 짙게 깔려 있다.

결론적으로 말하면 다산의 성삼품설에서 말하는 성은 토미즘에서 말하는 본질에 가까운 뜻이고, 이것으로 실체처럼 보이는 성리학의 성을 비판하였고, 이러한 성의 능력을 주로 욕구(지향성)의 측면으로 바라보았다고 할 수 있다. 성기호설에는 지성의 부분이 결여되고 의지에 근거한 자주지권만이 강조되기 때문에 상제를 내면의 직관으로 파악하는 논리가 성립되었다고 할 수 있다. 따라서 여기서 말하는 욕구(기호)는 '욕망의 주체'를 의미하기보다는 도심에 의하여 스스로 인심을 제어한다는 유학적 '욕망의 자기조절' 요소가 여전히 강하게 뿌리박혀 있고 상제 역시 이러한 도심의 형이상학적 근거라는 측면을 무시할 수 없다.

4. 담헌 홍대용의 인간이해

1) 담헌의 人物同心論

담헌의 저서 중에서 철학적 탐구대상이 될 수 있는 자료는 성호·다산·혜강에 비하여 많지 않다. 그럼에도 불구하고 그의 주저인 「의산문답」과 인물성이론을 다룬 몇 개의 글은 기존 성리학과 달라질 수 있는 많은 철학적 문제를 함축하고 있다. 그래서 많은 담헌 연구는 여기에 집중해 있다. 또한 이렇기 때문에 일반적인 사실 차원을 넘어서 '홍대용의 궁극적 의도가 무엇이냐'를 묻는 심도 연구가 진행되어 같은 자료에 대한 서로 다른 결론이 도출되기도 하였다. 여기서는 이 점을 중점적으로 알아보기로 하겠다.

담헌의 철학적 기조는 만물과 인간을 동등하게 본다는 것이다. 그런데 이러한 발상의 근거가 무엇인가에 대하여 많은 논란이 있는데 그것은 다음과 같은 인용문에서 출발한다.

> 仁이란 理이다. 사람에게는 사람의 理가 있고 物에는 물의 理가 있
> 다. 이른바 인이라는 것은 理일 따름이다. 하늘에서 있어서는 理라 하
> 고 물에 있어서는 性이라 한다. 천에 있어서는 元亨利貞이라 하고 물
> 에 있어서는 仁義禮智라 한다. 그 실은 하나다.……같은 것은 理이고
> 같지 않은 것은 氣이다. 珠玉은 지극히 보배롭고 똥과 흙은 지극히 천
> 하니 이것은 기이다. 주옥을 보배로 여기는 所以와 똥과 흙을 천하다
> 여기는 所以는 仁義이니 이것은 리이다. 그러므로 주옥의 理는 곧 분
> 양의 理이고 분양의 理는 주옥의 理라고 한다.80)

인물성동론을 주도했던 외암 이간은 태극＝리＝성이라는 전제에서,
같은 것은 본연지성이고 다른 것은 氣에 의해 차이가 나는 것을 기질
지성이라고 하여 性同氣異이라는 논리를 내세웠다. 이것에 근거하여
"홍대용은 인물성동론의 낙론을 논리적 기초로 하여 人物均의 논리를
이끌어 내고 여기서 다시 이용대상의 物이라는 새로운 物論까지 나아
감으로써 획기적인 사고의 전환을 꾀했다."81)는 주장이 있다. 그런데
위 인용문의 논리는 전체적으로 性同氣異와 유사한 논의 구조이기 때
문에 이것과 상반되는 주장도 있다. 즉 "북학파의 심성론은 洛論을 그
대로 이은 것이다. 만일 洛論을 脫性理學 反朱子學 氣 一元論이라고
규정할 수 없다면 북학파의 심성론 또한 그렇게 규정할 수 없는 것이
라고 생각한다."82)라는 것이다. 이러한 주장은 주자학과 실학의 단절

---

80) 『湛軒書』, 內集 卷1, 「心性問」, 2-a, "仁者, 理也. 人有人之理, 物有物之理,
　　所謂理者, 仁而已矣. 在天曰理, 在物曰性. 在天曰元亨利貞, 在物曰仁義禮
　　智, 其實一也.……夫同者理, 不同者氣也. 珠玉至寶也, 糞壤至賤也, 此氣也.
　　珠玉之所以寶, 糞壤之所以賤, 仁義也, 此理也. 故曰珠玉之理, 卽糞壤之理,
　　糞壤之理, 卽珠玉之理也".

81) 유봉학, 『18-19세기 燕巖派 北學思想 연구』, 서울대학교 박사학위논문, 1992,
　　89쪽.

82) 김도환, 「북학사상과 낙논의 관계」, 『한국학논집』 32, 1998.

보다는 연속성을 강조하는 것을 넘어 '실학의 독자적인 영역' 자체를 부정하는 것으로 비쳐질 수 있다.

그래서 담헌의 사상은 여전히 성리학과 다르다는 관점이 있다. 위의 인용문이 '율곡의 理通氣局'를 기반으로 하는 동론자들의 性同氣異와 유사한 구조라고 하더라도 그 理의 규정 내용이 다르다고 한다. 즉 담헌은 "仁을 측은지심과 같은 도덕적 마음으로 보지 않고 주옥의 보배로운 까닭 똥과 흙의 천한 까닭(所以)으로 제한해서 해석하고 있다는 것이다. 즉 종래의 성리학에서 所以然之故와 所當然之則의 두 면을 동시에 지닌 것으로 해석되었던 理의 의미를 소이연지고로만 제한해 버린 것이다.……인물성동이론에서의 理와 仁은 구체적인 내용을 지닌 理이고 仁이었던데 반해 홍대용의 理와 仁은 각 사물이 그것으로 성립할 수 있는 원리 내지는 각 사물의 속성과 법칙으로 상대화되어 버린다."[83]고 한다. 다시 말하면 담헌은 인물성동론의 가치 중심의 심성론에서 人物均이라는 몰가치적인 심성론으로 나갔다는 것이다.

다른 한편으로 홍대용의 인의예지가 보편적 사물의 존재 원리임을 인정하면서 그것이 몰가치적이 아니라고 주장하는 것도 있다. 담헌은 "사람과 물은 똑같다. 범·이리는 그 자식에 대해 사랑하는 마음이 油然이 일어나고 벌·개미는 그 임금에 대해 경외하는 마음이 자연히 생기니, 여기서 그 마음이 본래 선한 것이 사람과 똑같다는 것을 알 수 있다."고 했는데, 이것은 완전히 몰가치적인 것이라고 할 수 없다는 것이다. 그래서 "담헌이 사용한 '리＝인의예지'에 윤리적 함의와 존재원리 혹은 속성으로서 함의가 混存해 있음을 알 수 있다"고 말한다.[84] 그리고 이것을 물과 인간의 공존을 함께 아우르는 '새로운 가치관'의 정립이라고 본다.

또 인의예지를 생명원리라고 하여 완전히 몰가치적인 것으로, 또 윤

---

83) 허남진, 「홍대용의 철학 사상」, 『진단학보』 79, 1995, 238쪽.
84) 박희병, 「홍대용 연구의 몇 가지 쟁점에 대한 검토」, 『진단학보』 79, 1995.

리적 가치도 아닌 그 중간의 어떤 것으로 상정하는 관점도 있다 "홍대용은 원형이정과 인의예지를 같은 것으로 보는 점에서 종래의 성리학자와 같다. 그러나 성리학자들의 경우 원형이정이라는 자연의 생명원리를 인의예지라는 윤리도덕으로 이해하는 의미가 컸다면 홍대용은 반대로 인의예지를 생명원리로 이해하는 의미가 크다.……인의는 생명원리의 경건함을 함축하는 표현이라고 할 수 있지만 그것 자체로 순선한 윤리덕목을 의미하는 것은 아니라고 할 수 있다."[85]고 말한다. 즉 싹이 돋아나고(元) 꽃이 피고(亨), 열매를 맺고(利), 그런 열매를 갈무리하는(貞)이 자연 생명의 원리라면 인의예지는 도덕적 원리인데, 홍대용은 주로 전자의 의미로 인의예지를 해석하였다는 것이다.

이러한 논의 배경에는 실학과 성리학의 내재적 연관관계를 찾으려고 노력하는 학자들과 그것을 구분하려는 학자들의 의견 차이에서 기인하는 것이라고 할 수 있다. 또 실학과 성리학을 구분하려는 학자들에게 가장 큰 난관은 당시 가장 선진적인 과학자인 담헌에게 어떻게 탈주술화되어 수량화되고 계량화되어야 할 자연이 오히려 인간과 똑같은 윤리적 의미(인이나 측은지심)를 갖느냐의 문제이다. 이러한 간극을 메우기 위해 여러 가지 주장이 있게 된 것이다. 결국 이 문제는 담헌의 이론이 기존의 인물성동론과 어떻게 같고 다른지가 관건이 될 수 있다.

그런데 인물성동론은 인간과 사물의 가치가 같다는 것보다 천명 태극이 모든 사물에 똑 같은 존재방식으로 품부되어야 한다고 하여 천명·태극의 실재성을 주장하려는 의도가 더 크다고 볼 수도 있다. 同論은 태극의 실재를 초형기라는 논리적 관점으로 보려는 異論에 반대하는 데 역점을 두었다. 그 결과 태극은 실재하며 온갖 사물들에게 동일한 근원이 되어야 하기 때문에 인간뿐 아니라 다른 사물에도 인의예지

---

85) 김문용, 『홍대용의 실학사상에 관한 연구』, 고려대학교 대학원 박사학위논문, 1995, 86쪽.

신의 오상이 태극으로부터 꼭 같이 품부 받았다고 주장하는데 역점을
둔다. 이런 점이 있기 때문에 그들은 인간과 사물의 가치를 완전히 동
등하게 보지는 않는다. 즉 인간과 사물은 성의 차원에서 오상을 꼭 같
이 품부 받았지만 그것을 실천하는 능력인 심에서 사물은 차이가 나
고, 그 차이를 또 다른 형식의 존재론으로 말한다. 다시 말하면 인간과
동물의 차이를 性의 차원이 아닌 心의 차원에 두면서 이들을 확실히
구분한다. 이 점은 인물성동론의 충실한 계승자이자 담헌의 스승이었
던 김원행에게 잘 나타나 있다.

① 성(본연지성)은 모두 一理로 통하여 처음부터 인간과 사물의 귀
천의 分殊가 없으나, 심은 기에서 나왔고 기는 치우치고(偏) 바르고
(正) 통(通)하고 막히(塞)는 차이가 있다. 사람은 기의 바르고 통한 것
을 얻어 그 심의 능력이 허령통철하여 모든 이치를 갖추고 모든 일을
실천할 수 있다(具衆理應萬事).……사물의 경우 기가 치우치고 막혀
있기 때문에 그 심의 능력이 인간과 다르게 구애되고 감소된 것이 마
치 흙과 물이 서로 엉겨 다시 풀어질 수 없는 것과 같다. 때문에 비록
그 내부에 성이 있다고 할 수 있지만 그것을 실천으로 이끌어 낼 수 없
다. 따라서 이것(동물의 경우)은 心이라고 할 수 있지만 명덕이라고 할
수 없다.[86]
② 막혀 있음으로 통할 수 없고 통할 수 없으므로 변화시킬 수 없다.
(인간의 경우) 통하므로 되돌이켜 하늘과 같아진다. (사물의 경우) 막
혀있으므로 사물로 끝날 뿐이다. 이것이 사람이 귀하고 사물이 천한
이유이다.[87]

---

86)『渼湖集』卷8,「答房錫弼」, 35-a, “性則通同是一理, 初無人物貴賤之殊, 而
　心出於氣, 氣則有偏正通塞之分. 人則稟其正且通者, 故其心能虛靈通徹, 可
　以具衆理應萬事……物則其稟偏且塞者, 故其心便爲他所局殺, 如泥水相粘,
　不可復開, 雖亦有性在裏, 無以發揮出來, 是則可謂心, 而不得謂之明德矣”.
87)『渼湖集』卷14, 雜著「雜記」, 2-b, “塞則不通, 不通則不變, 通故能反之而同
　於天, 塞故終於物而已”.

인물성동론을 주창한 외암 이간은 인간의 심은 허령한 본체인 本然之心이기 때문에 명덕이라고 하며 또 그것이 오상을 모두 실천해 낼 수 있지만, 동물의 심은 기질에 국한된 氣質之心이기 때문에 명덕이라 할 수 없고 또 오상의 하나 정도밖에 실천해 낼 수 없다고 하였다. 이것은 위의 인용문에서 말하는 김원행의 논리와 같은 것이다. 이렇게 보면 인물성동론자들은 인간과 동물의 존재론적 차이를 부정하고자 한 것이 아니라는 것을 알 수 있다. 자신들의 독특한 주자학의 심성이해방식에 근거해서 그것을 性이 아닌 '심의 通塞'으로 구분하고자 한 것이다. 그리하여 심의 통만 명덕이라고 보고 심의 색은 명덕이라고 보지 않기 때문에 인간만이 명덕을 가지게 된다. 그러나 홍대용은 이것과 다르게 심 자체의 존재방식도 인간과 동물이 같다고 주장한다.

① 맑은 기를 얻어서 변화한 것은 사람이 되고 탁한 기를 얻어서 변화한 것은 사물이 된다. 그 가운데 지극히 맑고 순수하여 神妙不測한 것이 심이 된다. 이 심이 신묘하게 모든 이치를 갖추고 만물을 다스리니(妙具衆理宰制萬物) 이것은 사람과 사물이 같은 것이다.[88]

② 심이라는 것은 흔적이 있고 쓰임이 있으니 理라고 말할 수 없고 또 그 심을 보고 듣고 할 수 없으니 氣라고도 할 수 없다. 이것은 단지 기의 순수한 것, 사물의 신령한 것으로 '크고 작은 차이' '통하고 막히는(通塞) 차이' '두텁고 얇은 차이' '밝고 어두운 차이'가 없이 지각할 수 있는 허령불매한 것이다. 그러니 혹시 이 심은 세상 모든 것들에서 같은 것인가? 아니면 다른 것인가? 만약에 다르다면 성인·우둔한 사람·날짐승·들짐승·풀·나무는 다르지 않을 수 없다. 만약에 같다면 성인·우둔한 사람·날짐승·들짐승·풀·나무는 같은 것이다. 같으면 모두 같고 다르면 모두 다르니, 이것은 한마디로 결론 내릴 수 있는 것이다.……그 실천(用)을 살펴보면 다르고 그 심의 본체(本)를 말하면

---

88) 『湛軒書』, 內集 卷1, 「答徐成之論心說」, 3-a, "得淸之氣化者爲人, 得濁之氣化者爲物, 就其中, 至淸至粹神妙不測者爲心. 所以妙具衆理而宰制萬物, 是則人與物一也".

같다.[89]

③ 만약에 사람은 온전한 것을 얻고 사물은 치우친 것을 얻었다고 말한다면 이것은 心이라는 것에 큰 허령과 작은 허령이 있게 되고 또 통하는(通) 허령과 막히는(塞) 허령이 있게 된다. 그리하여 마침내 이 心이 하나로 같은 것이 되는 것을 막고 파괴하게 되니 이러한 心이 어찌 모든 것을 주재할 수 있겠는가?[90]

인용문 ①은 인간만이 명덕을 가졌기 때문에 具衆理應萬事할 수 있다는 인물성동론자들과 다르게, 인간의 심뿐만 아니라 사물의 심도 구중리응만사한다는 것이다. 따라서 동론자들이 인간과 사물의 구분으로 말하는 '심에 의한 존재론적 구분 방식'은 부정된다. 그것은 ② ③으로 이어져 인간의 '심의 通塞' 다시 말하면 '명덕이 있고 없음'에 의한 인간과 동물의 구분을 허용하지 않는다. 따라서 인간과 동물은 性의 차원뿐만 아니라 心의 차원에서도 완전히 같은 것이다. 그래서 ②에서와 같이 '같으면 다 같고 다르면 다 다르다'는 말을 하게 되는데 이것은 심의 본체(體)는 같지만 그 심의 실천(用)에서 다르다는 뜻인데 이것 역시 동론자들과 다르다.

동론자들은 인간은 통한 기를 얻어 명덕을 가졌기 때문에 오상을 모두 모두 실천해 낼 수 있지만, 동물은 막힌 기를 얻었기 때문에 명덕이 없어 오상 중의 정해진 하나만 실천할 수 있다고 하여 '명덕이 있고 없음'에 따라 인간과 동물을 계층적으로 구분한다. 그리고 명덕을 가지고

---

89) 『湛軒書』, 內集 卷1, 「答徐成之論心說」, 2-b, "今夫心之爲物, 有迹有用, 不可謂之理也, 不見不聞, 不可謂之氣也. 只是氣之粹者, 物之神者, 無大小無厚薄無明暗無通塞, 能知能覺虛靈不昧. 不知, 此爲天下之同者耶, 爲天下之異者耶. 異則若聖若愚若禽若獸若草若木, 無不異也. 同則若聖若愚若禽若獸若草若木, 無不同也, 同則皆同, 異則皆異, 此可以一言而決矣.……觀其用則異, 語其本則同".

90) 『湛軒書』, 內集 卷1, 「答徐成之論心說」, 4-a, "若曰人得其全而物得其偏, 則是心之爲物, 有大虛靈有小虛靈, 有通虛靈有塞虛靈, 離滯破碎其同於一物, 甚矣, 何足以爲萬化之主歟".

166

있다는 점에서 성인과 범인은 같지만 인의예지신의 오상 모두를 항상 실천(用)해 내는 성인과 가끔씩 실천해 내는 범인은 구분된다.[91] 또 동물의 경우 예를 들면 모든 호랑이는 인간과 다르게 오직 仁만을 실천해 낼 수 있는 심의 본체를 가졌지만, 우수한 호랑이는 항상 그것을 실천하지만 열등한 호랑이는 그렇게 하지 못한다. 따라서 실천의 관점에서 성인과 범인에서 나는 차이와 우수한 호랑이와 열등한 호랑이에서 나는 차이는 계층적 층이 있는 것이지 동일한 층은 아니다.

그런데 담헌의 경우 '심의 通塞에 따른 명덕이 있고 없음'이라는 존재방식으로 인간과 동물을 구분하는 틀을 인정하지 않음으로써 인간을 포함한 모든 사물이 같은 심의 본체를 가진다. 때문에 성인·우둔한 사람·날짐승·들짐승·풀·나무를 동일한 차원에서 병렬적으로 배치하여 같다고 한 것이다. 이것이 '같으면 다 같다'는 내용으로 인용문 ③에서도 확인할 수 있다. 마찬가지로 인간과 동물은 같은 본체의 심을 가졌기 때문에 '다르다'는 실천(用)의 차이에서도 인간과 사물이 동일한 차원에서 다른 것이다. 그렇기 때문에 그 다름을 병렬적으로 배열한 것이다. 즉 인간을 포함한 모든 사물의 실천적 차이는 동일한 차원에 있다는 것이다. 이것은 '다르면 다 다르다'는 의미로 동론자들이 계층적 차이를 먼저 전제하고 난 후에 그 안에서 다시 '다르다'고 한 것과 같은 것이 아니다.

결국 홍대용은 심의 존재론적 차이에 의해 인간과 동물의 차이가 있다고 본 동론자들과 다르게 인간과 동물의 심에 의한 존재론적 차이는 없다고 한 것이다. 즉 성뿐만 아니라 심에 있어서도 존재론적 차이는 없다는 것이다. 실천적 측면에서 차이가 있지만 그것은 성인·우둔한 사람·날짐승·들짐승·풀·나무 등이 동일한 층에 있는 것이다.

---

91) 안영상, 「외암 이간의 인물성동론과 미발심체론」, 「매산 홍직필의 인물성동론과 명덕설」, 『인성물성론』, 한국사상연구회, 한길사, 1994.

2) 담헌의 人物無分論

담헌의 人物同心論에 의하면 인간과 동물의 어떤 본질적인 존재의
위계질서는 없다. 그들 사이에서 차이는 실천을 통하여 현상적으로 드
러난 것이다. 그리고 그것은 다음과 같은 관점의 차이로 볼 수도 있다.

① 생명체에는 세 가지 종류가 있으니 사람과 금수 그리고 초목이다.
초목은 머리를 아래로 하고 살아가는(倒生) 까닭에 知는 있으나 覺이
없다. 금수는 머리를 옆으로 하고 살아가는(橫生) 까닭에 覺은 있으나
慧가 없다. 생명체의 세 종류는 엉키고 뒤섞여 서로 간에 장점이 되는
것도 있고 단점이 되는 것도 있는데, 거기에 귀천의 등급이 있다고 할
수 있겠는가?……慧가 없으므로 속이는 것이 없고 覺이 없으므로 거
짓된 것이 없다. 그렇다면 사물이 사람보다 귀한 것 역시 많다.[92]
② 오륜과 오사(貌言視聽思)는 인간들의 예의이다. 무리지어 다니며
입과 부리로 먹는 것은 금수의 예의이다. 함께 붙어 자라면서 가지를
뻗는 것은 초목의 예의이다. 인간으로써 물을 보면 인간이 귀하고 물
이 천하다. 물로써 인간을 보면 물은 귀하고 인간이 천한 것이다. 하늘
에서 이들을 보면 인간과 물은 같은 것이다.[93]

이것은 앞서 살펴본 성호나 다산의 논리와 크게 다른 것이다. 즉 성
호나 다산은 초목은 生, 금수는 生・知(覺), 인간은 生・知・義가 있
다고 하고, 이런 점에서 인간은 다른 사물과 구별되면서 우월하다고
했던 것이다. 담헌은 초목에서 生 대신 知를 쓴 점도 특별할 뿐만 아니

---

92) 『湛軒書』, 內集補遺 卷4, 「毉山問答」, 18-b, "生之類有三, 人也, 禽獸也, 草
木也, 草木倒生故有知而無覺, 禽獸橫生故有覺而無慧, 三生之類, 块軋泯棼,
互相衰旺, 抑將有貴賤之等乎……無慧故無詐, 無覺故無爲, 然則物貴於人,
亦遠矣".

93) 『湛軒書』, 內集補遺 卷4, 「毉山問答」, 19-a, "五倫五事人之禮義也, 群行呴
哺禽獸之禮義也, 叢苞條暢草木之禮義也, 以人視物, 人貴而物賤, 以物視人,
物貴人賤, 自天而視之, 人與物均也".

168

라 이런 논리 구조를 통하여 인간·동물·식물의 존재의 위계질서(the ladder of being)를 부정하고 인간과 사물의 동등함(人物均)을 주장하고 있다. 이 인용문이 갖는 의미는 인간과 사물의 현상적 차이를 하늘이라는 근본에서 보았을 때도 차이가 난 것으로 이해하면 안 된다는 의미이다. 이것은 심의 존재론적 차이를 부정했던 것보다 더 강화된 논리라고 볼 여지가 있다. 이것을 '어떻게 보아야 하는가?'에 대한 논의들이 있다.

먼저 "人物性心相同論이 존재론적 함의를 갖는 것인 반면 人物無分論은 가치론적 함의가 큰 것이라 할 수 있다. 요컨대 人物無分論은 人物性心相同論을 계승한 것이되 논의 전개방식이나 논지의 측면에서 일정한 차이가 있는 것이었다. 이 차이는 그의 사상형성을 감안할 때 실학사상 이전과 이후를 가름하는 차이라 생각해 볼 수 있다."[94]고 말하는 것이 있다. 즉 위의 인용문에 나오는 『심성문』의 人物性心相同論은 김원행 문하에서 형성되었던 초기 이론으로 성리학의 개념인 심성의 분석에 의한 존재론적 설명이 농후하다는 것이다. 반면에 「의산문답」에 나오는 초목, 금수, 인간의 인물무분론은 燕行 이후 형성된 것으로 심성 개념에 기초하지 않고 곧바로 禮義라는 가치론을 사용하고 있다는 것이다.

이것과 다르게 논의를 이 「의산문답」에만 한정하면서, 홍대용에게 서양 과학의 영향을 반영하면서도 동시에 인간성을 뛰어넘는 도교적인 입장이 들어 있다는 주장도 있다. 즉 "담헌은 지구가 둥글다는 사실에서 어느 쪽도 중앙이 될 수 없다는 것을 알았고 우주가 무한하여 지구를 포함한 어느 곳도 중심이 될 수 없고 지구 외에 다른 곳에서 생물체가 있을 것이라고 생각했다"는 것이다.[95] 이것은 자연과학으로 인

---

94) 김문용, 『홍대용의 실학사상에 관한 연구』, 고려대학교 박사학위논문, 1995, 96쪽.
95) 박성래, 「홍대용의 과학사상」, 『한국학보』7(2), 일지사, 1981.

하여 기존의 관점을 상대화하여 중국을 중화중심이 아니라고 했다는 데 의미가 있지만 이것만으로 인간과 동물이 가치적으로 같다는 설명은 한계가 있다. 때문에 도교의 입장이 들어 있다고 했지만 그것을 구체적으로 다루지는 않았다.

반면에 담헌의 우주 무한 중심설은 코페르니쿠스의 태양중심설조차도 상대적으로 놓는 것으로 근대 과학 우주관과 다른 것이라고 보고 홍대용의 사상적 의의를 근대 과학의 자연관보다도 장자의 상대주의적 자연관에서 그 의미를 찾아야 한다는 주장이 있다. 즉 장자가 '도에서 보면 모든 물은 귀천이 없다. 물의 관점에서 보면 자기는 귀하고 남은 천하다'는 논리는 도의 무궁한 변화의 관점에서 본 것이라고 한다. 그리고 이것에 근거하여 모든 인위적인 규범 가치를 상대화시켜 부정하려고 하였다는 것이다. "홍대용은 以天視物 以物視人 以人視物의 논리로써 당시의 주자학적 질서와 중화의식을 상대화시켜 부정하려고 했다"는 것이다.96)

그러나 논자가 생각하기로는 담헌의 이런 논리는 인물성동이론의 비판을 통하여 얻은 논리를 천주교의 삼혼설을 접하면서 더욱 심화발전 시킨 것이 아니가 하는 생각이 든다.97) 이것은 다음과 같은 내용 때문이다. 다음 인용문은 『천주실의』의 삼혼설을 설명하는 곳에서 중국 선비(中士)가 마테오 리치에게 문제를 제기한 내용이다.

　　내가 알기로는 하늘과 땅 사이에 사람만이 가장 존귀하고 동물과는 비교가 되지 않는다. 그러므로 사람이 천지의 일에 참여한다는 말이

---

96) 송영배, 「홍대용의 상대주의적 사유와 변혁의 논리-특히 장자의 상대주의적 문제의식과의 비교를 중심으로-」, 『한국학보』 20(1), 일지사, 1994.

97) 금장태, 『동서교섭과 한국 근대사상』, 성균관대학교 출판부, 1984, 75쪽. 금장태는 홍대용이 "서양의 영혼론을 이해한 것이 아니라 다만 머리가 둥근 것은 하늘의 상형이요 발이 모난 것은 땅을 형상한다(小天地)는 따위의 소박한 物我一體관을 비판하기 위하여 서학에서 영혼(삼혼설)을 분류하기 위한 방법을 이끌어 썼던 것으로 보이고 있는 것이다."고 간단히 언급한 적이 있다.

있고 사람을 小天地라고도 한다. 그런데 내가 금수를 다시 자세히 살펴보니 그 실정은 사람과 비교하여 더 자유스러우니 왜 그렇겠는가? 동물은 갓 태어나면서 즐거이 스스로 활동하여 살만한 곳으로 나아가고 해로운 것을 피한다. 몸에는 털이나 날개, 발톱 껍질이 있으므로 옷과 신발이 필요 없으며 농사일도 하지 않는다. 창고에 쌓인 곡식도 없으며 취사도구도 없다. 먹이에 따라 새끼를 낳아 기르며 편한 대로 쉰다. 자연의 대조화에서 즐겁게 노니 언제나 한가로움이 있다. 그들에게는 彼此, 貧富, 尊卑의 차이가 있으며, 可否, 先後가 있어 공명을 염두하는 것으로 마음 졸일 일이 있겠는가?……(그러나 인간은 힘든 일을 해야 하고, 질병을 겪고, 작은 짐승에게도 피해를 받고, 전쟁이 있고, 자신의 감정 때문에 괴로워하고, 인륜이 무시되는 상황을 겪는 어려움 속에 살아가고 있다.)……천주께서 어떤 이유로 사람을 어려운 세상에 사람을 생겨나게 했는지를 알 수 없다. 이렇게 보면 천주가 사람을 사랑하는 것이 도리어 동물을 사랑하는 것보다 못하는 것 같다.[98]

이 인용문의 핵심은 중국 선비(中士)가 인간은 소천지로 동물보다 우월하다는 것을 부정하고 전체적으로 장자의 논리에 입각하여 동물에게는 인간보다 뛰어난 장점도 있다는 것이다. 그렇기 때문에 '천주가 인간을 특별히 사랑한 것은 아니지 않느냐?'고 물은 것이다. 다시 말하면, 천은 모든 만물을 동등하게 대한다는 것이다. 이런 점에서 인간과 만물은 각자의 장점이 있다는 점에서 평등하다는 것이다. 마테오 리치는 이 논리에 반대해 인간이 영혼을 가졌기 때문에 어느 다른 사물보다 우월하고 인간에 대한 하느님의 사랑도 특별하다는 논리를 편다.

---

98) 『天學初函』, 天主實義, 「第三篇論人鬼不滅大異禽獸」(『천학초함』, 421쪽), "中士曰, 吾觀天地萬物之間, 惟人最貴, 非鳥獸比, 故謂人參天地, 又謂之小天地, 然吾復察鳥獸, 其情較人反爲自適, 何者. 其方生也, 忻忻自能行動, 就其所養避其所傷, 身具毛羽爪甲, 不俟衣履, 不待稼穡, 無倉廩之積藏, 無供爨之工器, 隨食可以育生, 隨便可以休息, 嬉遊大造而嘗有餘閑, 其間豈有彼我貧富尊卑之殊, 豈有可否先後, 功名之慮, 操其心哉……不知天主何故生人于患難之處, 則其愛人, 反似不如禽獸焉".

그것이 바로 식물 동물 인간에는 확실한 존재의 위계질서가 있다는 三魂說이다.

　그런데 담헌이 하늘은 인간과 사물을 평등하게 대한다고 한 것은 결국 이 중국선비의 논리와 거의 같다고 볼 수 있다. 이 점에서 보면 담헌의 人物無分의 논리는 '중국선비의 문제제기를 옳다고 보고 천주교의 삼혼설을 간접적으로 비판하면서 자기 논리를 전개한 것이 아닌가?'라고 생각해 볼 수 있다. 이런 논증방식은 천주교 선교사가 지전설을 부정하려고 '땅이 움직일 수 있다'는 문제제기를 먼저 소개하고 나중에 그것을 종교적 이유로 부정하는 방식을 취하였는데, 오히려 담헌은 이 문제 제기를 옳은 것으로 보고 그 자신의 지전설을 성립시키는 것[99]과 유사하다고 할 수 있다. 즉 그는 신을 증명하기 위한 의도를 가진 선교사들의 천문설에서 그 종교적 요소를 간취해 부정하고 그 합리적 과학만 취하려고 했던 것이다. 마찬가지로 지구가 둥글다는 서양의 과학이론을 수용하여, 그것에 의하여 오히려 천주교의 가치관(禮義)이 더 우월하다는 것을 삼혼설을 통하여 논증하는 선교사들의 논리를 비판하였다고 볼 수도 있다.

　사실 선교사들의 속셈은 과학으로 먼저 동아시아 지식인들의 호기심을 자극하고 난 후 그 과학의 가능 근거로 천주교 신과 인간관을 소개하고 더 나아가 이것으로 동아시아인에게 천주교를 전파시키려고 하였던 것이다. 여기에는 과학뿐만 아니라 가치 체계도 동아시아보다 우월하다는 문화 절대주의적 신념이 깔려 있는 것이다. 그러나 담헌의 논리는 과학적 지식만 객관 타당한 것으로 보고 그들의 종교적 가치 체계 즉 서양의 禮義까지 인정하지는 않았다. 이것은 그가 '인간과 사물의 차이가 없는 것은 바로 장점과 단점이 서로 뒤섞여 있기 때문'이라고 한 것과 연관성이 있는 것이라고 생각된다. 즉 서양의 장점으로 과학, 동양의 장점으로 유학이라고 보고 서양의 장점인 과학을 수용하

---

99) 박성래, 「홍대용의 과학사상」, 『한국학보』 7(2), 일지사, 1981.

되 그 종교는 비판하고, 유학은 인정하되 과학의 수용의 장애가 되는 성리학의 물질관과 그 말류적 병폐에 대한 비판이 그의 人物無分論에 일정정도 함축되어 있다고 생각한다.

그런데 '인물무분론이 과학적 사고의 맹아적 형태가 될 수 있느냐' 하는 문제가 있을 수 있다. 여기서 서양의 중세 과학관에서 근대 과학관으로 이행하는 중간에 르네상스 과학관이 있었다는 것을 상기해 볼 필요가 있다. 르네상스 시대의 자연철학자들은 토마스 아퀴나스의 과학관의 근간이 되었던 도식적인 아리스토텔레스의 체계를 부정하고 신플라톤주의 신비주의(occultism)를 지지했다. 그 결과 자연을 신성의 영혼이 깃들어져 있는 것으로 파악하게 되어 무생물인 돌멩이도 살아 있고 감각을 지닌 것으로 파악하게 되었다. 행성들도 살아있는 신성 (divinity)으로 파악했다는 것이다. 그러면서 이러한 신비한 자연을 이해하기 위해 기존의 도식적 자연이해의 길잡이가 되었던 책을 버리고 직접적인 경험을 통하여 실제적 유용성을 얻으려 했다는 것이다. 이들이 사용한 경험과 실험은 근대 과학과 달리 주술적인 요소가 있지만 이러한 정신이 베이컨이나 데카르트를 있게 했다는 것이다.100) 부루노가 무한 우주설을 주장하고 쿠자누스가 지구인보다 더 고등한 외계인이 있다고 한 것 등은 이러한 산물들이라고 할 수 있다는 것이다.

이 점은 담헌을 바라보는 데 많은 시사점을 준다. 담헌은 자연을 파악하는 데 도식적인 음양오행설을 부정했다. 그리고 자연을 비, 이슬 서리 등도 四端之心을 가지고 있다고 말할 뿐만 아니라 땅 덩어리 전체를 살아있는 생명체(活物)로 본다. 이것은 전체 사상에서 근대적 과학을 중시하면서도 다른 면에서 신비주의 요소가 역시 더 강화된 것이다. 뿐만 아니라 그는 무한우주설과 외계인의 존재를 인정하는데 이것역시 르네상스 시대의 자연철학자들을 연상시킨다. 이렇게 보면 담헌

---

100) Brian P. Copenhaver and Charles B. Shmitt, Renaissance Philosophy, Oxford University Press, 1992, 228~289쪽.

의 과학관을 옹호하기 위하여 그것을 몰가치적으로 해석하기보다는 있는 그대로 신비적 요소를 인정하여 르네상스와 근대의 중간 형태로 이해하려고 한다면 그 과학관에 큰 무리가 없을 것으로 생각한다.

결론적으로 말하면 담헌은 자신의 학문적인 계보였던 인물성동론의 비판을 통하여 인간과 사물의 가치가 동등하다는 논리를 세우고 이 논리를 심화 발전시켜 천주교의 삼혼론을 간접적인 형태로 비판했다고 볼 수 있다. 그러면서 자연을 좀더 신비한 형태로 파악하면서도 실증의 정신을 강화했다고 볼 수 있다. 이 점에서 기존 성리학의 도식적 자연이해에 대한 비판도 있었으리라 생각한다.

5. 혜강의 인간이해

1) 신기의 존재론적 기반

혜강은 서양 과학기술·인문지리에 누구보다도 관심이 많았고 이러한 것들이 그의 사상에 대폭 수용되었다. 그럼에도 불구하고 서양 세계관의 정점에 있는 기독교 신을 부정하고 신기라는 독자자적인 개념으로 동양의 사상을 재조직하려고 하였다. 서양의 영향, 동양의 유학의 비판 등의 수준이 어떤 정도인가 하는 것에 연구자들 간에 이견의 차이가 있다. 이 점에 주목하여 그의 인간관을 살펴보기로 하겠다.

혜강 철학의 핵심은 신기에 의하여 인간을 설명하는 것이다. 먼저 하나의 기로부터 인간의 특성이 어떻게 설명되는지를 살펴보기로 하겠다.

① 기(氣)는 한 덩어리의 살아 있는 것으로 스스로 순수하고 담박하고 많은 바탕(質)을 가지고 있다. 소리 빛, 남새 맛에 따라 변해도 그 본성은 변하지 않는다. 그 전체의 무한한 작용의 덕(德)을 총괄하여

174

신(神)이라고 한다.101)

② 기는 하나이지만 사람(사람의 質)에게 품부되면 자연히 사람의 신기가 되고 사물(사물의 質)에 품부되면 자연히 물의 신기가 된다. 사람과 물건이 같지 않은 것은 질에 있고 기에 있지 않다.102)

③ 신기는 특별한 다른 능력은 없으나 인식의 밝음(明)은 신(神)에서 생겨나고 힘(力)은 기에서 생겨난다. 오직 밝음과 힘이 무한한 작용이 유출되는 근거이다.……힘은 기에서 발하여 쓸 뿐 다른 것을 필요로 하는 것이 없고, 밝음은 神에서 생겨 보고 듣는 감각활동을 거쳐(見聞閱歷) 점차 발전한다.103)

④ 옛 사람들이 말하는 심체(心體)가 곧 신기이다.104)

⑤ 사람의 신기는 명오(明悟)로부터 기역(記繹)이 있고 기역으로 말미암아 애욕(愛欲)이 있게 된다.105)

①에서는 기가 크게 형질과 신기로 나누어질 수 있음을 말하는 것이고, ②는 인간과 다른 사물이 똑같은 기에 근거해 있지만 형질에 의해 인간과 사물이 구분되고, 또 그것으로 인하여 인간과 사물의 신기 작용이 달라질 수 있다는 것을 말한다. ③은 인간에 있어서 신기는 인식능력(명지)과 실천능력(역행)이라는 것이고, ④는 그것이 기존의 유학에서 말하는 心 개념과 유사함을 지적하고 ⑤는 그것을 다시 구체적으로 말하면 명오·기역·애욕이라는 것이다. 특히 ②에서 신기가 '土石

---

101) 『明南樓叢書』, 神氣通 卷1, 「氣之公用」, 1-b, "大凡一團活物, 自有純澹瀅澈之質. 縱有聲色臭味之隨變, 其本性則不變. 舉其全體, 無限功用之德, 總括之曰神".

102) 『明南樓叢書』, 神氣通 卷1, 「氣質各異」, 8-a, "氣是一也, 而賦於人, 則自然爲人之神氣, 賦於物, 則自然爲物之神氣. 人物之神氣不同, 在質而不在氣".

103) 『明南樓叢書』, 神氣通 卷1, 「明生於神力生於氣」, 36-b, "神氣無他能, 而明生於神, 力生於氣. 惟明與力, 乃無限妙用所由出也……力發於氣, 無所待而須用, 明生於神, 有待於閱歷見聞而漸進".

104) 『明南樓叢書』, 人政 卷9, 「善惡虛實生於交接」, 3-a, "古所謂心體卽神氣也".

105) 손병욱 옮김, 『氣學』, 여강출판사, 1992, 263쪽, "人之神氣, 因明悟而有記繹, 因氣繹而有愛欲".

과 무생물에 부여되면 감각이 없는 물이 되고, 草木에 부여되면 종자를 전할 수 있는 물이 되고, 동물에 부여되면 보고 듣는 지각하는 물이 되고, 물에 부여되지 않으면 우주를 채우고 있는 기상현상이 된다고 한다.' 그리고 '土石과 초목은 단지 형질의 차이만 있고 동물에게는 형질의 차이뿐만 아니라 감각기관에 연유한 지각도 있다'는 것이다. 동물 예컨대 조류, 짐승, 물고기, 갑각류, 곤충의 지각과 추측능력은 소통할 수 있는 감각기관을 갖추고 있느냐 여부에 따라 달라진다는 것이다.106)

여기서 식물의 생혼과 동물의 각혼 부분에서 서양의 삼혼설이 연상되기도 하지만은 그것과 같은 것은 아니다. 모든 존재물은 같은 氣와 거기에 연유한 공용인 신기를 가지고 있다는 점에서 동등하다. 즉 모든 존재물은 어떠한 존재의 위계질서(the ladder of being)를 갖지 않는 것이다. 따라서 혜강의 이론에서는 천주교의 생혼 각혼 영혼의 존재의 위계질서는 개입될 수 없는 것이다. 특히 그가 인간의 신기의 핵심적인 특징으로 지적하는 지각 유추의 능력이 동물에게도 있다는 것을 인정하는 것은 인간과 동물의 존재론적 차이는 정도의 차이이지 질적인 차이가 아니라는 뜻이다.

혜강의 이러한 신기의 존재론적 구조는 인간에게 적용되어도 서양과 다른 것이다. 플라톤은 영혼과 육체가 서로 분리되어 평행 관계(parallelism)를 이루고 있다고 하였다. 그것이 아리스토텔레스에 의하여 질료형상론(hylomorphism)으로 통합이 되고 다시 토마스 아퀴나스

---

106)『明南樓叢書』, 神氣通 卷1, 「氣質各異」, 8-a, "賦於土石, 爲堅重之頑物, 賦於草木, 爲枝葉花實傳種之物, 賦於蠢動飛潛血液之類, 爲視聽知覺之物, 不賦於物, 爲風雨雲霧寒熱燥濕, 而周遊克忉撑支六合, 何物非氣之所資生, 何事非氣之所由成也, 然就一類之中, 又有分別, 土石草木只有形質之差異. 血液之類形質旣異, 又有臟腑肢體爲視聽行動之機括, 能通在外地聲色臭味, 又有機括有備不備之異. 備不備之中, 各有淸濁彊弱之殊, 此所以羽毛鱗介蜾類之知覺推測, 由於所通之備不備".

176

로 이어졌다고 해도 이들의 사고방식은 여전히 동양적 사고방식에 비하면 분리의 측면이 강하다. 이들의 전통을 이어 받은 마테오 리치의 성리학에 대한 비판중의 하나가 心을 氣로 이해하여 영혼을 물질과 구분시키지 못하고 있다는 것이다. 그러나 혜강에 있어서 신기 개념은 氣을 바탕으로 하고 있기 때문에 정신을 의미하는 신기와 육체를 의미하는 기(질)는 구분될 수 없는 것이다. 심신 관계에서만 보면 정약용이 '心과 身이 한데 어울려 인간을 이루지만 심과 신은 엄격히 구분된다.'고 한 것이 아리스토텔레스-토마스 아퀴나스의 전통과 가까운 것이라고 할 수 있다.107) 반면에 혜강의 심신론은 여기에 반대되는 것이라고 할 수 있다. 그리고 혜강이 만물과 인간은 기는 같지만 형질에서 달라진다(氣質各異)는 것 역시 인간만이 특수한 영혼을 가지고 있다는 천주교 三魂說과 다른 것이라 할 수 있다.

그런데 혜강이 인간 신기의 특징으로 ③에서 거론한 인식능력(明)과 실천능력(力) 그리고 ④에서 말한 심체라는 것은 유학을 연상시키지만 ⑤에서 신기의 특징으로 말한 명오 기역 애욕은 천주교의 인간 영혼의 3가지 능력인 사기함·사명오·사애욕을 연상시킨다. 이 점 때문에 인간적 특징으로 신기 개념의 핵심을 설명하는 데 주로 전통적인 유교에서 찾는 것과 천주교의 영혼개념에서 찾는 학자들이 있다.

유교적 요소를 강조하는 학자는 혜강 이론의 핵심은 인간의 운화지기(人之活動運化之氣 : 형질에 구속된 인간의 신기)가 경험과 추측을 통하여 기질을 변화시켜 하늘의 운화지기(大氣活動運化之氣 : 하늘의 신기)와 일치를 이루는 것(천인일치)이라고 한다. 이 과정에는 3단계가 있는데, 1단계 : 밖에서 얻는 단계(人情과 物理를 견문추측하는 단계). 2단계 : 안에서 간직하는 단계(신기가 精實 光明하게 되어 천인운화의

---

107) 안영상, 「토미즘과 비교를 통해서 본 정약용의 인심도심론」, 『한국실학연구』 9, 2005. 토마스 아퀴나스나 중국의 선교사, 정약용은 영혼과 육체가 완전히 분리되는 플라톤 데카르트적인 실체 이원론자라고 말할 수 없지만 지성 자체는 비물질적인 것이기 때문에 지성-육체의 이원자라고 할 수 있다.

準的를 수립하는 단계, 개인적으로 천인일치에 도달한 단계). 3단계 : 밖으로 쓰이는 단계(神氣에 習染된 천인운화를 발용하는 단계)가 있다는 것이다. 그리고 혜강은 이것을 대학의 8조목과 연결시켜 1단계 : 격물치지, 2단계 : 성의 정심, 3단계 : 수신제가 치국평천하로 배대하고 있다는 것이다. 뿐만 아니라 혜강은 이것을 다음과 같이 말하고 있다는 것이다.

> 명오의 깊고 얕음에 따라 기역에 많고 적음이 있으며 기역의 많고 적음에 따라 애욕의 크고작음이 있다. 명오가 없으면 어떻게 기역할 것이 있으며 기역이 없으면 어떻게 애욕할 것이 있겠는가? 명오 기역 애욕의 세 가지는 밖에 있는 사물을 거두어 취하여(1단계) 심기(心氣)에 간직했다가(2단계) 밖으로 쓰기에 이른다.(3단계)108)

이렇게 되면 명오는 격물치지에 해당하고 기역은 성의 정심에 해당하고 애욕은 修身齊家治國平天下에 해당하게 된다. 따라서 혜강의 격물치지(1단계)가 견문지지, 성의와 정심이 덕성지지(함양)에 해당한다고 본다. 그러면서 "그러므로 인간이 이것을 인식한다는 측면에서 본다면 천인운화는 견문지지이며 또 견문지지를 간직하면 덕성지지가 되는 것으로 이해된다. 이것은 결국 견문지지에서 덕성지지가 나오는 것이 되는데 여기서 천인운화가 갖는 성격이 명확히 규명되어야 이 문제가 제대로 해명될 수 있을 것이다."109)라고만 말하여 주자학과 적극적으로 연계해서 설명하지 않고 있다.110) 이것은 아마도 혜강이 리를

---

108) 최한기, 손병욱 옮김, 『氣學』, 여강출판사, 1992, 263쪽, "從明悟之深淺 而記譯有多少, 從記譯之多少, 而愛欲有大小, 未有明悟, 何以記譯, 未有記譯, 何以愛欲. 夫明悟記繹愛欲三者, 收取於在外之事物, 藏在心氣, 及其須用於外".
109) 손병욱, 「혜강 최한기 기학의 철학적 구조」, 최영진 편, 『조선말 실학자 최한기의 철학과 사상』, 철학과현실사, 2000, 133쪽, 주 10).
110) 손병욱, 위의 책, 134쪽, 주 11). 손병욱은 "특히 수신이 제3단계인 發用段階

‘기의 조리’라고 하고 또 격물치지에서 선험적 원리를 배제하고 있기 때문에 주자와 같을 수는 없다는 것을 크게 의식했기 때문일 것이다.

그러나 주자가 “옛날 뛰어난 황제나 왕의 학문은 반드시 격물치지로 사물의 변화를 다 알아내어, 내 앞에 있는 사물 가운데 의리가 있으면 자세하게 전부 비추어 心目에 밝혀져서 조금이라도 은폐된 것이 없게 하였다. 그러면 자연히 意誠心正하여 그것으로 천하의 임무에 응하면 얼마 안 되어 흑백을 분별하게 된다.”라고 하였다.111) 이 점에 비추어 보면 ‘1단계 : 격물치지, 2단계 : 성의정심, 3단계 : 수신제가치국평천하로 배대한 것’과 위의 주자 논리는 유사한 구조라고 생각한다. 물론 이것은 큰 틀, 즉 신기의 경험을 통하여 궁극적으로 달성하고자 하는 것에서 주자와 유사점이 있을 수 있다는 것이다. 그러나 그가 구체적 인식과정에서 諸竅諸觸, 추측, 기역 등의 새로운 개념을 구사하는 것은 주자학의 체계로서는 설명이 불가능하다.

반면에 혜강이 인식의 능력으로 말하는 신기는 주로 서양의 영혼론의 영향을 많이 받은 것이라고 말하는 학자도 있다. 그는 우선 마테오 리치의 『천주실의』와 삼비아소의 『영언여작』에서 “이 神(靈魂)에는 사유(思惟 : 記含, 記繹, reason)·의지(意志 : 明悟, spirit)·욕망(慾望, 愛欲 appetite)이 있는데 최한기도 1836년에는 신기의 기능이 명지

에 속한다는 사실에 주목할 필요가 있다. 결국 이것은 기학적 수신관이 금욕적인 주자학적 수신관과는 매우 다르다는 것을 예고해 주는 것이라고 하겠다.”라고 하여 주자학과의 차이를 이 애욕에서 찾으려고 한다. 그렇다면 1단계와 2단계는 대체적으로 주자학과 같다는 것인데 이 점을 명확히 말하지 않는다. 그리고 주자 역시 육체가 있으므로 자연스럽게 생겨나는 인심 자체를 부정하지 않았고 그것의 조절(中節)을 강조한 점 역시 최한기의 애욕과 완전히 무관하다고 말할 수는 없을 것이다.

111) 『朱熹集』 卷11, 「壬午應詔封事」, 四川教育出版社, 1986, 437쪽, “是以古者聖帝明王之學, 必將格物致知以極夫事物之變, 使事物之過乎前者, 義理所存, 纖微畢照, 瞭然乎心目之間, 不容毫髮之隱, 則自然意誠心正, 而所以應天下之務者, 若數一二辨黑白矣”.

역행이라고 하였다가 1857년『기학』에서는 신기에 사유와 의지와 욕망이 있다고 이해한다. 그의 신기는 플라톤의 '정신'과 같은 맥락에 있는 것이다"112)고 한다. 그러나 궁극적 근원은 플라톤이라고 할 수 있지만, 그보다는 플라톤과 다르게 영혼을 규정한 아리스토텔레스와 그를 계승한 토마스 아퀴나스의 체계에 영향을 받았다고 해야 할 것이다. 이 점은『천주실의』에 이렇게 나타나고 있다.

> 무릇 우리가 보고 듣고 맛보고 접촉하는 것은 그 형상이 우리 신체의 다섯 門竅를 통하여 정신에 도달하는 것이다. 정신은 기억으로 이것을 받아들여서 창고에 저장하듯이 하여 잊어버리지 않게 한다. 다음으로 우리가 한 사물을 명백하게 인식하려면, 사명오가 사기함속에 들어 있는 그 사물의 상을 취하여 그 사물의 본질을 여러 가지로 따져보고 그 사물의 본성과 실정이 이치에 합당한지 아닌지를 살펴본다. 그것이 선이면 우리는 사애자로 사랑하고 욕구하게 되고 그것이 악이면 우리는 사애자로 그것을 미워하고 원망하게 된다.113)

천주교에서 '우리 신체의 다섯 門竅를 통하여 神(정신)에 도달하는 것'이라고 하는 것은 인간과 동물이 함께 가지는 覺魂에 해당하는 것이다. 이 각혼의 지각능력에 外覺(five external sensitive power)이 있는데 이것이 門竅에 해당하는 것이다. 여기에 다시 內覺(four internal sensitive power)이 있는데 이것은 公司와 思司로 나누어진다. 公司는 개별 감각 자료를 통합하는 공통감각(common sense)이고, 思司는 감

---

112) 권오영,「최한기의 생애와 학문편역」, 최영진 편,『조선말 실학자 최한기의 철학과 사상』, 철학과현실사, 2000, 85쪽.

113)『天學初函』, 天主實義,「第七篇論人性本善而術天主門士正學」(『천학초함』 1, 574쪽), "凡吾視聞啖覺, 即其像由身之五門竅, 以進達于神, 而神可以司記者受之, 如藏之倉庫, 不忘矣. 後吾欲明通一物, 即以司明者, 取其物之在司記者像, 而歪曲折衷其體, 協其性情之眞于理當否. 其善者 吾以司愛者愛之欲之, 其惡也, 吾以司愛者惡之恨之".

각기관으로 들어오는 상을 통합하여 수용하면서 일정한 감각상(phantasma)을 형성하는 것(imagination : phantasia)이며, 이것을 본능적으로 이로움과 해로움으로 평가하는 것(estimate power)과, 이것을 기억하는 것(memory)으로 나누어진다. 그리고 이러한 인식을 기반으로 인하여 일어나는 욕구인 嗜司(appetite)가 있게 된다.114)

그런데 인간 영혼은 각혼을 포함하면서 각혼보다 더 우월한 것을 가지고 있다. 감각은 각혼에서 일어나지만 개념은 인간의 영혼에서만 성립된다는 것이다. 즉 영혼에만 司明悟(intellect : 지성)가 있다. 사명오는 비물질적인 것으로 그 자체는 백지(tabula rasa)와 같은 상태이면서 감각상과 다른 비물질적인 개념(concept)을 형성한다. 이런 명오는 作明悟(active intellect : 능동지성)와 受明悟(passive intellect : 수동지성)로 나누어지는데 능동지성은 신의 조명에 의해 감각상(phantasma)으로부터 형상(form)을 추상하여 수동지성에서 개념이 기억되도록 한다. 따라서 인간의 경우 司記含(memory)만 있는 것이 아니라 무형의 개념이나 신의 은총을 기억하는 靈記含(reminiscence)이 있다.115) 또 수동지성과 능동지성 사이에는 개념을 매개로 하여 여러 가지 형상을 비교 추론하는 과정이 있게 된다.116) 그리고 욕구도 그 방향이 본능적으

---

114) 『天學初函』, 靈言蠡勺, 「論亞尼瑪之生能覺能」(『천학초함』 2, 1151쪽), "覺能有二, 一者外覺, 二者內覺, 行外覺以外能, 外能有五司, 耳目口鼻體是也. 行內覺以內能, 內能有二司有四職, 一公司主受五司所收聲色臭味等, 受而能分別之, 二思司, 思司有三職, 其一主藏五司所收, 皆受而藏之, 如倉庫然. 其二主收覺物自然通達之意, 其三主藏所收諸物之意也, 內二司外 別有一能曰嗜司, 凡外五司內二司所收之物, 可嗜之可棄之, 此爲嗜司, 嗜司之能, 又有二分, 一者欲能, 二者怒能". 참고로 ( )부분의 영어 해석은 Etienne Gilson, "The Christian Philosophy of ST, Thomas Aquinas," University of Nortre Dame Press edition, 1994을 따랐다.

115) 『天學初函』, 靈言蠡勺, 「論記含者」(『천학초함』 2, 1157쪽), "何謂能記有形無形之物, 記含者分二, 一曰司記含, 一曰靈記含" ; 『天學初函』, 靈言蠡勺, 「論記含者」(『천학초함』 2, 1168쪽), "天主以此記含之司, 賦之亞尼瑪以予之者, 何也. 欲令人記憶天主之恩惠而感之謝之也".

로 정해진 감각적 욕구(sensitive appetite : 司欲 : 情欲)뿐만 아니라 신을 향하는 이성적 욕구(rationale appetite : 靈欲)가 있다. 결국 천주교의 영혼론은 신의 존재에 절대적으로 의존하고 있고 거기에 기초한 인식론도 마찬가지인 것이다.

그런데 혜강은 천주교에서 말하는 것과 같은 신을 부정한다.

> 도교와 불교는 허무를 숭상하고 洋敎와 回敎는 神天(God)을 섬긴다.……신천을 섬기면 만사를 모두 신천의 공으로 돌려 예배를 경건하게 하고 성실하게 죄를 씻고 복을 얻으려고 할 뿐, 신천을 버리고 성실로 돌아오지 아니한다. 그래서 심하게 견문이 잘못된 길로 빠지고, 이러한 잘못은 시간이 지날수록 더욱더 깊어진다.117)

이것은 혜강이 종교적 대상으로 신을 부정하고 그것과 관련된 인식론을 비판하고 있는 것이라고 할 수 있다. 이런 맥락이 있기 때문에 그에게는 신의 照明, 신을 기억하는 靈記含, 신을 지향하는 靈欲은 인정될 수 없는 것이다. 그리고 신기의 존재론에서 살펴본 것과 같이 인간과 동물을 구분하지 않아 각혼과 영혼의 근본적 구분도 없었다. 이렇게 되면 각혼에서 논의되는 감각론과 영혼의 명오에서 논의되는 개념론은 분리되지 않고 통합적으로 설명되는 것이다. 혜강이 '밖에 있는 사물을 거두어 취하는 명오' '안에서 간직하는 기억' '밖으로 쓰는 애오'를 다른 방식으로 정의한 것을 살펴보기로 하겠다.

인정과 물리는 諸竅(감각기관)를 통하여 밖에서 얻어 안에 習染하였

---

116) 『天學初函』, 靈言蠡勺, 「論明悟者」(『천학초함』 2, 1189쪽), "合通者 和合二物, 幷而收之, 分別然否, 推通者,以此物合於彼物, 又推及於他物, 直通者, 皆眞無謬, 一物自爲一物故也".

117) 『明南樓叢書』, 人政 卷8, 「諸敎」, 33-a, "道敎佛敎尙虛無, 洋敎回敎事神天……事神天則萬事皆歸功於神天, 而致虔誠於禮拜, 滅罪獲福, 未嘗捨神天而更求誠實. 甚矣, 見聞之泥着. 愈久而愈深".

다가 드러내어 쓸 때는 이것을 밖에다 베푸는 것이니, 완전하게 여기에 들어오고 머무르고 나가는 세 단계의 자취가 있다. 그런데 옛사람들은 대체로 얻어온 근원은 말하지 않고 다만 안으로부터 발용하는 단서만 말하고 있다.……대학의 격물치지는 과연 밖에 있는 인정 물리를 얻어 모으는 것이 아니고 바로 기질의 가리움을 제거하는 공부라는 것인가?118)

이렇게 보면 혜강이 말하는 명오란 '감각기관(諸竅諸觸)을 통하여 밖으로부터 인식을 성립시키는 것'이라는 뜻이라고 할 수 있다. 이것을 좀 더 구체적으로 말하면 눈이나 귀 등의 개별적인 감각기관을 통하여 감각의 자료를 받아들여 통합하는 형질통119)에서, 거기서 개념을 추출하여 추리 판단하는 추측통120)까지의 전체 과정이 바로 明悟라고 할 수 있다. 즉 천주교의 각혼에서 말하는 외각 내각에서부터 영혼부분에서 말하는 개념에 의한 추론작용까지가 明悟라고 할 수 있다(여기에 신의 조명은 유행지리로 대체된다). 이것은 『대학』의 격물치지를 선험적 이치를 배제한 순수한 인식이론(見聞之知)으로 보면 그것과 같을 수 있다. 그리고 여기서 얻어진 상이나 개념을 저장하는 것이 기역 즉 습염이라고 할 수 있을 것이다.

그리고 혜강은 밖으로 발용하는 단계인 애욕을 사람과 대상 사물을 만나는 과정(교접)에서 생기는 자연스러운 것으로 보고, 이것을 거슬

---

118) 『明南樓叢書』, 神氣通 卷1, 「收入於外發用於外」, 31-a, "人情物理, 從竅通而得來於外, 習染於內, 及其發用施之於外, 完然有此入也留也出也三等之跡. 古之人, 多不言得來之由, 只言自內發用之端,……大學所謂格物致知也, 果非收取在外之人情物理也, 乃是祛氣質蔽之工夫也".

119) 『明南樓叢書』, 神氣通 卷1, 「通之所止及形質通推測通」, 26-a, "天之生物, 各具形質, 色通于目, 聲通于耳, 味臭通于口鼻, 是乃形質之通也. 從形質之通, 而推測之通生焉".

120) 『明南樓叢書』, 神氣通 卷1, 「形質推測異通」, 26-a, "旣因形質之通, 而有所分開商量者, 如非推前日之見聞閱歷, 卽因現在之物, 以此較彼, 以彼較此, 測度其優劣得失, 有得通達者. 是乃推測之通, 人人有不同也".

리면(逆) 싫어하면서 화내고 이것을 따르면(順) 기뻐하고 즐거워하는 것이라고 한다.[121] 여기에도 신을 상정한 천주교의 자유의지, 다산의 자주권과 같은 의미는 약화되어 있다.[122]

결론적으로 말하면 인식 주체의 신기의 존재 구조는 전통적인 氣論에 근거하고 있고 서양의 심신이원론과 다른 것이다. 그리고 이 신기 개념을 통하여 궁극적으로 달성하고자 하는 목표 역시 유교적인 가치(『대학』)에 있는 것이다. 그러나 그 신기의 구체적인 작용으로써 감각 활동 기억 추리 등을 강조하는 것은 서양의 영향을 받았다고 할 수 있다. 그러나 거기에서 신의 영역을 배제함으로 신을 기억하는 것, 추론을 하기 위해 요청되는 신의 조명, 신을 향해 지향하는 이성적 욕구가 배제되면서 한층 더 경험론적 성격이 강조되었다고 할 수 있다. 그리고 그는 이러한 새로운 요소를 수용하여 다시 전통적인 격물치지와 연결시키려고 했다고 할 수 있다.

2) 혜강의 인식론과 윤리설

위에서 살펴 본대로 보면 인간적 특징으로 말하는 신기는 주로 경험론적 인식론의 특징을 가진다고 할 수 있다. 그리고 이런 경험을 통하여 인간이 획득하는 리를 추측지리라 하고 천지 변화 자체에 있는 리를 유행지리라고 구분한다. 그리고 이런 유행지리가 선험적으로 인간에게 내재해 있다는 주자학이나 양명학을 비판하였다. 그렇지만 한편으로 그가 선험적 원리를 완전히 부정했는가에 대하여 의구심이 드는

---

121) 손병욱 옮김, 『氣學』, 여강출판사, 1992, 263쪽, "及其須用外, 交接人物, 有逆愛辱, 則惡之怒之, 有順愛欲. 則喜之樂之".

122) 금장태, 「정약용과 최한기의 인간이해」, 최영진 편, 『조선말 실학자 최한기의 철학과 사상』, 철학과현실사, 2000, 203쪽. 금장태는 "혜강에서 자주권 개념이 결핍되어 있는 것은 고유한 주체성이 확립되지 못하기 때문이라고 할 수 있으며……"라고 하는데 이것은 司愛欲 개념이 다산에 비해서 명확하게 쓰이고 있지 않고 있음을 지적한 것이라고 할 수 있다.

184

① 사람이 얻은 것을 살펴보면, 사무를 거치고 추측하였기 때문인데 그것을 얻게 된 근본적인 연유는 잊어버리고 마음 속에 천리가 있다고 생각한다. 그래서 천지와 만물을 미루어 생각하면서 맞는지 안 맞는지를 증험해 볼 생각은 전혀 하지 않고 하늘이 정한 도리가 어찌 마음에 어김이 있을 것인가 하고 스스로 생각한다.[123]

② 리학의 리 태극의 리 등 여러 서적에서 논한 리는 모두 추측지리이다.[124]

③ 天地에는 운화지리(=유행지리)가 있고 人身에는 추측지리가 있다. 사람은 추측지리로 운화지리를 사고 판단한다.[125]

④ 성은 유행지리이며 심은 추측지리인데 실은 하나의 리이다. 그러므로 天理를 위주로 해서 말하면 성이고, 人理를 주로 해서 말하면 心이니 性理와 心理는 하나이다.[126]

⑤ 고금의 성현들은 모두 천리에 순응하여 순일한데 이르러 성덕대업을 이루었다. 순응하여 순일해지는 것은 곧 나에게 내재해 있는 천리이다. 이것은 다른 사람과 사물에 내재해 있는 천리가 아니요, 또한 내가 태어나기 전후의 천리도 아니다. 나에게 내재해 있는 천리가 곧 성이다.[127]

---

123)『明南樓叢書』, 人政 卷9,「學有一字目」, 42-b, "究其所得, 由於閱歷事務, 推測經驗, 忘其己得根緣, 謂有中心天理. 其推度天地萬物, 少無合不合, 稽驗之慮, 自許天定道理豈有違心".

124)『明南樓叢書』, 推測錄 卷2,「推測以流行爲準」, 23-b, "理學之理, 太極之理, 凡載籍之論理者, 儘是推測之理也".

125)『明南樓叢書』, 人政 卷8,「理卽氣」, 51-a, "在天地有運化之理, 在人身有推測之理, 人以推測之理, 思量運化之理".

126)『明南樓叢書』, 推測錄 卷3,「性理心理」, 9-b, "性是流行之理, 心是推測之理, 其實一也".

127)『明南樓叢書』, 推測錄 卷1,「推測始終」, 45-a, "古今聖賢, 皆以順天理而至於純一, 爲盛德大業. 順之而純一者, 乃在我天理, 非謂在人物之天理, 亦非謂我生前後之天理者也. 在我之天理, 卽性也".

여기서 보면 ①, ②, ③은 선험적 근거로 천리를 부정한 것처럼 보이는 구절이다. 그러나 ④와 ⑤는 선험적 근거가 있다는 것을 완전히 부정하는 것은 아니다. 이 점을 어떻게 이해해야 하는가 하는 문제가 생긴다.

주로 ①과 ②에 의해서 혜강이 선험적 리를 배제했다고 주장하는 것이 있다. 혜강은 "심학・이학 등은 이론을 리로, 실천을 기로 분류하고 理體氣用說을 적용함으로써 '기가 체이고 이가 용이라는 원리'(=氣體理用)에 대하여 올바른 이해에 도달하지 못하였다"라고 했다는 것이다. 이렇게 말한 것은 "이학이나 심학은 이론이 실천 이전에 이미 마음 속에 모두 갖추어진 것으로 전제하기 때문에 최한기가 이러한 주장을 하게 되는 것이다."[128]라고 한다. 이것은 최한기가 선험적 원리가 내재되어 있다는 것을 부정하고 있다는 논리에 역점을 둔 것이다. 이에 대하여 혜강의 논리에는 ①, ②, ③뿐만 아니라 ④, ⑤와 같은 것도 있다는 것에 근거하여 혜강이 리의 실재성과 성의 선험성을 부정했는지에 대하여 반성적으로 검토하는 것도 있다. 특히 ⑤와 유사한 방식으로 다른 곳에서 직접적으로 "최한기는 '천도가 유행하여 사물에게 실리를 부여했다.' '인천은 사람에게 내재한 천리이다.'라고 하여 사람과 사물에 리가 내재해 있음을 주장하고 있는데 이것이 바로 性이라는 것이다."라고 한다.[129] 그렇다면 ① ② ③ ④ ⑤의 전체를 통합하여 어떻게 이해해야 하는지의 문제가 생긴다. 여기에 대하여 "최한기에 있어서 '근거로서의 리' 즉 리선기후적 위상이 부정된 것만은 분명하다. 그러나 존재의 운동법칙, 인식의 원리 가치기준・규범원리로서의 리는 그의 사상체계를 구성하는 주요 개념으로써 위치 지워져 있는 것이다."[130]

---

128) 이현구, 「최한기의 학문관」, 『유교사상연구』 16, 1993, 517쪽.
129) 최영진, 「최한기 이기론에서 리의 위상」, 최영진 편, 『조선말 실학자 최한기의 철학과 사상』, 철학과현실사, 2000, 117쪽.
130) 최영진, 「최한기 이기론에서 리의 위상」, 최영진 편, 『조선말 실학자 최한기의 철학과 사상』, 철학과현실사, 2000, 117쪽.

라고 한다. 즉 주자학에서 기를 있게 하는 가능근거로써 리(理先氣後)는 초월적 성격을 갖는 것으로 이것은 부정되었다는 것이다. 그러나 理氣無先後로써 사물에 내재되어 있는 여러 가지 리의 원리들은 여전히 주자학적 틀에 있다는 뜻이다.

더 나아가 인용문 ④에 근거하여 최한기에서 리가 내재해 있다는 것은 부정할 수 없다는 주장도 있다. 최한기가 "맹자가 만물의 이치가 마음속에 갖추어져 있고(萬物皆備於我) 주자가 마음속에 뭇 리를 갖추고 있다(具衆理應萬事)"는 것에 대한 비판은 개별이치에 대한 것이지 보편이치에 대한 것이 아니라고 한다. 즉 "만물의 이치가 사람 마음속에 구비되어 있음은 그의 이론에서도 논리적으로 부정할 수 없다. 물론 이때의 만물의 이치란 개별이치가 아니라 만물과 인간이 공유하는 자연의 보편법칙이다."131)라고 한다. 최한기에 있어서 개별적 이치의 선험성은 부정되지만 보편적 이치의 선험성은 인정된다는 것이다.

또 이와 유사하지만 아주 조심스럽게 혜강이 주자의 선험적 리를 부정했다는 것을 인정하면서도 天과 人의 운화가 하나로 되는 과정에서 보면 대기활동운화(=신기)의 보편적 내재성이 인정되고 거기에 따라 유행지리도 내재되어 있다는 주장도 있다. 즉 "이것은 본구선천지(양지양능)를 인정하지는 않되 대기활동운화의 보편성을 인정함으로써 천인운화의 통달과 이것에 의거한 一氣 내지 氣一의 관통성에 대한 체인이 가능하다고 본다". 같은 맥락에서 "이 유행지리(物理)는 천지만물에 다 같이 통용되는 순환원리로써 천지인물을 소통시키는 역할을 한다."라고 한다. 다시 말하면 주자나 양명식의 천리는 아니지만 인간과 다른 사물에 신기가 있음으로써 있게 되는 유행지리(物理)의 내재성은 인정된다는 것이다.

이렇게 보면 가장 문제가 되는 것은 인식론에서 인간에게 내재된 만

---

131) 이종란, 「최한기의 인식이론」, 최영진 편, 『조선말 실학자 최한기의 철학과 사상』, 철학과현실사, 2000, 242쪽.

물의 원리를 부정하면서, 다른 한편으로는 인간에 내재된 성(＝天理＝유행지리)을 말하고 또 그것을 따르라고 하는 것이다. '이것을 어떻게 이해해야 하는가'하는 문제가 혜강을 이해하는 데 관건이 된다. 이를 위해 혜강이 유행지리와 추측지리를 비유를 통해서 설명하는 것을 살펴보기로 하겠다.

유행지리는 마치 태양이 빛을 발하여 만물을 두루 조명하는 것 같다. 추측지리는 마치 물그릇이 반사하는 빛이 오직 물그릇에만 있는 것과 같다. 理에 이러한 구별이 있는 것을 분간하지 못하는 것은 태양의 원래 빛과 반사해서 반짝이는 빛을 분간할 수 없는 것과 같은 것이다. 그래서 태양의 빛을 물그릇의 반사 빛으로 여기거나 혹은 물그릇의 반사 빛을 태양의 빛으로 여기게 될 것이다. 그러니 어찌 물빛은 태양의 빛이 아니고 태양의 빛은 물빛이 아닌 것임을 알겠는가. 또 어찌 물그릇의 반사 빛은 태양의 빛을 반사한 것이어서 태양의 빛은 물빛을 생기게 하는 것인 줄을 알겠는가. 이것은 실로 理를 탐구하는 관건이다. 궁리를 힘쓰는 사람은 모든 이치가 모두 내 마음에 갖추어졌다고 여겨 나의 마음의 탐구가 미진할 것만을 걱정하나, 추측을 힘쓰는 사람은 지난날의 보고 듣고 냄새 맡고 맛보고 감촉하였던 氣를 미루어 가부를 헤아린 다음에, 옳으면 그대로 하고 그렇지 않으면 그 미룬 것을 변통하여 헤아린 것이 올바르게 되기를 기대한다.[132]

인용문의 내용을 요약해 보면 ① 태양의 빛은 모든 사물에 해당되는 보편적 이치로 유행지리에 비유되고, 태양의 빛으로 인하여 개별적 사물에서 반사되는 빛은 개별 사물의 이치로 추측지리에 해당한다는 것

---

132)『明南樓叢書』, 推測錄 卷6,「窮理不如推測」, 29-a, "流行之理, 如太陽放暉, 萬物偏照. 推測之理, 如盤水飜光, 惟在於盤. 若無分於理有此別, 則陽暉盤光, 眩煌無分. 遂以陽暉爲盤光, 或以盤光爲陽暉. 安知盤光非陽暉, 陽暉非盤光也. 又烏知盤光飜陽暉, 陽暉生盤光也. 是實究理之關鍵也. 務窮理者, 以爲萬理皆具於我心, 猶患我究之未盡. 務推測者, 推其前日見聞臭味觸之氣, 而測其可否於此, 可則止之. 否則變通其推. 期測其可".

188

이다. 이 점에서 유행지리와 추측지리는 구별된다. ② 그러나 태양 빛이 있기 때문에 개별사물의 빛이 있다는 점에서 유행지리에서 추측지리가 나온다고 할 수 있다. 그리고 ③ 추측은 자기 마음속에서 태양을 찾는 것이 아니라 이전에 경험했던 개별사물의 빛(추측지리)을 통하여 태양의 빛(유행지리)을 징험해 나간다고 할 수 있다. ④ 이런 의미에서 '보편의 리뿐만 아니라 모든 개별의 리까지 마음에 갖추어져 있다'는 성리학적 궁리론을 비판한 것이다.

이 비유를 자세히 살펴보면 태양의 빛은 모든 사물에 적용되는 것이므로 인간에게도 태양의 비춤이 없다고 할 수 없으나 인간에게 태양 자체가 내재해 있다고 보는 것은 아니다. 이것을 어떻게 이해해야 하는지가 문제인데 이런 비유가 천주교에서도 유사한 것이 있다.

① 어떤 물체가 하얀 색을 가지고 있다면 이것은 하얗게 볼 수 있는 가능성(potency)이다. 태양의 빛이 아직 이르지 않았다면 단지 하얗게 볼 수 있는 가능성으로 남아 있는 것이지 이미 하얗게 볼 수 있게 현실화된 것(act)은 아니다. 태양의 빛이 이미 이르게 되면 그것을 볼 수 있다. 능동명오(active intellect)는 하얀 것을 (하얀 것으로) 받아들여 보는 것과 같은 것이다. 수동 명오(passive intellect)는 태양의 빛이 베풀어져서 하얀 것을 보는 것이다.[133]
② 그것이 아니마의 나라에 있는 것은 큰 우주에 태양이 있는 것과 같다. 우리 인간은 이러한 태양의 빛을 가지고 있기 때문에 궁리 격물을 통하여 지식을 극대화하여 만물의 근본에 이를 수 있다.[134]

---

133)『天學初函』, 靈言蠡勺, 「論明悟者」(『천학초함』 2, 1178쪽), "又如物有白者, 則是可見之白. 日光未至, 但爲可見之白, 不爲已見之白. 日光旣至, 遂從而見之. 作明悟所爲者, 如白可受見也, 受明悟, 如施之光而見之".
134)『天學初函』, 靈言蠡勺, 「論明悟者」(『천학초함』 2, 1189쪽), "其在亞尼瑪之國, 如大天下之有日也, 吾人旣有此光, 可得窮理格物 以致極其知, 以至於萬物之根本也".

여기서 태양 빛은 보편이치(universal principle) 혹은 신의 조명 (divine light, illuminative power of God)을 비유한 것이고, 하얀 물체 라는 것은 개별 사물의 이치(particular principle)이다. 인간이 개별사 물의 이치를 파악하는 것은 각혼부분에서 형성된 감각상(phantasma) 을 지성이 받아들이면서 능동 지성(능동명오)이 신의 조명을 받아 그 것을 개념화한다. 이때 신의 조명은 인간 내부에서 하나의 빛이 되어 인간이 보편 개념을 구성하도록 하여 인간이 사물의 본질을 탐구하게 된다는 것이다. 즉 인간이 사물의 본질을 파악하는 것은 외부사물을 감각상으로 받아들이면서 그것을 개념화하는 능동지성과 그 개념을 수용하는 수동지성이 합하여 이루어진다는 것이다. 특히 인용문 ②의 의미는 바로 이 능동명오와 신의 조명과의 관계에 대한 비유이다.135) 아퀴나스는 이렇게 감각을 객관적인 개념으로 바꿔주는 능동지성이 신의 조명이 참여(participation)해 있다는 것을 인정하여 모든 인식이 감각에서만 이루어진다고 하여 결국 회의론에 빠진 데모크리투스의 유물론적 인식론을 비판하였다. 즉 인식을 객관적 보편으로 개념화하 는 능동명오는 선천적으로 가지고 있다는 것이다. 이마저 부정하면 인 식의 객관타당성은 확보할 수 없다는 것이다. 그리고 다른 한편으로 개별이치에 대해서는 인간은 백지상태와 같은 것이라고 하여 개별이 치조차도 본구되어 있다는(innate Idea) 플라톤을 부정하였다. 개별사 물을 감각을 통해 받아들이면서 개념화하는 것이 보편화되면 될수록 보편이치(universal principle)인 신에 가까이 갈 수 있지만 완전히 다 가갈 수는 없는 것이다.

이런 내용은 혜강이 신을 배제하고 그 자리에 유행지리를 대치하고

---

135) Etienne Gilson, *The Christian Philosophy of ST, Thomas Aquinas*, University of Nortre Dame Press edition, 1994, 215쪽, "The soul knows all things in the eternal essence as the eye sees in the sun all that it sees with the aid of the sun……to know by means of a participation in the divine light in which the essence of all things are created".

있기 때문에 완전히 일치하는 것은 아니지만 유행지리와 추측지리의 관계는 신의 조명과 능동명오의 관계와 유사한 점이 있다. 이런 점으로 미루어 보면 개별이치의 본구를 비판했지만 유행지리의 내재성을 완전히 배제했다고 볼 수는 없다.

이렇게 인간에게 유행지리가 있다고 하더라도 추측지리를 통하여 유행지리에 도달해야지 그 역은 있을 수 없다. 이런 의미를 다음과 같이 말한다.

> 자연이란 천지의 유행지리이고 당연이란 인심의 추측지리이니 공부하는 사람은 자연으로 표준을 삼고 당연으로 공부를 삼는다.[136]

이것은 결국에 자연법칙과 당위법칙이 구분되지만 자연법칙이 더 상위에 있으면서 그것에 근거해 당위법칙이 있어야 한다는 것이다. 이러한 논리는 서양에서 칸트가 자연과학의 이론영역과 인간 윤리의 실천영역을 구분한 것과 다르고, 여기에 기반한 中體西用의 논리와도 다른 것이다. 최한기가 주장한 과학이 대부분 서양의 과학임을 감안하여 이것을 확대 해석하면 서양의 자연과학에 근거해서 윤리설도 성립해야 한다는 의미가 될 수 있는 것으로 일종의 西用西體, 혹은 西道西器의 논리가 될 수 없다는 주장들이 있다. 즉 이러한 논리에 근거해서 "그(최한기)의 관점은 조금 뒤이긴 하지만 역시 과학과 윤리문제를 해결하고자 한 소위 東道西器와도 현격히 다르다. 과학을 단지 '道'에 종속하는 '器'의 차원으로 국한시키려 했던 동도서기의 관점과는 정반대로 그는 과학을 자연의 객관적 법칙(기화)으로 확대 해석함으로써 과학적 원리를 인도의 상위 영역으로 규정했기 때문이다."[137]고 말한다.

---

136) 『明南樓叢書』, 推測錄 卷2, 『自然當然』, 35-b, "自然者, 天地流行之理也, 當然者人心推測之理也, 學者以自然爲標準, 以當然者爲功夫".

137) 신원봉, 「최한기의 기화적 윤리관」, 최영진 편, 『조선말 실학자 최한기의 철학과 사상』, 철학과현실사, 2000, 270쪽.

이렇게 되면 최한기는 일종의 과학 만능주의자가 되고 윤리의 문제를 과학적 문제로 환원시키려는 기계론적인 논리실증주의를 연상시키게 된다. 이런 점을 의식해서 최한기의 이론은 "우주적 질서에 대한 외경심이 회복될 수 있다."[138]고 하여 이 우주적 질서를 종교의 대상으로 본 점에서 최한기가 과학 만능주의자는 아닌 것처럼 평가하기도 한다.

또 다른 이유에서 최한기의 윤리설은 중체서용론이나 동도서기론과 같은 것이 아니라는 주장이 있다. 즉 "그의 태도는 전통을 고정불변한 것으로 보고 여기에 서양과학을 아무런 매개 없이 접목하려고 한 개화기의 동도서기와는 분명히 다르다. 이 점은 그가 이전의 주자학(성리학)의 전제나 세계관을 비판하는 데서 확인할 수도 있다."[139]고 말한다. 그러면서도 역시 기계론이나 과학 만능주의에 빠질 것을 두려워하여 "곧 자연의 원리라 할 수 있는 유행지리를 따를 때 善이라고 규정하는 것은 인간이 자연적 원리나 제약으로부터 결코 자유롭지 못하다는 것, 또는 자연적 질서를 위반하면 결코 이롭지 못하다는 점을 환기시키려는 것 같다."[140]고 한다.

사실 이렇게 분석의 틀과 평가가 다르게 나타나는 것은 최한기가 '유행지리를 따르는 것을 선이라고 규정'하여 그것을 반드시 몰가치적인 것으로 보지 않는 데 있다고 생각한다. 만약에 여기에 어떤 가치가 스며들어 있다면 그것은 유학일 것이다. 혜강은 실제로 동도서기론과 같은 주장을 하기도 한다.

유학의 도리에서 윤리의 근본인 仁義를 취하고, 귀신과 길흉의 조짐에 관한 것을 분변해 버리며, 서법 중에서는 曆算과 氣說을 취하고 괴이하고 허탄한 화복설을 제거하며 불교 중에서는 허무를 실유로 바꾸어 이 셋을 종합하야 하나로 하면서, 예 것을 기본으로 삼아 새로운 것

---

138) 신원봉, 위의 글, 288쪽.
139) 이종란, 「최한기의 인간관」, 『한국사상사학』 8, 1997.
140) 이종란, 위의 글.

192

을 개혁하면, 진실로 천하를 통하여 시행할 수 있는 가르침이 될 것이
다.141)

　혜강의 이런 점에 근거하여 그를 일종의 '東道西器論'자로 규정하는
학자도 있다. 그렇다면 동도서기가 아니라고 한 것과 무엇이 다른가
하는 것이 문제가 된다. 이 점에 대하여 손병욱은 "앞으로 기학연구에
있어서 최대과제는 이 '물리'(=유행지리)의 정체가 무엇인지 정확히 규
명하는 일이라고 본다. 왜냐하면 물리는 기학의 성립근거이기 때문이
다. 그런데 이것은 '천지인물의 일정한 순환법칙' 이상의 그 무엇임에
틀림없다."고 말한다. 이것은 최한기가 말하는 물리는 서양과학에서 말
하는 자연과학의 대상이 아니라 인문·사회과학의 대상이기도 하다는
것이다. 그래서 이것은 반드시 자연과학적인 분석적 방법으로 이해될
수 있는 것이 아니고 오히려 체인을 통하여 얻어지는 측면이 있다는
것이다.
　그런데 최한기의 윤리설은 대폭적으로 서양의 인식이론이 수용되어
기존의 성리학과 다르게 보이지만 전체적으로는 유학적 윤리관에 기
초해 있다고 볼 수 있는 점도 있다. 이러한 특징은 그의 性情論에 잘
나타나 있다.

　① 정은 추측에서 생기고 추측은 성에서 생긴다. 대개 好惡의 일이
멀리 있어서 듣고 아는 것이 미치지 않은 것은 나의 호오가 미발한 것
이다. 듣고 알고 나서야 비로소 호오가 생겨나는 것이다. 이것이 추측
에서 정이 생겨난다는 것이다. 다른 사람이 호오하는 것을 내가 추측
하여 호오할 수 있는 것은 (다른 사람과 나의) 성이 같아서 추측 역시
같기 때문이다. 이것이 추측이 성에서 생긴다는 것이다.142)

---

141)『明南樓叢書』, 神氣通 卷1, 「天下敎法就天人而質正」, 15-b, "儒道中取倫綱
　　仁義, 辨鬼神災祥, 西法中取曆算氣說, 祛愧誕禍福, 佛敎中, 以其虛無煥作實
　　有, 和三歸一, 沿舊革新, 亶爲通天下可行之敎".

② 성에 있으면 順逆이라 하고 정에 있으면 善惡이라고 한다. 따라서 정의 선은 성에 순응(順)하는데서 말미암고 정의 악은 성을 거슬리는 데(逆)서 말미암는다.143)

①은 성과 정의 발현과정에 추측이 개입하고 있다는 것으로 전통적인 성정론과 달라지고 또 인식을 중시하는 윤리설의 특징을 나타낸다. 여기서 정이 추측에서 생긴다는 것은 앞에서 말했던 명오와 기역을 통한 인식이 성립한 후 여기에 기반해 애오가 생긴다는 것과 같은 구조라 할 수 있다. 여기서 개인마다 인식의 차이가 다르기 때문에 정 역시 사람마다 다르다고 할 수 있다. 그런데 성은 인간이면 누구나 가지고 있는 유행지리이기 때문에 이 성은 인간의 보편성을 보장해 주는 것이다. 추측은 후천적 개인의 견문열력에 따라 달라지기는 하지만, 도덕이 성립하기 위하여 근원적으로는 동일한 보편성이 있다는 것이 상정되어야 한다. 그런 의미에서 추측은 성(유행지리)에서 생긴다고 한 것이라 할 수 있다. 이렇게 보면 추측은 性의 보편동일성과 情의 특수 개별성을 매개하는 것이라고 할 수 있다.144)

이렇게 보면 인용문 ②의 의미는 동일성을 보장해 주는 영역에서는 순역이 있고 개별적인 인식의 영역에 선악이 있다고 한 것이다. 그런데 최한기는 이러한 성은 기본적으로 유학적 틀인 仁義를 벗어난 것이라고 볼 수는 없다. 그러나 추측에는 유학적인 것뿐만 아니라 대폭적

---

142) 『明南樓叢書』, 推測錄 卷3, 「推測生於性」, 4-a, "情生於推測, 推測生於性, 蓋好惡之事, 在遠而未及聞知, 在我之好惡未發. 及其聞知, 方生好惡, 是乃情生於推測也. 它人之所好惡, 我能推測而好惡之, 以其性同而推測亦同也. 是乃推測生於性也".

143) 『明南樓叢書』, 推測錄 卷3, 「性順逆情善惡」, 7-a, "在性曰順逆, 在情曰善惡, 故情之善者由於順其性, 情之惡者由於逆其性".

144) 『明南樓叢書』, 推測錄 卷3, 「推測生於性」, 4-b, "推於性而測有性故, 推測者統性情之謂也……性之稟受本於一, 而人物之好惡大略相類, 我乃推其同而測其異".

으로 서양인식론과 서양적인 인식 내용이 포함되어 있다. 최한기의 철학은 추측이 강조된 것은 사실이지만 여전히 동일성을 보장해 주는 유교에서 말하는 성을 완전히 폐기하지 않는다는 점에서 그 지향점이 유학에 있다고 할 수 있다.

결론적으로 말하면 유행지리가 인간에게 성으로 내재해 있으나, 인간에 실질적 인식이나 실천에 실제적 역할은 추측이 한다는 것이다. 그럼에도 불구하고 인간의 동일성을 보장해 주는 것은 여전히 유학적 性이라고 한 점에서 그의 목표가 유학의 실현에 있다고 할 수 있다.

6. 맺음말

사상사가 변화해 가는 과정에서 외부적 영향은 매우 중요한 요소이다. 그 영향이라는 것은 기존의 사상을 버리고 새로운 사상을 받아들인 것으로만 한정할 수 없다. 그 외부의 영향으로 기존의 논리를 강화해 가는 것 역시 넓은 의미로 보면 영향이라고 할 수 있다. 논자는 성호·다산·담헌·혜강의 사상은 서양을 수용한 것뿐만 아니라 비판하면서 새로운 논리를 도출하는 과정도 영향이라고 이해했다. 이들에게 서양의 영향이라는 요소를 배제하고 그들을 이해하기는 쉽지 않다.

이런 관점에서 지금까지 내용을 정리하면 성호와 다산은 천주교의 영혼설의 영향으로 존재의 위계질서(the ladder of bing)를 인정하였다. 이를 통해 성호는 인간의 주체적 심의 활동이 자연의 질서(천지지심)보다 우위에 있다는 것과 심의 활동에 영혼의 3요소인 사기함, 사명오, 사애욕의 틀을 적용시켜 주자학을 벗어나는 새로운 심론을 구성하였다. 다산은 영혼의 3요소 중에 특히 사애욕에 주목하여 자주지권의 개념을 성립시켜 인간과 사물의 차이를 분명히 하였다. 이러한 성호와 다산의 논리는 유학의 기본정신을 계승하면서 자연과 구별되는 인간의 주체성의 확립을 하였다는데서 그 의의를 찾아 볼 수 있을 것이다.

담헌과 혜강의 이론에는 존재의 위계질서가 개입될 여지가 없다. 이들이 여기에 대한 직접적인 비판은 없지만 이 삼혼설을 의식하지 않고 있었다고 생각되지는 않는다. 담헌은 그 당시 조선의 입장에서 서양의 장점인 과학과 동양의 장점인 예의가 공존할 수 있는 길을 모색하는 가운데 가장 큰 장애가 편견이라고 생각하고 이 편견을 제거하기 위해 인물무분론을 주장했다고 생각한다. 여기에는 서양 과학의 인정과 천주교 종교적 인간관의 비판, 유학의 인정과 성리학의 물질관의 비판이라는 요소가 있다고 생각한다. 혜강은 존재론적으로는 서양의 신과 영혼을 인정하지 않았지만 그의 인식론에는 서양의 사명오, 사기함의 요소가 대폭 수용되었다고 생각한다. 이들은 과학을 수용할 수 있고 가능하게 할 수 있는 자연의 객관적 인식에 주목하여 새로운 객체를 정립하려고 한 데 그 의의가 있다고 할 수 있다.

천주교의 영향을 긍정적으로 해석하면 조선후기 사상계는 동아시아가 아닌 세계 사상계의 흐름으로 진입하게 되는 계기라고 할 수 있다. 여기서 요구되는 새로운 주체와 새로운 객체를 전통과 충격이라는 틈새에서 선구적으로 모색해 보았던 인물들이 바로 성호·다산·혜강이라고 할 수 있다. 그러나 그 새로운 주체는 서구 근대 시민의 원자적 욕망(atomic appetite)의 주체는 아니고 여전히 유학의 도심에 의하여 절제되어야 할 인심과 같은 것이었다. 그 새로운 객체 역시 서구 근대 과학의 자연을 수량화, 계량화하기 위한 개념으로 썼던 연장적 실체(extend substance)는 아니고 여전히 가치적이고 물활적인 요소가 있는 것이었다. 이런 점은 여전히 유학의 요소가 남아 있는 것으로 말할 수 있다.

實學의 禮 認識과 그 理念的 志向
─李德懋의 경우를 중심으로─

장 동 우[*]

1. 들어가는 말

실학에 대한 연구는 20세기 초 "일본 제국주의의 민족말살＝황민화 정책이 본격화되어 조직적 민족운동이 철저하게 봉쇄 당하게 됨에 민족의 내공적인 저항, 정신적인 저항으로서 國故研究運動이 두드러지게 되었던"[1] 특수한 시대상황 속에서 근대화의 자생적 계기와 민족 주체성의 확보라는 요청에 의해 시작된다. 禮訟에 대한 연구는 일제 강점기 일본인 학자들에 의하여 식민지 지배의 일환으로 연구되고, 그들에 의해 黨派性論으로 변질되어 식민 지배를 정당화하는 논거로 이용된다.[2] 초기 연구에 있어서 두 방향은 결국 하나의 목표, 즉 성리학의 空理空論性에 대한 반성이 실학이라는 흐름을 유발시킨 촉매제였다는 사실을 증명하는 것으로 자연스럽게 연결될 소지가 있었다. 이 점은 실학과 성리학과의 관계에 관한 대립된 논점을 통해서도 명확하게 드러난다.

---

* 연세대학교 국학연구원 연구교수

1) 鄭昌烈, 「實學思想研究의 爭點과 과제」, 『新朝鮮』1981년 11월호, 48쪽.
2) 裵相賢, 『조선조 기호학파의 예학사상에 관한 연구』, 「연구사적 검토」 부분 참조 ; 李泰鎭, 「당쟁을 어떻게 볼 것인가」, 『조선시대 정치사의 재조명』, 범조사, 1985 참조.

실학의 성격 규명과 관련된 논점은 세 가지로 정리할 수 있다. 첫째 실학을 주자학의 봉건적 사유체계에 대항한 반주자학적 근대사상으로 보는 입장이다.[3] 둘째 실학을 주자학적 세계관을 기초로 한 주자학의 문제 발전 과정으로 이해하는 입장이다.[4] 셋째는 실학을 역사적으로 동일한 문제 의식과 방법 및 목적을 가진 학자들이 師承 관계를 통하여 성립시킨 운동이 아니라, 시대의 문제를 해결하기 위하여 다양한 방식으로 사색한 일련의 학문적 경향을 가리키는 개념으로 규정하는 것이다. 따라서 실학은 동일한 이념과 일관된 방법론의 그물망에 의해 포착될 수 없는 한계를 갖는다고 본다.[5]

---

3) 安在鴻은 茶山의 개혁 사상이 "근세 자본주의적 국가 사상 발흥기에 있어서의 정통파적 경제 사상에 입각"하고 있음을 지적하여 "근세 국민주의의 선구자"(安在鴻, 「현대사상 先驅者로서의 茶山선생의 지위」, 『新朝鮮』 12, 1935)로 규정하였다. 千寬宇는 실학을 "종래의 성리학에 반발하여 자유성·과학성·현실성을 공통적 기반으로 삼고 일어난 학문 전체"를 가리키는 것으로 규정하고, "전근대 의식에 대립하는 근대정신 내지 근대지향 의식", "몰민족의식에 대립하는 민족정신"(千寬宇, 「朝鮮後期 實學의 槪念 再論」, 『한국사의 재발견』, 179쪽)에 뿌리를 두고 있는 것으로 정리하였다. 尹絲淳도 "실학의 實의 의식은 성리학의 비현실성 즉 예학 중심의 형이상학에 있어서의 공리공론성에 대립하는 의미의 실"이므로, "성리학이 비록 실학임을 자처한다 하더라도 양자가 지닌 實의 의미에는 차이가 있다"(尹絲淳, 「朴世堂의 實學思想에 관한 硏究」, 『韓國儒學論究』, 현암사, 1982, 192쪽)고 함으로써 실학이 주자학과 대립되는 것임을 명백히 하였다.

4) 洪以燮은 다산을 "주자학의 이념적인 세계를 재현하고자 노력했던 관료적 학자"로 평가하고 그의 사상을 "유교적인 민본 사상"(洪以燮, 『丁若鏞의 政治經濟 思想 硏究』, 한국연구도서관, 1959)으로 정리하였다. 李相殷은 실학을 "성리학과 모순 대립되는 것이 아니라 병행 상보하는 학문"으로 자리 매김하고 "조선후기 실학파의 實이나 조선전기 성리학파들이 말한 實이 모두 같은 의미의 實"이기는 하지만 "시대의 변천에 따라 그 부정면과 성격이 달라지고 학문의 목적과 방법에 있어서 本末, 內外에 대한 치중 점의 차이가 생긴 데 불과하다."(趙璣璿, 「실학의 전제와 사회경제적 인식」, 『한국사상대계』, 대동문화연구원, 1973, 2권에서 재인용)라고 하여 실학이 주자학과 내재적 연관 관계에 있음을 주장하였다.

5) 金容沃, 『讀氣學說』, 통나무, 1990, 18~19쪽.

　첫 번째 입장은 20세기 초의 특수한 시대상황 속에서 근대화의 자생적 계기와 민족 주체성의 확보라는 요청에 의해 시작된 실학 연구의 특성을 잘 반영하고 있다. 그 이후 사실적이고 각론적 연구를 통해서 실학자들의 세계관의 변화를 대립 구도를 통해 문제화하는 데 성공한다. 그러나 그 과정에서 丁若鏞을 제외한 많은 실학자들에게 보이는 주자학적 세계관의 흔적을 일관되게 설명하는 데는 어려움을 보인다. 이러한 흔적을 ‘主氣論’이나 ‘氣論’으로 설명해 보려는 노력은 결과적으로 조선에서 주자학적 사유 체계의 토대를 마련한 栗谷의 경우 그가 실학자가 아님을 설명해야 하는 부담을 안게 되었고, 주자학적 세계관의 흔적들은 실학자들의 시대적 한계로 치부되는 결과를 낳았다.

　두 번째 입장은 첫 번째 입장과는 정반대의 문제에 직면하게 된다. 그들은 첫 번째 연구의 결과로 확인된 주자학적 세계관으로부터의 일탈을 설명하는 데 곤란을 겪지 않으면 안되었는데, 특히 다산의 경우는 ‘예외’가 아니면 달리 처리할 방법이 없었다.

　세 번째 입장은 첫 번째와 두 번째 입장뿐만 아니라, 차후에 제기되는 하나의 일관된 이념에 의해 실학을 설명해 보려는 어떠한 시도도 無化시킬 수 있는 강력한 파괴력을 지닌다. 역사적 사실이라는 측면에서 보면 사람들의 행위는 대부분 산발적인 것으로 보일 수밖에 없다는 점에서 일면 타당하기도 하다. 그러나 실학이라는 산발적 움직임이 상당히 오랜 기간 지속되었던 시대의 문제를 해결하기 위한 일련의 학문적 경향이라면, 그리고 經世에 대한 지향이나 실용·실증적 경향이라는 현상에 의해 포착 가능한 것이라면, 그러한 흐름은 최소한 기존의 사유체계에 의해 해결되지 않는 문제에 대한 장기적인 문제제기의 성격을 지닌다. 장기적인 문제제기의 과정에서 그것을 뒷받침할 세계관의 점진적인 변화를 예측하는 일은 그다지 논리적인 비약이 아니다.

　세 가지 논점들은 주로 철학적 측면에서 세계관의 변화라는 문제에 초점이 맞추어져 있다. 각각의 주장들은 사상사를 검토하는 일관된 논리와 그를 뒷받침할 事例라는 점에서 충분히 설득력을 지니고 있다. 다만 앞의 두 입장에 전제된 주자학과 반주자학으로서의 실학이라는 대립 구도는 사상 발전의 '연속성(continuity)'과 '단절성(discontinuity)'의 한쪽만을 강조하여 대결 국면으로 몰아감으로써 사실적이고 객관적인 탐구를 저해하는 부정적인 영향을 미쳤다는 점도 부정할 수 없다.

禮訟은 일제 강점기에 일본인 학자들에 의하여 식민지 지배의 일환으로 연구된다. 즉 조선사회 몰락의 역사적 필연성을 논증함으로써 일제의 강점을 정당화하기 위한 의도에서 연구되었다는 것이다. 해방 이후 역사학계를 중심으로 식민사관을 극복하기 위해 다양한 연구가 진행되어 왔고, 축적된 연구성과 자체가 하나의 研究史를 이루고 있다. 黨爭에 대한 태도를 중심으로 이제까지의 연구를 두 종류로 나눌 수 있다.

첫째 당쟁을 부정적으로 파악하는 입장이다. 이는 당쟁이 조선사회의 고질적인 병폐라는 인식을 전제로 예송을 당쟁의 시대적 변형으로 보는 것이다. 따라서 그들은 예송에 나타난 다양한 견해 차이가 함축하고 있는 사상적 의미는 도외시한 채, 정국의 파행적 결과에 연구의 초점을 맞추고, 여기서 한 걸음 더 나아가 조선 왕조의 멸망 원인을 지배 이데올로기였던 儒敎에서 찾음으로써 '儒敎亡國論'이라는 결론을 자연스럽게 도출해 낸다. 이러한 관점은 해방 이후의 연구자들에게서도 쉽게 발견된다. 玄相允은 유학이 조선사상사에 미친 부정적인 영향의 하나로 당쟁을 들고,6) 君子와 小人에 대한 儒家의 구별 의식이 東西分黨의 원인이 되었다고 지적한다.7) 북한에서 간행된 역사서나 철학사는 한결같이 예송이 실생활과는 전혀 관련이 없는 空論이며, 당시의 지배계급이 이를 이용하여 혼란된 봉건질서를 수습하려 했다고 본

---

6) 玄相允, 『朝鮮儒學史』, 民衆書館, 1949(玄音社, 1982, 재판, 6쪽).
7) 玄相允, 위의 책, 187~191쪽.

다.8)

　둘째 당쟁을 자연스런 정치 현상으로 파악하는 입장이다. 이는 예송에 나타난 견해 차이가 禮論에 대한 학문적 입장 차이에 근거하고 있다고 보는 것이다. 즉 유학이 역동적으로 시대의 문제를 진단하고 그에 대해 대안을 제시하는 과정에서 나타난 조선적 양상의 하나로 예송을 이해하려는 것이다. 이러한 관점은 60년대 이후 黃元九,9) 柳正東,10) 李炳燾,11) 姜周鎭,12) 성낙훈13) 등을 통해 본격적으로 제기되고, 鄭仁在,14) 李乙浩,15) 유영희,16) 裵相賢17) 등의 연구를 통해 예송에 대한 철학적 또는 경학적 연구로 발전된다. 특히 예송을 '天下同禮'의 '守朱子派'와 '王者禮不同士庶'의 '脫朱子派'로 구분하는 崔完秀의 논점은 예송 연구를 새로운 단계로 이끄는 역할을 한다.18) 이 관점은 鄭玉

---

8) 최봉익, 『조선철학사개요』, 사회과학출판사, 1986, 231쪽.

9) 黃元九, 「己亥服制論 始末」, 『東亞細亞史研究』, 1976, 7~8쪽.

10) 柳正東, 「禮論의 諸學派와 그 論爭」, 『韓國哲學研究』中, 東明社, 1978, 345~353쪽.

11) 李丙燾, 『韓國儒學史』, 亞細亞文化社, 1987.

12) 姜周鎭, 「第4篇 禮訟과 南人 政權의 成立과 分裂」, 『李朝黨爭史研究』, 서울大出版部, 1971.

13) 성낙훈, 「韓國黨爭史」, 『韓國文化史大系 Ⅱ』(政治·經濟史 上), 高麗大 民族文化研究所, 1971.

14) 鄭仁在, 「尹白湖의 倫理思想-그의 禮論을 중심으로-」, 『(報告論叢 82-4) 韓國學研究의 成果와 課題』, 韓國精神文化研究院, 1982.

15) 李乙浩, 「鄭仁在의 논문 「尹白湖의 倫理思想-그의 禮論을 중심으로-」에 대한 논평」, 『(報告論叢 82-4) 韓國學研究의 成果와 課題』, 韓國精神文化研究院, 1982.

16) 유영희, 『白湖 尹鑴 思想 研究』, 고려대 철학과 박사학위논문, 1993.

17) 裵相賢, 『朝鮮朝 畿湖學派의 禮學思想에 關한 연구』, 고려대 사학과 박사학위논문, 1991 ; 裵相賢, 「尤庵 宋時烈의 禮學考」, 『尤庵思想研究論叢』, 1992.

18) 崔完秀, 「謙齋眞景山水畵考」, 『澗松文華』 21·29·35 ; 「金秋史의 金石學」, 『澗松文華』 3, 1972 ; 「秋史書派考」, 『澗松文華』 19, 1980 ; 「秋史 金正喜의 北學思想」, 『東亞日報』 1983. 12. 23 ; 「眞景時代의 文化」, 『澗松文華』 50, 1996.

子,[19] 金恒洙,[20] 유봉학,[21] 池斗煥,[22] 高英津[23] 등 일련의 역사학자들에 의해 더욱 구체적으로 분석되고 체계화된다.

예송의 철학적 기반을 문제 삼는 연구도 나타난다. 즉 예론의 차이를 理氣論에 대한 인식의 차이로 이해해 보려는 입장이다. 池斗煥은 퇴계학파와 율곡학파의 차이인 理氣互發과 氣發一途에 주목하여 發의 의미를 可變性으로 풀이한다. 즉 理發과 氣發을 모두 인정하는 퇴계학파의 성리학 인식은 상황에 따라 종법을 가변적으로 적용해야 한다는 '王子禮不同士庶'의 입장으로 예론에 반영되고, 이발을 부정하고 기의 가변성만을 인정하는 율곡학파의 인식은 종법을 천리로서 모든 경우에 차별 없이 적용해야 한다는 '天下同禮'의 입장으로 예론에 반영된다고 본다.[24]

池斗煥의 견해에 대해 李迎春은 李滉의 互發說은 理의 가변성을 말한 것이 아니라 發現性을 뜻하는 것이므로 李珥와 李滉의 理에 대한 이해를 不變과 可變으로 특징지워 이해하는 것 자체가 타당성이 없다고 지적한다.[25] 그는 예송에 나타난 입장 차이를 '守朱子學派'와

---

19) 鄭玉子,「眉叟 許穆 研究」,『韓國史論』5, 1979 ;「17세기 思想界의 再編과 禮論」,『韓國文化』10, 1989. 12 ;「17세기 전반 禮學의 성립과정－金長生을 중심으로－」,『한국문화』11, 1990. 12.

20) 金恒洙,「寒岡 鄭逑의 學問과『歷代紀年』」,『韓國學報』45, 一志社, 1986, 45쪽.

21) 유봉학,「朝鮮後期 風俗畵變遷의 思想史的 檢討」,『澗松文華』39, 1989.

22) 池斗煥,「朝鮮後期 禮訟 研究」,『釜大史學』11, 1987 ;「朝鮮後期 禮訟論爭의 性格과 意味」,『第二十三會東洋學學術會議講演鈔』, 檀國大學校附設 東洋學研究所, 1993.

23) 高英津,『朝鮮中期 禮說과 禮書』, 서울대학교 국사학과 박사학위논문, 1992.

24) 池斗煥,「朝鮮後期 禮訟 研究」,『釜大史學』11, 1987, 93~94쪽, 104쪽, 124쪽 ;「朝鮮後期 禮訟論爭의 性格과 意味」,『第二十三會東洋學學術會議講演鈔』, 檀國大學校 附設 東洋學研究所, 1993, 50~51쪽.

25) 李迎春,「第一次禮訟과 尹善道의 禮論」,『淸溪史學』6, 1989 ;「潛冶 朴知誡의 禮學과 元宗追崇論」,『淸溪史學』7, 1990 ;「服制禮訟과 政局變動－제2차예송을 중심으로－」,『國史館論叢』22, 1991 ;「禮訟의 당쟁적 性格에 대

'脫朱子學派',26) '朱子家禮派'와 '古禮派',27) '天下同禮派'와 '王者禮不同士庶派'28)로 규정하는 용어들이 부적절하다고 비판하고,29) 대신에 신분의 차이와 관련해서 발생하는 禮의 양면성, 즉 보편성과 분별성을 어떤 관점에서 이해하는가라는 이해의 태도와 관련되어 있다는 점에서 '보편주의'와 '분별주의'라는 개념을 제시한다.30)

李俸珪는 李迎春의 비판은 적절한 것으로 평가하나, 李迎春이 새로운 대안으로 제시한 보편주의와 분별주의라는 관점에는 동의하지 않는다. 李迎春이 말한 '名分之守'와 '愛敬之實'의 보편주의라는 개념은 성리학에만 고유한 것이 아니라 고대 유가학파가 근본적으로 강조하고 있는 유학의 기본이념이며, 유학의 이념을 표방하는 왕조체제에서는 어느 시대를 막론하고 모든 사회 구성원에게 적용함을 기치로 내걸었던 이념이었다고 지적한다. 따라서 한쪽의 연구에서는 天下同禮라고 표현하고 또 다른 쪽에서는 보편주의라고 표현하였을 뿐, 실제 내용은 그다지 차이가 없다고 본다. 그는 복제를 규정하는 원리로서 親親과 尊尊의 개념에 주목할 것을 제안하고 있다.31)

1980년대와 90년대에 들어서는 예송의 전개 과정에 대한 자세한 규명과 함께 조선후기 사상사의 흐름 속에서 예송을 자리매김하고자 하는 시도들이 활발하게 진행된다. 반면에 실학파의 예학 연구는 성호학파에 치중되어 있고, 그 가운데서도 이익과 정약용에 치중되어 있어 북학론을 주장하는 연암학단을 비롯하여 그 이후 개화파에 이르는 서

한 再檢討」,『朝鮮後期 黨爭의 綜合的 檢討』, 1992.
26) 崔完秀,「秋史書派考」,『澗松文華』19 참조.
27) 鄭玉子,「眉叟 許穆 硏究」,『韓國史論』5, 서울대 국사학과, 1979 참조.
28) 池斗煥,「朝鮮後期 禮訟 硏究」,『釜大史學』11 참조.
29) 李迎春,「第一次禮訟과 尹善道의 禮論」,『淸溪史學』6, 120~121쪽.
30) 李迎春,「潛冶 朴知誠의 禮學과 元宗追崇論」,『淸溪史學』7 참조.
31) 李俸珪,「禮訟의 哲學的 含意」, 인하대학교 한국학연구소 97년도 제2회 발표문 ;「禮訟의 哲學的 分析에 대한 再檢討」,『大東文化硏究』제31집, 성균관대학교 대동문화연구원, 1996 참조.

인계 지식인들의 예론에 대해서는 본격적 연구가 없는 상태이다.[32]

본고는 "박지원과 같은 동네에 살면서 이서구, 서상수, 유득공, 박제가의 연암그룹 및 홍대용 등과 교유관계를 돈독히 해가면서 자신의 학문세계를 심화시켜 갔다. 그의 저술에 보이는 고증학적 방법론에 입각한 정확한 전거의 제시와 정밀한 변증에 의한 훈고, 그리고 초목금수·명물도수·금석비판에 이르는 상세한 지식은 그들 그룹의 공통성향이기도 하다."[33]고 평가되는 이덕무의 예 인식과 그 이념적 지향을 살펴보고자 하는 것이다.

李德懋(1741~1793)는 18세기 중엽에서 말엽에 이르는 짧은 생애를 살았던 북학파 실학자 중의 한 사람이다. 그는 고증학적인 방면의 연구에 치중하였을 뿐 특별한 사회개혁론을 제시하지 않았고, 성리학에 대해서도 주자학을 묵수하는 보수적 입장을 견지하였다[34]고 평가된다.

북학파 실학자의 경우 자연에 대한 새로운 지식의 확대나 상공업 등 이용후생적 측면과 문학에서 조선적 개성을 발휘한 것이 그들의 주요한 실학적 특징으로 거론되어 왔다. 그 때문에 이덕무의 경우 71권 33책에 이르는 방대한 저술을 남기고 있음에도 홍대용, 박제가 등 다른 북학파 학자들에 비해 주목을 받지 못하였다.

90년대 이후 실학에 대한 연구가 예학과 연관한 연구로 확대되기는 하였지만 성호학파의 예학 그 가운데서도 성호 이익과 다산 정약용의 예학 연구로 편중되는 현상을 보였다. 다른 실학자들의 경우 예학과 관련한 사료가 많지 않기 때문이기도 하지만, 예학의 연구는 실학에 대하여 갖고 있던 기존 시각을 일정정도 벗어나는 양상을 보여주기 때문이기도 하다.[35]

---

32) 이봉규, 「실학과 예학-연구사에 대한 회고와 전망」, 252쪽.

33) 한예원, 「사소절을 통해 본 조선후기 사족가의 규범의식에 대한 일고」, 181쪽.

34) 최영찬·최삼룡·하우봉, 「이덕무연구」, 115쪽.

35) 이봉규, 「조선시대 유학연구 再讀」, 한국문화연구원 편, 『철학연구 50년』, 혜

이덕무는 북학파의 다른 학자들과는 달리 예학과 관련하여 『士小節』과 『禮記臆』 등의 작품을 남기고 있다. 『사소절』은 李德懋가 34세 때의 저작이다. 이보다 2년 뒤인 36세 때는 『禮記』에 관한 연구서인 『예기억』을 저술하였다. 일견하기에도 『예기억』과 『사소절』에 이르는 일련의 저작은 그의 문제의식이 18세기 지식인들의 일반적인 관심, 즉 전장제도의 예학적 토대의 검토라는 관심을 뛰어넘어 예적 토대 위에 구축된 생활예절의 확립으로 발전하고 있음을 보여주는 것으로 읽혀진다.

본 연구는 이덕무의 『사소절』과 『예기억』에 나타난 예 인식과 그것의 이념적 지향이 무엇인지를 밝히고자 하는 것이다. 이는 바꾸어 말하면, 16세기 이래 추구되어 온 예학적 문제의식과 지향이 18세기의 유교지식인에게 어떻게 실현되고 있는지를 드러내고자 하는 것이다. 그 과정에서 '고증학에 대한 연구'와 '주자학에의 경도'라는 학문적 특성이 그의 예학에도 여전히 관철되고 있는지 하는 문제도 다루어질 것이다.

2. 『士小節』에 나타난 李德懋의 禮 認識

『사소절』이란 말 그대로 '지식인의 소소한 일상 예절'이라는 뜻이다. '지식인'은 전근대 동양 사회의 중심적 이데올로기였던 儒學的 素養을 갖춘 하급 관료 집단과 예비 관료 집단을 아울러 가리키고, '소소한 일상 예절'이란 冠婚喪祭의 四禮와 국가의 전장제도로서의 邦國禮를 제외한, 말하고, 먹고, 옷 입고, 독서하고, 교제하는 등 일상생활에서 지켜야할 예절을 의미한다. 바로 그 점에서 이덕무의 『士小節』은 '물 뿌리고 청소하고 손님 접대하는' 小學 공부에 해당하는 저술이다. 공자

안, 2003 참조.

의 평소 생활태도를 기록한 『論語』의 「鄕黨」, 제자가 선생 섬기는 예절을 기록한 『管子』의 「弟子職」, 남자와 여자가 집안에 거처하면서 부모와 시부모를 섬기는 구체적 방법과 예절을 기록한 『예기』의 「內則」도 물론 이러한 범주에 속하는 저술이다.

『사소절』은 8冊 3篇, 924章에 이르는 저술이다. 1책에서 5책까지 579장은 남자의 예법에 대한 기록인 「士典」편이고, 6책에서 7책까지 215장은 부녀자의 예절을 기록한 「婦儀」편이며, 8책 215장은 어린이의 예법인 「童規」편이다. 사전은 다시 性行, 言語, 服飾, 動止, 謹愼, 敎習, 人倫, 交接, 御下, 事物의 세목으로, 「婦儀」는 性行, 言語, 服食, 動止, 敎育, 人倫, 祭祀, 事物로, 「童規」는 動止, 敎習, 敬長, 事物의 세목으로 구분된다.36)

『사소절』의 저술 목적은 현실적으로는 "「士典」은 스스로를 깨우쳐 되도록 허물을 적게 하기 위해서, 「婦儀」는 내 집 부인을 경계하기 위해서, 「童規」는 자제들을 훈계하기 위해서", 즉 가정교육의 지침서로 활용하기 위해서였다. 그러나 이덕무는 『사소절』의 저술이 이념적으로는 『소학』을 지은 주희의 문제의식과 동일한 맥락 위에 놓여 있음을 분명히 한다.

작은 예절을 닦지 않고서 큰 의리를 실천하는 자를 보지 못하였다. 『논어』에 실린 「향당」편이나 관씨가 기록한 「제자직」은 모두 작은 예절에 관한 것이다. 한당의 선비들은 도수와 명물에 익숙하고 송원의 선비들은 이기와 심성에 밝았다. 그러나 그들이 글을 지어 후세에 교훈을 남긴 것이 매우 적었고 특히 소소한 예절에 대한 것은 더욱 적었다. 그 때문에 '작은 예절에 구속되지 않는다'는 것이 자랑으로 여겨지는 지경이 되자, 주자가 이를 근심하여 『소학』이란 책을 저술하였다.37)

---

36) 『士小節』에는 두 가지 판본이 전한다. 하나는 『靑莊館全書』에 실린 것으로 頭注가 달려 있는 것이고, 다른 하나는 한말의 학자 崔瑆煥이 세목으로 분류·편찬한 것이다. 본고에서는 최성환본의 분류를 중심으로 살피기로 한다.

이 점은 그가 楚亭이나 燕巖 등 北學派와 긴밀한 관계를 유지하고 있었음에도 그들과는 달리 '인격적 내실'에 치중했다는 점에서 차이를 보이고 있다는 평가[38]를 받고 있다는 사실에서도 확인할 수 있다. 예학에 관한 한 이덕무는 주희의 문제의식을 충실하게 계승하고 있다는 것이다. 한 걸음 더 나아가 "子弟에게『小學』을 가르치지 않고서 그 실효를 독책하며 그들의 경솔하고 험악함을 걱정만 하는 것은 바로 孟子가 이른바 '백성들을 그물질함(罔民)'이라는 것이다."[39]라고 함으로써『소학』실천에 대한 열망을 내비친다.

『사소절』은 상호 관계의 영역이라는 측면에서는 '가족관계 내부'와 '가족관계 외부(편의상 대인관계라는 용어를 사용하기로 한다)'로 나눌 수 있고, 상호 관계의 내용이라는 측면에서는 각각의 관계를 처리하는 '구체적이고도 실제적인 규정들'과 각각의 관계를 조율하는 '기본 원칙'으로 구분할 수 있다. 다시 말하면 가족 구성원 간의 언어생활, 의복과 식생활, 행동거지, 교육 등과 관련된 세세한 규정과 가족 구성원 상호 간의 관계를 조율하는 기본 원칙 그리고 대인 관계의 구체적 상황, 예를 들면 남의 집을 방문하거나 남과 이야기할 때 지켜야 할 규정들과 대인 관계를 처리하는 기본 원칙으로 구성되어 있다는 것이다.

먼저 가족 구성원 간에는 물론 대인관계에서 지켜야 할 '구체적이고도 실제적인 규정들'의 예를 들어보자.

부드럽고 정숙함은 부인의 덕이요, 부지런하고 검소함은 부인의 복

---

37) 『士小節』,「士小節序」, "小節之不修, 而致其大義者, 未之見也. 論語揭鄕黨之篇, 官氏紀弟子之職, 皆小節也.……宋元之儒詳於理氣心性, 著書垂訓不爲不少, 其專言小節, 盖亦鮮矣.……不拘小節之說肆行, 而士無所顧忌. 於是朱子憂之, 述小學之書".
38) 宋寯鎬,「朝鮮朝 後期 四家詩에 있어서 實學思想의 검토」,『朝鮮朝 後期文學과 實學思想』, 正音社, 1987, 75~76쪽.
39) 『士小節』,「士典」, 御下, "不敎子弟以小學, 責其實效, 只憂輕率險詐, 是孟子所謂罔民".

이다.[40]

언어는 자세하고 간명해야 가치가 있다.[41]

소매와 옷자락이 쓸데없이 길면 일하는데 크게 방해가 된다.[42]

옷깃을 좁게 깎은 적삼이나 폭을 팽팽하게 붙인 치마는 의복이 요사스럽다.[43]

아무리 날씨가 춥더라도 짧은 저고리를 위에 끼어 입지 말고, 몹시 더운 날씨라도 옷깃을 열지 말고 짧은 적삼만을 입지도 말며, 버선을 벗고 바지 끝을 걷어 올리지도 말라.[44]

이 같은 세세한 규정이 필요한 이유는 두말할 나위도 없이 우리의 몸가짐을 바르게 함으로써 마음가짐을 흐트러트리지 말아야 한다는 것이다. 이는 우리의 몸과 마음, 몸가짐과 마음가짐은 후자가 전자를 일방적으로 주관하는 관계가 아닌 상호 영향을 주고받는 관계임을 의미한다.

유학자들에게 있어 학문의 내실이란 단적으로 '수양'의 기법으로서의 '예'의 습득과 숙련에서 끝난다고 말해도 지나치지 않다. 孔子는 이를 '克己復禮'라고 표현한다. 이는 '신체'로 구체화된 '주체'를 통째로 포섭하는 시스템이라는 점에서 '예'는 본래 '內'와 '外'를 매개하는 존재이며, '내'의 교정과 선도를 위해서는 주관적인 자기 도야뿐만 아니라, 겉으로 표현된 '외'의 모습을 조율하는 것이 첩경이라는 기본적 인식

---

40) 『士小節』, 「婦儀」, 性行, "柔貞, 婦人之德, 勤儉, 婦人之福".
41) 『士小節』, 「士典」, 言語, "語貴精詳簡當".
42) 『士小節』, 「士典」, 服食, "大抵袖裾宂長, 大妨執事".
43) 『士小節』, 「婦儀」, 服食, "削衿之衫, 撑幅之裙, 服夭也".
44) 『士小節』, 「士典」, 服食, "雖寒勿以短襦襲於上. 雖暑勿開襟. 勿只着短衫, 勿脫襪卷袴口".

때문이다. 그 점에서 이덕무는 조금의 차이도 보이지 않는다.

가족 구성원의 상호 관계는 엄함과 사랑,[45] 의리와 은혜,[46] 은혜와 위엄[47]을 두 축으로 하여 조율된다. 은혜를 베풀기만 하면 방자해져 분수를 넘어서게 되고 위엄만을 보여서는 원망하려 들기 때문이다. 이러한 두 축은 예의 중심 구성 원리인 親親과 尊尊에 해당한다. 전자는 '혈연을 매개로 형성된 유대감의 차이에 따라 상대를 처리하는 원칙', 후자는 '신분적 상하 관계의 질서 또는 정의의 원리에 따라 상대를 처리하는 원칙'이다.[48] 전자가 은혜의 원칙이라면 후자는 정의의 원칙이다. 전자는 仁으로 후자는 義로 표현될 수 있다.[49]

가족 관계 내에서는 은혜의 원칙이 정의의 원칙보다 우선한다. 『예기』는 이를 "가족 관계를 처리할 때는 은혜가 정의를 압도하고, 대인 관계를 처리할 때는 정의가 은혜를 압도한다"[50]고 설명하고 있다. 다시 말하면 가족관계에서는 친친, 즉 은혜와 친밀감이 정의감보다 우선해야 하고, 대인관계에서는 존존, 즉 의리와 정의감이 은혜와 친밀감보다 우선해야 한다는 것이다. 이덕무는 이를 다음과 같이 표현한다.

아내와 자식에게 비록 여의치 않은 점이 있다 하더라도 하인을 나무라듯 큰소리로 책망하고 꾸짖어서는 안 된다. 그리고 툭하면 쫓아버린

---

45) 『士小節』, 「士典」, 御下, "어버이 된 도리는 엄함과 사랑의 중간을 취해야 한다.(爲人親之道, 嚴與愛之間乎)".
46) 『士小節』, 「婦儀」, 言語, "부부된 자는 의리로써 화친하고 은혜로써 화합하는 것이다.(夫爲夫婦者, 義以和親, 恩以好合)".
47) 『士小節』, 「婦儀」, 人倫, "정처와 첩 사이에는 은혜와 위엄이 아울러 행해져야 집안의 법도가 어지럽지 않게 된다.(嫡妾之間, 恩威竝行, 然後家道不亂)".
48) 『禮記』, 「大傳」, "服術有六, 一曰親親, 二曰尊尊, 三曰名, 四曰出入, 五曰長幼, 六曰從服".
49) 친친과 존존의 개념에 대한 자세한 분석은 李俸珪, 「규범의 근거로서 혈연적 연대와 신분의 구분에 대한 古代儒家의 인식」, 『泰東古典硏究』 10, 1993 참조.
50) 『禮記』, 「喪服四制」, "門內之治, 恩揜義, 門外之治, 義斷恩".

다느니, 관계를 끊어 버린다느니 하는 말을 한다면 이미 베푼 은혜가 믿음을 얻지 못하여 위엄도 펴지지 않게 된다.[51]

이는 가족 관계에서 가장의 위엄은 은혜와 친밀감을 토대로 할 때만이 가능하다는 것으로, 친친이 존존보다 우선되어야 한다는『예기』의 입장과 동일한 것이다. 다만, 가족관계에서 은혜와 친밀감을 우선한 결과 현실적으로 나타나는 가족관계 내에서의 문제는 은혜와 의리가 균형을 잃고 은혜와 친밀감 쪽에 치우쳤을 경우가 대부분이기 때문에,[52] 흐트러진 가족 관계를 바로잡기 위해서는 이 두 축을 유연하게 조율하는 균형의식이 필요하다. 바로 그것이 '엄함과 사랑', '의리와 은혜', '은혜와 위엄'을 두 축으로 하여 가족 관계를 조율하려던 이덕무의 문제의식이다.

이덕무는 異姓의 친족을 야박하게 대하고 심지어 길가는 사람처럼 대하는 사람들을 인정에 가깝지 못한 사람이라고 비판한다.

> 祖父母·外祖父母·伯父·叔父·仲父·季父 및 姑母·內舅·從母·從兄弟·中表兄弟·姨兄弟·從子女·甥姪은 모두 부모를 인연하여 종적으로 횡적으로 나의 血氣之親이 된다. 비록 親家와 外家의 구별이 있기는 하지만 그 지극한 정은 균등하여 차이가 없다. 부모에게 효도하고 우애 있고 구족에게 친절하게 하고 외족에게 친절하게 하는 것에는 비록 차례와 순서가 있지만 은혜와 의리가 그것을 총괄하는 원칙이다. 은혜와 의리의 근본은 두터움이라는 한 글자일 뿐이다. 이성의 친척을 야박하게 대하고 심지어는 길가는 남처럼 여기는 사람은 진실로 人情에 가깝지 않은 사람이다.[53]

---

51) 『士小節』, 「士典」, 御下, "妻子雖有不如意, 不可疾聲詬罵如婢僕, 而輒出逐棄決絶之語. 恩旣不孚而威亦不敷".

52) 『士小節』, 「士典」, 人倫, "대개 부부는 齊體라고 하나 강유의 분수를 어겨서는 안 된다.(夫婦縱曰齊體, 剛柔之分不可違焉)".

53) 『士小節』, 「士典」, 人倫, "雖有內外之別, 其至情則均爲無間. 孝友睦婣, 雖有

이는 親家와 外家를 불문하고 모두가 혈연을 매개로 층층이 연결되어 있기 때문에 '길거리에서 마주치는 타인'과는 다른 특별한 관계이고, 은혜와 의리라는 가족적 원칙에 의해 조율되어야 한다는 것이다. 이덕무는 다른 곳에서 "세상에는 순후한 풍속이 사라져 외숙과 장인을 얕보는 경향이 있는데, 외숙은 바로 어머니의 항렬이고 장인은 곧 아버지와 대등한 분임을 알지 못하는 것이다. 그분들을 어찌 공경하지 않겠는가!"[54]라고 탄식한다.

가족 관계 내에서는 은혜의 원칙이 정의의 원칙보다 우선한다는 입장은 당시 사회적으로 천대받던 딸과 서자, 그리고 첩에게까지도 확대된다.

습속이 각박하여 딸을 천하게 여기고 아들을 귀하게 여기는데, 남녀가 비록 이성이기는 하나 한 핏줄에서 태어난 것이다. 천륜의 사랑이야 어찌 후하고 박함이 있겠는가? 다만 세속에서 딸을 시집보내자면 혼수를 마련하느라 많은 재물이 들기 때문이다.[55]

아무리 서출일지라도 선조 입장에서 보면 다 같은 자손인데 업신여겨서는 되겠는가?[56]

첩은 본래 정처에 비하여 신분이 낮다. 그러나 남편이 그녀를 통해

次序, 恩義爲之統會, 而恩義之本, 只一厚字而已. 彼疏薄異姓之親, 甚至視若路人者, 眞不近人情者也".

54) 『士小節』, 「士典」, 人倫, "祖父母·外祖父母·伯父·叔父·仲父·季父及姑母·內舅·從母·從兄弟·中表兄弟·姨兄弟·從子女·甥姪, 緣父母而竪之橫之爲吾血氣之親焉. 雖有內外之別, 其至情則均爲無間. 孝友穆媚雖有次序, 恩義爲之總會, 而恩義之本只一厚字而已. 彼疎薄異姓之親, 甚至視若路人者, 眞不近人情者也".

55) 『士小節』, 「士典」, 人倫, "習俗渝薄, 賤女而貴子. 男女雖殊骨肉則一也. 天彝之愛豈容有厚薄. 只緣世俗, 嫁女資裝多備錢財".

56) 『士小節』, 「士典」, 人倫, "雖曰庶出, 自祖先視之, 則均是子孫, 其可侮之乎?"

안식을 얻으니 노비처럼 업신여기고 학대해서는 안 된다. 또 첩의 자식은 내 자식의 형제이고 내 남편의 소생이며 내 시부모의 혈육이니 친자식처럼 사랑하지 않을 수 있겠는가?[57]

그는 동일한 맥락에서 정당한 이유 없이 첩을 얻는 것을 '여색을 탐하는 것'으로 비판한다. 다만 '처가 아들을 낳지 못하거나 폐질이나 죄가 있어 버렸거나 죽거나 해서 음식을 주관할 자가 없는 경우와 벼슬이 높은 자의 경우'는 예외로 처리한다.[58] 그는 어려운 처지에서도 庶母와 後母를 정성으로 섬긴 栗谷과 重峯의 태도를 높이 평가한다.

가족 관계를 벗어난 사람들 간의 관계를 처리하는 원칙은 '자신은 엄하게 대하고 다른 사람의 잘못은 너그럽게 용서하라(躬自厚而薄責於人)'는 『論語』의 언명이다. 이 원칙은 "남의 단점을 통해 장점을 보아야 하고 장점을 꺼려 단점을 지적해서는 안 된다"[59]는 구체적 명령으로 형상화한다. 이러한 태도에는 남의 자존심에 상처를 주지 않고 남의 사정을 헤아려 이해하려는 배려와 아량이 숨어 있다.

남이 옛일이나 색다른 얘기를 할 때에는 이미 들은 것이라도 그가 신나게 말하거든 끝까지 자세하게 들을 것이며, 중간에 가로막고 이러쿵저러쿵하며 '나는 벌써부터 자세히 아는 일인데, 그대는 이제야 들었구려'라고 지레 말해서는 안 된다.[60]

남의 누추한 방에 들어갔을 때 아무리 앉기가 거북해도 코를 가리거

---

57) 『士小節』, 「婦儀」, 人倫, "妾固賤於嫡, 然是夫子之所安, 不可侮而虐之, 同於臧獲. 且其子卽吾子之兄弟, 吾夫之所生, 吾舅吾姑之血氣也. 可不愛之如吾子耶".
58) 『士小節』, 「士典」, 人倫, "士人多有無故納妾者……妻無子, 妻有廢病, 及有罪逐棄, 及死而無主饋食, 與官高者, 皆可納妾. 外於此數者, 貪色也".
59) 『士小節』, 「士典」, 性行, "可因短以見長, 不可忌長以摘短".
60) 『士小節』, 「士典」, 言語, "人若言故事異聞, 我雖已聞, 彼方劇言, 當詳聽其竟也. 不可徑說中間, 曰此事如此, 我已詳知, 君則後聞, 莫須疊言也".

나 눈살을 찌푸리거나 금방 나와 버리거나 하지 마라.61)

남의 심리상태와 처지를 세심하게 배려하는 것은 '推己及人'의 恕에 다름 아니다. 나의 경험과 심정을 헤아려 상대방의 입장을 고려하려는 이러한 태도는 바로 仁의 실천이다.

仁은 바른 몸가짐으로 표출되어야 하지만 언제나 기질의 방해를 받게 된다. 그가 "도에 뜻을 두고도 제대로 잘 확립하지 못하는 것은 뜻이 기질로 해서 게으르기 때문이다."62)라고 한 것이 바로 그것이다. 기질의 방해를 제거하는 방법은 아이러니컬하게도 바른 몸가짐을 가지는 것이다.

아무리 덥더라도 심히 피곤하지 않으면 누워서는 안 된다. 누우면 자연 졸음이 오고 졸면 기운이 혼탁하다. 그렇게 되면 사지가 흐트러질 뿐 아니라 병을 초래하게 된다. 정신이 노곤하면 더욱 더 등을 꼿꼿이 하고 어깨를 반듯이 하여 단정히 앉으라. 잠시만 지나면 정신이 곧 맑아지고 더운 기운도 침노하지 않을 것이다.63)

그러나 앞에서 이덕무가 제시한 '마음가짐과 몸가짐과의 상호 연관관계'를 생각하면 이것은 아이러니가 아니다. 그는 이를 "仁이란 生生을 이르는 것이다. 말을 할 때 조리가 없으면 生生이 아니요, 冠帶를 정제하지 않으면 생생이 아니다"64)라고 결론짓는다. 이처럼 이덕무에

---

61) 『士小節』, 「士典」, 動止, "入人僻陋之室, 雖不敢坐, 勿掩鼻蹙眉, 亦勿旋卽出焉".

62) 『士小節』, 「士典」, 動止, "志於道而未能立者, 志爲氣惰也".

63) 『士小節』, 「士典」, 動止, "雖盛暑, 非甚疲, 不可臥, 臥則自然引睡, 睡則氣混濁, 不惟支體荒散, 亦足以招病. 神氣若緩散, 愈益直脊竦肩危坐, 經過霎時, 便覺精神淸利, 暑氣亦不敢侵".

64) 『士小節』, 「士典」, 動止, "仁者生生之謂也. 君子體仁, 何嘗無一刻生生. 出言無章, 非生生也. 冠帶不整, 非生生也".

214

게 있어서 가족 관계는 물론 대인 관계를 조율하는 원칙은 仁이다. 그것은 친애의 정감을 기반으로 존재의 생명성을 발양시키는 것이다.

禮를 仁으로 읽어내고 이를 존재론의 영역으로까지 확대시킨 것은 宋代의 性理學者들이다. 性理學에서 理는 심성론에서 보면 인간의 본성(性)이면서, 정치적 또는 윤리적 이론의 차원에서 보면 삼강오륜으로 표상되는 인간이 사회적 행위에서 실현해야 할 준칙이자 이념이다.

먼저 心性論의 측면에서 주희가 예를 인간의 본성의 일부로 설명하는 경우에 예 개념은 형이상의 性을 의미한다. 그는 禮가 인간이 본래 타고나는 본성이요 형이상의 理로서, 이 리가 인간의 의식 활동으로 나타날 때는 곧 사양하고 겸손해하는 정서로 표현된다고 말한다.[65] 따라서 본성의 일부로서 주희가 정의할 때 예는 사양하는 또는 공경하고 절도를 따르는 마음의 형이상학적 근거[66]로서 형이상의 性이자 理를 의미하게 된다. 이때의 理가 '生生之理'인 것은 두말할 나위가 없다.

가족 관계와 대인 관계를 통틀어 관철된 인의 태도는 바른 몸가짐과 마음가짐에 대한 지속적인 교육과 실천을 전제로 요구한다. 교육에 대한 이덕무의 입장은 이 두 가지 요구를 벗어나지 않는다. 그는 우선 당시 교육의 문제점에 대해 지적하기를 잊지 않는다. 그에 의하면 당시 교육은 오늘날 '입시위주 교육의 문제'와 마찬가지로 모든 것이 과거를 통한 입신양명을 목표로 하고 있다는 것이다. 설령 인재를 선발하는 제도가 아무리 정치하다 하더라도 그것이 구체적 삶 속에서 행동을 통해 실천되는 인간 교육이 아닌 한 문제점을 드러낼 수밖에 없다. 그는 이를 "세상에서 가장 순결한 몸은 일생동안 과거시험장을 밟지 않은 사람이란 논의는 선비의 본분을 극단적으로 말한 것이다."[67]라고 표현하기를 서슴지 않는다.

---

65) 『朱子語類』 卷53, 「公孫丑 上」, 1287쪽, "禮却是辭遜之理, 發出來方有辭遜".
66) 『朱子大全』 卷74, 23下a쪽, 「玉山講義」, "禮則是箇恭敬撙節底道理".
67) 『士小節』, 「士典」, 動止, "天下最純潔之身, 一生不踏科場之人. 此極本之論".

과거 위주의 교육에 대한 문제제기는 이덕무 스스로가 서얼이라는 신분적 굴레 때문에 입신양명의 기회조차도 얻지 못한 현실에 대한 조소로 이해할 수도 있다. 그러나 이러한 편협한 태도에서가 아니라 보다 근원적으로는 참된 유학자로서의 자부에서 우러난 것이라는 사실을 『사소절』의 여러 곳에서 확인하는 것은 그리 어렵지 않은 일이다.

선비가 독서를 귀중하게 여기는 이유는 한 마디의 말, 한 가지의 행동에서 반드시 성현의 행동과 훈계를 이끌어 준칙으로 삼아 전도됨이 없기를 생각하기 때문이다.68)

이덕무는 과거 위주의 교육이 아닌 참교육의 구체적 과정을 다음과 같이 정리한다. 어린 나이에는 무엇보다도 한자의 造字 原理인 六書에 대한 이해가 선행되어야 한다. 따라서 먼저 『설문』 등 문자 교육을 위한 기본적 서적을 읽어야 한다.69) 다음으로는 『대학』, 『논어』, 『맹자』, 『중용』과 『격몽요결』, 『소학』, 『근사록』, 『성학집요』 등의 순서로 공부를 해나가야 한다. 그는 뒤의 4권을 後四書라고 명명한다.70) 아울러 사서 육경 및 염락관민의 책은 사람이라면 누구나 종신토록 공부하기를 마치 농부가 오곡을 가꾸듯이 해야 한다고 주장한다.71)

우리 몸의 구조와 기능을 이해하기 위해 醫書를 읽어야 하고, 법률에 관한 책을 읽는 것도 필요하다.72) 독서를 할 때는 책의 체재, 즉 서

---

68) 『士小節』, 「士典」, 敎習, “士貴讀書者, 一言語一動作, 必思聖賢事行訓戒, 引以爲準則, 可無顚倒”.

69) 『士小節』, 「士典」, 敎習, “不明六書, 不可以通六經. 先讀說文, 洞曉字劃字義字音, 可以次第讀書益覺有味”.

70) 『士小節』, 「士典」, 敎習, “學語孟庸爲學階梯, 井井不紊. 繼此者, 擊蒙要訣小學書近思錄聖學輯要, 規模精密, 由淺入深. 予嘗名之曰後四書”.

71) 『士小節』, 「士典」, 敎習, “四書六經及濂洛關閩之書, 人須終身藝之, 如農夫之藝五穀也”.

72) 『士小節』, 「士典」, 敎習, “士大夫讀醫書, 可以悟敬身. 讀律令, 可以知行己”.

216

문과 범례, 저자, 그리고 책의 분량이 얼마이며 목록이 몇 조목인지 등 형식적인 것에도 관심을 기울여야 한다. 이와 같은 기본적인 지식을 전제로 "첫째 경문을 익숙하게 외우고, 둘째 여러 사람의 설을 참고하여 그 같고 다른 점을 분별하고, 장단점을 비교하고, 셋째 정밀하게 생각하여 의심나는 것을 풀이하고도 오히려 자신감을 갖지 말고, 넷째 밝게 분별하여 그릇된 것을 버리고도 오히려 스스로 옳게 여기지 말 것"73)이라는 신중하고 겸손한 태도가 요구된다. 아울러 책을 읽기 시작했으면 처음부터 끝까지 읽는 끈기가 필요하다. 물론 독서의 기본적인 원칙은 과거의 기록을 과거의 기록으로서만 인식하는 것이 아니라 오늘날의 문제 상황과 연결시켜 이해하려고 하는 태도를 견지해야 한다고 본다. "옛글을 배우되 거기에 고착한다면 참된 옛글이 아니요, 고금을 참작해야 오늘날의 참된 옛글인 것이다.74)

교육은 여성이라 해서 예외가 될 수 없다. 다만 여성의 사회적 활동이 차단되었던 시대적 상황이므로 經書와 史書, 논어, 시경, 소학, 그리고 女四書를 대강 읽어서 그 뜻을 통하고 여러 집안의 성씨, 조상의 계보, 역대 나라 이름, 성현의 이름자 등을 알아둘 뿐이라는 제한이 가해진다.75) 남자와 여자를 막론하고 演義나 소설, 언문으로 번역된 가곡 등 흥미위주의 서적을 보거나 이에 탐닉하는 행위는 금지된다.

지식인의 육체노동에 대한 긍정적인 태도는 '선비의 직분'의 하나로서 강조된다.

어떤 이가 '선비가 지켜야할 직분은 대체로 몇 가지인가?'하고 묻기

---

73) 『士小節』, 「士典」, 敎習, "一曰, 熟誦經文也. 二曰, 盡參衆說, 而別其同異, 較其長短也. 三曰, 精思以釋所疑, 而猶未敢自信也. 四曰, 明辨以去所非, 而猶未敢自是也".

74) 『士小節』, 「士典」, 敎習, "學古而泥, 非眞古也. 酌古斟今, 今眞古也".

75) 『士小節』, 「婦儀」, 事物, "婦人當略讀書史論語毛詩小學書女四書, 通其義, 識百家姓, 先世譜系, 歷代國號, 聖賢名字而已".

에 나는 '대략 들면 집에 들어와서는 부모에게 효도하고, 밖에 나가서는 어른에게 공손하고, 낮에는 농사짓고, 밤에는 글 읽는 것, 이 네 가지 일일뿐이다'라고 하였다.[76]

노동은 생계문제를 해결하는 기본적인 수단으로서 뿐만 아니라[77] 육체의 건강을 유지함으로써 정신적 건강까지를 확보할 수 있는 유용한 수단[78]이기 때문이다.

3. 李德懋 禮學의 理念的 志向

조선시대 예학의 발전은 크게 4단계로 구분할 수 있다. 『朝鮮經國典』, 『經濟文鑑』, 『經濟六典』 등 憲章的 典書類의 간행과 짝하여 있었던 '『朱子家禮』의 보급과 시행의 단계', '『小學』의 理解와 實踐期'라고 할 수 있는 15세기 후반~16세기 초반, 16세기 후반의 '鄕約 極盛期', 禮說의 수집·정리와 細目化 및 그 세목의 적용과 변통에 대한 탐구의 시기 즉 '예학의 시대'라고 불리는 17세기로 나눌 수 있다.

특히 17세기 예 연구는 王室의 典禮 問題라는 구체적인 사안을 기화로 그 경전적·이념적 근거를 검토한 동아시아 경학사상 유례를 찾아보기 어려운 정치한 논쟁이었다. 이때 중심이 된 경전은 주지의 사

---

76) 『士小節』, 「士典」, 教習, "或問士之本分凡幾何矣. 予曰, 其大略曰, 入孝出恭書耕夜讀, 只四事而已".

77) 『士小節』, 「士典」, 事物, "군자는 생계문제에 대하여 우활해서는 안 된다. 부모가 굶주린 지 이미 오래된 경우는 말할 것도 없고, 처자도 보호할 수 없다면 어찌 어진 사람의 짓거리이겠는가?(君子生計不可迂闊. 父母之飢尙矣, 不可論, 妻子之不能保, 亦豈仁人之事也哉)".

78) 『士小節』, 「士典」, 事物, "군자가 글 읽는 여가에 울타리를 매고 담을 쌓거나 뜰을 쓸고 변소치고 말먹이고 물꼬보고 방아찧는 일을 때때로 한다면 뼈와 근육이 단단해지고 지려가 안정된다.(君子讀書之暇, 縛籬築墻掃庭除糞飼馬決渠舂米之事, 可時時爲之, 則筋骨堅而志慮定也)".

218

실이듯이 『儀禮』였다. 이어지는 18세기는 전 시기의 뜨거웠던 논쟁들을 차가운 이성으로 재검토하고 반성하는 시기였다고 할 수 있다. 이 시기 학자들이 『禮記』에 주의를 기울인 것도 바로 이러한 관심의 결과였다. 『의례』에 대한 연구는 필연적으로 『예기』에 대한 연구로 이어질 수밖에 없는 것이다. 『의례』는 儀式에 관한 매뉴얼식의 기록이고, 『예기』는 의식에 함축된 의미 내용에 대한 해석들이기 때문이다.

이덕무의 경우도 예외는 아니었다. 그는 36세 때 『예기』에 대한 연구서인 『禮記臆』을 저술한다. 이덕무의 예학적 지향과 관련된 다음의 일화를 보자.

서씨에게 출가한 누이동생의 장례 때 妹婿 서군의 玄·纁을 망인에게 주기 위해 널 속에 넣으려 하니, 地師가 玄을 널 위쪽에 놓고 纁을 널 아래쪽에 넣으며 말하기를 "이것이 俗禮다. 마주 상대해서 두면 사위함이 많다."고 하기에 정색을 하고 올바로 놓으면서 "이 무식한 무리가 남의 正禮를 그르친다."고 하였다.79)

현과 훈은 검은 색과 붉은 색의 폐백으로 죽은 이를 매장할 때 사용하는 것이다. 이덕무는 서씨에게 출가한 누이동생이 죽어 매장할 때, 지관이 俗禮에 따라 현과 훈을 널 동쪽에 넣되 현은 위쪽에 훈은 아래쪽에 놓으려 하자 이를 반대하고 尤庵과 同春의 주장에 따라 널 동쪽 곽 안에 넣었던 것이다. 俗禮는 『開元禮』에 연원한 것이고, 正禮는 『朱子家禮』에 따른 것이다.80) 이는 '『사소절』이 주희의 『소학』과 동일한 문제의식에서 저술된 것'이라는 사실과 맥을 같이 하고 있음을 보

---

79) 『士小節』, 「士典」, "事物, 徐妹之葬也, 妹婿徐君, 將贈玄纁. 地師置之一上一下曰, 此俗禮也. 對置則多忌. 予正色正之曰, 此輩無識誤人正禮".

80) 『宋子大全』 卷九十一, 「答李汝九」, "玄纁置柩傍云者. 家禮之文自分明. 若置於柩上之一邊, 則當曰柩邊矣. 蓋家禮之意, 則只是置於柩之旁側之意, 蓋棺槨之間也".

여준다. 즉, 관혼상제의 통과의례는『주자가례』를 표준적 의식(正禮)으로 받아들이되, 일상생활의 소소한 예절은『소학』의 문제의식을 따라 보다 구체적으로 확산시키고자 하는 의도라는 것이다.

아울러 이덕무 예학이 沙溪와 尤庵, 同春堂의 계열로 이어지는 기호학파와 친연성을 보이고 있음을 일화는 보여준다. 이 점은 "은혜와 의리의 근본은 두터움(厚)이라는 한 글자일 뿐이다."라고 하여 '두터움'을 강조하고 있는 것에서도 확인된다. 예학에 대한 사계의 문제의식은 "古禮의 원칙을 적용하여 가례를 보완하면서, 각각의 절차를 더욱 형식적인 측면에서 완비시키는 것이다. 그리고 김장생은 각각의 절차를 보완하면서 되도록이면 그것을 실현할 수 있는 한계와 규모를 확대한다. 즉 '厚'의 측면에, 그리고 고례의 원칙을 실현한다는 측면에 주안점을 두는 것"81)이라고 평가되기 때문이다.

『禮記集說大全』의 陳澔 集說을 보완하려는 작업은 權近의『禮記淺見錄』으로부터 시작되어, 18세기 초 金在魯의『禮記補註』에 이르러 '가장 방대하고 정밀한 성과'로 나타난다. 김재로는 권근의 작업에서 한 걸음 더 나아가 鄭玄은 물론 당대『예기』연구에 이르는 다양한 성과들을 정밀하게 분석하면서 불분명하거나 잘못된 것들을 지적하고 바로잡는다.

이덕무는『사소절』을 저술한 2년 뒤『예기억』을 저술한다. 이덕무는 "주와 소에는 애매한 해석이 많다."82)고 지적한다. 그 점에서『예기억』은 권근의 문제의식을 한 단계 심화시킨 김재로의 그것과 맥이 닿아있다. 몇 가지 예를 들어보자.

「曲禮」의 "천자의 나이를 물어오면, '이제 몇 척의 옷을 입기 시작했습니다'라고 대답한다.(問天子之年, 對曰, "聞之, 始服衣若干尺矣)"83)

---

81) 李俸珪,「金長生·金集의 禮學과 元宗追崇論爭의 철학사적 의미」,『韓國思想史學』11호, 1998. 12, 223쪽.
82)『禮記臆』,「中庸」, "注疏曖昧處多".
83) 어린 나이에 왕으로 즉위했을 때 먼 지역의 사람이 찾아와 왕의 나이를 몰라

는 것에 대하여, 진호의 집설은 "'若'은 같다(如)는 뜻으로 아직 정해지지 않았다는 말이다. 수는 1에서 시작하여 10에서 끝나는데, '干'이라는 글자는 一을 따르고 十을 따라 구성된 글자다. 그러므로 '약간'이라고 말하는 것은 1같기도 하고 10같기도 하다는 뜻이다. 무릇 수가 아직 정해지지 않은 것에 대해서 모두 '若干'이라고 말할 수 있다."[84]고 설명한다. 이에 대해 이덕무는 "이 말은 크게 어긋난 것이다. 왜냐하면 干자를 篆字로 쓰면 'ㄴ+十'으로 되는데 어찌 一과 十의 뜻이 있겠는가?"라고 비판한다. 이는 진호가 '干'자를 一과 十으로 구성된 것으로 보아 '수가 정해지지 않은 것'으로 풀이한 훈고를 비판한 것이다. 이덕무에 의하면, 간자는 'ㄴ'과 '十'으로 구성된 것이므로 확정되지 않은 수를 나타내는 것으로 풀이할 근거가 없게 된다.

「예운」에는 예의 기원과 관련하여 "예의 처음은 먹고 마시는 데에서 시작된다. 기장밥을 짓고 돼지고기를 구우며, 우물을 만들고 물을 떠 마시며, 북채를 만들고 흙으로 북을 만든다. 그럼에도 귀신에게 공경을 바치기에 족하였다."[85]고 기록하고 있다. 이덕무가 문제 삼는 부분은 '북채를 만들고 흙으로 북을 만든다(蕢桴而土鼓)'는 곳이다. 진호는 이 부분을 "'蕢桴'는 흙덩이를 뭉쳐서 북 치는 북채를 만드는 것이다. '土鼓'는 흙을 다져서 북을 만드는 것"[86]이라고 본다. 이러한 해석은 정현의 주를 충실하게 반영한 것이다.[87] 이에 대해 이덕무는 다음과 같이

서 조정의 신하에게 물은 것이다.

84) 『禮記』,「曲禮」에 대한 진호의 집설, "'若', 如也, 未定之辭. 數始於一而成於十, 干字, 從一從十, 故言若干, 謂或如一或如十. 凡數之未定者, 皆可言. 顔註「食貨志」云, "干, 箇也, 謂當如此箇數", 意亦近之".

85) 『禮記』,「禮運」, "夫禮之初, 始諸飮食, 其燔黍捭豚, 汙尊而抔飮, 蕢桴而土鼓, 猶若可以致其敬於鬼神".

86) 『禮記』,「禮運」 해당 조항에 대한 진호의 집설, "蕢桴, 搏土塊爲擊鼓之椎也. 土鼓, 築土爲鼓也".

87) 『禮記』,「禮運」 해당 조항에 대한 정현의 주, "汙尊, 鑿地爲尊也. 抔飮, 手掬之也. 蕢讀爲凷, 聲之誤也. 凷, 堛也, 謂搏土爲桴也. 土鼓, 築土爲鼓也."

반박한다.

　　이 말과 같다면 흙으로 흙을 치는 것인데 무슨 좋은 소리가 나겠는
가? 臾자는 옛날의 蕢자로서 풀로 만든 그릇(草器) 또는 대나무로 만
든 그릇(竹器)인데, 흙을 담는 그릇을 상징한 것이다. '人'은 바로 그릇
의 형상이고, '臼'는 두 손으로 '人'을 잡은 형상이니, 반드시 음이 塊라
고 할 수는 없다.[88]

　　이는 흙덩이를 뭉쳐서 북치는 북채를 만든다는 것은 상식에도 어긋
날 뿐 아니라, 궤자의 고의에도 어긋나는 잘못된 해석이라는 것이다.
이덕무는 다른 곳에서 "六書에 밝은 뒤라야 六經을 통할 수 있다."고
따끔하게 일침을 놓는다.
　　이덕무는 鄭玄이 『大學』을 "그 박학함이 정사를 할 수 있음을 기록
한 것"으로 해설한 것에 대하여, "어찌 그렇게도 『대학』의 뜻을 몰랐을
까?"[89]하고 통탄한다. 이러한 비판에 漢學과 宋學에 대한 그 자신의
평가가 깔려 있음은 물론이다.

　　한당의 유자들은 명물도수에는 상세하였으나 心性・理氣에 대해서
는 전연 어두웠으며, 송원의 유자들은 심성・이기에는 상세하였으나
명물도수에 대해서는 혹 결여함이 있기도 하였다. 경서를 읽는 자는
한당의 주소와 송원의 훈고를 그 어떤 것도 폐지해서는 안 된다.[90]

　　이 점에서 『예기억』은 "18세기 이후로 조선 학자들은 당시 청대의

---

88) 『禮記臆』, 「禮運」, "若如此說, 則以土擊土, 有何好音. 臾古蕢字, 草器也, 又
　　竹器, 象取土之器. 人是器形, 臼以兩手持人之形也. 未必徒音同之塊也".
89) 『禮記臆』, 「大學」, "此說何其太不知大學之義耶".
90) 『禮記臆』, 「大學」, "漢唐之儒, 詳於名物度數. 至於心性理氣, 則全然蔑如也.
　　宋元之儒, 詳於心性理氣, 至於名物度數, 則或有闕如也. 讀經書者, 漢唐注
　　疏, 宋元訓詁, 不可編嬖也".

고증학적 연구기풍을 일부 수용하여 성리학적 이론틀에 입각해서 삼
례서에 대해 경학적으로 해명하는 작업을 한다."91)는 평가의 구체적인
한 사례가 된다. 즉 『예기억』은 송학의 義理를 골간으로, 훈고의 측면
에서 잘못된 것은 고증학을 통해 밝혀진 한학의 성과를 반영하여 바로
잡고자 한 것이다.

예를 人情과 연결시켜 설명하는 논거로 사용되는 이야기가 『예기』
「증자문」편에 실려 있다.

> 공자가 말했다. "딸을 시집보내는 집안에서는 삼일 밤 동안 등불을
> 끄지 않는데 골육과 헤어질 것을 생각하기 때문이다. 며느리를 맞는
> 집안에서는 삼일 동안 음악을 연주하지 않는데 부모의 대를 잇는 것을
> 생각하기 때문이다."92)

진호의 집설은 이를 "골육과 헤어질 것을 생각하면 잠들 수 없으므
로 등불을 끄지 않는다. 부모의 뒤를 잇는다고 생각하면 서글픈 마음
이 들지 않을 수 없으므로 음악을 연주하지 않는다. 이것이 혼례를 축
하하지 않는 이유"93)라고 설명한다. 즉 딸을 시집보내는 입장에서는,
애지중지 키워 온 딸과 헤어지게 될 것을 생각하여 편히 잠들 수 없기
때문에 등불을 끄지 못한다. 반대로 며느리를 맞이하는 입장에서는, 자
식이 장성하여 장가를 들이게 된 것은 기쁜 일이지만, 부모가 나이가
들어 자식에게 가사를 물려주게 되었음을 생각하여 축하하지 않는다
는 것이다. 예는 이처럼 사람의 정감에 대한 곡진한 이해가 밑바탕에
놓여 있다.

---

91) 이봉규, 앞의 논문 참조.
92) 『禮記』, 「曾子問」, "孔子曰, 嫁女之家, 三夜不息燭, 思相離也. 取婦之家, 三
　　日不擧樂, 思嗣親也".
93) 『禮記』, 「曾子問」 해당 조목에 대한 진호의 집설, "思相離, 則不能寢寐, 故不
　　滅燭. 思嗣親, 則不無感傷, 故不擧樂. 此昏禮所以不賀也".

이덕무는 위 구절의 주석에서 "예는 人情에서 기인하는 것이다. 그러므로 인정에 가깝지 않은 것은 모두 예가 아니다."[94]라고 하여 공감을 표시한다. 그는 다른 곳에서 "인정에 가깝지 않은 행동이 천리에 가장 어긋나는 것"[95]이라고 언급하기도 한다. 인정을 강조하는 이덕무의 입장을 "지극한 인정이 곧 천리라는 도식을 제시한다."[96]거나 "인정에 바탕을 둔 천리의 실현이란 이덕무 윤리관의 출발점이며 도달의 목표점이기도 하다."[97]고 평가하기도 한다.

이덕무의 입장은 논리적으로 '천리에 맞는 행동은 인정에 가까운 행동'이라는 것을 강조하여 표현한 것일 뿐이다. 포함관계를 따지면 '人情包天理'의 관계이다. 즉 인정 가운데는 천리에 맞는 것과 그렇지 않은 것이 있음을 함축한다. 다시 말하면, 모든 인정이 곧바로 천리인 것은 아니라는 것이다. 이 점은 "물이 오면 순응하라. 순응한다는 것은 天理에 순응한다는 것이지 人情에 순응하는 것이 아니다."[98]라는 그의 언급을 통해서도 확인 가능하다. 따라서 '지극한 인정이 곧 천리'라는 평가는 인정이 바로 천리라는 것으로 해석되어서는 안 된다.

예를 人情과 연계시켜 설명하는 논점은 유학들이라면 누구나 공유하는 인식이다. 『예기』는 이를 "예는 인정에 기반하는데, 인정을 조절하고 문식하여 백성들의 제방으로 삼은 것이다"[99]라고 표현한다. 이러한 인식은 성리학자들에게도 동일하게 관철된다. 伊川은 "예의 근본은 백성들의 정감에서 나오는데, 성인은 그것을 기반으로 인도한다."[100]

---

94) 『禮記臆』 曾子問, "禮緣人情而起, 故不近人情者, 皆非禮也".
95) 『士小節』, 「士典」, 性行, "不近人情, 最違天理".
96) 한예원, 「사소절을 통해 본 조선후기 사족가의 규범의식에 대한 일고」, 『대동문화연구』, 1996, 182쪽.
97) 한예원, 위의 논문, 188쪽.
98) 『士小節』, 「士典」, 交接, "物來順應. 順者順乎天理, 非順乎人情".
99) 『禮記』, 「坊記」, "禮者, 因人之情, 而爲之節文, 以爲民坊者也".
100) 『二程全書』 卷25, 217쪽, "禮之本出於民之情, 聖人因而導之耳. 禮之器出於民之俗, 聖人因而節文之耳. 聖人復出, 必因今之衣服器用而爲之節文. 其所

224

라고 말한다.

성리학은 예를 존재론의 영역으로까지 끌어 올린다. 性理學에서 理
는 심성론에서 보면 인간의 본성(性)이면서, 정치적 또는 윤리적 이론
의 차원에서 보면 삼강오륜으로 표상되는 인간이 사회적 행위에서 실
현해야 할 준칙이자 이념이다.

먼저 心性論의 측면에서 주희가 예를 인간의 본성의 일부로 설명하
는 경우에 예 개념은 형이상의 性을 의미한다. 그는 禮가 인간이 본래
타고나는 본성이요 형이상의 理로서, 이 리가 인간의 의식 활동으로
나타날 때는 곧 사양하고 겸손해하는 정서로 표현된다고 말한다.[101]
따라서 본성의 일부로서 주희가 정의할 때 예는 사양하는 또는 공경하
고 절도를 따르는 마음의 형이상학적 근거[102]로서 형이상의 性이자 理
를 의미하게 된다.

예는 본성일 뿐만 아니라 三綱과 五倫으로 대표되는 준칙을 의미한
다. 예는 사양하고 겸손한 마음의 형이상학적 근거이기도 하지만 인의
예지의 본성을 사회적 행위들에 표현할 때 어떤 원칙에 입각하여 표현
해야 하는가를 지시하는 지침이기도 하다. 천리와 인정의 관계에 대한
이덕무의 인식은 성리학의 기본적 인식을 벗어나는 것이 아니다.

종법의 원리에 따르면, 다른 집안에 대를 잇기 위하여 양자로 간 사
람에게는 혈연적 친속관계를 의리적 친속관계에 종속시킬 것이 요구
된다. 따라서 친생부모가 돌아가신 경우라 하더라도, 이미 소속되는 宗
이 바뀌어 양부모가 부모로 간주되기 때문에, 친생부모에 대해 자식으
로 자처하지 못하게 된다. 人情만을 고려한다면 이러한 처사는 비인간
적인 것이라고 치부할 수 있다. 그러나 家統의 제일성을 고려하면 이
러한 조처는 전근대인의 의식을 반영하는 중요한 고심의 하나이다. 이

謂貴本而親用者, 亦在時王斟酌損益之爾”.
101) 『朱子語類』 卷53, 「公孫丑 上」, 1287쪽, “禮却是辭遜之理, 發出來方有辭遜”.
102) 『朱子大全』 卷74, 23쪽, 「玉山講義」, “禮則是箇恭敬撙節底道理”.

덕무도 예외 없이 이러한 고심을 인정한다.

出繼人이 그 生家에 대한 書辭稱號에 있어 名目을 강론 결정하여, 혼칭하여 예절을 파괴하는 일이 있게 해서는 안 된다. 尤庵先生은 이렇게 말했다. "지금 세상에는 人倫이 밝지 못하여 출계인에게 으레 親喪으로써 書를 짓고, 출계인도 역시 친상으로 자처하니, 이는 一本의 의의를 크게 어둡게 하는 것이다".103)

이는 종법적 원리를 어겨가면서 인정만을 두텁게 하고자 하는 것이 이덕무의 의도가 아님을 의미한다. 그는 다른 곳에서 "양자를 간 사람은 생가의 가정 일을 간여해서는 안 된다."104)고 잘라 말한다. 이처럼 이덕무에게 있어, 예의 실천의 궁극적 지향은 종법의 실천에 있다. 그는 "종법이 서면 돈후한 기풍이 펴질 수 있고, 鄕約이 행해지면 착한 풍속을 이룰 수 있다."105)고 주장한다.

또 이덕무는 종법적 실천을 저해하는 국가제도를 바로잡을 것을 주장한다.

비록 朞年喪이라 하더라도 장사 지내는 날까지로 복을 입는 기간을 한정하니, 예절이 이미 무너진 것이다. 혹은 상사를 숨기고 과거 보러 가는 자도 있고, 혹은 서둘러서 장사를 지내고 과거 보러 가는 자도 있고, 혹은 어버이의 명을 빙자하여 朞功喪이 10일도 채 차지 않아서 의기양양하게 과거장에 들어가는 자도 있다. 어버이가 만일 명하였다면 그것은 亂命이니, 울며 간하고 간곡히 설명하여 어버이가 꼭 들어주기를 기해야 옳을 것인데, 멀거니 상황을 돌보지 않다가 함께 大惡에 빠

---

103) 『士小節』, 「士典」, 人倫, "出繼人本生家, 各於書辭稱號, 講定名目, 不可混稱, 以壞禮節. 尤庵先生曰, 今世人倫不明, 於出繼人, 例以親喪作書, 出繼者亦以親喪自處, 此大昧一本之義者也".
104) 『士小節』, 「士典」, 人倫, "出后者不可干與本生家之家政".
105) 『士小節』, 「士典」, 事物, "宗法立則敦風可返, 鄕約行則善俗可致".

지니, 이것은 국법이 가차 없이 베일 바이다. 또 국가의 제도에 會試 때 기년상을 당하면 응시를 허락하지 않고 다른 해에 있는 회시를 기다리게 되어 있으니, 그것을 이름하여 陳試라 한다. 初試에 합격한 자가 장차 회시에 응시하려 하다가 借述할 사람을 얻지 못하면 진시를 보려는 뜻에서 庶叔의 상사를 당했다고 핑계대는데, 관청에서는 그것을 알면서도 죄로 여기지 않는다.106)

『경국대전』에 따르면 '기년상의 경우는 15일후, 대공은 10일후, 소공은 7일후, 시마는 4일후에 해당 관청에서 出仕하기를 啓請하며, 경연관의 경우 기년은 7일, 대공 이하는 4일에 그렇게 하도록 한다'고 규정되어 있다. 그는 이러한 규정이 '장사지내는 기간도 기다리지 않고 출사하게 하는 것'이라는 점에서 잘못이며, 게다가 '경하를 드리거나 연회에 참석하는 것'은 더욱 괴이한 일이라고 통탄한다. 그는 이에 대해 "장사지내기 전에는 조하에 참여하지 못하며, 복을 마치기 전에는 연회에 참여하지 못하도록 해야 한다"고 주장한다.107)

4. 맺음말

유학자들에게 있어 학문의 내실이란 단적으로 '수양'의 기법으로서의 '예'의 습득과 숙련에서 끝난다고 말해도 지나치지 않다. 이는 '신체'

---

106) 『士小節』, 「士典」, 人倫, "嗚呼東國之人於科擧, 廉方大壞, 雖期喪以葬爲限, 已是禮節墜廢. 或有匿喪赴擧, 或有渴葬赴擧, 或有憑藉親命. 期功之喪, 未盈十日, 而揚揚入試庭. 親若有命, 是亂命也. 號泣諍諫, 委曲陳告, 期於聽從可也. 靦然不顧, 俱陷大惡. 此王法之所不容誅也. 又國制, 會試遭期喪, 則不許赴, 以待他年會試, 名曰陳試. 發解者, 將赴會試, 而不得借述人, 則輒圖陳試. 托以遭庶叔之喪, 公家知而不以爲罪. 噫本無庶叔, 則是誣其祖有子, 誣其父有兄弟, 庶叔生存, 則究其悖心, 與謀殺同. 此皆由於國俗重科擧, 而疏禮防. 末流之弊, 以至倫紀消亡".

107) 『禮記臆』, 「雜記」.

로 구체화된 '주체'를 통째로 포섭하는 시스템이라는 점에서 '예'는 본래 '內'와 '外'를 매개하는 존재이며, '내'의 교정과 선도를 위해서는 주관적인 자기 도야뿐만 아니라, 겉으로 표현된 '외'의 모습을 조율하는 것이 첩경이라는 기본적 인식 때문이다. '지식인의 소소한 일상예절'에 주목한 이덕무의 문제의식은 그 점에 관해서는 조금의 차이도 보이지 않는다.

가족관계에서 은혜와 친밀감을 우선한 결과 현실적으로 나타나는 가족관계 내에서의 문제는 은혜와 의리가 균형을 잃고 은혜와 친밀감 쪽에 치우쳤을 경우가 대부분이기 때문에, 흐트러진 가족 관계를 바로잡기 위해서는 이 두 축을 유연하게 조율하는 균형의식이 필요하다. 바로 그것이 '엄함과 사랑', '의리와 은혜', '은혜와 위엄'을 두 축으로 하여 가족 관계를 조율하려던 이덕무의 문제의식이다.

이덕무에게 있어서 가족 관계는 물론 대인 관계를 조율하는 원칙은 仁이다. 그것은 친애의 정감을 기반으로 존재의 생명성을 발양시키는 것이다. 禮를 仁으로 읽어내고 이를 존재의 사실로까지 확대시킨 것은 宋代의 性理學者들이다. 이는 그가 예를 존재론적으로 정초시키는 성리학의 구도에서 벗어나 있지 않음을 의미한다. 人情과 天理의 관계 설정의 경우도 그 점에서는 예외가 아니다.

성리학에 대한 이러한 인식은 교육과정에 대한 설정에서도 그대로 드러난다. 그는 『설문』 등 문자 교육을 위한 기본적 서적 다음으로는 『대학』, 『논어』, 『맹자』, 『중용』과 『격몽요결』, 『소학』, 『근사록』, 『성학집요』 등의 순서로 공부를 해나가야 한다고 본다. 그는 뒤의 4권을 後四書라고 명명한다. 아울러 四書六經 및 염락관민의 책은 사람이라면 누구나 종신토록 공부하기를 마치 농부가 오곡을 가꾸듯이 해야 한다고 주장한다.

이덕무의 예학적 문제의식은 주희의 그것을 계승하고 있다. 『士小節』은 주희의 『小學』과 동일한 문제의식에서 저술된 것이다. 『禮記

臆』은 주자의 저작이 아닌, 진호의『禮記集說大全』의 미비점을 보완하려는 저술이다. 이러한 문제의식은 權近 이후 金在魯에 이르는 조선 예학의 전통 위에 서 있는 것으로 보인다. 물론 沙溪와 尤庵, 同春堂의 계열로 이어지는 기호학파와의 친연성도 발견된다.

이덕무 예학의 궁극적 지향은 宗法의 실천에 있다.『士小節』과『禮記臆』은 그의 이념적 지향을 현실화하는 방편이다. 전자는 관혼상제의 통과의례는『주자가례』를 표준적 의식(正禮)으로 받아들이되, 일상생활의 소소한 예절은『소학』의 문제의식을 따라 보다 구체적으로 확산시키고자 하는 의도를, 후자는 송학의 의리를 골간으로, 훈고의 측면에서 잘못된 것은 고증학을 통해 밝혀진 성과를 반영하여 바로잡고자 하는 의도를 반영한 것이다.

이덕무는「영처시고」에서 자신의 소망을 다음과 같이 읊조린다.

> 나의 소원은 온 세상 사람들이
> 이를 지켜 떨어뜨림이 없었으면
> ……
> 어찌 등한히 보아 넘기리
> 이 역시 하늘이 내려준 것인데

실학과 예학-연구사에 대한 회고와 전망

이 봉 규[*]

1. 머리말

실학에 대한 연구는 경세론에서 경학으로 계속 확대되어 왔다. 예학은 경세론과 경학 모두 걸쳐 있는 주제이지만, 실학 연구사를 돌이켜 볼 때, 실학을 예학의 측면에서 연구하는 것은 논문의 양이나 관심사에서 매우 주변적 위치에 있다. 90년대 이후로 연구성과가 이전 시기에 비해 상대적으로 많아졌지만, 개별 실학자의 예론을 그것도 특정 저서나 특정 논의에 대하여 부분적으로 다루고 있는 정도이며, 예학을 통해 실학의 성격을 읽어낼 수 있을 정도로 진전되기에는 매우 부족한 단계다. 사실, 조선시대 유학 연구에서 예학을 어떻게 다루어야 할 것인지, 성리학과 예학을 어떻게 관련시킬지, 또는 유학 사상에서 예학의 위치를 어떻게 설정할 것인지, 더 나아가서는 사상의 영역에서 예학을 어떻게 다룰 것인지 하는 등의 기본적 문제들에 대하여 개성적 독법들이 제기되고 논쟁되는 과정이 아직 미성숙한 상태이다.

그럼에도 80년대 이후 조선후기 예송을 성리설에 대한 입장 차이와 결부하여 읽어내는 독법이 제기되고 논의되면서, 예송에 대한 독법이 당쟁사의 차원을 넘어서서 다양하게 모색되었는데, 이것은 예학을 실학과 연관해서 이해하는 하나의 계기를 제공하였다. 그리하여 90년대

---

* 인하대학교 철학과 부교수

후반 이후 실학자의 예송 논의를 분석하면서 실학의 성격을 읽어내는 연구성과들이 최근까지 제출되고 있다. 그리고 상례와 제례, 深衣제도 등 禮制와 그 문제의식에 관해서도 꾸준한 연구성과들이 축적되고 있는데, 이는 성리학과 실학의 관련 양상을 새롭게 이해할 수 있는 실마리를 제공하고 있다. 다만 실학파의 예학 연구는 성호학파에 치중되어 있고, 그 가운데에서도 이익과 정약용에 치중되어 있어 북학론을 주장하는 연암학단을 비롯하여 그 이후 개화파에 이르는 서인계 지식인들의 예론에 대해서는 본격적 연구가 없는 상태이다.

따라서 본 논문은 실학과 관련한 예학 연구사를 예송과 예제의 두 측면에 중점을 두고 재검토하지만, 우리 학계의 연구성과가 성호학파에 집중된 한계로 인해 제한적인 시각을 가질 수밖에 없다. 그럼에도 이들 연구성과에 대한 비판적 검토를 통해 실학을 예학과 연관해 이해하는 문제에 대한 당면 과제를 드러내고, 일정한 전망을 제시해 보겠다.

2. 예송 연구

조선후기 예송을 당쟁사의 측면에서만 관찰하는 시각을 벗어나 사상적 차이에 입각하여 재조명하는 연구는 황원구에 의해 처음 본격적으로 제기되었다고 할 수 있다.[1] 황원구는 기해예송을 객관적으로 재구성하면서, 服制에 대한 송시열측과 윤휴측 사이의 견해차이를 예 관념에 대한 시각 차이로 재해석하였다. 그는 禮의 본질은 불변적인 것이지만, 예제로 실행하는 것은 시대의 상황에 따라 달라질 수 있기 때문에 예 관념에 가변적인 요소와 불변적인 요소의 두 측면이 담겨 있

---

1) 황원구, 「己亥服制論 始末」, 『연세논총』(사회과학편) 2, 1963(『東亞細亞史研究』, 일조각, 1976에 재수록).

다고 본다. 따라서 불변적 요소로서의 본질적 측면을 중시하느냐 또는 현실적 실행을 우선적으로 고려하느냐에 따라 견해차이가 발생할 수 있는데, 기해예송이 바로 그러한 경우라고 해석한다. 황원구는 송시열이 예의 불변적 요소를 중시하는 본질론의 시각에 입각해 있는 반면, 윤휴는 실행에 중점을 두는 行用論의 시각에 입각한 예론을 피력하고 있다고 본다. 그는 송시열과 윤휴 사이의 예론에 대한 학문적 견해차이가 예송의 출발점이 되었는데 이것이 당론으로 전화되면서 치열한 정쟁으로 변질되어 전개되었다고 해석한다.

황원구의 해석방식, 즉 예 관념에 담긴 불변적 요소와 가변적 요소의 두 측면을 고려하는 시각은 유정동 등에 의해 다시 지적되었지만,[2] 이후 예송 연구에서 적극적으로 활용되지 않았다. 가변적 요소와 불변적 요소의 구분과 강조의 차이를 고려하는 시각은 그 자체로 일정한 의미를 갖지만, 황원구의 시각에서 문제되는 것은 무엇보다 윤휴를 行用論에 입각한 것으로 해석한 점이다. 윤휴는 자신의 입론 근거를 『주례』에 두면서 국왕의 예, 즉 王朝禮와 일반 士庶의 예, 즉 家禮를 구분하는 논법을 제시하는데, 이것은 상황에 따라 예제가 달라질 수 있다는 가변적 측면을 말하는 것이 아니다. 거꾸로 국왕의 예제가 가례에 대하여 갖는 독자성과 상위성을 강조하는 것으로, 윤휴 역시 불변적 요소에 초점을 두고 자신의 입론을 정당화하고 있기 때문이다. 따라서 윤휴는 송시열이 국왕의 예를 사서의 예를 기준으로 해석함으로써 국왕의 지위를 격하시켰다고 비난하고 있는데, 이 비난은 윤선도의 卑主貳宗說을 이론적으로 뒷받침하는 것으로 행용론을 중시하는 입장과는 무관하다.

황원구 이후 예송을 ‘正名論에 입각한 철학적 개념논쟁’으로 해석한 입장[3] 등 몇 가지 방식이 제기되기는 하였으나, 모두 예송의 이념적

---

2) 유정동, 「禮論의 諸學派와 그 論爭」, 『韓國哲學研究』 中, 서울 : 東明社, 1978, 345~353쪽.

기반을 해명하는 새로운 시각을 제시하지는 못하였다. 예송 연구를 한 차원 진전시킨 계기가 된 것은 80년대 후반 예송을 성리설에 대한 학파적 입장차이와 연계해서 해석하는 시각이 제기되면서부터라고 할 수 있다. 지두환은 17~18세기 예술론의 전개를 성리학의 이론과 연관해서 해명하는 최완수의 시각에 조응하여, 율곡학파와 퇴계학파 사이의 성리설에 대한 견해차이와 예송의 입장을 결부시켜 해석하는 시각을 제기하였는데, 이 시각은 비판적이기는 하지만 학계에 상당한 반향을 불러일으켰다.

최완수는 70년대 초반부터 서예와 미술사 연구를 통해 기호학파가 주도하는 조선성리학의 전개양상과 결부시켜 조선후기 예술론의 성격을 '동국진체', '진경산수' 등의 개념으로 재조명하였다. 이 시각은 조선시대를 당쟁사적 연구에서 벗어나 재조명할 수 있는 시각을 제공하는 것으로 이태진 등의 붕당정치론과 함께 학계에 반향을 불러일으켰다. 최완수는 예송을 보수파와 개혁파의 이념논쟁으로 이해할 필요성을 제기하고, 송시열측-天下同禮-守朱子派 대 윤휴측-王者禮不同士庶-脫朱子派로 구분하는 시각을 제기하였는데,[4] 이러한 연구는 지두환에 의해 보다 구체화되었다.[5]

지두환은 퇴계학파의 理發論은 곧 理의 가변성을 인정하는 관점인 반면, 율곡학파의 氣一途說은 氣의 가변성만을 인정하고 理의 가변성

---

3) 정인재, 「尹白湖의 倫理思想-그의 禮論을 중심으로-」, 『(報告論叢 82-4) 韓國學研究의 成果와 課題』, 韓國精神文化研究院, 1982.

4) 최완수, 「金秋史의 金石學」, 『澗松文華』 3, 1972 ; 「秋史書派考」, 『澗松文華』 19, 1980 ; 「秋史 金正熙의 北學思想」, 『東亞日報』 1983. 12. 23 ; 「眞景時代의 文化」, 『澗松文華』 50, 1996 등. 최완수를 중심으로 조선후기 예술문화사 연구자들이 『澗松文華』를 통해 이러한 논지를 전개하였는데, 그 동안의 성과를 『眞景時代』 1·2, 서울 : 돌베게, 1998로 정리하여 발간하였다.

5) 지두환, 「朝鮮後期 禮訟 研究」, 『釜大史學』 11, 1987 ; 「조선후기 실학연구의 문제점과 방향」, 『태동고전연구』 3, 1987 ; 「朝鮮後期 禮訟論爭의 性格과 意味」, 『第二十三會東洋學學術會議講演鈔』, 檀國大學校 東洋學研究所, 1993.

은 인정하지 않는 입장이라고 해석하고 이를 토대로 예송의 입장을 이기론과 결부시켜 해석하였다. 그는 理發과 氣發을 모두 인정하는 퇴계학파의 경우 천리의 가변성을 인정하는 입장을 토대로 예송에서도 天理로서의 宗法을 제후냐 사대부냐에 따라, 즉 상황에 따라 가변적으로 다르게 적용해야 한다는 주장을 내세운다고 본다. 따라서 퇴계학파측은 국왕의 예와 士庶의 예를 달리해야 한다는 '王者禮不同士庶'를 정당화한다고 말한다. 반면 氣發만을 인정하는 율곡학파측에서는 천리를 절대불변하는 위상에 두기 때문에 천리로서의 종법은 모든 경우에 적용되는 근본 원칙이라고 보고, 예송에서도 제후와 사서를 막론하고 보편적으로 적용해야 한다는 '天下同禮'를 정당화한다고 본다.

지두환은 나아가 理의 불변성에 대한 율곡학파의 강조는 성리학의 근본 이념에 따른 평등사회를 건설하기 위해 신분적 특권을 극복하는 입장에서 호포제, 노비종모법, 서얼허통, 내수사 폐지 등의 주장과 맞물려 있다고 본다. 그리고 윤휴를 비롯한 남인측은 율곡학파에 반대되는 보수적 입장을 견지한다고 해석하여, 기존에 남인 계열의 개혁성을 실학과 연계하던 해석들에 반론을 제기하였다.6) 이러한 독법은 예송이 조선사회를 쇠퇴시킨 비현실적인 정치투쟁의 담론이라고 해석하는 당쟁사적 시각을 넘어서는 새로운 성찰이라고 할 수 있다.

그러나 지두환의 시각은 곧 이영춘, 유영희, 이봉규 등에 의해 비판되었는데, 그 초점은 理의 가변성에 대한 문제였다. 이영춘은 퇴계학파의 互發說이 理의 가변성을 의미하는 것이 아니라 發現性을 의미하는 것으로 퇴계와 율곡 사이의 쟁점은 理의 불변과 가변의 문제가 아니라 발현성 여부에 대한 문제라고 반박하고, 예송에서의 쟁점은 예의 보편성과 신분에 따라 달라지는 분별성 가운데 어느 것을 우선시하느냐에 있다는 새로운 해석을 제기하였다. 이영춘은 삼례서를 비롯한 고대의

---

6) 지두환, 「尤庵 宋時烈의 社會經濟思想」, 『한국학논총』21, 국민대학교 한국학연구소, 1998.

예서들과 예론은 신분에 대한 차별의식이 투철한 반면, 송대에 들어와
새로 수립되는 家禮 규정들은 특수한 계층에 국한시키지 않는 보편주
의적 이념을 지향하였다고 구분하고, 조선후기 예송은 古禮 지향의 보
편주의와 『朱子家禮』 지향의 분별주의 사이의 대립에 기반해 있다고
해석한다.7)

이봉규는 지두환과 이영춘의 시각에 대하여 비판적으로 재검토하였
는데, 지두환의 시각에 대한 비판에서는 이영춘의 지적을 수용하면서
도, 예송의 견해차이를 보편주의와 분별주의 사이의 대립구도로 이해
하는 이영춘의 해석에는 반대하였다. 이영춘은 元宗追崇論爭에서 追
崇論을 지지한 朴知誡를 보편주의의 입장으로, 추숭론을 반대한 金長
生을 분별주의로 대별하였는데, 이봉규는 김장생의 예학이 『朱子家
禮』를 보완하여 가례의 체계를 완비하는 것에 주안점이 있다는 점에서
분별주의로 분류하는 것과 맞지 않음을 지적하였다.8)

한편 이봉규는 예송의 견해차이가 이기론의 견해차이와 논리적 연
관이 없음을 밝히고, 유교 규범의 원리적 측면에서 재검토하였다. 그는
三綱五倫으로 표상되는 유교 규범체계에 혈연관념과 신분관념의 두
요소가 기반이 되고 있으며, 구체적 예제로 그 두 요소를 반영하는 과
정에서 다양한 견해차이가 발생한다고 보았다. 그리고 그 견해차이는
국가체제의 형태와 관련되는 정치적 성격을 갖는다고 보았다. 즉 親親
으로 표상되는 혈연적 연대 관념과 尊尊으로 표상되는 신분 사이의 차
별 관념의 두 요소가 종법을 중심으로 한 유교 규범의 토대를 이루며,
이 두 요소를 예제에 어떻게 반영시킬 것인가를 두고 복제와 추숭 등

---

7) 이영춘, 「第一次禮訟과 尹善道의 禮論」, 『清溪史學』 6, 1989 ; 「潛冶 朴知誡
   의 禮學과 元宗追崇論」, 『清溪史學』 7, 1990 ; 「服制禮訟과 政局變動－제2
   차예송을 중심으로－」, 『國史館論叢』 22, 1991 ; 「禮訟의 당쟁적 性格에 대
   한 再檢討」, 『朝鮮後期 黨爭의 綜合的 檢討』, 1992.
8) 이봉규, 「예송의 철학적 분석에 대한 재검토」, 『대동문화연구』 31, 성균관대
   학교 대동문화연구원, 1996.

전례논쟁이 발생한다고 본다. 나아가 두 요소 가운데 어느 측면에서 어떤 요소를 강조하느냐는 곧 지향하는 정치체제의 형태와 관련된다고 본다.[9] 그는 17세기 복제논쟁이 死者와 服喪者 사이의 관계를 혈연와 신분 두 요소가 중첩된 상황에서 어떻게 규정할 것인가를 두고 발생하고 있는데, 송시열은 복제의 원칙과 종통의 승계를 독립시켜 이해하는 반면, 윤휴는 복제가 종통 승계에 의해 결정되는 것으로 규정하는 입장으로 맞서고 있다고 보았다. 그리고 여기에는 혈연상의 親疎에 기반한 親親 관념과 신분상의 尊卑에 기반한 尊尊 관념 가운데 어느 요소를 우선시하는가에 대한 이론적 대립이 있으며, 이 이론적 대립은 군권에 대한 인식의 차이를 수반하고 있어, 정치체제에 대한 견해차이와 결부된다고 해석하였다.

이봉규는 송시열측이 親親 관념을 우선시하여 복제를 종통과 독립시켜 정당화하는 것에는 비종법적 종통 승계에 대한 견제 관념이 담겨 있으며, 그것은 곧 국왕권에 대한 견제의 의미를 담고 있다고 해석하였다. 반면, 尊尊 관념을 우선시하여 복제를 종통의 계승 여부에 의해 결정하려는 윤휴측의 입장은 국왕권의 위상을 강화시키는 체제를 지향하는 의미를 담고 있다고 해석하였다. 그 논거로 이봉규는 경세론에서 송시열측이 내수사의 혁파 등 국왕측의 자의적 권력행사를 견제하는 정책을 주로 건의하는 반면, 윤휴측은 간관제도의 혁파 등 사림세력과 연계한 관료들의 비효율적 정치를 비판하는 것에 주안점이 있다고 해석하였다.

親親 관념과 尊尊 관념을 매개로 한 예송과 예학 연구는 이후 장동우, 이원택, 박종천 등에 의해 보완되었다.[10] 이원택은 종전의 연구가

---

9) 이봉규, 「규범의 근거로서 혈연적 연대와 신분의 구분에 대한 古代儒家의 인식」, 『태동고전연구』 10, 1993 ; 「조선후기 禮訟의 철학적 함의－17세기 喪服論爭을 중심으로－」, 『한국학연구』 9, 인하대학교 한국학연구소, 1998.

10) 장동우와 박종천의 경우 친친과 존존 두 관념을 이용하여 정약용의 예송론과 예학사상을 규명하고 있는데, 이는 다음 장 「실학자의 예송론 연구」에서 살

기해예송과 갑인예송을 중심으로 논의하던 것에서 더 나아가 을묘예송을 함께 분석하였는데, 이봉규 등 종래 연구에서 세심히 논의하지 않았던 허목과 윤휴 사이의 군주복제에 대한 견해차이를 명확히 드러냈다. 그는 義服으로서 斬衰說을 정당화하는 윤휴와 親服으로서 齊衰說을 주장하는 허목 사이의 의견 대립에는 기본적으로 親親과 尊尊의 두 이념을 복제에 반영하는 것을 두고 이론적 대립이 있음을 밝혔다. 그리고 예송 과정에서 표출되는 송시열, 허목, 윤휴 사이의 견해차이는, 天作과 親親을 위주로 尊尊을 참작하는 입장(송시열), 人作을 고려하여 親親과 尊尊을 절충하는 입장(허목), 친친을 배제하고 人作과 尊尊을 따르는 입장(윤휴) 등으로 대별하는 시각을 제시하였다. 그리고 정치론에서는 송시열과 허목이 사림정치론의 입장인 반면에 윤휴는 절대군주론의 입장을 지향하는 것으로 구분하였다. 이러한 시각은 허목과 윤휴를 남인이라는 당색에 근거하여 예론과 정치론에서 같은 입장으로 다루는 연구시각에 대한 반론의 성격을 갖는다.11)

이원택은 예송에 대한 연구에서 더 나아가 親親－恩－情理와 尊尊－義－義理의 이념구도가 공무 수행중인 使臣이 군주의 상에 奔喪하는 문제, 起復의 문제 등 다양한 문제들에서도 이론적 정당화의 기초가 되고 있음을 밝혔다. 그는 특히 淸의 使臣에 대한 접대를 두고 私義를 내세워 참여를 거부하는 金萬均과 그의 공무수행 거부를 비판하는 徐必遠, 그리고 논쟁에 함께 참여하였던 송시열, 이단하 등 관련 학자와 관료들의 견해를 분석하면서 公과 私의 관념에 대한 유교의 이론적 쟁점을 재검토하였다. 그는 유가의 복수를 정당화하는 관념은 親親의 이념을 실천하는 한 방법으로 정당화되고 있다는 점을 드러내면서, 예에 따른 개인적 복수와 국가의 법이 서로 충돌할 때, 예와 법 사이의 정당화를 두고 유교 사회에서 논쟁이 발생함을 지적하였다.12)

퍼보기로 한다.
11) 이원택, 「숙종초 乙卯服制 논쟁의 사상사적 함의」, 『한국사상사학』 14, 2000.

한편, 公－私 관념을 가지고 동아시아 전근대 사회의 특성을 유형화하는 것과 관련하여 이원택은 溝口雄三의 연구방식[13]을 재검토하였다. 그는 미조구치가 정치체제에 대한 유가와 법가의 문제의식을 고려하지 않고, 분배에 초점을 둔 경제주의적 관점에서 公－私의 관념을 해명하는 바람에 人倫性이라는 윤리적 차원의 문제의식을 간과하고 있음을 지적한다. 즉, 家－親親이 영역의 측면에서 國－尊尊에 대칭되는 私이지만 동시에 인륜으로 표상되면 家와 國이 공유하는 이념으로서의 公이 되는 구조이기 때문에 사를 공과 대비시키는 구조로서 동아시아 정치체제의 문제의식을 읽어내는 것은 공과 사의 이러한 연속성을 읽어내지 못한다는 것이다. 따라서 이원택은 公－私 관념 이전에 親親－尊尊의 관념이 公－私 관념의 토대가 되기 때문에 公－私에 대한 문제의식은 親親－尊尊에 대한 문제의식의 해명에 기초하여 재조명할 때 그 문법이 정확히 읽혀질 수 있다고 보완의 방식을 제기한다. 그는 그 점을 법가적 一公無私에 대하여 親親－尊尊에 대한 유가적 문제의식을 가지고 비판하는 程瑤田의 글과 그에 대비되는 荻生徂徠의 글을 들어서 제기하고 있는데, 미조구치의 연구가 관찰하지 못한 동아시아 사회의 문제의식 및 내부적 차이점을 보여주고 있다.[14]

이원택의 이 시각은 근대체제 이행과 연관하여 동아시아 전근대 사회와 사상을 분석할 때 깊이 유의해야 할 시사점을 제공하고 있다. 미조구치의 연구가 전근대 사회에서 발견되는 용어로서 公－私 개념에 주목한 것이라고 하더라도, 그것은 사회주의체제의 성립과 연관하여

---

12) 이원택,『현종대의 服制論爭과 公私義理에 관한 연구』, 5장 '公私義理 논쟁' 부분, 서울대학교 정치학과 박사학위논문, 2000 ;「顯宗朝의 復讐義理 논쟁과 公私 관념」, 3절 '복수의리와 친친관념' 부분,『한국정치학회보』35집 4호, 한국정치학회, 2001.

13) 溝口雄三,「中國의 公과 日本의 公[おおやけ]」,『大東文化硏究』28, 成均館大 大東文化硏究院, 1993.

14) 이원택, 앞의 글, 2001, 3・4장 참조.

그 내재적 진로를 읽어내려는 근대적 문제의식에서 비롯한 것이며, 公
—私 개념 자체가 곧 근대체제의 정체성을 읽어내는 개념장치로서 제
기된 것이기 때문이다. 근대의 문법장치로서 동아시아 전통사회를 읽
을 때, 동아시아 전통사회가 갖고 있는 문법들이 가려지거나 왜곡되는
오리엔탈리즘의 문제를 미조구치의 연구에서도 발견하게 된다. 이원택
의 분석은 親親—尊尊의 문법구조가 사회구조와 정치체제를 표현하는
公—私 등 여타의 관념들과 어떻게 관련되어 있는가를 밝히는 작업이
앞으로 학계의 한 과제임을 말해준다고 할 수 있다.

3. 실학자의 예송론 연구

실학자의 예송관에 대한 연구는 주로 이익과 정약용에 집중되어 있
다. 이익의 예학과 예송론에 대해서는 배상현, 송갑준, 이영춘 등의 연
구가 있는데, 그 가운데에서도 이영춘의 연구가 가장 상세하다. 이영춘
은 기호학파 계열과 근기남인학파 계열의 예학을 『주자가례』 위주와
고례 위주의 경향으로 대비하는 김준석, 정옥자 등의 시각에 대하여
이익과 정약용의 예학 관련 저술 대부분이 가례 중심으로 이루어지고
있음을 들어 반론을 제기한다. 김준석은 허목의 경우 양반특권층의 자
기규제를 통해 君權을 회복하고 민생을 안정시키려는 문제의식 속에
서 古禮를 중시하였으며, 그 점에서 『朱子家禮』 중심의 서인계 예학과
대비된다고 해석한다.15) 정옥자 역시 정구의 예설에서 이미 『주자가
례』 중심의 예론 수립에서 벗어나고 있음을 지적하면서 뒤에 허목의
古學風이나 윤휴의 朱子註에 대한 불신으로 이어진다고 본다. 그러나
이영춘은 이익의 예서가 『家禮疾書』, 『禮式』, 『李先生禮說類編』 등

---

15) 김준석, 「許穆의 禮樂觀과 尊君卑臣論」, 『동방학지』 54·56, 연세대 국학연
　　구원, 1987(『조선후기정치사상사』, 지식산업사, 2003, 55쪽 재수록).

家禮 계열에 한정되어 있으며, 신분의 차이를 반영하는 새로운 가례를 정립하는 것이 주요한 문제의식이었음을 지적한다.16) 나아가 정약용의 경우도 고례의 정신에 충실한 가례를 정립하는 것에 문제의식이 있었다는 점을 들고 있는데,17) 이것은 근기남인학파를 고례파로 특징짓는 것이 적절치 않음을 보여준다. 한편 이봉규는 김장생의 예학에 대한 문제의식이 『주자가례』를 그대로 고수하려는 것이 아니라 『주자가례』가 답습하고 있는 변질된 후대의 제도를 제거하고 고례의 이념을 회복하는 형태의 가례를 추구하였다는 것을 지적하였는데,18) 이것 역시 김장생을 비롯한 기호학파의 예론을 주자가례파로 규정하는 것에 문제가 있음을 보여준다. 이영춘과 이봉규 등의 연구를 통해 볼 때 17세기 이후 조선학계의 예론은 기본적으로 『주자가례』를 고례의 정신에 따라 보완하는 길을 공통적으로 추구하고 있는데, 그 방식에 있어서 신분의 차이에 대한 반영 정도나, 시속과 고례의 조화에 대하여 상이한 입장을 나타내고 있다고 말할 수 있다.

배상현과 이영춘은 기해복제에 대하여 이익이 허목의 자최삼년설을 지지하고 송시열의 기년설과 윤휴의 참최삼년설을 비판하는 입장에 있음을 상세히 밝혔다.19) 배상현은 이익의 예설과 함께 예송에 대한 견해를 밝혔는데, 예송과 관련해서는 추숭론과 복제론 양 측면에서 이

---

16) 이영춘, 「성호의 예학과 기해복제 예론」, 『한국사연구』 105, 한국사연구회, 1999.

17) 이영춘, 「실학자들의 예학사상-성호와 다산을 중심으로-」, 『한국독립운동사의 인식』(白山朴成壽教授華甲紀念論文集), 同간행위원회, 1991, 111쪽.

18) 이봉규, 「金長生・金集의 禮學과 원종추숭논쟁의 철학사적 의미」, 『한국사상사학』 11, 한국사상사학회, 1998.

19) 배상현, 「星湖 李瀷의 禮學思想」, 『태동고전연구』 10, 한림대학교부설 태동고전연구소, 1993 ; 이영춘, 「실학자들의 예학사상-성호와 다산을 중심으로-」, 『한국독립운동사의 인식』(白山朴成壽教授華甲紀念論文集), 동간행위원회, 1991 ; 이영춘, 「성호의 예학과 기해복제 예론」, 『한국사연구』 105, 한국사연구회, 1999.

익의 입장을 분석하였다. 그는 이익이 부자관계와 군신관계를 구분하여 적용하는 방식을 통해 추숭론의 문제를 해소하는 시각을 제기하고 있음을 지적한다. 즉 入後의 형태로 왕위를 계승한 경우 嗣王은 先王에 대하여 군신 사이의 義服을, 그리고 生父에 대해서는 父子 사이의 親服을 적용하는 것을 원칙으로 세움으로써 추숭론의 문제를 해소시키려 하였다는 것이다. 배상현은 이익의 이 입장이 군신과 부자 사이의 관계를 왕위 계승에서 일원화시키려는 程頤나 金長生 등의 입장을 비판하는 것임을 지적하였다. 또한 이익이 昭穆의 배치와 관련해서 正室과 夾室을 두는 방식을 제기하였음을 밝혔다. 즉 부자 관계일 경우 소목을 분리하지만, 항렬이 같은 이를테면 형제 관계로 계승한 경우는 소목을 분리하지 않고 협실을 둠으로써 논란을 막을 수 있다는 것이다. 배상현은 이익의 이 시각이 주희나 정이의 입장과 다르며, 정주의 입장을 계승하는 김장생, 송시열 등의 입장과 대립하는 것이라고 설명하였다.

정신질환을 앓고 있는 부친이 상복을 할 수 없는 상황에서 손자가 아버지 대신 承重服을 하는 문제에 대하여 주자의 입론에 근거하여 정당하다고 보는 송시열측과 살아 있는 부친을 죽은 것으로 간주하는 것이어서 부당하다는 윤휴측 사이에 논란이 벌어진 적이 있다. 배상현은 이익이 왕위를 계승한 경우는 군신 사이의 義服으로서 참최복을 해야 하고, 일반 민간의 경우 대신 상복을 하는 攝喪만 가능하다는 입장을 보이고 있음을 밝혔다. 그는 이익이 조부의 상을 당하여 대렴 이전에 부친이 돌아가신 경우 할아버지에 대하여 기년복을 한다는 『通典』의 설에 근거하여 주장을 정당화하고 있음을 지적하고 있다. 군신관계와 부자관계의 적용을 분리함으로써 추숭론이나 소목의 배치, 그리고 복제론 등과 관련한 논쟁을 해소하려는 시각은 김장생과 대립하였던 박지계나 권시 등에서 이미 제기된 것이고, 근본적으로는 입후한 嗣王의 입장을 변호하는 입장들에 공통으로 나타난다. 이익의 입장은 그 연장선 위에 있는데 배상현과 이영춘은 그 점을 명확히 지적하지 않고 있다.

복제논쟁과 관련해서 배상현은 이익이 허목의 설을 지지하는 입장에서 송시열측의 견해를 비판하고, 한편으로 윤선도와 윤휴의 설에 반대하고 있음을 지적하였다. 이영춘 역시 이익이 '두번 참최복을 입지 않는다는 것[不二斬], 四種說의 庶子가 妾子가 아닌 衆子를 의미한다는 것 등 송시열의 논거와, 윤휴의 臣母說(어머니를 신하로 삼을 수 있다는 논리) 등을 비판하면서도, 윤선도의 卑主貳宗說(송시열측의 견해가 군주를 격하시키려는 의도를 가졌다는 정치적 비판)에 대해서는 묵인하고, 사종설의 庶子가 妾子를 의미하고 자최삼년을 하는 次長子는 嫡統을 의미한다는 허목의 설에 대해서 논거를 보완하고 있음을 재조명하였다. 이영춘은 이익이 각 예설에 대하여 문헌고증학적 비판에 주안점을 두었고, 정치적 동기나 쟁점들에 대해서는 고려하지 않는 등 객관적이고 학문적 동기에서 예송을 재평가하는 태도를 보인다고 해석하였다. 특히 윤휴의 臣母說에 대하여 비판하는 것에는 군주의 절대적 권위보다 유교 보편의 도의와 명분을 중시하는 유학자로서의 의식이 반영되어 있다고 보았다.

그러나 이익이 허목의 설을 옹호하고 윤휴의 설을 비판한 것에 관하여 신항수는 이영춘과 달리 당파적 의식이 작용한 것으로 해석한다. 신항수는 『대학』에 대한 해석 등 학문적으로 윤휴의 영향을 받고 있음에도, 이익이 자신의 학통을 허목에 두고 윤휴를 배제하는 것에는 자신이 속한 淸南세력의 정치적 정당성을 확보하기 위한 의도가 담겨 있다고 본다. 그는 허견의 옥사에 연루된 윤휴를 청남에서 제외함으로써 척신과 연계를 배제하는 것을 義理로 세우는 청남의 정치적 입장을 정당화하고, 이로써 근기남인의 출사 근거를 마련하였다고 해석한다. 그리고 이러한 청남의 입장은 이후 蔡濟恭에게 이어졌다고 본다. 신항수의 분석은 형 李潛의 장살 이래 가문의 정치적 입장을 수립하고 그 정당성을 확보하려는 문제의식이 이익의 사상에 배접되어 있으며, 예송에 대한 평가 역시 그 연장선 위에 있음을 보여준다.[20]

이영춘이나 신항수의 분석에서 이익의 예송에 대한 인식이 경세론과 어떻게 연계되었는지, 또는 예론과 연관한 이익의 사상적 기반이 무엇인지 등에 관해서는 규명하지 않았다. 이영춘은 주로 예송의 각 입장에 대한 이익의 평가를 재구성하여 드러내는 것에 주안점을 두었고, 신항수는 당파적 문제의식과 연계해서 그 의미를 해석하는 것에 주안점이 두어져 있다.

예송에 대한 이해와 경세론에 대한 문제의식을 연계한 연구는 정약용의 「正體傳重辨」에 대한 분석에서 발견할 수 있다. 정약용의 예송에 대한 재검토는 적어도 1794년(33세)에 시작된다.[21] 이후 長鬐에 유배된 1801년에 재정리하지만 그 글을 분실하고, 1805년에 다시 「정체전중변」으로 형태화한다. 그리고 그 후로 보완을 거쳐 1819년에 최종적으로 완성한다. 즉 예송에 대한 정약용의 견해는 20여 년 이상 장기간에 걸쳐 이루어진 것이다. 그런데 이 글에서 정약용은 李瀷의 입장을 일정 부분 수용하면서도 허목의 설을 지지하지 않고 윤휴의 참최설을 윤휴와 다른 방식으로 정당화하는 점에서 허목의 설을 지지하였던 이익의 입장에서 벗어난다. 정약용은 권철신의 묘지명을 쓰면서, 권철신이 윤휴의 「漫筆」을 높이 평가하였으며, 기해예송은 斬衰說이 옳다고 여겼음을 적고 있다.[22] 윤휴의 정당화방식을 비판하면서도, 군주복제에 대하여 참최설을 새롭게 옹호하는 것이 「정체전중변」의 중심 주제를 이루고 있음을 고려할 때, 허목의 설을 지지하던 이익의 입장이 권철신에 이르러 윤휴의 참최설로 바뀌었고, 정약용에 이르러 윤휴와 다

---

20) 신항수, Ⅰ-3 「이익의 學統自定과 近畿 南人 學統의 成立」 및 Ⅲ-3 「當代 政治史 認識과 政治運營論의 性格」, 『李瀷(1681-1763)의 經·史解釋과 現實認識』, 고려대학교 사학과 박사학위논문, 2001 참조.
21) 정약용 저, 실시학사다산경학회 역주, 『정체전중변』, 177쪽, 주 1) 참조.
22) 정약용, 「鹿庵 權哲身 墓誌銘」, 박석무 역주, 『다산산문선』, 90쪽 참조.

른 방식으로 참최설을 정당화하는 형태로 다시 보완됨을 알 수 있다. 요컨대 「정체전중변」은 정약용이 성호학파의 예송론에 대하여 일련의 수정과 보완을 가하여 이룩한 최후의 이론적 형태라고 말할 수 있다.

「정체전중변」에 대한 연구는 정병련에 의해 먼저 제시되었는데, 그는 내용을 소개하는 것에 중점을 두었다.[23] 정병련의 연구를 이어 이봉규는 예송의 쟁점을 경학적 측면에서 재조명하는 대표적 사례로 「정체전중변」을 들고, 정약용의 독법과 그 성격을 드러내는 것에 초점을 두고 그 내용을 분석하였다.[24] 그는 정약용이 송시열, 허목, 윤휴 등의 주장을 재검토하는 내용을 비판적으로 분석하면서, 정약용이 경학적 전거와 동시에 원리의 측면에서 예송을 재해석하고 있음을 밝혔다. 즉 정약용이 복제를 결정하는 일반적 원리로서 혈연적 親疎에 근거한 親親의 이념과 신분의 尊卑에 근거한 尊尊의 이념을 경학적 측면에서 제시하고, 이 원리에 따라 예송의 문제를 접근하고 있음을 지적하였다. 따라서 예송은 유교의 사회구성의 토대이념인 친친과 존존의 두 요소를 복제에 반영하는 것을 두고 발생하는 논쟁으로, 성격상 유교사회의 근본적 문제이며, 특정한 시기의 당파적 문제가 아님을 간접적으로 드러내고자 하였다.

정약용은 복제에 대한 다양한 규정들 속에는 친친과 존존의 두 요소가 동시에 포함되어 있기 때문에 왕실 복제를 다룰 때에도 이 두 요소가 어떻게 결합되었는가를 살펴야 한다고 주장한다. 그는 종통을 계승한 여부, 즉 왕이 되고나서 죽은 것인가(已傳重) 아니면 세자나 태자로 죽었는가(將傳重)의 여부를 구분해야 한다는 윤휴의 시각을 수용한다. 그러나 종통을 계승한 군주에 대해서는 尊尊의 원리를 앞세워 義服으로서 혈연과 신분을 막론하고 참최복을 해야 한다는 윤휴의 주장에 대

---

23) 정병련, 「己亥禮訟의 經學的 辨析」, 『현대의 윤리적 상황과 철학적 대응』, 이리 : 원광대학교출판부, 1992, 93~106쪽 참조.

24) 이봉규, 「17세기 예송에 대한 정약용의 철학적 분석」, 『孔子學』 2, 한국공자학회, 1996.

해서는 받아들이지 않는다. 즉 大一統의 원리를 천명하는 것으로 군주에 대한 복의 의미를 천명하는 윤휴의 주장에 대하여, 정약용은 대일통의 원리를 천명하는 것은 곧 혈연적 친소와 상관없이 누구든 군주에 대하여 신하의 위치에 서게 하는 것으로서 부모가 자식에게 하는 복에 대해서는 적용할 수 없다고 반론한다. 즉 정약용은 부모와 자식 사이의 복제에 대하여 親親을 尊尊에 예속시키거나 또는 尊尊을 앞세우는 독법에 대하여 반대한다.[25]

왕실 복제에서 우선적 적용 기준이 '爲天王斬(군주를 위해서는 참최를 한다)'이라고 이해하는 점에서 정약용은 윤휴와 동일한 입장이다. 그럼에도 부모의 지위에 있는 당사자가 자식인 군주에 대하여 참최복을 해야 하는 이유에 관해 臣母說까지 동원하여 尊尊이 이념을 우선시하는 윤휴와 달리, 정약용은 남의 尊尊이 나의 親親을 넘어서지 못하기 때문이라는 새로운 논리를 제시한다. 이 논점은 三禮書에서 제시되지 않은 새로운 해석인데, 정약용의 이러한 주장이 담고 있는 문제의식이 무엇인지에 대하여 다음의 두 가지 독법이 제기되고 있다.

한 입장은 윤휴와 정약용의 입장을 왕권강화론의 측면에서 한 계열로 이해하는 방식이다. 먼저 이봉규는 정약용의 참최설에 대한 정당화 방식이 윤휴와 다르지만, 종통을 우선시하는 점에서 윤휴의 입장과 상통한다고 본다. 그는 송시열이 군주에 대한 복제가 군주의 종통승계방식에 따라 다르게 적용될 수 있다는, 복제와 종통을 분리하는 시각을 견지하는 것에 반해, 정약용은 종통이 승계된 경우 군주의 복제는 종통의 승계방식과 상관없이 종통을 우선시해야 한다는 입장을 견지하는데, 이것은 비종법적으로 왕위에 오른 군주라 하더라도 그 군주의 위상을 정당화하는 입장이라는 점에서 윤휴와 동일한 것이라고 해석한다. 또한 복제 이외에 경세론에서 사림들의 비효율적 정치방식을 비판하고 왕권을 강화하는 일련의 정책을 제기하는 것에서도 윤휴와 정

---

25) 이상, 『정체전중변』, 한길사, 1995, 3장, 127~176쪽 참조.

약용의 입장은 동일하다는 점을 들어 복제론에 군주의 위상을 강화하려는 시각이 깃들어 있으며, 그 점에서 친친보다 존존의 원리를 앞세우는 입장으로 해석한다. 따라서 대비가 군주를 위해 참최복을 하는 근거로 군신 사이의 義服이 아닌 '남의 尊尊이 나의 親親을 넘어설 수 없다'는 논리를 내세운 것은 유교적 이념의 범주 안에서 참최설을 옹호하려는 의도로 해석한다.[26]

최진덕은 정약용의 사유에 맹자적 왕도정치와 순자 내지 법가적 패도정치의 이념이 착종되어 있다고 본다. 그는 또한 父 – 유학성, 君主 – 근대성, 상제 – 종교성(중세성)의 세 요소가 정약용의 사유 속에 착종되어 '파열음'을 일으키고 있는데, 전체적으로는 친친 중심의 유교적 세계관에서 벗어나 근대로 나아가는 방향성을 갖는다고 해석한다. 따라서 정약용은 예론에서도 質보다 文을, 和보다 嚴의 측면을, 親親보다 尊尊의 원리를 우선시하며, 그 점은 친족례보다 邦禮에서 더욱 두드러진다고 본다. 그는 『正體傳重辨』을 통해 정약용이 정당화하는 군주복제론은 곧 군주를 정체적 세계의 절대적 중심으로 높이는 입장인데, 그 정당화 논리에서 친친의 원리를 끌어들이는 것은 "군주를 아버지와는 다른 것으로 보는 법가적 군주론에 동의하면서도 군주를 아버지와 비슷한 것으로 보는 유가적 군주론을 버리지 못하기 때문"이라고 해석한다. 그리고 이것은 '다산의 근대성이 유학성과 연루되어 있음을 복제론을 통해 보여주는 것'이라고 평가한다. 최진덕의 해석에 따르면, 정약용의 예론은 절대군주론과 같은 근대성을 지향하면서도, 그 안에 종법을 바탕으로 한 유교적 정당화의 이념을 함께 포함함으로써 서로 파열을 일으키는 사유의 형태를 보여준다고 할 수 있다.[27]

또 하나의 시각은 장동우에 의해 제기되었는데, 그것은 정약용의 예

---

26) 이봉규, 앞의 논문, 4~5장 참조.

27) 이상 그의 입장은, 최진덕, 「茶山 實學의 構造와 그의 喪服制度論」, 『茶山의 사상과 그 현대적 의미』, 한국정신문화연구원, 1998 참조.

학에 친친의 원리를 우선시하는 입장이 일관되어 있다는 해석이다. 이것은 정약용의 예학에 대하여 법가적 군주론을 수용한 절대군주론으로 해석하든 아니면 왕권강화론으로 해석하든, 존존의 원리를 우선시하는 것으로 해석하는 입장에 대한 전면적 반론이다. 장동우는 정약용의 예학론이 근본적으로 고례의 회복을 통해 왕도정치를 실현하려는 문제의식을 갖고 있으며, 그것은 곧 법가의 영향을 받아 尊尊의 원리를 우선시하는 漢代 이후의 예학을 비판 극복하고 親親을 중심으로 하는 孔孟의 입장을 회복하려는 형태로 전개된다고 본다.[28]

장동우의 이러한 해석 속에는 선진시대에서 한대에 이르는 예학의 변화에 대한 독법이 들어 있다. 그는 공자와 맹자로 이어지는 노선이 親과 孝를 중심으로 忠과 尊을 포섭하는 형태로 국가의 규범체계를 구성하려는 입장인 반면에 親－私, 尊－公의 관계로 친과 존을 대립시키고 國－尊－公을 우선시하는 법가의 영향 속에 한대에 이르면 忠－尊이 親－孝와 갈등을 일으키고, 전자가 후자를 압도하는 관계로 재설정된다고 본다. 장동우는 그 점을 『예기』속에 공맹노선과, 순자와 한대 유자의 노선이 서로 갈등을 일으키고 있음을 재조명하면서 정당화한다. 가령『예기』속에 삼년상을 하는 이유에 대하여 부모를 잃은 상심으로부터 회복하는 情理의 측면, 즉 親親의 원리에 중점을 두는 해석과, 1년의 親服＋1년의 尊服으로 해석하고 또 아버지에 대한 참최복을 존복의 측면에서 해석하는 입장이 서로 대립하고 있음을, 또는 국상과 부모의 상이 겹칠 때나 전쟁이 발발하였을 때 대응방식을 놓고 충과 효의 대립적 해석을 제기하고 있음을 사례로 든다. 장동우는 그러한 대립에는 報恩意識－情理－眞情性－親親을 우선시하는 공맹노선과 報恩義理－名分－文飾性－尊尊을 우선시하는 순자와 그 후예들의 노선 사이의 규범체계 구성방식에 대한 시각차이가 들어 있다고 본

---

28) 장동우,『茶山 禮學의 硏究－『儀禮』「喪服」과『喪禮四箋』「喪期別」의 比較를 중심으로－』, 연세대학교 철학과 박사학위논문, 1997, 153쪽 이하.

다.29)

장동우는 정약용이 존존의 원리를 통해 喪服을 해명하는 한대 유자들의 해석, 특히 鄭玄의 해석에 대하여 비판하고 親親의 원칙에 입각하여 재해석하는 것에 주목한다. 가령 부모의 삼년상에 대하여 정현이 존비에 따른 加服 개념을 들어 정당화하는 것에 대하여 정약용이 喪期의 구분 자체를 철저히 친친의 원리에 입각하여 해석할 뿐 아니라, 立後에 있어서 嫡庶의 차별을 완화하여 서자의 승계를 친친의 원리를 끌어들여 정당화하고 하는 것 등은 그 사례가 된다.30) 장동우는 또한 왕위 계승을 둘러싸고 衛靈公—蒯聵—輒 사이의 갈등에 대한 해석에서도 정약용이 혼란한 국정의 안정을 위해서 괴외의 왕위계승을 정당화하면서도 부자 사이의 仁—親親이라는 인륜성을 해치지 말아야 한다는 것을 견지함을 사례로 든다. 장동우는 정약용의 해석이 '親親의 이념으로 尊尊의 이념을 해쳐서는 안된다'(不以親親害尊尊)는 입장에 따라 첩의 계승을 정당화하는 『공양전』, 『곡량전』 등의 해석과 다름을 지적한다.31)

이러한 사례를 통해 장동우는 왕권에 대한 강화의식 또는 作爲的 王政論을 근거로 정약용이 예학에서 尊尊의 원리를 더 중시하거나 우선시하였다고 해석하는 것은 일면적 관찰이라고 반론한다. 이 반론은 정약용의 연구방식에 대한 재검토가 필요함을 일깨워준다. 노론 벌열 세력에 대한 견제와 강력한 개혁을 추진하기 위한 역사적 상황을 근거로 정약용의 경세론은 왕권강화라는 차원에서 별 의문 없이 해석되어 왔다. 정약용의 경학론 속에는 분명 국왕의 능동적 역할을 재정립하려

---

29) 장동우, 「『禮記』成立에 관한 一考察—禮의 正常化에 관련된 두 가지 相異한 論點을 中心으로」, 『철학』 69, 한국철학회, 2001 참조.
30) 장동우, 앞의 글, 1997, 170~175쪽 참조.
31) 장동우, 「茶山 禮學에서 '親'과 '尊'의 問題—議親과 王位繼承에 관련된 두 가지 사례를 중심으로」, 『퇴계학보』 112, 퇴계학연구원, 2002, 180쪽 이하 참조.

는 문제의식이 깃들어 있다. 가령 「대우모」 대신 「皐陶謨」의 官人과 惠民 개념을 통해 『大學』의 이상을 재해석하는 것은 대표적 사례가 될 수 있다. 그러나 국왕의 능동적 역할을 재정립하는 것이 정약용의 국왕론과 국가론의 전부는 아니다. 「原牧」, 「湯論」, 「逸周書克殷篇辨」 등과 같은 글들은 왕권과 정치체제에 대한 역사적 변천과 그 의미들을 객관적으로 이해하려는 또 다른 시각을 담고 있다.[32) 이 글들에 담긴 정약용의 왕권론은 一表二書에 담긴 왕권론과 차이가 있음은 줄곧 논의된 사안이지만, 학계의 해석은 대체로 일표이서를 통해 정약용의 왕권론을 왕권강화론 내지 작위적 왕정론으로 특징 지우려는 경향이 주를 이룬다.[33) 이봉규와 최진덕이 尊尊의 원리를 우선시하는 것으로 정약용 예학을 특징지운 것은 이러한 시각에 따른 것이다. 장동우 역시 작위적 왕정론을 긍정하면서도 정약용이 친친의 원리를 예론, 특히 服制와 관련하여 일관되게 우선시하는 것은 민권을 보증하려는 문제의식이 깃들어 있는 것으로 추론한다.[34) 그러나 장동우의 추론은 아무런 명확한 논거가 없는 것이어서 그야말로 추정에 불과하다.

예학을 통해 볼 때, 이제 정약용의 왕권과 국가체제에 대한 연구는 조선의 시폐 개혁을 위한 작위적 왕정론의 측면에서부터 왕권 자체로 좀더 시야를 확대할 필요가 있다. 정약용의 글들 속에 왕권에 대한 다양한 성찰이 혼재되어 있는 이상, 국왕의 작위적이고 능동적 역할을 강조하는 문법과 동시에 국왕의 자의적 권력행사에 대한 비판적 성찰 역시 함께 고려되어야 한다. 장동우는 다산의 왕정론이 지향하는 것은

---

32) 이에 대하여 근대적 요소로 파악하는 시각과 반대하는 시각의 두 연구가 학계에 함께 제기되고 있다. 반론하는 시각의 경우로는 안병직, 「茶山의 侯戴論」, 『韓國實學硏究』 창간호, 한국실학회, 1999 참조.

33) 대표적 사례로 이영훈, 「茶山 經世論의 經學的 基礎」 ; 김태영, 「다산 경세론(經世論)에서의 왕권론(王權論)」, 이상 『茶山學』 창간호, 다산학술문화재단, 2000.

34) 장동우, 앞의 글, 2002, 192쪽.

곧 맹자의 왕도정치라고 해석한다.[35] 왕도정치 내지 왕정은 이상적 정치방식을 염두에 둔 매우 일반적 발언이지만, 그 자체에는 국왕의 자의성으로부터 왕권의 공공성을 분리해 내려는 유가학파의 문제의식을 담고 있다. 이런 점은 정약용에게도 마찬가지로 발견되는 점이다. 따라서 왕권 자체를 객관화하여 왕권과 관련된 정치체제의 문제를 다루는 방식에 관해서는 좀더 세밀하고 균형적 연구로 심화될 필요가 있다.

한편 예론의 측면에서 실학의 근대성을 읽어내는 시각이 최근 학계에 제기되었다. 김상준은 군주의 통치권의 불가침, 불가분을 주장하는 근대 주권론이 종교개혁과 종교전쟁을 거치면서 17세기 유럽에서 확립되어 절대주의의 사상적 핵심을 이루었다는 서구 연구를 토대로, 조선에서도 예송을 통해 윤휴와 정약용이 주장하는 견해는 근대 주권론의 단초를 보여준다고 해석한다.[36] 그는 정통주자학의 예론이 친족의례와 국가의례가 동형구조를 이루는 형태로서 유교사회가 장기간 '초안정적 봉건성'을 이루는 지주 역할을 하였다고 본다. 조선후기 예송은 바로 그런 안정성의 내부적 파열을 의미하며, 그 파열에서 송시열이나 허목 등이 친족례-家禮와 국가례-邦禮를 동형구조에서 이해하는 전통적 입장, 즉 중세적 사유 안에서 머무른다고 본다. 반면에 윤휴와 정약용은 둘 사이의 분리를 통해 방례를 가례의 구속으로부터 해방시키고, 왕권 계승의 독자적 신성성을 유학자의 도통관념에 근거한 윤리적 지배의 질곡으로부터 해방시키는 근대적 주권론의 방향으로 나아간다고 본다.

김상준은 예송에서 윤휴와 정약용이 군주에 대한 참최삼년복을 정당화하는 것은-윤휴는 義服으로서 정약용은 親服으로서 정당화하기

---

35) 장동우, 위의 글, 2002, 167쪽.

36) 김상준, 「남인 예론과 근대주권론」, 『茶山學』 4, 다산학술문화재단, 2003 ; 「조선후기 사회와 '유교적 근대성' 문제」, 『대동문화연구』 42, 성균관대학교 대동문화연구원, 2003. 이하 김상준의 논의는 이 두 논문의 내용을 중심으로 기술한 것이다.

때문에—서로 정당화하는 방식은 다르지만 정약용이 『儀禮』가 아닌 『周禮』의 '천왕을 위해서는 참최를 한다(爲天王斬)'는 규정에서 군주복제의 근거를 세움으로써 본질적으로는 尊尊主義에 서서 가례와 왕조례를 분리시키는 동일한 입장이라고 본다. 그는 윤휴와 정약용의 입장이 군주의 주권으로부터 嫡統 내지 長庶의 친족적 구속력을 배제함으로써 군주의 주권에서 사적이고 친족적 성격을 탈색시키는 대신 공적이고 정치적 성격을 강화하며, 나아가 추상적이고 절대적인 것으로 군주권의 위상을 확립하는 노선에 선다고 본다.

김상준은 한편 윤휴와 정약용 사이에서 발견되는 상제 관념을 군주의 신성에 대한 강조와 맞물려 있다고 해석함으로써 자신의 논지를 보강한다. 윤휴와 정약용은 理 개념 대신 고대의 상제 관념을 복원시키고 있는데, 이는 '내면화된 도덕적 규제자이자 유교적 왕권신수설의 근거'가 되며, 理의 흐름에 자신을 맡기는 無爲之治의 군주 대신에 상제의 의지를 구현하는 능동적 성군으로서 군주의 위상을 강화하여, 세속 군주가 신성의 중심이 되는 정치신학을 수립하고 있다고 해석한다.

이러한 김상준의 해석은 예송에 대한 견해에 국한된 것이기는 하지만 윤휴와 정약용의 예론을 '탈성리학—근대지향'이라는 문법으로 경학이나 경세론과 일관성 있게 해석할 수 있는 독법을 제공한다. 그러나 김상준의 주장이 설득력을 갖기에는 몇 가지 난점이 있다. 먼저 私家의 家統과 국가의 王統 사이에 적용되는 원칙을 구분하려는 윤휴와 정약용의 입장이 과연 성리학적 질서로부터 이탈해 군주권의 신성성을 주장하는 의미를 담고 있는가 하는 점이다. 가령 윤휴가 주장하는 군주 앞에서 '어머니도 신하가 된다'는 이른바 '臣母'설이나, 대간직의 혁파나 유생의 연합상소 금지 등을 주장하는 것, 상제의 관념을 강화하는 것 등은 군주권의 절대적 위상을 설정하려는 의도를 담고 있는 것으로 해석할 여지가 있다. 그러나 이들 주장이 제기되는 문맥은 반드시 군주권과 연관되어 있지 않다.

먼저 臣母설의 경우 성리학적 질서에서 이반하는 것이라기보다 비유가적 발상으로 군주권의 절대적 지위를 설정하는 법가적 문법이며, 이는 왕권강화를 위해 제기되는 선진시대 이래의 고전적 입장이다. 문제는 윤휴가 이를 토대로 군주권의 신성성을 주장하는 데로 나아가지 않는다는 것이다. 상제의 관념이 강화되어 나타나는 것 역시 '格物'의 格을 誠敬感通으로 이해하는 관념과 결부되어 나타나며, 군주권의 강화 내지는 신성성의 의미를 부여하는 문법에서 등장하지도 이용되지도 않는다.[37] 이 점은 정약용의 경우도 마찬가지다. 정약용은 理 개념의 지위를 박탈하면서 대신 上帝의 관념을 복원시키지만, 상제 관념을 군주권의 강화나 신성성을 담기 위한 문맥에서 사용하지 않는다. 또한 윤휴와 정약용의 상제 관념 사이에는 서학의 수용이라는 근본적 차이가 있다. 일부 연구자들 사이에서 이황에서 정약용에 이르는 남인학파에 상제 관념의 내적 전통이 있다는 주장이 제기되고 있지만,[38] 이 주장들은 상제 개념이 거론되는 각각의 문맥을 고려하지 않은 추론에 불과하며, 실학에 대한 서학의 영향을 소극적으로 평가하려는 자세에 불과하다. 더욱이 왕권신수설은 교황체제와 국왕권 사이의 대립이 문제되는 유럽사회의 특수 상황에서 발생하는 것이며, 교황체제와 같은 초월적이고 절대적 신학체계가 존재하지 않는 동아시아 사회에서도 관찰되는 인류사의 보편적 현상이 아니다.

동아시아 복제이론의 기초가 되는 두 관념 즉 친친과 존존의 관념을 私家와 王家에서 적용하는 방식을 두고 벌어지는 논쟁은 17세기에 와

---

37) 윤휴의 격물론에 관해서는 유영희,『白湖 尹鑴 思想 硏究』, 고려대학교 철학과 박사학위논문, 1993, 45~56쪽 참조. 格을 感通의 개념으로 이해하는 것은 양명학에서 발견된다(한정길,『王陽明의 마음의 철학에 관한 연구-本體와 工夫에 관한 논의를 중심으로-』, 연세대학교 철학과 박사학위논문, 1999, 73~90쪽, 특히 89쪽). 윤휴의 성리설에 양명학의 요소가 있음은 유영희도 지적하고 있지만, 그 구체적 영향관계는 아직 명확히 규명되지 않은 상태다.

38) 이동환,「茶山思想에 있어서의 '上帝' 문제」,『민족문화』19, 민족문화추진회, 1996.

서 처음 등장하거나 또는 본격화되는 문제가 아니다. 이미 춘추시기부터 논의되어 적장자로 승계되는 사태가 벌어질 때마다 늘상 논란되었던 문제다. 조선후기 예송에 참여하는 송시열, 허목, 윤휴 등 역시 이미 이전에 제기되었던 주장들을 논거로 이용하여 자신들의 입장을 전개한다. 만일 윤휴와 정약용의 복제론이 이전의 동일한 주장과 다른 근대성을 갖는 것을 말하려면, 또 다른 논거가 필요하다.

親親과 尊尊의 두 관념은 유교의 사회구성에서 기본 준칙이지만, 유교를 넘어서도 동아시아 모든 학파의 공유된 관념이기도 하다. 가령 친친과 존존의 대비 속에서 정치체제의 성격을 읽는 것은 법가에게서도 발견된다. 그러나 유가의 문법 속에 들어왔을 때 '親親—친족윤리—혈연적 원리, 尊尊—정치윤리—정치적 원리'로 구분하는 방식은 간결하지만 과도한 단순화가 된다. 친친과 존존은 혈연과 신분이라는 구체적 사회관계에 기초한 관념이지만, 둘 다 사회구성이라는 정치적 원리의 한 부분이다. 親親은 혈연에 기초한 관념이지만, 혈연관계에 국한해서 적용되지 않는다. 그것은 형률에 의한 지배방식을 극복하는 정치적 연대의 원리로서, 親民, 保民 등의 관념이나 刑을 넘어서 禮로 유도하는 질서를 세우고자 할 때 표상되는, 달리 말하면 유가학파가 법가 등 물리적 폭력에 의한 지배를 극복하고자 할 때 적극적으로 내세우는 관념이다. 존존은 신분의 구분의식이지만 비혈연관계뿐 아니라 혈연 내부에서도 반영된다. 친친과 존존은 모두 인륜성을 공통분모로 갖고 있는 국가구성의 원리로 즉 삼강오상으로 표상되는 정치원리로 작동한다. 여기에 동아시아 사회구성 내지 국가관념의 개성이 담겨 있다. 이들 특성을 비교사적 시각에서 어떻게 읽어야 할지는 여전히 해명되지 않은 과제다. 그러나 그 점을 고려하지 않고 親親과 尊尊을 친족윤리와 정치윤리로 이분하여 규정하는 방식은 가족 또는 친족의 영역(oikos)—사적인 영역, 국가의 영역(polis)—공적 영역으로 구분하는 서구정치사의 관념을 암묵적으로 반영하여 유교를 이해하는 오리엔탈리즘의 한 형태가 되기 쉽다.

친친과 존존의 두 준칙은 가례와 국가례 모두에 관철되어 있는 기본 원리로 모든 예제에 交織되어 나타난다. 따라서 두 관념의 반영에서 우선성에 대한 논란은 예제의 모든 부분에서 발생하는 문제로 동아시아 전통사회의 본질적 모순에 해당한다. 그러나 그들 논란은 맥락에 따라 의미가 달라지며, 존존의 원리를 강조하는 것만이 왕권의 위상을 강화하는 방법은 아니다. 가령 왕실의 보전을 위해 국왕이 종친들에 대한 대우를 높이면서 親親의 관념을 이용하는 것은 곧 왕권의 위상을 높이기 위한 의도와 연관된다. 윤휴의 義服說 역시 존존의 원리를 앞세워 왕통을 정당화함으로써 왕권강화를 위한 의도와 연관된다는 것은 여러 논문들에서 지적되었다. 그러나 그것이 곧 왕례에서 친족적 연관을 끊는 것을 의미하거나, 또는 왕권을 종법적 원리와 별개로 독자적 문법에서 정당화하여 왕권의 신성성을 세운다는 해석은 과장된 해석에 불과하다. 종묘가 존재하는 한 왕례의 친족적 연관성이나 친친의 이념은 사라지지 않는다. 개창자의 경우 왕권의 정당화에 天命을 동원하는 것은 매우 당연한 것이지만, 이후 垂統의 과정에 있는 군주들은 가계의 종법적 승계원리로 정당화하지 결코 천명을 통해 정당화하지 않는다. 종법의 원리를 넘어서 왕권 자체의 신성성을 세우려는 발언들은 윤휴나 정약용의 글에서 발견되지 않는다.

논리적 취약점에도 불구하고 김상준의 문제제기는 되새겨 볼 필요가 있다. 예송에 대한 논의에서 윤휴와 정약용은 服制－宗統의 문법을 떠나 국가나 왕권 자체의 또는 군주 주권의 원천과 결부된 담론이 없다. 그러나 예송을 떠나서 보면, 정약용에게는 앞에서도 지적하였듯이 「原牧」, 「湯論」, 「逸周書克殷篇辨」 등 왕권 내지 통치권의 원천과 연관된 담론이 나타난다. 또한 군주의 능동적 作爲를 강조하는 담론도 여러 곳에서 강조된다. 예송과 연관되거나, 좁게는 복제－종통과 관련된 언급들이 발견되지 않지만, 나아가 발언의 문맥 자체도 서로 일치되지 않지만, 이들 발언 자체가 나오는 것은 왕권에 대한 복합적 문제의식이 정약용에게서 표출되고 있음을 보여준다.

그러나 국가와 왕권에 대한 정약용의 문제의식과 발언내용이 담고 있는 문맥을 드러내기 위해서는 유교의 사회구성원리나 그와 결부된 동아시아 왕권의 성격 등 기본적인 작업들이 더 필요해 보인다. 따라서 현단계에서 볼 때, 어떤 근대성을 담고 있는가를 찾는 작업보다는, 유교의 정치원리가 동아시아 역사 속에서 작동하였던 문법 속에서 예송이나 왕권에 대한 담론을 먼저 분석할 필요가 있다. 그리고 나서 비교사적 시각에서 타 문화권의 유사한 논의들을 쌍방향으로 읽어야 할 것이다.

정약용은 조선후기 예송뿐 아니라, 왕권의 계승과 관련하여 入承代統, 즉 入後의 형태로 왕위에 올라 生父를 추숭하는 문제를 놓고 논란을 벌였던 경우들을 검토하여 「國朝典禮考」라는 글로 정리하였다. 이에 대한 분석은 박종천에 의해 제기된 바 있다. 그는 분석을 통해 정약용이 親親에 근거한 親屬과 尊尊에 근거한 君統을 엄격히 분리하여 두 측면이 서로 침해하지 않는 방식으로 양자의 이념을 실현해야 한다는 입장을 제기하였음을 밝히고 있다. 즉 추숭론자에 대해서는 군주의 생부에 대한 私恩의 실현을 위해 君統을 침해하는 것으로 비판하고, 나아가 추숭반대론자에 대해서는 반대로 君統을 위해 私恩의 실현을 침해하는 것으로 비판하고 있음을 지적하면서, 정약용이 생부에 대한 父의 호칭과 別廟를 통해 私恩을 실현하고 동시에 종묘에서는 君統에 따르고 추숭하지 않을 것을 주장하였음을 밝히고 있다. 박종천은 정약용이 親屬과 君統을 분리하여 양자를 서로 침해시키지 않음으로써 親親과 尊尊의 두 이념을 모두 실현하려는 것을 지향하고 있으며, 그것은 정치적으로 왕권강화론의 측면과 동시에 군주권의 사적 남용을 막고자 하는 측면을 아울러 내포하고 있다고 해석하였다.39)

---

39) 박종천, 「『國朝典禮考』에 나타난 茶山 丁若鏞의 禮論」, 『韓國思想史學』16,

박종천의 분석은 정약용의 예론을 왕권강화론과 연과하여 尊尊을 우선시하는 예론이라는 것으로 해석하는 것에 대한 또 다른 반론이라고 할 수 있다. 추숭논쟁은 대체로 입승대통한 군주가 이념적으로는 親父에 대한 恩義를 실현하기 위하여 그리고 현실적으로는 자신의 정치적 기반을 강화하기 위하여 시도하는데, 여기에는 宗統 또는 君統보다 자신의 사적 恩義를 앞세움으로써 종통을 중심으로 규정된 종법체계에서 이탈하는 문제가 발생한다. 박종천의 지적처럼, 역사적으로 종법체계에 따라 왕권을 규정하려는, 즉 왕의 사적인 의도를 배제시키려는 입장에서는 추숭론을 반대하였다.[40] 반면 왕의 입장에 동조하거나 같은 세력에 있는 측에서는 추숭론을 추진하였다. 정약용이 추숭론을 반대하는 것은 바로 왕권에 대하여 왕권강화라는 입장에만 서 있지 않음을 말해준다. 그보다는 親親과 尊尊의 두 이념 축을 기반으로 왕권을 공적인 규정을 통해 객관화하면서 두 이념의 갈등을 해소시키는 것에 주안점을 두고 있음을 보여준다.

박종천은 이러한 정약용의 예론에 대하여 종교문화적 입장에서 볼 때 宗子와 君主를 공동체의 다른 구성원들과 구분(聖別)되는 의례적 지위를 부여하여, 통시적으로 상징적 始原 顯現을, 공시적으로 공동체 전체를 묶은 상징적 中心 역할을 담당하게 하는 것이라고 보았다. 따라서 추숭과 관련한 전례논쟁은 공동체의 중심상징에 부여된 의례적 지위의 타락을 방지하기 위한 것으로서 의미를 갖는다고 본다. 이러한 박종천의 해석은 정치적 의미 외에 종교문화적 측면에서 예송과 예론을 어떻게 읽을 것인가에 대한 하나의 탐색으로 보인다. 예론 나아가 유교 자체를 정치사의 문법을 넘어서 문화적으로 재해석하는 이론적 틀이 다양하게 개발되어야 할 것이다.

2001.

40) 이와 관련한 분석으로, 졸고, 「王權에 대한 禮治의 문제의식-宗法과 君子 개념을 중심으로」, 『철학』 72, 2002 참조.

4. 실학자의 예설 연구

실학자의 예설에 대한 연구 역시 매우 초보적 형태이지만, 그 중에도 성호학파 특히, 이익과 정약용의 예설에 집중되어 있다. 먼저 이익의 예설에 관해서는 앞서 거론한 바 있는 배상현과 이영춘이 제시하고 있다. 이들은 모두 예설에 대한 이익의 관심이 家禮에 집중되어 있는 것에 주목하고 있다. 두 연구자 모두『주자가례』가 관료층을 대상으로 설정된 예식인데, 이를 벼슬하지 않는 士庶층에서 따르는 것은 경제적 부담을 가중시켜 가계의 몰락을 가져오고, 이로 인해 예치의 사회적 기반을 붕괴시킨다고 우려하면서 비관료층 사족으로서 자신의 집안에서 실행할 수 있는 禮式을 수립하는 것에 이익의 실제적 관심이 있다고 보았다. 이러한 분석은 뒤에 이봉규에게도 이어져 이익의 예학에 대한 관심을 조선후기 사회에서 유교적 질서를 재구축하려는 노력으로 해석하기도 하였다.[41]

배상현은 예제의 실천에서 儉素의 추구가 이익의 기본지향이라고 보면서, 喪·祭禮 과정에서 제사 대상을 父·祖로 제한하고 祭需의 수를 줄인 것, 飯含, 楔齒, 履設 등을 불필요한 절차로 간주하고 줄인 것 등을 사례로 지적하였다. 그는 아울러 반함 등 상례의 일부 절차는『주자가례』에도 없는 것인데, 김장생이『상례비요』에서『儀禮』에 근거하여 삽입한 것으로 時誼에 맞지 않는 것이라고 이익이 비판하였음을 지적하였다. 배상현은 이익이 그러면서도 한편으로 가능한 범위에서 주변의 친족들이 예제를 실행할 수 있도록 도왔음을 상기시키면서, 예제를 간소화하려는 이익의 관심이 예제를 박절하게 실행하려는 것이 아니라 가능한 한 넓은 범위에서 예제를 실행할 수 있도록 유도하는 것에 초점이 있다고 해석하였다.

---

41) 이봉규,「유교적 질서의 재생산으로서 실학—반계와 성호의 경우—」,『철학사상』12, 서울대 철학사상연구소, 2001.

배상현은 또한 종법과 관련한 이익의 문제의식을 재조명하였는데, 庶姓도 대종을 세울 수 있게 하고, 대종과 소종의 구분을 엄격히 하여 종법적 질서를 확립하려는 것에 초점이 있다고 보았다. 배상현은 그 사례로 이익 자신이 8대조의 사당을 종자의 집에 세우고 大宗法을 마련한 것, 종자와 종인의 관계를 君臣 관계로 파악하여 복제에 적용한 것, 대종의 경우에만 立後를 인정한 것, 支子가 제사를 주관하지 못하게 한 것, 最長房制를 불합리한 것으로 평가한 것 등을 들고 있다.[42]

이영춘은 배상현의 연구가 김장생과 이익의 가례에 대한 문제의식을 대립적으로 파악하였다고 비판하면서, 김장생의 『疑禮問解』에 대하여 변론한 이익의 『疑禮問解辨疑』를 재검토하였다. 그는 구체적으로 논증하지는 않았지만, 이익이 김장생의 설에 대하여 비판하기보다는 보완하는 시각을 갖고 있다고 해석하였다. 그러면서도 부인이 제사를 주관할 수 없게 한 점과, 최장방제를 비판한 점 등을 들어 이익이 종법에 관해서 김장생보다 더 원칙에 충실하고자 하였다고 해석하였다. 이것은 배상현의 해석과 동일한 입장이다. 또한 시묘살이를 긍정하지 않고 反魂을 正禮로 간주하는 입장을 들어 김장생이 속례를 긍정하는 유연한 입장인 반면, 이익은 실용성을 중시하면서도 한편으로 원칙을 중시하는 태도를 지녔다고 해석하였다. 그러나 明宗喪에 대하여 공의대비 복제를 놓고 기대승과 이황 사이에 존재했던 繼體服과 小功服의 견해 차이에 관해서, 이익이 종통상의 모자 관계가 아닌 혈연상의 형제관계에 입각해서 복을 해야 한다는 견해를 제시하고 있음을 지적하면서, 이익의 입장에서 현실적인 혈연관계를 중시하는 실학적 태도를 읽을 수 있다고 해석하였다.[43]

배상현과 이영춘의 분석을 통해 볼 때, 이익의 예학에 대한 태도는 실용성을 중시하는 것과 원칙을 중시하는 두 측면이 동시에 존재하며,

---

42) 이상 배상현의 논지에 대해서는 배상현, 앞의 논문, 1993 참조.
43) 이상 이영춘의 논지는 이영춘, 앞의 논문, 1999 참조.

그것은 현실을 중시하면서도 동시에 예제에 관한 일정한 원칙을 확립하려는 상반된 문제의식으로 비쳐진다. 두 가지 문제의식이 제기되는 데에는 이익이 자신의 가문을 운영하면서 실제로 겪는 문제들과 함께, 이황, 김장생 등 先儒의 예설과 당대까지의 전례논쟁에 대한 자신의 학문적 이해관점 등이 함께 기반을 이루고 있다. 가령 복제에서 현실적인 혈연관계를 우선시하는 것에는 이황의 입장을 계승하는 것과 함께 복제논쟁에 대한 자신의 독법이 개입되어 있다. 반면 종법에서 원칙을 고수하려는 태도에는 자신의 가문을 유지시키려는 현실적 문제의식이 깃들어 있다. 따라서 이들 문제의식의 계기들을 고려하여 이익의 예학에 대한 연구와 실천을 통합적으로 파악하는 새로운 해석이 향후의 연구에서 제시되어야 할 것으로 보인다.

정약용의 예설에 관해서는 故 이을호 선생 이래 간헐적으로 다루어지다가 1990년대에 이르러 집중적으로 탐구되었는데, 그 가운데에서도 유권종, 금장태, 장동우, 팽림 등에 의해 본격적으로 재조명되었다. 먼저 유권종은 정약용의 『喪禮四箋』 가운데 「喪儀匡」을 집중적으로 분석하면서, 당쟁의 극복과 왕정의 실현, 천주교에 대한 대처의식, 현실문제 해결의 기반으로서 인륜의 실천을 확립하는 것 등이 예학에 대한 정약용의 기본적 문제의식이라고 보았다.[44]

유권종은 조선후기 성리학자들이 四禮 위주로 탐구하던 것에 대하여 정약용이 국가의 典章法度 및 王朝禮까지 확대하였으며 정치와 종교의 결합을 통해 현실 개혁의 대안을 추구하였다는 점에 특색이 있다고 보았다. 그는 성리학자들이 향약을 중시하였던 반면에 정약용은 왕정에 의한 예치를 중시하여 예비관료인 사족이나 퇴임한 양반의 역할을 축소하는 형태인데, 그것은 閥閱세력과 黨爭에 대항하여 국왕이 직접 지휘하는 유능한 관료집단을 통해서 운영되는 국가적 禮敎를 지향하였기 때문이라고 추측하였다. 또한 성리학자들이 향약을 통해 오륜

---

44) 유권종, 『茶山禮學研究』, 고려대학교 철학과 박사학위논문, 1991.

의 禮俗化를 지향하였던 것에 대하여, 정약용은 事天과 事神을 위한 제사의례를 통해 종교적 심성을 고양시키는 것에 더 중점을 두었다고 해석하였다.

그러나 정약용의 예학에 대한 관심에는 예치를 확립하면서도 과다한 비용을 절감하여 실용성을 높이고자 하는 성호학파의 문제의식이 계승되고 있음을 지적할 필요가 있다. 가령, 『祭禮考定』의 저작은 당시 '監司巡歷之饗'에서 벌어지는 사치와 낭비를 바로잡기 위한 목적을 갖고 있다. 다산은 『목민심서』에서도 『제례고정』의 규정을 가지고 지방관의 부임 연회에 사용되는 음식에 제한을 둔다.45) 이것은 정약용이 당시 문란해진 유교적 질서의 재확립을 위해 예학을 탐구하고 禮書를 저술하면서 현실에 대응하는 새로운 규정들을 정립하고자 노력하는 모습을 보여준다. 따라서 종교적 심성을 고양시키는 것에 중점을 두었다는 해석은 현실에 대한 문제의식 속에서 재해석될 필요가 있다.

유권종은 四禮에 관해 성리학자들이 신분의 구분 없이 『朱子家禮』를 보편적으로 적용하려고 하였던 반면에, 정약용은 제후나 대부의 예와 사의 예를 엄격히 구분하는 입장에서 장차 교화의 직임을 수행할 주체로서 사가 익혀야 할 친친과 존존의 원칙을 제시하는 데 중점을 두었다고 해석하였다. 그는 예송에 대한 비판에서 정약용이 王統에 입각한 禮의 적용을 강조함으로써 禮敎에서 尊尊의 중요성을 내세웠다고 보았다. 그러나 친친과 존존의 유학 이념이 유교사에서 갖는 문법이나 정약용의 입장에 대한 구체적 논의가 유권종의 연구에서는 제시되지 않았다. 이에 관련한 진전된 연구는 앞서 언급하였듯이 장동우, 이원택, 김상준 등에서 제시되었다.

유권종은 정약용의 예학 연구에 유교의 종교관념을 새롭게 재조명하여 천주교의 반유교적 입장에 대처하면서 동시에 윤리와 정치의 개

---

45) 『與猶堂全書』 第五集, 第十六卷, 『牧民心書』 卷一, 「赴任六條除拜, 治裝, 辭朝, 啓行, 上官, 莅事」, '上官赴任第五條' 부분 참조.

혁을 추구하는 문제의식이 담겨 있다고 본다. 그는 珍山사건(1791)으로 인해 천주교에 회의를 가졌던 것, 유배기에 유교 儀禮관련 저술에 힘썼던 것, 임종시 자신이 지은 『喪儀節要』에 의거할 것을 지시한 것 등을 예로 들면서, 정약용이 補儒論의 관점에서 천주교와 접촉하였다가 유교로 되돌아왔다는 시각을 지지한다.

유권종은 정약용이 상례와 제례의 원리에 관해 人情에 기반하는 情理의 측면과 귀신을 섬기는 도리인 神理를 결합하여 意解의 주요 개념적 도구로 설정하고 있음을 지적한다. 가령, 인간의 자연스런 심정의 발출로서 禮는 곧 靈明한 本體로서의 본성에서 발출하는 것이며, 그것은 인간에 대하여 造化와 主宰를 행하는 上帝와 鬼神의 의지에 근본한 것으로서 정약용이 情理와 神理를 관통시켜 이해하고 있다고 설명한다. 그리고 神理와 神道에 입각하여 유교의 종교적 부면을 강조하고 그에 근거하여 윤리의 실천에서 진실성과 자율성의 근원인 孝의 情理를 강조하였다고 보았다.

유권종은 정약용이 귀신의 관념을 無形한 靈明性에 기반하여 설명하면서 木主, 魂帛 등 구체적 형상들에 의미를 부여하는 성리학적 多義的 귀신 관념과 行禮儀節을 비판하고 있음을 지적한다. 그러나 그는 정약용의 귀신관념을 기독교의 신 관념과의 연관성을 통해 설명하는 시각을 배제한다. 이는 정약용의 사상을 천주교의 수용과 연관해서 해석하려는 입장들에 대한 반론의 형태로 간주할 수 있다. 그러나 고대 경전에 나타난 귀신 관념을 복원하려는 다산의 문제의식이 무엇인지, 다산의 신 관념 자체가 고대 경전의 신 관념과 일치하는 것인지에 대한 해명이 부족하여 적극적 반론은 되지 못하고 있다. 유권종의 설명을 그대로 따르자면, 정약용은 당시 자신의 형제를 비롯하여 친척과 지우 등 많은 사람들이 피해를 입었지만, 천주교의 신관에 대하여 아무런 연관 없이 또는 천주교를 어떻게 비판할 것인지에 대한 아무런 문제의식 없이 喪祭禮의 의미와 절차를 해명한 셈이 된다. 이것은 권철신 등 성호좌파의 시각을 정약용이 적극적으로 계승하였음을 밝히고 있는 것에 비추어 볼 때 매우 미흡한 해명이라고 할 수 있다.

천주교와 상제 관념을 함께 연계하여 정약용의 예학을 재조명하는 연구는 금장태에 의해 좀더 자세하게 제시되었다. 금장태는 정약용의 예설 가운데, 社稷祭와 禘祭에 대한 정약용의 해석을 재조명하였다. 그는 정약용이 社稷祭와 禘祭에 대하여 陰陽論이나 讖緯論을 이용해 해석하는 鄒衍, 呂不韋, 鄭玄 등의 시각을 비판하면서, 두 제사의 본래 형태와 원초적 의미를 고증적으로 규명하는 것에 중점을 두고 있음을 세밀하게 분석하였다.[46] 금장태가 제시하는 정약용의 주요한 논점은 ① 五行과 六府를 땅에서 나오는 필수적 재화로 간주하여, 오행의 신과 사직을 모두 地示로 간주하면서 천상에 있는 五行의 帝로 해석하는 정현과 여불위의 설을 비판하는 점, ② 地示가 地의 일을 맡은 天神이며 上帝를 보좌하는 신하의 자리에 있기 때문에 이들 천신에 제사하는 것은 곧 上帝를 섬기는 일이 된다는 점, ③ 멸망한 나라의 社稷을 훼철하지 않으며, 사직제에 시동(尸)을 두는 것은 배향되는 人鬼에 대한 것이라는 점, ④ 五祀가 원래는 五行의 神에 대한 제사였으며, 戶, 竈, 門, 行, 中霤 등에 지내는 것은 후대의 변질된 것으로, 戶, 竈, 門, 行, 中霤 등은 사물로서 鬼神과 아무 연관성이 없다고 비판한 점, ⑤ 禘祭의 대상인 五帝는 天上의 上帝가 아니라 上帝에 배향하는 人帝이고, 조상의 시원이 되는 聖王에게 종묘에서 제사드리는 것이며, 祫祭는 별도의 제사가 아니라 태조의 사당에서 合祀의 형식으로 지내는 체제의 한 형태라는 점, ⑥ 禘祭는 四時祭로 仲月에 지내며, 郊祭가 上帝에 대한 제사인 반면, 체제는 聖帝(시조가 나온 제왕)에 대한 제사로 서로 구분된다고 파악하고 교제와 체제를 일치시키는 정현의

---

46) 금장태, 「社稷祭와 禘祭에 대한 茶山의 禮學적 관점」, 『종교학연구』 16, 서울대학교 종교학연구회, 1997(금장태, 『다산실학탐구』, 서울 : 소학사, 2001 재수록).

설을 비판한 점, 즉 郊祭의 대상이 天神인 반면 禘祭의 대상은 人鬼이며 조상의 사당에서 체제를 지냄으로써 親親과 尊尊의 이념을 모두 실현하는 예라는 점, ⑦ 禘祭를 지내는 장소에 대하여 游明根, 高閭 등이 鄭玄의 설에 근거하여 圜丘라고 주장한 것을 비판하고 太廟 또는 先公의 사당(제후의 경우)에서 지낸다고 주장한 점, ⑧ 체제의 의례가 교제와 상응하는 융성한 형태라는 점 등이다.

금장태는 이러한 분석을 통해 사직제와 체제에 대한 정약용의 시각이 갖는 종교적 의미에 주목한다. 그는 정약용이 왕조의 변혁에도 불구하고 인간이 신의 사당을 훼철할 수 없다는 주장을 내세우는 것은 곧 신의 초월적 지위에 대한 인식을 담고 있는 것이라고 해석한다. 또한 정약용이 사물을 신격화하는 인식에서 벗어나 제사대상을 上帝의 臣佐로서 天神과 人鬼의 체제로 이해하는 새로운 해석방식을 보여주는데, 이는 전통적 입장에서 벗어나 신 개념에 대한 새로운 질서를 제시하는 것이라고 평가한다. 그리고 이러한 작업을 통해 정약용이 추구하는 바는 한대 이후 음양오행설과 참위설에 의해 변질된 제사의 종교적 진지성과 신성성을 확보하는 데 중점이 있다고 해석한다.[47]

그러나 금장태의 해석은 전통적 경학사에서 사직제와 체제사에 관련해 문제 삼는 바가 무엇인지 그리고 정약용의 시각이 경학사적으로 어떤 의미를 갖는지에 대하여 주의하지 않고 있다. 따라서 금장태의 연구는 동아시아 경학사의 흐름 속에서 정약용의 제사론이 갖는 의미를 이해하는 것에 소홀하고 있다. 이러한 독법은 정약용의 예론을 연구하는 대다수 논문들의 특징이기도 하다. 문제는 이러한 독법이 정약용의 예론이 갖는 독창성을 드러내는 한 방식이 될 뿐, 동아시아 사상사 내지 세계사적 흐름 속에서 한국사상을 살피는 작업으로 나아가지 못함으로써 계속 일국사적 시각 안에서 폐쇄적 이해를 하게 되는 점이다.

---

47) 금장태, 『다산실학탐구』, 서울 : 소학, 2001, 210~211쪽 참조.

　금장태의 연구에서 지적한 정약용의 새로운 신관은 어떻게 수립된 것일까? 금장태는 이 점에 대하여 해당 논문에서는 명확히 언급하고 있지 않다. 다만 정약용의 天과 上帝에 대한 해명에서 천주교의 영향을 받고 있다고 지적한다.[48] 정약용이 제사대상과 관련해서 上帝를 보좌하는 天神의 일종으로 地示를 재해석하는 것에는 유일신의 관념이 자리잡고 있으며, 그것은 성호좌파로부터 영향을 받은 천주교의 신관념이 토대가 되고 있음을 유추해 볼 수 있다. 정약용은『天主實義』를 비롯하여 西敎의 신 개념에 대하여 갖고 있는 자신의 성찰을 정면으로 언급한 적이 없다. 辛酉獄事로 당한 가문의 피해 때문으로 생각하지만, 정약용은 자신의 신 개념이 어떤 문맥 속에서 수립된 것인지에 관해서도 명확한 언급이 없다. 그는 아무런 해명 없이 자연스럽게 上帝를 창조주로, 나머지 天神地示를 상제에 대한 臣佐로서 위계지우는 독법을 제시할 뿐이다. 정약용의 이런 발언들을 통해 금장태는 정약용의 신관이 전통적 문법에서 벗어난 새로운 독창성을 보여준다고 해석한다. 그러나 반대로 정약용의 독법은 서교의 영향에 휘말려 동아시아 지성사에서 애써 구축해 온 人文的 성찰들을 정당하게 사고하지 못하는 사상사의 굴절로도 읽힐 수 있다. 왜냐하면, 정약용의 경학적 기술들에 산견되는 신관념은 자세하게 검토하는 고증적 작업과 대조를 이룬다. 이것은 서교를 객관화하여 정면으로 탐구할 수 없는 정치적 상황 속에서 자신의 사유 속에 침잠된 신관념을 암묵적이며 간접적인 형태로 드러내기는 하지만, 한편으로 동아시아의 전통에 대해서는 사상의 측면에서보다는 고증의 측면에서 다룸으로써 동아시아 사상사의 문제의식들이 고증을 통한 반증작업 속에 함몰되는 결과를 초래한다. 따라서 정약용의 예론에 나타난 신관념을 다룰 때에도 경학사적 문제의식 속에서 살펴보면서, 그의 입장이 갖는 사상사적 의미들을 재검토

---

48) 금장태,「丁若鏞의 天 槪念과 天人關係論」,『韓國實學思想硏究』, 서울 : 집문당, 1987, 142쪽 참조.

하는 작업이 필요할 것으로 보인다.

정약용의 예학을 청대 예학과 비교하는 연구는 중국인 예학 연구자 彭林에 의해 부분적이지만 본격적으로 제시되었다고 할 수 있다.[49] 그는 19세기 청대 예학의 경향과 대비하여 정약용 예학의 특성을 검토하고, 제례와 상례를 중심으로 정약용의 예설 내용을 구체적으로 재조명하였다. 팽림은 먼저 청대 예학의 학풍이 理學에 대한 반성과 대체를 지향하는 의식에서 제기되었음을 지적한다. 그는 凌廷堪의 경우를 들어 理 개념보다 禮 개념에 유학의 본령을 두고자 하는 기풍이 청대에 일어남으로써 송대의 理學 중심의 학문풍조를 대체하려는 운동의 일환으로 예학이 연구되었음을 지적한다. 그에 비하여 정약용의 예학은 일정정도 주희의 성리학설 중에 내포된 예학사상의 연속이며, 학술적 측면에 그 가치가 있다고 본다.

팽림의 이 평가는 부분적으로만 의미가 있다. 정약용의 학문이 일정정도 주희 사상의 연속이라는 인식은 정약용의 발언을 표면적으로 이해할 때 가능하지만, 그의 저술 전 체계에 담긴 문제의식을 두고 보면 합당하지 않다. 정약용은 주희의 사상을 자유롭게 비판할 수 없는 상황에서 표면상으로는 주희의 업적을 높이 평가하고 존중하는 자세를 취하고 있지만, 저술들 전체는 주희의 사상에 기반이 되는 주요한 이론을 근본적으로 대체하는 새로운 이론체계로 구성되어 있다. 여기에는 모기령, 서건학 등 청대 학자들의 업적에 대한 비판적 수용이 담겨 있다.[50]

---

49) 彭林, 「정다산 예학과 청인 예학의 비교 연구」, 『茶山學』 3, 다산학술문화재단, 2002.

50) 모기령의 학설에 대한 정약용의 수용과 비판에 관해서는 심경호, 「정약용의 시경론과 청조 학술 : 특히 모기령설의 비판 및 극복과 관련하여」, 『다산학』 3, 다산학술문화재단, 2002 ; 신원봉, 「다산의 역학관 정립에 미친 정태 사상의 영향-모기령을 중심으로」, 『다산학』 3, 다산학술문화재단, 2002 등 참조. 서건학의 『讀禮通考』에 대한 정약용의 수용과 비판은 아직 전문적 연구가 없다.

예학의 측면에서 보면, 『주례』를 모델로 국가 기구와 주요 제도의 재편을 이론적으로 체계화한 『경세유표』는 儀禮 중심의 주희 예학에 대한 전면적 대체를 의미한다. 주희는 『의례』와 『예기』를 經과 傳의 관계로 통합하는 작업을 진행하여 『儀禮經傳通解』를 편찬하였는데 이 작업은 黃榦－楊復으로 이어지는 제자에 의해 완성되었다. 주희가 올린 예제 관련 疏들은 祖廟를 비롯한 宗廟 의례제도에 관한 것이다. 주희의 친작 여부가 의심되는 『朱文公家禮』 역시 祠堂과 冠婚喪祭의 儀禮에 관한 규정집이다. 주희는 왕안석이 『의례』를 박사에서 폐치하고 대신 『주례』를 앞세운 것에 대하여 비판하였다.[51] 반면 정약용은 『주례』를 근거로 삼아 국가기구와 제도를 개혁하는 청사진을 『경세유표』로 제시하였는데, 이는 예학을 학술적 측면에서 논의하는 경학적 차원에서 체제 개혁의 모델을 수립하는 경세적 차원으로 전환하고 있음을 보여준다. 물론 정약용 역시 제례와 상례, 종묘, 국가제사 등에 대한 상세한 연구, 『檀弓箴誤』와 같은 주석적 연구도 병행하였다. 따라서 정약용의 예학 연구는 동아시아 경학사의 측면에서 一家를 이루고 있다. 팽림이 경학사의 측면에서 정약용의 예론을 높이 평가한 것은 타당하다. 그러나 송학의 理學을 禮學으로 대체하려는 청대 예학의 학풍과 대비하여 정약용의 예학을 송학의 연속으로 이해하는 시각은 정약용의 문제의식을 일면적으로 파악한 것에 불과하다.

팽림은 정약용이 『禮記』를 선진시대 공자 후학들의 기록으로 파악하는 것을 郭店에서 발굴된 「緇衣」 등 고고학적 성과들을 근거로 최

---

51) 『주자전서』 20책, 『회암선생주문공문집』 1, 587쪽, '乞修三禮箚子', "前此猶有三禮通禮學究諸科禮. 雖不行, 而士猶得以誦習, 而知其說. 熙寧以來, 王安石變亂舊制, 廢罷儀禮, 而獨存禮記之科. 棄經任傳, 遺本宗末, 其失已甚. 而博士諸生, 又不過誦其虛文, 以供應擧. 至於其間, 亦有因儀法度數之實而立文者, 則咸幽冥而莫知其源. 一有大議, 率用耳學, 臆斷而已. 若乃樂之爲敎, 則又絶無師授. 律尺短長, 聲音淸濁, 學士大夫, 莫有知其說者, 而不知其爲闕也".

근의 연구성과와 부합한다고 지적한다. 나아가『주례』를 국정개혁의 근거로 이용하는 방식은 청대 예학에서 볼 수 없는 태도라고 지적한다. 그러나 팽림의 논의는 여기서 머물고 있다. 理學을 禮學으로 대체하려는 청대 학자들의 문제의식은 명의 멸망에 대한 반성과 결부되어 있지만, 그러나 실제 예학에 대한 논의는 경학적 문제의식에 중점이 주어져 있다. 이것은 체제에 대한 논의를 금기시하는 청대 정치상황과 함께 정치 참여에 한계가 있었던 청대 학자들의 사회적 위상과 결부되어 있다. 반면 禮 개념을 통해 國制 개혁에 초점을 두는 정약용의『경세유표』는 유형원 이래 조선 유학자들의 문제의식을 반영하는 것이고, 그것이 곧 實學의 정체성을 이루는 한 부분이 된다.

　팽림의 논문에서 새로운 것은 鄭玄의 예학에 대하여 청대 예학자와 정약용이 시각을 달리 하는 점을 지적한 부분이다. 팽림은 林則徐, 胡培翬, 孫詒讓 등 청대 예학자들이 정현의 주를 존숭하였는데 반해, 정약용은 정현의 주에 대하여 일정 부분 인정하면서도 상당 부분 가차없이 비판하고, 나아가 정현 주에 따라 부연, 해설한 賈公彦의 疏에 대해서도 비판하고 있음을 특징으로 지적한다. 팽림은 정약용의『喪禮四箋』이 정현의 주에 대한 비판과 교정을 중심으로 구성되어 있음을 밝히면서, 상례사전의 체제는 바로 정현의 주를 긍정하고 보완하는 체제로 짜여진 胡培翬의『儀禮正義』와 상반된다고 평가한다. 팽림은 정약용이 정현의 설을 비판하는 사례로『禮記』가운데 서로 불일치하는 기술에 대한 해석, 哭과 夏의 선후관계, 飯含의 주체, 羨道를 사용하는 대상, 襲의 방식, 祝徹조목과 卒辭의 句讀, 祝辭와 饗辭의 사용방식, 尸童과 哭의 관계, 旅店의 의미, 哭位說, 復讐論 등을 들고 있다. 팽림은 나아가 정약용이 六鄕制, 상례의 朝夕奠에서 賓友의 역할, 祖祭와 几의 의미, 犧牲의 下體부분을 쓰는 이유, 三虞와 卒哭의 관계, 祔祭의 의미와 방식 등에 관하여 중국의 예학자들이 생각하지 못하였던 新說을 제시하였음을 지적하고 그 내용을 소개하였다.

팽림은 정약용의 예학 관련 경전 연구가 경문의 내용을 경전들 사이의 문맥을 이용하여 논리적으로 해명하는 것에 주안점을 두고 있으며, 판본과 교감, 또는 문자에 대한 音訓과 訓詁의 측면에서 연구한 것은 매우 적다고 지적하면서, 후자에 주안점을 두고 있는 청대 예학의 한 흐름, 고염무, 호배휘 등의 경우와 차이가 있음을 밝혔다. 팽림의 이 지적은 정약용의 예학에 있어서 관련 경전 연구에 대한 문제의식을 은연 중에 엿볼 수 있게 한다. 정약용의 작업은 예학 경전 자체에 대한 고증적 연구보다, 선진 제도의 정합적 해명에 초점이 있으며, 그것은 國制 개혁에 대한 근거와 청사진을 세우려는 문제의식에서 비롯한다. 청대 중국학자들의 고증적 문헌연구에 결여된 경세적 문제의식이 정약용에게 모든 경학연구에서 기반이 되고 있다. 팽림은 정약용의 육향제에 대한 설명에서 그 내용만을 객관적으로 기술하고 있는데, 육향제가 국제개혁에서 수도권에 대한 인구의 재배치와 연관해 근거로 활용되고 있음을 선행연구들이 밝힌 바 있다. 팽림의 논문은 정약용의 경학사상에 기반이 되고 있는 경세적 문제의식을 충분히 간취하지 못한 점에 큰 한계가 있다.

5. 맺음말

이상 분석한 내용을 토대로 볼 때, 예학의 측면에서 실학을 재조명하여 실학의 정체성을 학문적으로 밝히는 작업은 아직 초보적인 상태라고 할 수 있다. 실학자로 논의되는 유학자들 전체에 걸쳐 연구가 진행되지 못하였을 뿐 아니라, 개별 학자에 대해서도 개별 학자의 예학 전체에 대한 종합적인 연구가 아직 이루어지지 못한 상태이다. 향후, 성호학파의 전체에 대해서, 그리고 북학파에서 개화파에 걸친 서인계 유학자들에 대해서도 연구가 확대되어야 할 것이다. 또한 당시 동아시아 사상사, 특히 예학에 대한 사상사적 흐름과 연계해서 재조명하는 비교 연구로 좀더 넓어지고 객관화될 필요가 있다. 이것은 실학에 대한 우리 학계의 연구가 일국사적 시각에서 벗어나기 위해서도 매우 긴요한 작업이다.

90년대 예송에 대한 연구는 예송을 당쟁의 차원에서 벗어나 체제와 규범의 이념적 기반의 층차에서 재조명하는 새로운 시각을 제시하는 일정한 학문적 진전을 이루었다고 평가할 수 있다. 親親과 尊尊의 두 개념을 둘러싼 문제의식을 분석하면서 예학에 대한 논의들 속에 규범의 측면에서 또는 체제의 측면에서 상이한 입장들이 근저에 놓여 있음을 드러낸 것은 새로운 성과라고 할 수 있다. 그러나 그 성과들 역시 논거의 측면에서 보면 여전히 유동적이다. 가령, 친친의 이념을 우선시하는 것이 왕권의 확립이나 또는 왕의 사적인 권력남용을 견제하려는 문제의식과 어떻게 연계되는지 명확치 않다. 정약용의 예론이 갖는 성격을 해명하는 것에서 보면 더욱 모호하다. 장동우는 정약용이 친친의 원리를 우선시하거나 또는 위배하지 않으려는 문제의식을 갖고 예제에 접근하고 있다고 해석함으로써 존존의 원리를 앞세워 왕권의 확립을 중시하는 시각을 보여준다는 해석들에 반론을 제기하였다. 그렇다면, 정약용의 근본적 문제의식이 왕권의 재확립에 있었다고 해석하는 것은 단순한 해석에 불과한 것이고, 실제로는 국가권력에 대하여 군주와 관료 그리고 인민을 아우르는 자신의 독특한 관점이 있었던 것이 아닐까? 이 점은 향후 연구들에서 좀더 실증적으로 규명될 필요가 있다고 생각된다.

또한 17세기 절대군주론과 비교하여 실학자의 예학론을 재조명하는 작업이나, 公·私 개념에 대한 문제의식을 통해 동아시아 삼국의 지적 특성을 이해하려는 작업을 고려할 때, 예학을 이념의 층차에서 연구하는 방식들은 은연중에 서구 지성사에 의해 일반화된 개념틀로 재해석하는 오리엔탈리즘에 빠지지 않도록 주의할 필요가 있다. 그런 점에서 친친과 존존의 개념이 公·私 등 여타의 개념들과 어떤 관계를 가지고 있는지, 또는 사회체제의 작동방식과 어떻게 연계되는지 그 내적 문법들을 읽어낼 수 있는 연구로 심화되어야 할 것이다. 그를 위해서는 동아시아 국가체제나 규범의 작동방식에 깃들어 있는 철학적 문제의식을 그 자체의 문법 속에서 드러내면서 그것을 기반으로 서구의 전통과 비교해내는 역전된 연구방식이 필요한 시점이기도 하다.

비록 성과가 아직 초보적이라고 해도, 기존 연구성과들에서 실학자들이 예학의 탐구와 예제의 수립에 심대한 노력을 기울이고 있음을 보여준 것 자체로만 해도 일정한 의미가 있다. 실학자들이 예제의 재확립을 위해 학문적으로 또는 실천적으로 노력한 것은 곧 그들의 사회적 지향을 보여주는 것이고, 서구사의 전개에 맞추어 조선후기를, 좁게는 실학의 정체성을 해석해 내려는 우리의 시각에 대하여 맞서는 것이 되기 때문이다. 그것만으로도 경세적 측면에서, 또는 사회개혁적 측면에서, 더 나아가서는 전근대에서 근대로 이행해가는 체제변화의 측면에서 실학의 정체성을 읽어내고자 하는 노력들의 기본적 허점들이 어느 정도 자연스럽게 드러나고 있다고 할 수 있다. 따라서 실학자들의 예학에 대한 연구는 향후 실학의 정체성을 해명하는 연구 방향에 기본적으로 영향을 미칠 것이다.

實學의 世界觀과 歷史認識

鄭 昌 烈[*]

1. 머리말

8·15 해방 이후, 더 거슬러 올라가면 1930년대의 '朝鮮學'붐 이후, 한국사 연구에서 가장 관심의 초점이 되었고 따라서 그 연구성과도 질량 양면에서 가장 깊고 넓었던 것은 실학이었다. 현실을 파악하고 변혁하기 위한 관심에서 실학이 표적이 된 것은 1860~70년대에서 1930년대까지였다. 그 이후 실학은 학문적 관심 즉 객관적 연구의 대상으로 바뀌어 갔지만, 그 바탕에는 현실을 개혁하려는 변혁의 의지가 깔려 있었는데, 이는 실학이 역사적 현실을 변혁하려는 인간의 의지가 충일된 한 시대의 사조였기 때문이었다. 그렇기 때문에 오늘날에도 실학은 많은 연구자들에 의하여 끊임없이 천착의 대상이 되고 있기도 하다.[1]

실학 연구는 주로 그 정치사상, 경제사상, 사회사상 등을 중심으로 전개되었고 그 결과 대체적으로는 민족의식과 중세체제 止揚意識을 주요 내용으로 인식하게 되었다.[2] 실학의 역사관·역사의식·역사인

---

* 한양대학교 사학과 명예교수

1) 졸고, 「實學」, 李佑成 外編, 『한국학연구입문』, 지식산업사, 1981, 287~293쪽.

2) 千寬宇, 「한국실학사상사」, 『한국문화사대계 6 종교철학사』, 고려대학교민족문화연구소, 1970.

식에 대한 관심은 희박한 편이었다. 그러나 "실학파의 역사에 대한 새
로운 인식태도는 어디까지나 현실의 개조를 염두에 둔 역사의식의 발
동이었고, 내 것을 재발견해서 이를 자기본위로 재정리하고자 한 자아
발견의 구체적이고도 객관적인 의지의 표현이었다"고[3] 하는 실학의
역사인식이 오래 방치될 수는 없었다.

　1957년 韓㳓劢 교수는 李瀷의 時勢 개념을 발굴하여 이익의 역사이
론의 핵심을 開示하였고,[4] 黃元九 교수는 1962년 韓致奫의 自己中心
의 史實의 해석이라는 역사학 방법을 開示하였으며,[5] 1965년 高柄翊
교수는 丁若鏞의 과학기술 분야에서의 進步史觀을 발굴·해명하였
고,[6] 李佑成 교수는 1966년 李瀷이 최초로 한국역사에 正統論을 도입
한 것의 역사적 의미를 해명하였다.[7] 실학의 역사관·역사인식·역사
의식의 핵심개념들이 개척됨으로써 그 연구가 적극화될 수 있는 기초
가 잡혀졌다고 할 수 있다.

　宋贊植 교수는 1970년, 이익이 時勢에 의한 객관적 역사운동과 역
사에 대한 도덕적 평가를 각각 別立시킴으로써 인간의 역사인식 행위
를 객관화시켰고 그 결과 역사인식을 근대적 역사학에 일보 접근시켰
음을 해명하였다.[8] 이익의 역사이론의 해명을 획기적으로 전진시킨 연
구였다고 생각된다. 이 연구 이후 실학의 역사관·역사인식·역사의식
에 대한 연구는 아연 활기를 띠게 되었다. 실학의 역사관이 실학의 역

---

3) 黃元九, 「실학파의 역사인식」, 『한국사론』 6, 국사편찬위원회, 1981, 187쪽.
4) 한우근, 「星湖 李瀷의 사상연구(1)－그의 史論과 朋黨論」, 『사회과학』 1, 한
　국사회과학연구원, 1957(한우근, 『이조후기의 사회와 사상』, 을유문화사,
　1961 재수록, 이후 인용은 여기에서 함).
5) 황원구, 「韓致奫의 史學思想」, 『人文科學』 7, 연세대학교 문과대학, 1962.
6) 고병익, 「茶山의 進步觀」, 『조명기박사화갑기념불교사학논총』, 1965.
7) 이우성, 「이조후기 近畿學派에 있어서의 正統論의 전개」, 『역사학보』 31,
　1966(이우성·강만길 편, 『한국의 역사인식』 下, 창작과 비평사, 1976, 재수
　록, 이후 인용은 여기에서 함).
8) 송찬식, 「星湖의 새로운 史論」, 『백산학보』 8, 1970(이우성·강만길 편, 『한국
　의 역사인식』 下, 창작과 비평사, 1976, 재수록, 이후 인용은 여기에서 함).

사적 성격에 직접 연관되어 있었기 때문이었다.

실학의 역사이론이라면 우선은 실학자들의 역사서술에서의 이론, 방법, 체계 등의 이론일 터이다. 그러나 여기에서는 그러한 이론·방법·체계 등에 전제되어 있는 좀 더 광범위하고도 일반적인 역사의식·역사관 등을 중심으로 실학의 역사이론을 알아 보려고 한다. 이러한 실학의 역사이론에 관련되어서는 연구 업적이 방대하게 축적되어 있다. 그 연구들을 망라적으로 거론하기에는 필자의 역량이 턱없이 모자란다. 필자가 손 가까이에서 구할 수 있는 연구를 거론하면서, 특히 문제가 논쟁적인 구도로 제기되고 있는 논저를 중심으로 하여, 실학의 역사이론에 접근하려고 한다. 연구 업적의 전반적인 개관과 평가에는 선행하는 우수한 연구사 정리가 있어 크게 도움이 되고 있다.[9]

2. 天下 · 華夷 · 正統

天下라는 말은 동아시아에서 세계관과 관련되어 많이 쓰여 왔다. 따라서 天下는 일반명사이기보다는 그 내포가 고유하게 특한되는 거의 고유명사에 가까운 개념으로 보인다.

漢帝國의 국가조직과 통치제도를 살펴보면……漢 제국 天子를 정점으로 內藩, 外藩으로 구성되었다. 이 중에서 내번은 군현제도 지역으로 천자의 통치가 직접 미치는 지역이었으며, 외번은 夷狄의 諸侯 王國으로서 外臣인 夷狄의 諸侯王, 候, 君 등이 통치하는 간접 통치지역

---

9) 趙誠乙, 「조선후기 사학사 연구현황」, 『한국중세사회해체기의 제문제』上, 한
   울, 1987 ; 趙誠乙, 「조선후기 사학사연구동향」, 『한국사론』24, 국사편찬위원
   회, 1994 ; 趙誠乙, 「조선후기 역사학의 발달」, 『한국사인식과 역사이론』, 지
   식산업사, 1997 ; 趙誠乙, 「역사학의 발달」, 『한국사 35 조선후기의 문화』, 국
   사편찬위원회, 1998 ; 趙 珖, 「조선후기의 역사인식」, 『한국사학사의 연구』,
   을유문화사, 1985.

274

이었다. 다시 말하면 漢代의 天下는, 漢 제국 천자를 정점으로 천자의 직접 통치지역이었던 내번의 군현제도 지역과, 夷狄의 제후왕들이 직접 통치하고 漢 제국 천자의 통치는 간접으로 미치는 외번의 봉건지역으로 구성되었다.[10]

天下는 하늘로부터 天命을 받은 天子가 직접 간접으로 통치하는 지역이었다. 이러한 天命－天子－天下 사상은 西周에서 성립되고 漢代에 확립되어 淸에까지 계승된 통치이념이었다.[11] "하늘로부터 天命을 받아 地上에서 天意를 시행하는 天子는 지상에서 유일무이한 통치자였으므로 그의 통치영역은 바로 天下였"고,[12] "중국 민족 이외의 민족은 천명을 받을 수 없고, 천명을 받지 못하므로 천자가 될 수 없고, 천하를 통치할 수 없"으며[13] 따라서 "중국인의 의식 속에 중국 천자의 통치영역은 天下로 확고하게 이념적으로 설정되었다".[14] 따라서 "어느 時點에서의 天下의 長은 天命을 계승하는 단 한 사람의 天子여야 했다.……天下는 이념적으로는 世界大의 廣幅을 가지지만 실제로는 중국을 가리켜서 쓰는 경우가 많았다"라듯이[15] 이념적으로는 세계 그 자체가 天下였다고 할 수 있다. 그리고 이 天下는 어떤 價値性에도 관련되었으니, Joseph R. Levenson은 "문화와 德義, 價値의 全世界는 '天下'에 종속되어 있다"라고 하였는데,[16] 요약하면 天下란 文化世界・德義世界라는 것, 價値(德)의 지배하에 있는 문명화된 사회라는 것이

---

10) 李春植, 「儒學理念과 中華思想」, 『中華思想』, 교보문고, 1998, 311쪽.
11) 이춘식, 위의 글, 1998, 313쪽.
12) 이춘식, 위의 글, 1998, 314쪽.
13) 이춘식, 위의 글, 1998, 314쪽.
14) 이춘식, 위의 글, 1998, 315쪽.
15) 佐藤愼一, 「天下」, 溝口熊三 外編, 『中國思想文化事典』, 東京大學出版會, 2001, 142~143쪽.
16) Joseph R. Levenson, 「T'ien-hsia and Kuo, and "Transvaluation of Value"」, *The Far Eastern Quarterly* vol.11, No.4, 447~451쪽(安部健夫, 『元代史の研究』, 創文社, 1972, 480~481, 524쪽에서 재인용).

었다.[17] 즉 "'天下'는……인격신적인 天이 照臨하여 臨君하는 下土(下民)로서 처음부터 어떤 종류의 가치, 문화적으로든, 도덕적으로든, 또는 양쪽 다로든, 무언가의 가치가 실현되는 장소로 생각되었"던[18] 것이었다.

天下란 무언가의 가치가 실현되는 장소이기에 "'天下'란 '天命'을 받은 天子가 통치하는 이 '世'이다. 이 '天下'를 가지고서 역사적 세계로 하는 인식이, 중국사상사에 나타나게 된 것은 역사의식의 발생 時와 거의 동시였던 것 같다"라고[19] 하듯이, 天下는 또한 歷史的 世界이지 않으면 안되었다. "이러한 인식·觀方이 『尚書』 중의 가장 오래된 부분에 나타난 후 오랫동안 지속되어 갔다"라듯이[20] 淸末까지 기본적으로는 지속되었던 것이다.

그러면 역사적 세계로서의 天下는 어떻게 구성되어 있었는가. "중국에서 세계를 의미하는 '天下'는, 민족이나 종교에 의해서가 아니라, '華夷, 內外의 구별' 즉 中華와 夷狄, 內와 外의 規範的 區分에 의하여 구성되어 있었다. 이 규범적 구분을 성립시키고 있었던 것은, 漢字라는 文字 言語로 대표되는 文化의 象徵體系이며, 그것을 可視化하고 制度化한 '禮'라고 불리어지는 行爲準則이었다"라고[21] 하듯이, 天下는 華와 夷로 구성되었고, 華와 夷의 구별 기준은 禮의 有無였다.

'天下'의 "역사적 세계는 '天'을 원리로 하고 있고, 각 왕조는 교대되더라도, '天命'의 授受에 의한 연속이 있고, 거기에는 '天'이 일관하여 基底에 있다.……이른바 '正史'가 17史, 22史, 24史라고 연속되게 불려

---

17) 安部健夫, 위의 글, 1972, 480~481, 524쪽.

18) 安部健夫, 위의 글, 1972, 481쪽.

19) 加賀榮治, 「歷史觀」, 赤塚忠 外編, 『思想槪論(中國文化叢書 2)』, 대수관서점, 1968, 284쪽.

20) 加賀榮治, 위의 글, 1968, 285쪽.

21) 村田雄二郎, 「中華ナショナリズムと'最後の帝國'」, 蓮實重彦 外編, 『いま, なぜ民族か』, 東京大學出版會, 1994, 33쪽.

276

지는 것도 중국인의 역사의식에서 세계가 '天下'의 일관으로서 의식되고 있기 때문이 아니겠는가.……어떻든 역사에 있어서 王朝의 교대가, '天下'라고 불려지는 세계에서의 연속이라고 한다면, '易姓革命'이라고 일러지면서 또 분열과 통일을 반복한 중국의 각 왕조는 어떻게 연속하게 되는 것인가. 어느 왕조가 어느 왕조에 연속하고 올바른 統은 무엇인가가, 문제로 되어 온다. 이른바 '正統論'의 논의가 생겨나게 되는 것은 실은 이 때문이었다"라듯이,[22] 역사적 세계인 天下에서의 연속의 문제가 正統論으로 제기되기에 이르렀다. 이러한 正統論은 "宋代 이전에는 실제의 정통에 대한 논쟁은 있었으나 正統理論은 출현하지 않았다. 宋代에 이르러 史學이 발달함으로써 정통관념에 대해서 정식으로 거론하기 시작했는데, 이는 中國史學史上에 있어서도 일대 변동이며 발전이라 할 수 있을 것이다"라듯이,[23] 宋代에 이론적으로 체계화되었다.

北宋의 歐陽修는 正統論 7首를 지었는데 제3수에서, 正은 '天下의 不正을 正하는 所以'라고, 統은 '天下의 不一을 合하는 所以'라고[24] 하여, 天下의 正에 居하여 그 分裂을 통일한 것을 正統이라고 하였다.[25] 구양수는 正統이 단절될 수도 있다고 하였고, 正統을 正義와 道德의 正當性 위에 두었으나, 도덕이 부족할 경우에는 事蹟을 살펴서 논할 수 있다고 하여, 正統에 커다란 탄력성을 부여하였다.[26] 즉 正統의 근거를, 정의와 도덕의 정당성이나 실제적 정치력에 두었음을 알 수 있다.

朱熹도『자치통감강목』에서 正統이란 "단지 天下가 하나로 되고 제

---

22) 加賀榮治, 앞의 글, 1968, 286~287쪽.
23) 陳芳明, 李範鶴 譯, 「宋代 正統論의 形成과 그 內容」, 閔斗基 編, 『중국의 역사인식』下, 창작과 비평사, 1985, 419, 427쪽.
24) 『歐陽文忠全集』 卷16, 正統論 三首, 序論.
25) 李萬烈, 「17, 8세기의 史書와 古代史認識」, 『한국사연구』10, 1974, 112쪽.
26) 陳芳明, 앞의 글, 1985, 438쪽.

후가 朝勤(＝朝見 : 인용자)을 하며 獄訟의 처리가 모두 국가에 돌아
오면 正統을 얻은 것"이라고[27] 말하였는데,[28] 주희는 正統의 내용을
명백히 제시하지는 않았지만,[29] 正名思想과[30] 실제적 정치력의 양면
을 모두 重視하였다고 생각된다.

이와 같이 天下論－華夷論－正統論은 서로 유기적으로 유착되어
있는 것이었다. 북송대에 이론적으로 체계화되기 시작하였고 남송의
주희에서 이론적으로 확립되기에 이른 正統論은 그 "흥기가 대체로
외족에 대항하기 위한 동기를 갖고 있었"고 "목적은 주로 (遼가 아니
라 : 인용자) 宋에 正統이 있음을 강조하려는 데 있었"으며, 그 "형성
은 당시의 민족적 굴욕감의 표현이라고 볼 수 있"는[31] 것이었고, 따라
서 "朱熹・鄭思肖와 같은 남송의 正統論者의 주장은 완전한 사학적
논의였다고는 할 수 없으며, 민족사상이 그들 논지의 중심을 차지하고
있었다".[32] 그리고 "주희의『통감강목』이 나온 후부터 이후 史家의 正
統觀은 거의가 그의 관점을 따르고 있다.……특히 강조해야 할 것은
주희 이후부터 점차 正統論에 민족주의적인 사고방식이 스며들어간
점이"었다.[33]

正統論이 외족에의 대항감이나 민족적 굴욕감과 접합되면 華夷論
에도 변화가 있게 된다.

---

27)『朱子語類』卷105, 通鑑綱目.
28) 陳芳明, 앞의 글, 1985, 444쪽.
29) 陳芳明, 위의 글, 1985, 445쪽.
30) 歷史書에 기술된 事實의 속에 規範性을 인정하려는 思考이기도 한데, "南宋
    의 朱子의『통감강목』의 출현에 이르러 (正統論은 : 인용자) 거의 도덕주의
    에로 귀결되었다"(주 19)의 加賀榮治의 글, 287쪽)라는 인식은 그 正名思想
    의 측면에 편향된 것이라고 보인다. 필자도 "사실과 도덕을 일치시키려는 朱
    子의 正統論"(졸고,「이익의 역사이론에 관한 연구」,『한국학논집』36, 한양
    대학교 한국학연구소, 2002, 125쪽)이라고 하였는데, 성급한 규정이었다.
31) 陳芳明, 앞의 글, 1985, 432쪽.
32) 陳芳明, 위의 글, 1985, 433쪽.
33) 陳芳明, 위의 글, 1985, 446쪽.

주 21)에서와 같이 華夷論은 禮의 有無에 의하여 華와 夷를 구분하는 것이었는데, 그 禮는 "특정의 지역이나 민족에 환원됨이 없이, 하나의 超越的 規範으로서 天下 世界에 보편적으로 타당하는것이라고 생각되었다. 따라서 비록 夷狄이라도 이 禮와 漢字를 습득하면 멀지 않아 中華의 一員으로 가담하는 것이 선험적으로 想定되어 있었다"라는[34] 바와 같이 秦 제국 이전의[35] 華夷論은 보편주의적 세계관이었다.

그러나 秦 이후 중국이 세계제국으로서 존재하고 그 국제질서를 事大·朝貢－字小·冊封 體制로 운영하게 되면서는 華夷論도 그 체제의 일환으로서 존재하게 되었다. 그러한 화이론이 주희에게서도 잘 드러나고 있었다.

朱子는 華와 夷를 어떻게 규정하였는가. '蛮夷猾夏'(『書經』「舜典」)에 대하여 『書經集傳』은 다음과 같이 注를 붙이고 있다. "夏는 明하고 大하다. 曾氏가 말하기를, 中國은 文明의 地, 故로 華夏라고 한다." 華의 屬性으로서 '大' '中'('中國') '明'('文明')이 꼽히고 있다. 즉 군사적인 大國으로서 세계의 中心에 위치하고 文明을 成就한 것이 華다라고 말하는 것이다.[36]

주희는 華를 中國으로 實體化하였다.[37] 나아가 "國土의 半을 빼앗겨 金나라에 대한 증오가 들끓고 있음에 틀림없"는[38] 주희는 "夷狄에

---

34) 村田雄二郎, 앞의 글, 1994, 33~34쪽.

35) 김태호, 「中華」, 한국사상연구회 편, 『조선 儒學의 개념들』, 예문서원, 2002, 612~613쪽.

36) 朴鴻圭, 「17世紀 東アジア秩序の問題」, 『政經研究』 38권 3호, 日本大學法學會, 2001, 124쪽.

37) 이것이 實體 개념으로서의 華임에 반하여 주 34)의 華는 기능개념으로서의 것이었다. 실체 개념, 기능 개념은, 植手通有, 『近代日本思想の形成』, 岩波書店, 1974, 242쪽에서 도입하였다.

38) 吉川幸次郎·三浦國雄, 『中國文明選 3 朱子集』 朝日新聞社, 1976, 307쪽.

이르러서는 곧 人과 禽獸의 사이에 있다. 때문에 끝내는 변하기 어렵
다"라고[39] 하여, 華夷間의 구분을 절대화하였다.

　　차등적 계급간 또는 개인간의 관계에 있어서 상급자는 하급자를 사
랑하고 돌보아야 하며 하급자는 상급자를 존경하고 복종해야 한다고
하였는데, 儒家들은 이 같은 이론을 諸夏 세계와 諸夏 민족에게만 국
한한 것이 아니고 夷狄의 다른 민족에게도 확대하였다. 앞장에서 설명
한 바와 같이 諸夏 세계의 주변 민족은 東夷 西戎 南蠻 北狄으로 불
린 무지몽매의 오랑캐였다. 그러므로 당연히 문화가 발달한 중국은 이
들 무지몽매의 夷狄들을 보살피고 지도해야 되며 夷狄들은 중국을 따
르고 복종해야 하는 것으로 되어 있다.[40]

　　事大·朝貢−字小·冊封 체제에서도 핵심은 事大−字小 關係인데,
그것은 國家間의 垂直的 上下關係를 律하는 체제였다.

　　華夷論은 國家間의 관계를 규정하는 현저한 정치적인 의론이었다.
즉 수직적 상하관계를 규정하는 현저한 정치적인 의론이었다. 즉 수직
적 상하관계를 전제로 하여 누가 上者이고 누가 下者인가를 辨別하는
의론이었다. 前述하였듯이 朱子는 上者 즉 華의 속성으로서 中心國인
가 大國인가 文明國인가 하는 3點을 들었다. 주자는 결코 문명만으로
써 수직적 국제질서를 형성·유지하는 華로 될 수 있다고는 생각하지
않았다. 화이론은 엄존하는 현실의 상하관계를 바탕으로 깐 위에서의
논리였던 것이다.[41]

　　天은 理일 뿐이다. 大가 小를 字하고 小가 大를 事하는 것은 모두
理의 當然이다.[42]

---

39)『朱子語類』卷4(박홍규, 주 36)의 글, 124쪽에서 재인용).
40) 이춘식, 주 10)의 글, 1998, 315~316쪽.
41) 박홍규, 앞의 글, 2001, 131쪽.
42)『孟子集注』,「梁惠王」下, 注(박홍규, 위의 글, 2001, 124쪽 재인용).

주희의 華夷論은 華를 中國으로 실체화하면서 국가간의 수직적 상하질서를 '天理' 즉 절대적인 理法으로 하여 국가간 수직적 상하관계를 뒷받침하는 이론체계였다. 즉 禮관계론이라는 측면과 政治관계론이라는 측면을 兼持하는 것이었다. 이를 다르게 표현하면, "華夷 原理는……이념적으로는 지리적 개념임과 동시에 문화적 개념이기도 하였지만 역사적으로는 '力'의 差가 반영된 權力 개념이기도 하였다. 中心과 周邊을 질서지우는 국제원리는 '禮'와 '力'이었고"라고[43] 할 수 있다.

이러한 禮와 力의 관계의 일환이기도 한 "朝貢은 단순한 무역제도 이상의 의미가 있었으니, 우선 조공제도 자체가 갖는 고유한 의미로서 정치 군사적 우월자가 차등적 국제질서 속에서 자신의 권력체계의 우위와 정당성을 과시하는 것이며, 또 형식상 상하 내지 宗藩關係에 있는 국가끼리 쌍무적 외교관계에서 군사적 비용을 줄이고 대외적 평화, 따라서 국내체제의 안정을 확보하는 외교수단일 수도 있었다"라고[44] 하듯이, 사대·조공—자소·책봉체제와 화이론의 국가간 관계질서는 주변의 국가로서는 국가 안보와 국내지배체제 안정을 위한 低費用의 합리적 外交手段이기도 하였다.

高麗末에 도입되기 시작하여 朝鮮前期 15세기에 지배이데올로기로 定立된 조선의 朱子學에서도 中國의 華夷論과 正統論은 그대로 수용되었다. 李滉은 하늘에 해가 둘이 있을 수 없듯이 明은 天下의 宗主이므로 조선이 臣服하고 있다고[45] 하였고, 李珥는 지금 以小事大와 君臣之分이 이미 정해졌으니 時의 難易와 勢의 利害에 관계없이 誠을 다할 뿐이다라고[46] 하였는데, 모두가 중국의 화이론과 정통론을 그대

---

43) 張寅性, 「近代朝鮮の日本觀の構造と性格」, 宮嶋博史·金容德 編, 『近代交流史と相互認識 Ⅰ』, 慶應大學出版會, 2001, 161쪽.
44) 曺秉漢, 「淸代 中國의 '大一統'的 中華體系와 對外認識의 변동」, 『아시아문화』 10, 한림대아시아문화연구소, 1994, 34쪽.
45) 『退溪全書』 卷8, 禮曹答日本國左武衛將軍源義淸.

로 수용하였다. 즉 正統은 중국의 역사에서만 논의될 수 있는 것이었고, 조선의 역사에서는 논의될 수 없는 것이었다.

 "天無二日 民無二王이라는 생각은 중국 천지에 한해서 적용되는 것이 아니라, 중국 황제는 곧 天子이며 중국의 주변에 있는 제민족 제국가 四夷八蠻은 모두 이 세계제국의 지배자의 밑에 環拱嚮仰하고 있어야 하는 것이기 때문에 중국의 正統은 동시에 세계의 正統이며 중국을 제외한 다른 지역에서 正統이란 아예 논의할 이유가 없었던 것이다"라거나,[47] 正統論은 "明이 존재하던 시기에는 조선에 정통론을 수용하기 어려운 처지에 있었다. 왜냐하면 '하늘에 두 개의 태양이 없고 땅에 두 사람의 임금이 있을 수 없다(天無二日 地無二王)'는 말과 같이 正統이 둘일 수 없기 때문이다"라고[48] 하듯이, 正統은 조선에는 해당하지 않는 사항이었다.

 그러나 이와는 다른 주장도 있다. "정통론이 중국의 역사에서만 더구나 중국의 황제에게만 적용되었다는 것은 잘못된 이론이다.……우리나라 역사에 적용한 것은 조선 초기의 權近의 『東國史略』, 徐居正의 『東國通鑑』에서 시작되어 17세기 洪汝河의 『東國通鑑提綱』에서 확고한 위치를 갖게 된다"라고[49] 하여, 朝鮮初期에 이미 정통론이 조선 역사에 적용되었다고 주장하였으나, 계보적인 연결 이상의 명확한 근거는 제시되고 있지 못하다고 보인다.

 조선에서 통용된 華夷論에는 조선적인 특징이 생겨났다. 조선을 夷로서 定位하지 않고 小華로서 自定하는 것이었다. 즉 "조선은 중화주의적 화이관과 事大朝貢體制에서는 '夷狄'으로 분류되지만, 儒敎文化

---

46) 『栗谷全書』 卷14, 策, 貢路策.
47) 李佑成, 앞의 글, 1976, 357~358쪽.
48) 韓永愚, 「조선시대의 역사편찬과 역사인식」, 조동걸·한영우·박찬승 편, 『한국의 역사가와 역사학』 上, 창작과 비평사, 1994, 112쪽.
49) 鄭求福, 「安鼎福의 史學思想」, 『韓日近世社會의 政治와 文化(제2차 韓日合同學術會議)』, 韓日文化交流基金, 1987, 23~24쪽.

面에서는 중국과 대등하거나 버금간다고 자부하면서 스스로……'小中華'라고 하여 중화인 明과 일체화시키는 한편 주변국가인 일본·여진·유구를 타자화해 '夷狄'으로 간주하였다. 이른바 소중화의식이다."라고[50] 하듯이, 조선은 스스로를 문화적으로 小華로 自定하였고, 나아가서는 世祖代 朴時衡이 일본, 野人, 三島倭, 유구를 四夷로 간주하고 그들의 사신이 내방하는 것을 '小國'이 王道를 사모해 오는 것으로 해석하는 상소문에서[51] 보이듯이, 국제사회에서 공인되고 있지는 않았지만 "조선 자신을 중심으로 하면서 주변의 여진, 일본, 유구, 동남아제국을 주변국으로 삼는 미니 국제질서(sub world order)를 도모하"는[52] 의식까지도 있었다.

"華夷認識 그 자체는, 자기를 중심으로 하여 그것을 세계로 간주하는 地政的인 廣域秩序理念이기 때문에 중국이 夷라고 인식한 國이나 地域이라도, 반드시 스스로를 夷로서 自認하고 있었던 것은 아니었고, 스스로를 華로서 위치지우는 것도 가능하게 한 이념이기도 하였다"라고[53] 하듯이, 화이론 그 자체에 화와 이가 특정 국가나 집단에 실체화되지 않는 보편주의적 성격도 있었기 때문이었다.

朝鮮前期에는 스스로를 새로운 중심으로 설정하려는 소중화의식은 드문 경우였고, 대부분의 경우에는 中華에 가장 닮았다는 것에 우월감을 만족시켰던 소중화의식에 머물고 있었다. 따라서 "조선전기에는 事大關係가 정치적으로는 事明, 문화적으로는 事華로 되어 양자간에 모순없"이[54] 안정화되었고, 따라서 "明이 건재하던 시기에는 형세와 名

---

50) 河宇鳳, 「조선시대의 자기인식과 타자인식」, 『역사 속의 '他者' 읽기』, 제46회 전국역사학대회 발표논문집, 2003, 56쪽.

51) 『세조실록』, 세조 14년 3월 乙酉(하우봉, 위의 글, 2003, 58쪽 주 10) 재인용).

52) 하우봉, 위의 글, 2003, 57쪽.

53) 濱下武志, 「東アジア史に見る華夷秩序」, 『東アジア世界の地域ネットワーク』, 山川出版社, 1999, 28쪽.

54) 하우봉, 「조선 후기 실학파의 對外認識」, 한국사연구회 편, 『한국 실학의 새로운 모색』, 경인문화사, 2001, 152쪽.

分이 통합되어 중화세계가 강고하게 구축되어 있었고, 그런만큼 중화의식 역시 동북아시아의 보편이념으로 자리잡을 수 있었다"라듯이,[55] 조선전기의 화이론은 국가간 관계론으로서의 사대·조공—자소·책봉 체제의 일환으로서의 성격도 갖추고 있는 것이었다.

3. 朝鮮中華主義

1644년 淸의 北京占領과 明의 멸망에 의한 明淸교체는 동아시아 국제질서에 커다란 변화를 가져왔다. 그러나 淸은 기본적으로는 중국의 전통적인 제도와 문화를 그대로 계승하여, 儒敎的인 政敎와 文化를 크게 장려하고, 스스로도 그 政敎와 文化에 익숙하도록 노력하였으며, 특히 국제질서에서는 전래의 사대·조공—자소·책봉 체제를 철저히 계승하였으므로 종래의 동아시아 국제질서 그 자체의 객관적 존재양식에는 아무런 변화가 없었다.[56]

그러나 조선에게 명청교체는 커다란 충격이 아닐 수 없었다. 우선 병자호란(1636)으로 인한 三田渡에서의 굴욕적인 항복 그리고 君臣之盟과 왕자들이 볼모로 잡혀감으로 인한 치욕감은 씻기 어려운 것이었다. 게다가 정치적인 事淸은 문화적으로는 事夷로 되어 "事大라는 정치질서와 화이관이라는 문화의식 간에 분열이 생"기게[57] 되었던 것이다.

이러한 분열에 직면한 조선 지식인들은 스스로가 놓여져 있는 국제환경(지역세계와 문화권) 속에서 스스로를 새로이 위치지우지 않을 수 없었다. 그 환경의 구조에 대하여 일정한 생각, 즉 국가간 정치질서(力

---

55) 김문용, 「중화의식 그리고 '민족'과 '세계'」, 윤사순 편, 『조선시대, 삶과 생각』, 고려대민족문화연구원, 2000, 295쪽.
56) 李用熙·申一澈 對談, 「事大主義」下, 『知性』 5, 知性社, 1972. 3, 74쪽.
57) 하우봉, 앞의 글, 2001, 152쪽.

관계질서)와 문화질서(禮질서)의 작동에 관하여, 그것이 어떻게 작동하는가, 또 작동해야 하는가에 관한 전망과 확신을 갖지 않으면 안되었다. 이러한 전망과 확신은 국내의 內治와도 깊이 유착되어서 나타나는 것이므로 그 "對外觀·世界像은 外的 世界의 實相 그것과는 구별되어야 할 별도의 獨自의 관념, 어떤 경우에는 虛僞意識에 지나지 않는"[58] 것이기도 하였다. 주 57)과 같은 분열을 "극복하기 위한 사상적 노력이 소중화의식의 강화로 나타났다"라고[59] 하듯이, 국제환경의 대변동 속에서 조선의 정치적·문화적 Identity를 찾기 위한 사상적 영위가 朝鮮中華主義였다고[60] 할 수 있다. 宋時烈은 다음과 같이 말하였다.[61]

중국인이 우리 조선을 가리켜 東夷라고 하는데, 이름은 비록 아담하지 않지만 또한 (禮의 : 인용자) 作興(=文化振興 : 인용자)의 如何에 달려 있을 뿐이다. 孟子가 말하기를 "舜은 東夷 사람이요, 文王은 西

---

58) 芝原拓自, 「對外觀とナショナリズム」, 芝原拓自 外校注, 『對外觀』(日本近代思想大系 12), 岩波書店, 1988, 459쪽.

59) 하우봉, 앞의 글, 2001, 152쪽.

60) 朝鮮中華主義라는 keyword는 鄭玉子가 제기하였고(정옥자, 「실학과 근대의식」, 『한국사특강』, 서울대출판부, 1990, 192쪽 ; 「정조대 對明義理論의 정리작업」, 『한국학보』 69, 일지사, 1992, 115~116쪽 ; 『조선후기 조선중화사상연구』, 일지사, 1998, 96~99, 107~108, 241쪽), 유봉학, 손승철에 의해서도 수용되고 있다. 김문용도 "이제 조선이 중국에 버금가는 소중화가 아니라, 유일하게 중화의 嫡統을 계승한 중화 그 자체라는 의식이 자리를 잡기도 하였다." (김문용, 앞의 글, 2000, 296쪽)라고 하였다. 하우봉은 17세기의 조선중화주의에는 "明의 그림자 즉 崇明性을 완전히 탈피하지 못했다는 점에서 소중화의식의 한 부류로 보아야 할 것이다."(하우봉, 앞의 글, 2001, 155쪽)라고 하여, 조선소중화의식이라는 호칭이 적절하다고 하였다. 필자는 崇明性의 미탈피에는 동의하지만 17세기의 조선중화주의는, 朝鮮前期의 소중화의식과는 성격이 질적으로 다르다는 점에서 조선중화주의라는 호칭이 무난하다고 생각한다.

61) 宋時烈, 『宋子大全』 4, 卷131, 雜著(斯文學會, 1971, 651~652쪽).

夷 사람이다"라고 하였다. 진실로 聖人·賢人만 나온다면 우리 조선이 鄒魯가 아니라 해서 마음 쓰이지 않는다. 옛날 七閩은 南夷의 소굴이 었지만, 朱子가 이곳에서 우뚝 솟은 후에는 中華 禮樂文物의 땅이 오히려 뒤떨어졌다. 옛날에는 夷였던 땅이 지금은 華가 되었으니, 요체는 오로지 변화에 있을 뿐이다.……가만히 듣건대 중국인들은 모두 陸學을 종주로 한다고 하는데, 우리 조선만은 朱子學을 종주로 하고 있으니, 周禮가 魯에 있는 格이다.

禮의 作興 즉 文化振興에 따라 夷가 華로 변할 수도 있고, 지금 조선은 朱子學을 종주로 하고 있으니 華로 되었다고 자부하였다. 같은 노론계인 韓元震도 다음과 같이 말하였다.[62]

비록 夷狄의 人이라도 夷狄의 行을 버리고 中國의 道를 思慕하고 중국의 服을 입고 중국의 言을 말하고 중국의 行을 행할 수 있으면 이 또한 중국일 뿐이다. 사람들도 장차 중국으로서 대우할 것이니, 당초에 夷狄이었음을 어찌 다시 힐문할 수 있겠는가.……地에 內外가 없고 사람에 華夷가 없음이 대개 이와 같은 것이다. 우리 조선은 太師가 東으로 와서 8條의 敎를 실시한 이후, 民俗이 크게 변화되어 이미 小中華의 칭호가 있었다.

文化振興의 如何에 따라서 夷가 華로도 될 수 있으며 따라서 地界나 血界(=族 : 인용자)를 기준으로 하는 華夷論은 성립할 수가 없고, 조선은 箕子朝鮮 이후 小中華라는 칭호가 있었다고 자부하였다. 黃景源은 이를 더욱 분명히 하여 다음과 같이 말하였다.[63]

대저 이른바 중국이란 것은 무엇인가. 禮義가 明하면 戎狄도 중국으로 될 수 있고 禮義가 不明하면 중국도 戎狄으로 될 수 있다. 1人의

---

62) 韓元震, 『南塘先生文集』 卷6, 雜著.
63) 黃景源, 『江漢集』 卷5, 「與金元博書」.

몸인데 때로는 중국일 수 있고 때로는 戎狄일 수 있음은 진실로 禮義
의 明·不明에 달려 있다.

夷에서 華에로의 변화도 있을 수 있고 華에서 夷에로의 변화도 있
을 수 있으며, 특정의 나라나 겨레가 華였다가 夷로 변할 수도 있는데,
그 모든 변화의 요인은 禮義의 明·不明이라는 것이었다. 문화 기준의
화이론 즉 기능개념으로서의 화이론이 명백하게 부각되고 있다.
　이것은 조선의 종래의 화이론과는 다른 새로운 성격의 화이론이었
다. 즉 朝鮮中華主義였다. 金履安은 이러한 화이론의 변동이 있게 된
사정을 다음과 같이 말하였다.64)

　聖人이 敎를 設함에 미쳐 禮樂과 文物이 찬란하였다. 歷代로 이를
숭상하여 禮義之邦이라고 일컬었다.……그러나 끝내 夷라는 이름은
바뀌지 않았으니 대개 先王들이 삼갔기 때문이었다. 지금은 사정이 달
라졌다. 왜인가. 옛날에는 地界로써 華夷를 구분하였다. 그 땅의 東은
東夷라고 하고……中은 中國이라고 하여 각기 界限(＝경계 : 인용자)
이 있어서 서로 넘나들 수 없었다. 때문에 우리는 夷가 되었던 것이다.
지금은 戎狄(＝淸 : 인용자)이 중국을 점령하고 중국의 民이 淸의 君
主를 君主로 받들고 淸의 俗을 俗으로 삼고 淸人과 혼인하여 서로 화
친하고 人種이 相化하니 이에 地界로써는 그 人種을 논하여 구분할
수 없게 되었다. 그런즉 지금의 세상에서 우리를 中華로 하지 않으면
누구를 中華로 할 수 있겠는가. 이것이 사정이 달라졌다는 것이다.

종래에는 地界와 血界로써 華夷를 구분하였는데 明淸交替로 말미
암아 그 구분이 불가능하게 되었고, 이렇게 사정이 달라졌으므로 禮의
作興 기준의 華夷論, 즉 文化振興 기준의 華夷論으로 할 수밖에 없게
되었고, 따라서 조선이 中華로 될 수밖에 없다는 것이었다. 明淸交替

---

64) 金履安, 『三山齋集』 卷10, 「華夷辨」.

와 문화 기준의 華夷論을 유착시키면서 이제는 조선만이 유일한 中華라는 認識이 확립되었다. 이러한 문화 기준의 화이론은 18세기 초부터 많이 나타나고 있었다.

18세기 초 權尙夏는 "지금 四海는 누린내가 나지만 우리 東國만이 홀로 禮義를 잃지 않고 있다"라고[65] 하여, 주위의 나라들과 구별하여 조선만이 禮義之邦이라고 하였고, 1725년(영조 1) 冬至使 書狀官으로 淸에 다녀온 趙文命은 "지금 天下에 中華制度는 홀로 우리나라에만 남아 있으니 중국인들이 우리를 존경하는 것은 우리에게 華制가 있음으로써이다"라고[66] 하여, 조선에만 中華制度가 남아 있다고 하였으며, 金鍾厚는 漢人으로 과거 응시하려는 자를 용인하는 洪大容에게 "아아! 中華를 귀하게 여기는 것은 그 居(=地界 : 인용자) 때문이요? 그 世(=血界 : 인용자) 때문이요? 居 때문이라면 虜隆도 또한 마찬가지고 世 때문이라면 吳, 楚, 蠻, 戎도 聖賢의 後裔 아닌 者가 없을 것이요."라고[67] 하여, 華의 기준은 地界나 血界에 있지 않음을 명백히 하였다. 한걸음 더 나아가서 1768년(영조 44)에 金若行은 "지금 이미 중국에는 帝統이 없으니 本朝(=李朝 : 인용자)에서는 마땅히 帝號를 칭하고 天子의 禮樂을 써야 된다"라고[68] 하여, 조선국왕이 황제 호칭을 쓰고 그 禮樂을 天子의 것으로 해야 한다고 상소하였다. 成大中도 조선이 明을 계승하여 天下의 宗主가 되었고 天下의 文物이 오로지 조선에만 있어 조선이 진실로 文明之鄕이라고 자부하였다.[69]

---

65) 『肅宗實錄』卷59, 숙종 43년 3월 庚辰(崔完秀,「謙齋眞景山水畵考」,『澗松文華』21, 한국민족미술연구소, 1981, 57쪽, 주 33) 재인용).
66) 『英祖實錄』卷5, 영조 1년 4월 壬辰(최완수, 위의 글, 1981, 57쪽, 주 37) 재인용).
67) 洪大容,『湛軒書』內集, 卷3, 書,「直齋答書」, 경인문화사, 232쪽.
68) 『英祖實錄』, 영조 44년 5월 10일(유봉학,『燕巖一派 北學思想硏究』, 일지사, 1995, 61쪽, 주 69) 재인용).
69) 유봉학, 위의 책, 1995, 130~131쪽.

우리나라로 말하면 오로지 儒敎를 崇尙하고 禮樂文物이 모두 中華를 본받아서 예로부터 小中華라는 칭호가 있었으니 나라의 規模라든가 士大夫의 행신 범절이 전적으로 宋나라와 같다.[70]

淸이 들어가 중국을 차지하고서 先王의 제도가 변해서 胡가 되었으되 우리 東國 땅 수천리는 江을 경계로 하여 國을 이룩하여 홀로 先王의 제도를 지키고 있으니, 이는 明朝가 아직도 압록강 동쪽에 존재함이 명백하다. 우리의 힘이 저 戎狄을 쳐몰아 내고 中原을 숙청함으로써 先王의 옛 제도를 광복하기에는 부족하더라도 사람마다 모두 崇禎의 연호라도 높여서 중국을 보존할 것이다.[71]

北學論者인 朴趾源도 明朝가 보존되어 있는 조선이 유일한 中華라고 하면서 긍지와 자부로 삼고 있었다. 이러한 조선중화주의에 대하여 1970년대의 연구에서는 매우 신랄하게 비판하였다. 예컨대, 金尙憲, 宋時烈 등의 斥和派들은 "'小中華'라는 文化自尊과 '慕華'라는 文化依他에 지나치게 침잠한 나머지, 半무의식상태에서 自卑와 自己否定으로 흘러 갔던 것이다"라고[72] 하여, 自卑와 自己否定으로 평가절하되었으나, 1980년대 이후의 연구에서는 적극적으로 평가되는 것이 새로운 특징이었다.

조선중화주의 또는 조선중화의식은 "中華國家로서의 明의 소멸을 확인한 위에 明=中華의 嫡統을 조선이 계승하였다는 조선의 主體確認 또는 文化自尊意識의 高揚이라는 의미를 지니는 것"으로,[73] 또는 "조선 성리학의 발전에 따른 문화적 자신감은 소중화의식으로 표현되

---

70) 朴趾源, 『燕巖集』 卷12, 別集, 熱河日記, 「太學留館錄」, 경희출판사, 1966, 206쪽.
71) 朴趾源, 위의 책, 「渡江錄」, 141쪽.
72) 李離和, 「北伐論의 思想史的檢討」, 『창작과 비평』 1975년 겨울호 ; 이이화, 『조선후기의 정치사상과 사회변동』, 한길사, 1994, 151쪽, 재수록.
73) 유봉학, 앞의 책, 1995, 63쪽.

었다. 그것은 바로 조선이 고대부터 孔子가 존경하였던 箕子의 후예로 서 중국에 못지 않은 문화국이라는 긍지에서 나온 것이었다"는[74] 문화 적 자신감과 문화국이라는 긍지로, 조선 "소중화의식이란 비록 발원은 중국이라 할지라도 그 중심을 담당하는 시대적 주체가 이미 중국에서 조선으로 이동해 왔다는 자기완성의 선언이었다. 또한 적어도 문화의 보존과 실천이라는 점에서 말하자면 이제 더 이상 조선은 중국의 속국 이나 신하국이 아니라는 자존심의 천명이라고도 할 수 있겠다"는[75] 문 화적 독립국으로서의 자존심의 천명으로, 李種徽는 "淸을 가리켜 '淸 藩' '滿人' 혹은 '淸胡'라고 호칭하는 반면에 우리 자신을 '小中華'의 문 화국가로서 자부하고 있으며, '지금 중국을 구하려면 마땅히 이쪽(=조 선 : 인용자)에 있는 것이지 그 쪽에 있는 것이 아니다'고 하여, 우리가 유일한 小中華인 동시에 中國임을 단언하"였던[76] 바, "이종휘의 역사 의식은 문화공동체, 지역공동체, 혈연공동체로서의 민족에 대한 자각 의 심화라는 점에서 뒷날 민족주의 역사학의 선구"라고[77] 하여 적극적 으로 평가되었다.

조선으로 하여금 더욱 조선성리학의 이념에 충실하게 하여 明이 망 한 시점에서는 조선만이 中華文化의 계승자라는 자부심을 갖게 되므 로써 주자성리학이 명실상부한 朝鮮固有思想으로 토착되어 조선성리 학으로 심화되어 갔고, 그에 따라서 조선 제일주의사상이 팽배하여 조 선 문화 전반에 固有色이 강조되니 眞景畵法의 창안도 이런 시대 思 潮의 반영이라는 것도 아울러 지적하고 나왔다.[78]

최완수는 조선중화의식은 조선성리학으로의 심화, 조선제일주의사

---

74) 하우봉, 앞의 글, 2001, 149쪽.
75) 김태호, 앞의 글, 2002, 622쪽.
76) 한영우, 『조선후기 사학사연구』, 일지사, 1998, 252~253쪽.
77) 한영우, 위의 책, 1998, 274쪽.
78) 최완수, 주 65)의 글, 1981, 48쪽.

상의 고조, 문화에서의 조선고유색의 강조 등을 결과하였다고 평가하
였다.

조선중화주의를 治世理念으로 하여 그 명분론인 화이론에 입각한
복수설치의 북벌대의로써 17세기 후반 兩亂의 후유증을 급속히 치유
하면서 국민적 단합을 이룩하여 국력의 재정비를 도모한 그 정신
을…….79)

현실적 무력 위협의 군사대국인 청나라를, 공존공영을 구가하던 평
화적 국제질서를 와해시킨 무법자라 인식하여 토벌의 대상으로 여기
고 청을 쳐 조선과 명의 원수를 함께 갚아야겠다는 대청복수론을 성립
시켰다.80)

17세기 후반이 전란 극복기라면 18세기는 조선고유문화 창달기이자
조선문화의 절정기였다. 중화문화의 담지자였던 明이 망하고 夷狄인
淸이 중원에 밀고 들어와 무력으로 주인 행세를 하고 있으므로 중화문
화의 정통 계승자는 조선이라는 조선중화주의가 팽배하였던 것이다.
이에 조선문화에 대한 자존의식이 고양되어, 이로써 이룩한 조선고유
문화에 대한 자부심은…….81)

정옥자는 조선중화주의는, 국민단합과 국력재정비와 평화적 국제질
서를 도모한 治世理念으로, 그리고 조선고유문화를 이룩하려 한 문화
이념으로, 적극적으로 평가하였다. 최완수와 정옥자의 연구가 조선중
화주의의 역사적 의미를 새롭게 발굴한 대표적인 경우라고 할 수 있
다.
"조선중화주의가 우리 역사 전체에 대한 존중으로 확산되어 중국과

---

79) 정옥자, 『조선후기 조선중화사상연구』 일지사, 1998, 97쪽.
80) 정옥자, 위의 책, 1998, 240쪽.
81) 정옥자, 위의 책, 1998, 241쪽.

다른 개체가 애초부터 존재하였다고 보게 된 것으로 여겨진다.……이 종휘는 非朱子學的 입장의 문화적 화이론자로서 중국과 우리의 대등성을 생각하였다.”라고[82] 하여, 조선중화주의에서 조선을 중국과 다른 개체, 중국과 대등한 문화로 보는 의식이 성립되었다고 파악되었고, 나아가서 朱子學 계열의 화이관(=조선중화의식 : 인용자)에서는 “이전의 소중화의식에 존명사대의식의 강화와 對淸 적대의식의 증대라는 요소가 첨가되어 화이관이 더욱 강대해졌으나 화이관의 강고화 자체가 화이관의 변화를 내포하고 있었다. 또 실학 계열에서는 화이관의 비판이라는 변화가 일어나고 있었다. 양자는 서로 모순 대립하는 측면이 있으면서도 전체적으로 보아 화이관의 변화를 통해 근대의식의 성장에 기여하였다. 朱子學 계열은 자주성의 확립에 기여한 면이 크고”라고[83] 하여, 조선중화주의가 근대의식의 성장, 자주성의 확립에 기여하였다고 파악되었다.

明淸交替라는 국제질서의 격변 속에서 종래의 夷들이 스스로를 華로 自定하고 자기 밖의 他者(淸이 포함되기도 한다 : 인용자)를 夷로 설정하여 멸시하는 상황에서 “조선의 소중화의식도 그러한 역사적 상황 하에서 성장한 국가의식 내지 민족의식의 표현이라고 보아야 할 것이다”라고[84] 하여, 조선중화주의는 국가의식 내지 민족의식의 한 표현이라고 定位되었다. 이와 같이 조선중화주의는 문화적 화이론으로서 종래의 지리적·인종적 화이관에서 벗어나 “16세기 士林의 화이관에 비하여 한 걸음 발전한 것이었다”고[85] 평가되었다.

---

82) 조성을, 「조선후기 역사학의 발달」, 『한국사인식과 역사이론』, 지식산업사, 1997, 19쪽.
83) 조성을, 「조선후기 화이관의 변화」, 한국사연구회 편, 『근대국민국가와 민족문제』, 지식산업사, 1995, 238쪽.
84) 曺永祿, 「朝鮮의 小中華觀」, 『역사학보』 149, 1996, 136~137쪽.
85) 조성을, 앞의 글, 1995, 257쪽.

요컨대, 조선후기에 이르러서는 지리적 지식이 확대됨에 따라 지역 중심의 화이관을 극복해 나갔으며, 尊王攘夷的－小華的 自尊意識도 점차 극복되어 가고 있었고, 문화를 척도로 하는 새로운 화이관이 등장했던 것이다.……이러한 새로운 기준의 화이관은 전통적 화이론과는 상당한 차이를 드러내는 발전적 현상으로 인식될 수 있다. 그리고 이와 같은 전통적 화이관의 극복은 중국 중심의 사대주의적 역사 인식에 대한 반성을 촉구하고 自國史에 대한 독자적 인식을 주장하였던 것이다. 여기에서 전통적 화이론의 극복을 통한 역사 인식의 변화, 발전상을 우리는 파악할 수 있다.[86]

위에서와 같이 문화적 화이론은 그 자체로써 역사적 발전으로 평가되고 있다. 이러한 연구 경향과는 다른 연구들도 있었다.

중화=문화적 이념이 유교적인 禮文化의 실현이라는 문화이념의 보편성에 입각해서 지리적 제약성을 부정하고 있다. 즉 宋時烈에 있어서 중화적 세계질서 관념은 중화 관념 본래의 漢민족 중심주의, 그리고 天圓地方에 의해 뒷받침되고 있었던 지리적 제약성이 퇴색되고 유교적인 禮文化의 실현이라는 중화=문화적 이념을 순화해 감으로써 禮문화를 기조로 하는 民族超越的인 世界認識에 도달하고 있다.[87]

大報壇은 문화적인 우월성을 근간으로 하는 조선소중화의식의 가시적인 실천의 장으로서, 淸의 황제가 아닌 조선 국왕이야말로 明의 후계자임을 과시하는 시설이었다.……청과 사대관계를 맺은 이상, 조선에게 對淸儀禮는 피할 수 없는 대외정책의 일환이었으나, 明帝를 대보단에서 추모하는 의례는 대외적인 정책과 利害關係를 초월한 國事行爲였다. 당시 대신들의 발언 중에는 청을 멸시하는 표현도 있었고, 멸

---

86) 趙珖, 「조선후기의 역사인식」, 한국사연구회 편, 『한국사학사의 연구』, 을유문화사, 1985, 154~155쪽.
87) 朴忠錫, 「조선 주자학」, 박충석・와타나베 히로시 편, 『국가이념과 대외인식』, 아연출판부, 2002, 386쪽.

망했다고는 하지만 舊宗主國인 明은 조선의 대보단에 분명히 존재했던 것이다. 조선의 청에 대한 자주성과 자율성의 표방은 조선소중화의식과 표리관계에 있다.[88]

조선중화주의는 민족을 초월하는 세계보편주의이며, 조선의 청에 대한 자주성과 자율성의 표방과 표리관계에 있는 것으로서, 조선 국가의 대외관계와 국가이해관계를 초월하는 의식이라고 평가되었던 바, 따라서 민족의식이나 국가의식과는 거리가 멀어지는 것이었다.

　"조선중화주의는 절정을 향하여 고조되어 '우리 문화가 최고'라는 국수주의가 팽배하여 문화의 전분야에 고유의식이 나타나던 시기기도 하였다."라고 하고 있으나, 중화의식이 과연 우리의 독자적 습속과 전통의 독자성에 관한 자부심을 가져 근대민족주의적인 사상이 생겼다고 볼 수는 없을 것이다. 중화의식은 어데까지나 민족을 초월한 유교 문화적 보편성을 지니기 때문에 민족의 독자성과 개별성에 대한 인식과는 질적으로 다른 것이라 할 수 있다.[89]

여기에서도 민족의 독자성·개별성 의식과 조선중화주의는 이질의 것으로 평가되고 있다. 이상에서와 같이 조선중화주의에 대한 평가는 민족적 의식 對 초민족의식으로 대극화되어 있다. 이렇게 조선중화주의에 대한 평가가 대극화되는 바탕에는 조선중화주의의 복합구조가 가로 놓여 있다. 그 복합구조에 대하여 알아보기로 한다.

北伐의 의의에 대하여, 金尙憲과 金集 그리고 宋浚吉은 明을 위한 복수를 大義로 삼고 있음에 비하여, "宋時烈은 일절을 더해서 春秋大義는 夷狄이 중국에 들어올 수 없으며, 禽獸가 인류에 끼일 수 없음이

---

88) 구와노 에이지, 「조선소중화의식의 형성과 전개」, 박충석·와타나베 히로시 공편, 『국가이념과 대외인식』, 아연출판부, 2002, 188~189쪽.

89) 정구복, 「조선후기의 역사의식」, 『한국사상대계 5 근세후기편』, 한국정신문화연구원, 1992, 58쪽.

제1의이며, 明을 위한 복수는 제2의라고 하였다."라고[90] 하듯이, 송시열은 人과 同列에 설 수 없는 夷를 淸人으로 실체화하였는데, 이는 실체개념으로서의 華夷 峻別로서 주 61)의 문화 기준의, 기능개념으로서의 화이론과는 이질의 것이었다.

韓元震도 주 62)와 비슷하게 "옛날에는 이른바 中國이라는 것이 혹은 거꾸로 夷狄의 소굴로 되고 이른바 蠻邦이라는 것이 혹 거꾸로 華夏의 지역으로 되었으니, 地에는 內外가 없고 人에는 華夷가 없음이 대개 이와 같았다"라고[91] 하여, 기능개념으로서의 화이론의 측면도 있지만 또 다음과 같이 말하기도 하였다.

> 天地의 사이에는 中國이 있고 夷狄이 있고 禽獸가 있다. 夷狄은 人과 禽獸의 사이에 있고, 夷狄이 中國(＝人 : 인용자)으로 될 수 없는 것은 바로 禽獸가 또한 夷狄으로 될 수 없는 것과 같다. 가사 禽獸가 夷狄의 事를 할 수 있더라도 夷狄이라는 호칭을 허용할 수 없듯이, 夷狄이 비록 中國을 점거하고 있더라도 또한 어찌 中國의 統緖를 허여할 수 있겠는가.[92]

> 天地는 萬物을 낳는데 中國이 있고 夷狄이 있고 禽獸가 있다. 氣類가 이미 나뉘어지고 游居가 異處하고 食味가 別聲하니 被色之性이 또한 같지 않다. 그런즉 夷狄이 中國(＝人 : 인용자)으로 될 수 없는 것은 禽獸가 또한 夷狄으로 될 수 없는 것과 같다. 어찌 夷狄을 禮樂으로써 교화하고 중국의 道로써 이끌 수가 있겠는가.[93]

이러한 華夷의 실체개념화는 주 62), 주 91)의 기능개념으로서의 華

---

90) 송시열, 『尤庵先生言行錄』下, 20章, 江上問答, 「春秋之義」(조영록, 앞의 글, 1996, 115쪽, 주 23) 재인용).
91) 한원진, 주 62)와 같음.
92) 『남당선생문집』 卷6, 「經筵說」下.
93) 위의 책, 卷6, 雜著.

夷와는 모순되는 것이었다. 이러한 모순은 해결되지 않으면 안되었다.

　　내 생각은……이른바 夷狄을 中國의 道로써 이끌 수가 없다고 하는 것은, 바로 夷狄之人이 夷狄之道를 변개하지 않고 그 牛羊之力에만 의지하고 그 水草之性을 빙자하여 그 分을 불안히 여겨서 中國을 侵 凌하는 것을 가리키는 것으로서, 忽必烈(Khubilai : 인용자)의 따위와 같은 것이다.[94]

실체개념으로서의 夷는 不變夷狄之道하는 夷狄之人이었다.

　　우리 東國은 東夷였다. 고려 말에 君主들은 모두 元나라의 外孫들 이었다. 그러나 圃隱 鄭夢周 선생이 大義를 始倡하여 元을 등지고 眞 主인 明나라로 歸依하여 華로써 夷를 變改(用夏變夷)하였다.[95]

　　우리 東方은 太師(箕子 : 인용자)가 東來하여 8條를 널리 가르친 이 후 民俗이 크게 바뀌어 이미 小中華의 칭호가 있었다. 우리 조선조에 이르러 列聖王께서 相承하고 賢相이 代代로 나와서 修己治人하는 所 以가 반드시 堯舜文武之道를 法 삼았기 때문에 禮樂刑政과 衣冠文物 이 모두 中國의 制度를 계승하고 婦女가 再嫁하지 않고 반드시 3년상 을 하여 그 풍속의 美와 禮義의 행함이 실로 三代 이후의 중국이 미치 지 못하는 바였다. 文物의 발달이 이미 오래 되었고 天의 돌봄이 더욱 새로워 眞儒가 輩出하고 道學이 大明하여 孔子·孟子·程子·朱子 의 道統에 접속되었다. 지금 天地가 운수가 나빠 막혀 있고 海內(＝중 국 대륙 : 인용자)가 누린내로 뒤덮여 있는 때에 한 모퉁이 궁벽한 나 라에서 홀로 中華之治를 보존하고 있다.[96]

원래는 夷였던 조선은 기자조선 때 이미 小中華라는 칭호가 있었고

---

94) 위의 책.
95) 위의 책, 卷37, 雜識 外編 上.
96) 『남당선생문집』 卷6, 雜著.

고려 말 이래 用夏變夷한 이후 지금은 공자·맹자·정자·주자의 도통이 조선에 접속되어 조선이 홀로 中華之治를 보존하고 있다고 하여 기능개념으로서의 華夷는 朝鮮에만 적용되고 있다. 즉 조선의 경우에만 기능개념으로서의 華夷를 적용하고, 조선 이외의 나라들에는 실체개념으로서의 華夷를 적용하고 있는 바, 철저한 自民族中心主義(Ethnocentrism) 즉 朝鮮中心主義였다고 할 수 있다.

앞의 송시열에서 주 61)과 주 90)이 모순되는 것도 조선중심주의, 자민족중심주의가 그 바탕에 자리잡고 있었기 때문이었다.

조선중화주의의 바탕에 조선중심주의가 자리잡게 된 원인은, 淸에게 굴복당한 치욕감을[97] 씻기 위함에 있었다고 생각된다. 송시열은 淸에 대하여 '復讎 雪恥'하는 것은 仁·義를 세우기 위하여서이고, 仁·義를 세우는 것은 삼강오륜을 지키기 위한 기본이라고 강조하였다. 그리고 삼강오륜이 없으면 國이 國으로서 성립되지 않으며 國의 안정을 도모하기 위해서도 북벌은 필요하다고 하였다.[98] 그리고 조선과 明과 淸과의 관계에 대하여서는, 明은 조선의 부모, 奴賊인 淸은 우리나라에게서 부모의 仇讐라고 자리매김하고,[99] 그리고 조선과 淸의 관계에 대하여 다음과 같이 말하였다.[100]

> 小가 大를 事하는 것은 天理지만 치욕을 참으면서 讐를 事하는 것은 人欲이다.

淸이 부모의 원수로 자리매김되고, 事明이나 事淸이나 정치적으로

---

97) 文純實은 조선중화의식을 "상처난 자존심 위로의 이론" "내면적으로는 정신적 굴욕의 회복을 도모하고 정치적으로는 집권의 정통성을 주장하"는 이론이라고 하였다(문순실, 「18세기 조선에 있어서 대외의식의 변화에 대하여」, 『駿台史學』 96, 1996, 88, 107쪽).

98) 문순실, 위의 글, 1996, 87쪽.

99) 위와 같음.

100) 『宋子大全』 卷5, 封事, 己丑封事 8月.

는 同質의 것인데[101]天理와 人欲으로 극단적으로 가치 대극화되면 對淸관계에서는 정치적·문화적 관계가 있을 수 없게 되고 排除와 疎外의 他者化만이 있게 된다.

한원진은 조선과 청의 관계에 대하여 다음과 같이 말하였다.

> 國朝에게서 皇明은, 그 命을 받아서 建國하였고 본래 君臣之義로써 맺어져 있었는데, 壬辰年의 倭變에서 再造之恩이 망극하였으니, 처음부터 끝까지 터럭끝까지도 모두 明皇帝의 힘 덕택이었다. 丁丑年의 下城之辱(=조선이 청에 군신지의를 맹약한 굴욕 : 인용자)은 皇朝의 屋社之怨이니 그 깊고도 지극한 수치는 비록 100世가 지나더라도 잊을 수 있으리오.[102]

> 南夷(=倭 : 인용자)와 北虜(=淸 : 인용자)는 모두 국가의 원수다. 孝宗의 復讐 계획(북벌계획 : 인용자)은 北虜에 대한 것이었지 南夷에 대한 것은 아니었다. 대개 南夷를 정벌하는 것은 한 나라가 私的으로 복수하는 것이고 北虜를 정벌하는 것은 天下之大義이다.[103]

병자호란의 치욕은 100世가 지나도 잊을 수 없는 것이었고, 그 청나라를 정벌하는 것은 天下의 大義가 되는 그런 원수의 나라가 淸이었다. 청을 夷로 실체화·고착화하고 조선은 中華로 실체화하면 치욕감 해소에는 큰 효과가 있을 것이었다. 淸의 夷에의 실체화·고착화라는 점에서 조선중화주의는, "朱子는 말하기를 夷狄은 人과 禽獸의 사이에 있어 人과는 類가 다르고 끝내 變改될 수 없다"라는[104] 주희의 화이론과 비슷하였다. 그러나 조선중화주의의 화이론의 구조 내용은 주희의 화이론이나 明代에 확립된 중국의 화이론의 그것과 중요한 국

---

101) 주 56) 참조.
102) 『남당선생문집』 卷3, 陳大義疏.
103) 『남당선생문집』 卷38, 雜識 外編 下.
104) 『남당선생문집』 卷37, 雜識 外編 上.

298

면에서 다른 점이 있었다.

후자의 경우, 그 화이론은 중화와 이적의 국가간 관계 설정의 일환이었다. 華와 夷는 上下垂直的 國家間關係에 있어야 하는 것이었다. 주희는 주 36)에서와 같이, 중국과 주변국의 관계는, 군사면에서 大國과 小國, 지리면에서 中心國과 周邊國, 문화면에서 文明國과 野蠻國이라는 것이었다.105) "國土의 반을 빼앗겨 金나라에 대한 증오가 들끓고 있음에 틀림없는"106) 주희의 화이론에서도, 중국과 주변국의 관계는 중국 중심의 상하수직적 국가간 관계에의 주변국의 包込이 그 대전제였던 것이다.

明代에 확립된 중국의 화이론도 국가간 관계론의 일환이었다. 夷는 華의 은혜를 받아야 할 대상, 華는 夷에게 德化를 베풀어 이념적으로는 그 夷를 敎化시켜서 같이 大同의 世界를 이룩해야 할 대상, 다시 말하면 夷는 중국 황제의 德治의 은혜에 浴하고 그것에 감사하기 위해 朝貢하며, 중국은 그것에 대하여 기특히 여겨 책봉사를 파견하는, 긴밀히 유착된 上下 관계였다.107)

이와 같이 주희의 화이론이나 明代에 확립된 중국의 화이론에서의 "華와 夷는, 중심인 自己로서의 '華'와 그것에 對置되는 他者로서의 '夷'라고 하는 관계는 아니었음",108) 즉 他者化의 論理는 아니었음에 反하여, 조선중화주의 즉 조선중심주의, 자민족중심주의의 화이론은, 他者化의 論理, 즉 淸을 가치 부정하고 그 부정에 의존하여 스스로의 正體性을 구축하여 나아가는 극히 소극적인 自己正體化의 論理였음이 질적으로 다른 점이었다.

淸에게로 향한 타자화의 논리는 조선왕조의 국가로서의 존재양식에 대한 논의와 인식에도 커다란 영향을 미치게 된다. 청 침입 때의 삼학

---

105) 박홍규, 앞의 글, 2001, 124, 145쪽.
106) 주 38)과 같음.
107) 濱下武志, 주 53)의 글, 1999, 28쪽.
108) 위와 같음.

사의 한 사람이었던 尹集은 1636년 仁祖에의 상소문에서 다음과 같이 말하였다.109)

차라리 나라가 없어질지라도 義理는 버릴 수 없습니다.……어찌 차마 和議를 이때에 주장하는 것입니까.

斥和論者인 金尙憲도 다음과 같이 말하였다.110)

예로부터 죽지 않는 人이 없고 망하지 않는 國도 없다. 죽고 망하는 것은 참을 수 있어도 逆을 따르는 것은 할 수 없다.……지금 만일 義를 버리고 은혜를 잊어버린다면 가령 天下 後世의 의론은 돌아보지 않는다 하더라도 장차 어떻게 地下에서 先王을 볼 수 있겠는가.

국가의 存亡은 제2선으로 후퇴되고 義理가 제1선으로 중요하게 대두하게 된다. 송시열도 "우리들이 다투는 바는 오직 大義 뿐이다. (국가의 : 인용자) 勝敗存亡은 논할 바가 아니다"라고111) 하였고, 1765년에 燕行하기 이전의 홍대용도 다음과 같이 말하였다.112)

우리나라가 明을 섬겨온 지 200년이 넘었다. 壬辰年에 再造之恩을 입은 후에는 君臣之義에다가 父子之恩을 겹치게 되었고 明이 우리나라를 대우함과 우리나라가 明에게 의뢰함은 內藩과 다름이 없으니 다른 夷와는 비교가 안되는 것이었다.……사람은 한번은 죽는 법이고 나라는 한번은 망하는 법이지만, 五倫과 三綱은 한번 떨어지면 天下에서 욕을 먹게 되는 것이니, 살아도 죽은 것만 같지 못하고, 나라가 보존됨이 망하는 것만 같지 못하다.……당시(병자호란 때 : 인용자)의 척화론

---

109)『仁祖實錄』, 인조 14년 11월 戊申.
110) 玄相允,『朝鮮儒學史』, 민중서관, 1960, 188쪽.
111)『송자대전』卷213, 三學士傳.
112)『담헌서』上, 內集, 卷3, 書, 答韓仲由書. 224쪽.

은 중국을 尊하고 臣下의 節義를 지키며 큰 은혜를 갚고 大義를 伸하려는 것이었다. 비록 이로 말미암아서 격하게 禍의 기틀을 조성하여 國家가 破亡하고 君臣上下가 싸라기처럼 무너지고 고기처럼 문드러져서 땅에 발리는 한이 있다 하더라도 또한 걱정할 꺼리가 아니었다.

국가의 존망 문제는 뒤로 밀려나고 春秋大義가 前面에 내세워졌다. 이들 조선중화주의자들에게는, 春秋大義＝禮의 義가 禽獸로부터 人間을 가르고, 野蠻으로부터 文明을 가르며, 따라서 인간의 문명사회를 성립시키기 위한 기본적인 秩序原理로 되는 것이었다.113)

현실적인 對淸 국가관계인 事大＝事淸은 人欲이고 春秋大義에 어긋나는 것이므로, 조선과 淸의 국가간 관계에 대한 정책적·정치적 구상은 조선중화주의에서는 자리잡기 어렵게 된다. 즉 淸과의 국가간 관계에서 정책적·정치적 사고가 원천적으로 결핍될 수밖에 없는 조선중화주의의 사고구조였다고 할 수 있다. "송시열의 화이관과 청나라 배척의 주장……은 대외적으로 실제로는 아무런 현실적 대응책을 갖지 않은 것이었다"라고114) 할 수 있다.

이러한 조선중화주의는 역사서술에서도 나타나고 있었다. 조선전기에는 조선 역사의 서술에서 적용되지 않던 正統論이 17세기 후반 洪汝河의 『東國通鑑提綱』에 처음으로 등장하게 되었다. 그에 앞서 兪棨의 『麗史提綱』, 그리고 柳馨遠의 『東國史綱目條例』 등에서 綱目法 史書가 나타났는데, "강목체와 정통론은 불가분의 관계를 갖고서 이때에 동시에 출현하였을 것으로 생각"되는115) 것이고 "호란 후 정통론이 대두하고 강목법 史書의 출간이 성행한 것은, 明이 멸망함으로써 중화의 정통이 우리에게 돌아 왔다는 '조선＝중화' 사상과 표리를 이루고

---

113) 川勝義雄, 『中國人の歷史意識』, 平凡社, 1986, 37쪽.
114) 조성을, 주 83)의 글, 244쪽.
115) 이만열, 주 25)의 글, 1974, 105쪽.

있는 것"으로서116) 역사서술에서의 이러한 새로운 경향은 매우 주목되
는 것이었다.

따라서 그 역사적 성격이나 위치에 대한 파악도 크게 엇갈리고 있
다. "정통론에 입각한 고대사 인식은 大義名分과 褒貶을 강조하는 등
역사인식의 폭을 좁히는 결과를 가져오게 되"기도117) 하였지만 "정통
론의 등장은 정통국가가 중국과 꼭 같이 한국에도 존재할 수 있다는
의미에서 자주성의 강조가 뒤따르게 되었던 것이다"라고118) 하여, '자
주의식의 강화'로 평가되고 있다.

18세기 초 林象德의 『東史會綱』에 대하여 "임상덕의 소중화의식은
18세기 초 對明義理論의 연장선상에서 파악할 수 있다. 현실적으로 청
에 대한 북벌이 불가능해지면서 조선 사상계는 내실을 기하는 방향으
로 대응논리를 바꾸었고, 조선이 기자 이래 중국과 대등한 문화국가이
자 명의 멸망 이후에는 유일한 문화국가로 존재해 왔음을 밝혔다. 물
론 이때 느끼는 조선의 자부심이란 중화라는 중국문화의 테두리 안에
있는 것이지만, 청과는 문화적 기반이 엄연히 다른 독립된 국가임을
확인하는 의미가 있었다.……따라서 임상덕의 소중화의식은 많은 한계
점을 가지고 있었음에도 불구하고, 조선의 문화적 전통에 대한 자부심
과 조선이 중국과는 분리된 독립적 민족국가임을 발견해 가는 단초가
되는 것이다."라고119) 하여, 민족국가 발견의 단초로 평가되었고, 영조
때의 『東國文獻備考』는 "자국의 제도적 발전과 문화적 역량을 강조하
여 강한 문화자존의식과 자국중심의식을 보임으로써 중세기 도덕적인
역사학의 흐름 속에서도 근대민족주의 역사학의 선구적인 내용을 보
이고 있다."라고120) 하였는데, 문화자존의식과 자국중심의식은 조선중

---

116) 한영우, 주 48)의 글, 1994, 112쪽.
117) 이만열, 주 25)의 글, 1974, 123쪽.
118) 위와 같음.
119) 金文植, 「임상덕」, 조동걸·한영우·박찬승 편, 『한국의 역사가와 역사학』上,
    창작과 비평사, 1994, 233쪽.

화의식의 핵심이라고 생각되는 바, 그것이 '근대민족주의 역사학의 선구'로 평가되고 있기도 하다.

이에 반하여 홍여하의 정통론은 주희의 "『자치통감강목』에서 제시한 정통론에 대한 이해가 심화된 결과로 나올 수 있었던 것이지만, 그가 李瀷 이후의 실학자에게서 드러나는 바와 같은 화이관의 변천을 전제로 한 정통론을 주장한 것으로 보기는 어렵다."라거나,[121] "정통론은 민족사의 체계화를 위해서 도입되었다기보다는 주희의 『자치통감강목』의 義例를 本國史 서술에 도입함에 따른 필연적 결과이다. 이는 또 성리학의 이해가 심화된 결과이다."라고[122] 하고, "자국사에 정통론을 적용한 경우를 적어도 16세기까지는 찾기 어렵다. 그러나 그것을 綱目에 대한 비판적 이해나, 주희 등 성리학적 역사인식에서의 탈피로 보기보다는 명청교체로 인한 소중화의식의 확대로 해석해야 할 것이다."라고[123] 하여, 주희의 성리학에 대한 이해가 심화된 결과로 정통론이 조선 역사에 적용되었다고 평가되었다. 문제의 핵심은 조선 역사에 정통론이 처음으로 적용되었다는 사실의 중요성을 정면으로 응시해야 하는 것이지 않을까 싶다. 필자는 한영우, 김문식, 박인호 등의 평가에 동의하여 문화자존의식, 자국중심주의라고 보고 싶지만, 그것과 민족의식, 근대민족주의와는 거리가 크다고 생각한다. 자국중심주의, 문화자존의식은 근대민족주의 발생의 한 자원일 수는 있지만, 그 자체로서 근대민족주의의 선구이기는 어렵지 않을까 생각된다.

위에서와 같이 이 시기 역사학, 역사서술에서의 정통론은 주자 성리학의 이해의 심화의 결과인 측면도 있었다. 이러한 측면은 이 시기 역사학, 역사서술에서의 經史一體的 면모로 반영되었다고 생각된다. 경

---

120) 朴仁鎬, 『조선후기 역사지리학연구』, 이회문화사, 1996, 271쪽.
121) 조광, 주 86)의 글, 1985, 157쪽.
122) 정구복, 주 49)의 글, 1987, 25쪽.
123) 신항수, 「李瀷의 筆法論과 역사인식」, 『한국사학사학보』 4, 한국사학사학회, 2001, 59쪽.

사일체적 역사서술이란 經學을 道의 理 또는 體로, 史學을 道의 用으로 하여 "추상적인 이론(경학 : 인용자)에 따라서 구체적 사실을 연역(史學 : 인용자)하였으며, 또한 구체적 사실(史學 : 인용자)에 따라서 추상적 이론을 증명(경학 : 인용자)하려"124) 한 역사서술인데, 그 성격은 史學의 經學化이고 史學을 經學의 영역 안에 편입하는 것이었다고 할 수 있다.125)

원래 經學은 不變의 보편적 진리를 전하는 聖書로서의 經書에 대한 학문이었고, 이 본질적 성격으로 인하여 經學은 經書의 一義的 이해를 보증하는 것으로 되지 않을 수 없었다. 왜냐하면 經書의 이해가 애매성이나 多義性을 띠게 되면 道의 至高性이 상실되기 때문이다. 따라서 經學은 經書를 읽는 모든 사람들에게 一義的 해석을 부여하고 이단적 해석을 배제해야 한다는 護敎的 使命을 띠게 되었던 것이다.126) 이러한 經史一體的 역사서술에서는 역사서는 經에 연속하는 것, 經에 포괄되는 것이었고 따라서 역사서에 기재된 사실 속에 規範性을 인정하고 따라서 역사사실에 規範性을 인정하려는 경향은 필연이었다. "송시열의 이와 같은 춘추대의의 역사적 규범주의, 중화＝문화적 이념의 역사적 정통성에 대한 인식은……중화관념 본래의 규범주의적 발상이 조선주자학의 도덕적 규범주의에 뒷받침되어 더욱 공고한 규범주의의 성향을 띠고 있다"라듯이,127) 조선중화주의는 매우 규범주의적이었고, 그 역사서술은 경사일체적 성격을 벗어날 수 없었다고 생각된다.

---

124) 呂謙擧, 이범학 역, 「宋代 史學의 義理論」, 민두기 편, 『중국의 역시인식』下, 창작과 비평사, 1985, 451쪽.

125) 위와 같음.

126) 山口久和, 「經學」, 『岩波 哲學・思想事典』, 岩波書店, 1998, 400쪽.

127) 박충석, 주 87)의 책, 2002, 385쪽.

4. 實學의 小華意識

1) 文化多元化

위에서 조선중화주의를 장황하게 서술하였는데, 실학의 對外認識을 그것과 대비하여 밝히기 위해서였다. 1960~70년대에는 실학의 역사의식, 역사관을 전통적인 것과 비교하면서 그 새로운 측면을 부각하는 데 노력이 경주되었다. 그러나 1980년대부터는 조선문화자존의식, 조선의 중국과의 대등성 등 양자의 공통성을 밝히는 연구와, 실학의 역사인식이 전통적인 것의 연장인 측면이 많다는 연구들이 많이 발표되었다.

한우근, 송찬식 등에 의하여 새로운 역사인식 방법의 keyword로 발굴된 '時勢' 개념도, 孟子나 戰國策에서 이미 보이고 있고,[128] 李瀷의 讀史論도 程子나 李珥의 의견에서 벗어나 있는 것이 아니라 연속되어 있음이 강조되었다.[129] 이익의 三韓正統論은 주희의 綱目을 그대로 따른 것이었고,[130] 주희의 綱目보다 더욱 철저한 포폄의 논리를 전개하여 綱目의 筆法 자체를 부정하지 않았고,[131] 전통적인 역사인식방법인 鑑戒主義를 고수하였다고[132] 하여, 전통적인 역사인식과 이익의 역사인식이 연속선상에서 파악되었다.

실학의 역사인식을 종래의 역사인식에서 질적으로 크게 발전한 것으로 보려는 연구에서도, 주희와 이익은 그 역사이론에서 첫째, 역사가 기본적으로 氣數(또는 時勢)에 의해 결정된다고 보고, 둘째 현실 역사의 전개는 도덕과 일치하지 않는다고 보며, 셋째 철저하게 도덕적 평가를 추구한다는 점에서 일치한다고 하고, 사회개혁의 구상에서만 질

---

128) 한영우, 주 76)의 책, 1998, 194쪽.
129) 한영우, 위의 책, 197쪽.
130) 신항수, 주 123)의 글, 2001, 64쪽.
131) 신항수, 위의 글, 2001, 50쪽.
132) 신항수, 위의 글, 2001, 42~43쪽.

적인 차이가 난다고 하여, 순수하게 역사이론에만 국한하면 주희와 이익은 거의 연속된다고 파악되었다.[133] 그러나 이익의 역사인식의 역사적 성격은 주희와의 비교보다는 기본적으로는 조선전기의 역사인식이나 조선중화주의의 역사인식과의 비교에서 추구되어야 할 것이다. 이익도 조선을 小中華로 여기고 있었다.

> 지금 天下가 문란하여 禮樂 聲名을 찾을 곳이 없다. 유독 우리나라에서만 冠帶의 遺風이 폐지되지 않고 있다.[134]

> 중국과 조선은 크고 작음은 비록 다르지만 氣數의 공교로움은 서로 부합하는데 그 까닭은, 조선은 예의와 仁義의 나라로 칭송된 지 오래되었다. 그래서 모두가 조선을 小中華라고 일컫는다. 이는 列國이 조선과 견줄 수 없는 바이다. 중국과 조선의 吉凶과 盛衰가 방불하게 서로 맞아 돌아간 것도 그 이치가 있다 할 것이다.[135]

> 지금 天下는 눈멀고 禮樂은 흔적 없이 사라졌지만, 오히려 조선은 先王의 衣冠制度를 保守하고 있어 天意인가 하는 말도 있다.[136]

이익은 조선이 明의 嫡統 후계자이기 때문이 아니라 禮義와 仁義가 있고 先王의 衣冠制度를 保守하고 있기 때문에 小中華라고 여기고 있었다. 홍대용도 주 113)에서와 같이, 조선이 중국의 內藩과 다름없다고 하여 은연중에 小中華意識을 드러내고 있었다. 박지원도 조선의 소중화라는 칭호에 긍지를 가지고 있었다.

---

133) 조성을, 「朱熹와 李瀷의 歷史理論 比較」, 『한국사연구』 122, 2003, 148~150쪽.
134) 『星湖先生全集』 下, 卷54, 題跋, 跋儀禮, 경인문화사, 1974, 354쪽.
135) 위의 책, 卷47, 雜著, 三韓正統論, 232쪽.
136) 위의 책, 卷50, 序, 李子粹語序, 281쪽.

우리나라로 말하면 오로지 儒敎를 崇尙하고 禮樂文物이 모두 中華를 본받아서 예로부터 小中華라는 칭호가 있었으니, 나라의 규모라든가 士大夫의 行身·凡節이 전적으로 宋나라와 같다.137)

丁若鏞도 조선을 小中華로 여기고 있었다.

그렇다면 중국이라고 부르는 나라는 왜 그러한 칭호가 있었을까. 堯·舜·禹·湯의 다스림이 있어서 중국이라고 부르고 孔子·顔子·子思·孟子의 학문이 있기에 중국이라고 불렀다. 그 이른바 중국이라는 것이 어디 다른 데에 있겠는가. 聖人들의 학문은 우리 東國이 받아들여 이미 우리 것으로 만들어 버렸다. 다시 그 먼 곳까지 가서 구해올 필요가 있겠는가.138)

우리 東方이 산을 등지고 바다를 둘러 地利에 險阻의 견고함이 있으며 夏로써 夷를 變改(用夏變夷)하여 文物에 煥爛한 美가 있으니 小華라는 호칭이 진실로 마땅하다.139)

역사에 東夷를 칭찬하여 仁善하다는 함은 진실로 이유가 있었다. 하물며 조선은 똑바로 동쪽의 땅에 위치한 까닭으로 그 풍속이 禮節을 좋아하고 武力은 천하게 여기고, 차라리 유약할지라도 사나웁지 않았으니 君子의 나라이다. 아아, 이미 중국에 살지 못할진댄 오직 東夷에 살 것이다.140)

조선이 聖人之治와 聖人之學을 받아들여 우리 것으로 만들어 버렸으므로 小中華라는 칭호가 마땅하다고 긍지를 나타내었다. 주 140)에

---

137) 박지원, 주 70)과 같음.
138) 丁若鏞, 『增補與猶堂全書』 1, 1集 13卷, 詩文集, 序, 送韓校理致應使燕序, 경인문화사, 1970, 270쪽.
139) 위의 책, 1集 8卷, 詩文集, 對策, 地理策, 152쪽.
140) 위의 책, 1集 12卷, 詩文集, 論, 東胡論, 243쪽.

서와 같이 요컨대 조선이 用夏變夷하였다는 것으로서, 기능개념으로
서의 華夷論이었다. 그리고 조선중화주의의 화이론과는 달리 실체개
념으로서의 화이론의 측면이 전혀 없었다는 점이 주목된다.

　華夷를 실체화·고착화하지 않고 기능화하게 되면, 즉 문화기준의
화이론으로 純化되면, 다시 말하여 보편주의적 화이론으로 되면, 중국
의 화이론이나 조선중화주의의 화이론에서는 夷로 定位되었던 겨레나
나라들이 새로이 인식될 수도 있게 된다.

　　대체로 史書들 가운데에는 外夷라 하여 소홀히 한 것이 많은데, 역
시 애석한 일이다. 사실상 遼, 金, 元 三國은 禮樂이 갖추어져 있지 않
은 바가 아니다.[141]

　　만리장성 밖에서도 學을 좋아함이 俗을 이루었음도 또한 들리고 있
다. 그들 중에 걸출한 眞儒가 없으라는 법이 어디 있겠는가. 나는 언제
나 중국 안에서는 다시는 聖人이 나타나지 않을 것이며, 聖人은 오직
중국 바깥에서만 나타나리라고 생각한다.……지금 만리장성 밖은 그
크기가 중국 만할 뿐만이 아니다. 그 가운데에 夷狄이면서 夷狄으로서
마땅히 해야 할 바를 행하는 사람으로서 聖人이 君子라고[142] 가리킨
바와 같은 사람이 어찌 없겠는가.[143]

---

141) 李瀷, 『星湖僿說』下, 經史門, 卷26, 中國賴孝文, 경희출판사, 1967, 383쪽.
142) '素夷狄 行乎夷狄'은 『中庸章句』第14章에 있는데, 그 행위의 주체는 君子로
　　파악되어 있고, 朱熹의 註에서는 君子는 夷狄에 處해서는 夷狄에 대응하여
　　그것에 맞게 행동한다고 풀이되어 있어서 夷狄 아닌 者가 夷狄에 處해 있는
　　경우를 말하고 있는 것으로 보인다. 그러나 李瀷은 "聖人은 오직 중국 바깥
　　에서만 나타나리라고 생각한다"는 근거로 '素夷狄 行乎夷狄'을 들고 있고, 또
　　『孟子疾書』第14章에서는 "'素富貴' 一節 專釋時中……時中者 素位而行也"
　　라고 하였는데, 이로 보아 君子는 '夷狄이면서 夷狄에 들어맞게 행하는 사람'
　　이라고 생각된다. 말하자면 李瀷은 朱子의 註를 斷章取義하여 자신의 독자
　　적인 생각을 피력하고 있다고 보인다. 뒤의 註 152)의 洪大容의 경우에도 단
　　장취의라고 생각된다. 이는 李東歡 교수의 敎示에 크게 힘입었다.
143) 『성호선생전집』上, 卷27, 書, 答安百順 己卯, 491쪽.

李瀷은 禮樂備 與否의 기준에서 중국 북방족인 遼, 淸의 前身인 金, 元을 華로 인정하였다. 그리고 종래 야만적이고 침략적이라고 인식되었던 일본에 대해서도 "日本의 文化도 또한 中華文明을 계승한 것으로"144) 보았고, 또한 "낙후된 조선의 기술 수준에 비한 일본 기술의 우수성을 인정하였"던 바,145) 일본도 華로 인정하였다고 생각된다. 나아가서 인도 지역에 대해서도 다음과 같이 말하였다.146)

내가 듣건대 印度身毒의 밖에 별도의 지역이 있는데, 풍속이 大同을 숭상하고 마음이 맑고 욕심이 적어 쟁탈이 일어나지 않기가 예나 이제나 변화가 없다고 한다. 비록 그 文學이 다르고 說理가 매우 괴이하지만 仁을 좋아하고 殺을 미워하며, 폐단을 줄이고 善을 숭상하니 大道를 條理있게 분명하게 하는 데에 해로움이 없을 것이다.

大同, 好仁, 崇善 등의 기준에서 인도 지역도 華로 인식하였다고 보이는데 문화 기준으로 純化된 화이론이었다. 安鼎福도 "예로부터 儒者들은 華夷를 나누는 데에 엄격하여 중국 땅에서 나지 않으면 모두 夷라고 일컬었는데, 이것은 통할 수 없는 말입니다. 어찌 天意에 界限(＝경계 : 인용자)이 있겠습니까"라고147) 하여, 地界에 의한 화이 구분을 반대하고 華를 보편적 개념의 것으로 하려는 지향을 은연중에 나타내었다. 1765년의 燕行 이후의 홍대용은 이전의 주 112)와는 달리 다음과 같이 말하였다.148)

---

144) 하우봉, 「이익의 일본관」, 『조선후기 실학자의 일본관연구』, 일지사, 1989, 70쪽.
145) 하우봉, 위의 글, 1989, 65쪽.
146) 『성호사설』上, 人事門, 卷14, 華夷, 492~493쪽.
147) 安鼎福, 『順庵叢書』上, 『順庵集』卷2, 書, 答上星湖先生書 戊寅, 성균관대학교대동문화연구원, 1970, 53쪽.
148) 『담헌서』上, 內集, 卷3, 書, 又答直齋書, 235쪽.

또한 夷狄의 夷狄된 所以는 무엇 때문이겠소. 그들은 禮義도 없고 忠孝도 없으며 天性이 殺伐을 좋아하고 행동은 禽獸와 같은 때문이 아니겠소. 저 아비 거역한 자식과 임금 내쫓은 신하는 예의도 없고 충효도 없으며 살벌을 좋아하니 禽獸로 類別함이 어떻겠소. 그런데 오늘날 夷狄은 중국에서 오래 살아왔기 때문에 먼 계획에 힘써서 상당히 禮義를 숭상하고 대략 충효를 본받으니, 살벌하는 성질과 금수 같은 행동이 처음 일어날 때 심했던 것과는 같지 않소. 그렇다면 '중국이 夷狄만도 못하다'라고 말해도 또한 어찌 不可하겠소.

홍대용은 淸이 중국을 점하고 지배한 이후 禮義를 숭상하고 있어 중국문화에 비하여 손색이 없다고 하며 華로 인식하고 있다.

聖人의 法에서는 중국이면서 夷狄의 짓을 하면 夷狄으로 여겼고, 夷狄이면서 중국의 짓을 하면 중국으로 여겼다. 중국과 夷狄의 구분은 그 道와 政에 있는 것이지 疆域에 있는 것이 아니었다.……拓跋氏의 땅은 동쪽은 濊貊과 연하고 서쪽은 落那와 통하고 남쪽은 陰山까지 걸치고 북쪽은 사막에까지 이르게 되니 칭호를 鮮卑라고 한다. 그들의 시조는 일찍부터 夷狄이었다. 비록 그러하나 猗盧는 劉琨을 도와 匈奴를 정벌했으나 그 마음은 벌써 중국이며, 翳槐와 什翼犍 등은 모두 중국의 封爵을 받았으니 그 나라가 또한 중국이다.149)

유독 동방에 있는 夷狄은 모두 仁厚하고 성실 신중하여 칭찬할 만하였다. 탁발위는 鮮卑인데, 그들이 중국에 들어가서 禮樂을 숭상하고 文學을 장려하여 制作이 빛이 났으며, 거란은 東胡인데 阿保機(遼의 太祖)는 天倫에 돈독하여 剌葛이 세 번 배반했으나 세 번 석방했으니, 이것은 虞나라 舜帝 이후로는 있지 않았던 일이다. 그 정치의 성대함과 歷年의 장구한 것(200여 년)은 실로 중국에서는 드문 일이었다. 여진은 두 번이나 중국에 임금 노릇을 했는데 그들이 金나라로 있을 적에 宋나라의 두 황제를 사로잡았으나 마침내 살해하지 않았으며……

---

149) 『증보여유당전서』 1, 1集 12卷, 詩文集, 論, 拓跋魏論, 243쪽.

清이 나라를 얻었을 때는 군사가 칼날에 피를 묻히지 않고 시장에는 점포를 바꾸지 않았으니……또한 옳지 않은가.[150]

일본은……중국과 호상 무역을 하여 배의 왕래가 끊이지 않는다. 禮義 文物이 있어서 그들의 경술 천박하고 탐욕 도적하는 습속을 크게 변화시키지 않았다면, 어찌 여러 천년 동안이나 고치지 못하였던 것을 하루 아침에 편안히 고치기를 이와 같이 할 수 있었겠는가.[151]

정약용은 道와 政을 기준으로 하여 鮮卑와 契丹(遼)과 淸과 日本을 華로 인식하였다. 실학자들에 의하여 遼, 金, 元, 鮮卑, 淸도 華로 인식되었던 바, 조선중화주의의 화이론과는 크게 다른 점이었다. 다 같이 문화기준의 화이론을 채택하면서도 이렇게 달라지는 이유에 대하여 생각해 보려고 한다.

韓元震은 주 92) 93)에서와 같이 人과 夷狄과 禽獸를 峻別하고 실체화하고 고착화하여 서로 넘나들 수 없는 것으로 하였지만 주 95)에서와 같이 우리 東夷만이 用夏變夷하였는데, 用夏變夷의 내용은 주 62)에서와 같이 "棄夷狄之行 慕中國之道 服中國之服 言中國之言 行中國之行"하는 것이었다. 즉 夷狄의 요소를 一掃하고 中國化되는 것을 華로 인식하였다고 보인다.

李瀷은 遼 金 元에 禮樂이 갖추어져 있고 걸출한 眞儒와 聖人이 반드시 나타날 근거로서 주 143)의 "素夷狄 行乎夷狄(夷狄이면서 夷狄으로서 마땅히 해야 할 바를 행함)"을 들었다. 홍대용은 조선에 대한 夷라는 호칭에 대하여 우리 東國이 夷로 된 것은 地界 때문에 그렇게 된 것이니 꺼려 할 필요가 없다고 하면서 "素夷狄 行乎夷狄(夷狄이면서 夷狄으로서 마땅히 해야 할 바를 行)하여 聖人이 되고 賢人이 되는 것이다. 진실로 중요한 일은 나에게 있는 것이니 무엇을 마음에 차지

---

150) 위의 책, 東胡論, 243쪽.
151) 위의 책, 日本論, 241쪽.

않으리오”라고152) 하여, ‘素夷狄 行乎夷狄’이 華가 되는 관건이라고 생각하였다.

이상 이익, 홍대용의 경우를 보면, ‘用夏變夷’도 華로 보았지만, ‘夷狄이면서 夷狄으로서 마땅히 해야 할 바를 행하는 것’도 華의 내용으로 보았다고 생각된다. ‘素夷狄 行乎夷狄’에서는 ‘夷狄의 요소를 일소하는 것’과는 달리 ‘夷狄의 요소가 일정하게 살아 있는 것’일 수 있다고 생각되며, 그렇기 때문에 遼, 金, 元, 鮮卑, 契丹, 淸, 日本도 華로 여겨질 수 있었다고 생각된다. 실학의 小華意識에서는 요, 금, 원, 거란, 청, 일본 등을 他者化시키지 않고 우리에게서와 같이 그들에게도 모두 禮가 있다고 인정하여 우리와 그들이 보편적 차원에서 연속되고 있음을 인정하고, 동시에 각각을 개성화·多元化시킬 수 있는 가능성을 내장하고 있었다고 할 수 있다. 이러한 개성화·多元化의 가능성의 全面 滿開는 홍대용에게서 이루어진다.

> 하늘이 낳고 땅이 기른 바, 무릇 血氣가 있으면 다 같이 人이다. 무리 중에서 뛰어나 한 지역을 제압하고 다스리면 다 같이 君王이다. 대문을 겹으로 하고 垓字를 깊이 파서 彊域을 조심스럽게 지키면 다 같이 국가이다. 章甫(=殷나라의 갓 : 인용자), 委貌(=周나라의 갓 : 인용자), 文身(=오랑캐의 습속 : 인용자), 雕題(=남쪽 오랑캐의 풍습 : 인용자)도 다 같이 習俗이다. 하늘에서 내려다 보면 어찌 內外의 구분이 있겠는가. 이러므로 각기 저희 사람들을 친히 여기고, 각기 저희 君王을 높이며, 각기 저희 국가를 지키고, 각기 저희 習俗에 편안해 하니, 華夷는 마찬가지이다.153)

‘다 같이 군왕이다(均是君王也)’, ‘다 같이 국가이다(均是邦國也)’는 형식상 자격에 있어서의 모든 국가의 對等性·平等性을 말하는 것이

---

152) 『담헌서』 上, 內集, 卷3, 書, 又答直齋書, 237쪽.
153) 『담헌서』 上, 內集, 卷4, 補遺, 「毉山問答」, 362쪽.

312

며, '다 같이 人이다(均是人也)', '다 같이 習俗이다(均是習俗也)'는 外
見上 百態百樣의 文化가 價値에서는 對等하다는 말이라고 생각한다.
특히 '均是習俗也'는 각각의 주민집단이 각기의 習俗에 편안해 하는
것이므로 가치의 우열 비교가 원천적으로 불가능하며, 따라서 그 習俗
을 핵심 기반으로 하는 각기의 文化는 價値의 우열 比較가 원천적으
로 불가능한 個體로서의 價値體로서 自立化된다. 따라서 '華夷는 마
찬가지다(華夷一也)'로 되어 華夷라는 對極은 空洞化된다. 華夷論의
解體라고 하지 않을 수 없다.154) 따라서 域外春秋論도 內外의 相對性
을 나타낼 뿐이며,155) 華 또는 夷의 文化擔持體로서의 主體性을 말하
는 것이었다고156) 하지 않을 수 없다. 여기에서 각 주민집단의 文化는,
個體로서의 고유한 價値를 가지는 個體性으로서 성립될 수 있다. 동
시에 각 주민집단의 歷史도, 독자적인 개성을 가지는 歷史個體性으로
서 성립될 수 있다. 박지원도 華夷의 상대성에 대하여 다음과 같이 말
하였다.157)

　　사람이 處한 바로부터 보면 華夏와 夷狄의 구별이 참으로 뚜렷하다.
　　그러나 하늘이 命한 바로부터 보면 殷의 㫜冠이나 周의 冕旒冠이 각
　　각 당시의 제도를 따른 것이니 어찌 꼭 清人의 紅帽만을 의심하리오.

　　사람이 처한 입장에서 보니까 華夷라는 구분이 생긴 것이지, 하늘이
라는 객관적 입장에서 보면 殷의 문물이나 周의 문물이나 清의 문물이
나 모두 대등하다고 하여 문화를 多元化하였다.158) 그리하여 박지원은

---

154) 李東歡, 「洪湛軒의 世界觀의 두 국면」, 『韓國實學硏究』 1, 한국실학학회,
　　　1999, 157, 164쪽 참조.
155) 琴章泰, 「북학파의 실학사상」, 『정신문화』 10, 한국정신문화연구원, 1981, 45
　　　쪽.
156) 金仁圭, 「북학파의 對外認識과 북학사상」, 『한국사상사학』 12, 한국사상사학
　　　회, 1999, 141쪽.
157) 『연암집』 卷12, 별집, 「열하일기」, 「虎叱」, 193쪽.

"우리나라 士大夫로 春秋大義와 尊華攘夷를 주장하는 사람들이 줄달아 출현하여 백년을 하루 같이 줄기차게 이어 왔으니 장하다 할 만하다. 그러나 尊周는 그대로 尊周일 뿐이고 夷狄은 그대로 夷狄일 뿐이다."라고[159] 하여, 문화 상대화, 문화 다원화의 입장에서 보면 尊周와 夷狄은 별 의미가 없다는 것이었다. 따라서 각 문화는 각기의 개성에서 價値를 가지게 되는 것이었다.

박지원이 조선의 風謠는 중국과 다르니 兩漢이나 盛唐의 文과 詩를 모방할 것이 아니라, '우리가 시시로 보고 듣는 사실 속에 있는 眞實(卽事有眞趣)'을 추구할 것을 주장한 것이나,[160] 詩作에서 '朝鮮之風'을 도모할 것을 주장한 것은[161] 조선 문화의 독자적 개성의 인식에서 나온 것이라고 생각된다. 정약용도 그의 詩 「노인의 즐거움(老人之一快事)」에서 "나는 본래 조선 사람, 조선 詩 즐겨 쓰리(我是朝鮮人, 甘作朝鮮詩)"라고[162] 하였는데, 이는 "조선 사람이 조선 땅에서 조선인의 정서를 조선식으로 표현하면 훌륭한 詩가 될 수 있는 것"이라는[163] 그의 생각을 반영하는 것이며, 그 생각은 또 조선 문화의 독자적 개성의 자각을 반영하는 것이라고 생각된다.

李德懋도 "조선은 조선 나름의 장점을, 중국은 중국 나름의 장점을 지니고 있어, 비록 중국과의 관계가 대소의 구별과 도시와 시골과 같은 차이가 있다고 하더라도, 그것은 중국 중심적인 관점에서 보았을

---

158) 김인규, 앞의 글, 1999, 139쪽.

159) 『연암집』卷12, 별집, 「열하일기」, 「일신수필」, 172쪽.

160) 『연암집』卷4, 映帶亭雜咏, 贈左蘇山人, 87쪽(李東歡, 「조선후기 漢詩에 있어서 民謠趣向의 擡頭」, 『한국한문학연구』3·4 합집호, 한국한문학회, 1979, 31쪽 재인용).

161) 『연암집』卷7, 별집, 序, 嬰處稿序, 107쪽(이동환, 위의 글, 1979, 31쪽 재인용).

162) 『증보여유당전서』1, 1集 6卷, 시문집, 시, 老人一快事 其五, 115쪽. 번역은 宋載邵, 『茶山詩研究』, 창작과 비평사, 1986, 33쪽에 따랐다.

163) 송재소, 위의 책, 1986, 39쪽.

314

때 나타나는 현상이라는 것이다. 말하자면 마지막 결구에서 보듯이, 모든 것이 평등이라고 하는 점에서 그가 개별성을 중시한 것을 엿볼 수 있다. 즉 이것은 그가 중국 중심적인 사고에서 벗어난, 상대주의적 입장을 잘 나타"내고[164] 있었다. 이렇게 각각의 문화를 개성화하니까 조선의 문화도 개성 있는 價値體로 될 수 있었고, 이러한 바탕 위에서 조선 문화에 대한 활발한 연구가 전개된 것이 實學의 큰 특징의 하나였다. 한국어학, 한국문자학, 한국역사학, 한국지리학, 한국지도 작성, 한국어류학, 한국농학, 한국적 개성의 醫學, 한국식물학, 한국풍 문학, 한국적 개성의 회화풍 등등 열거하기가 힘들 정도였다.

　실학의 소화의식과 조선중화주의의 이질성 여부가 종래의 연구에서도 초점이 되고 있었다. "아직 실학의 경우 화이관, 또는 대외관의 면에서는 주자학자들과 명백한 차이를 보여주지 못하였다. 주로 18세기 전반기에 활약한 이익에 이르러 지리적 종족적인 면에서 화이관이 극복되었다. 특히 淸과 같은 중국의 異民族 왕조를 중화적인 것으로 보고 明에 대하여는 매우 비판적이었다. 그러나 그 역시 아직 문화적인 화이론자로서 우리를 소중화라고 생각하였다."라고[165] 하고 "그(이익 : 인용자)가 화이관을 완전히 탈피하였음을 의미하는 것은 아니다.……聖人이라는 유교적 가치관은 여전히 남아 있다고 하겠다. 즉 그 역시 문화적 화이관마저 벗어난 것은 아니었다. 이에 근거하여 그는 우리를 小中華로 생각하였다."라고[166] 하여, 조성을은 이익의 화이론이 문화적 화이론이라는 점에서 조선중화주의의 화이론과 공통되고 따라서 그것과 명백한 차이를 보이지 못한다고 파악하였다.

　한편 한영우는 "이익의 한국사관도 기본적으로는 小中華思想에 바탕을 두고 있음에는 전통적 思惟와 근본적으로 다름이 없다. 그러나

---

164) 崔博光, 「李德懋의 中國體驗과 學問觀」, 『大東文化硏究』 27, 1992, 78쪽.
165) 조성을, 주 83)의 글, 1995, 258쪽.
166) 조성을, 위의 글, 251쪽.

그의 소중화사상은 그 내용면에서 많은 차이가 있음을 유의해야 한
다."라고[167] 하고, 그 차이로, 이익은, 첫째 중국과 이적 사이의 문화적
우열을 부정함, 둘째 우리나라가 四夷의 으뜸이라는 주장, 셋째 중국
과 주변의 戎狄 사이에는 문화적 우열이 없다는 주장 등을 들고, 이를
한마디로 華夷差別否定論이라고 요약하였다.[168]

조성을은 나중에 앞에서의 견해를 수정하여, "이익의 이러한 문화적
화이관은 개방적, 보편적 성격을 갖는 것이므로 종래의 주자학 입장에
서의 문화적 화이관과는 전혀 다른 것이다. 따라서 이익의 경우 '문화
적 화이관'이기는 하지만 이 용어를 쓸 경우 주자학자의 그것과 구별
이 모호하게 될 염려가 있다. 따라서 다른 용어를 찾아볼 필요가 없지
않다. 다만 이것을 '화이관의 극복'이라고 할지는 좀 더 생각해 볼 문제
이다. 중국 중심적 입장이 아니며, 조선후기 성리학자들이 말하는 조선
중화론의 문화적 화이론과 분명히 다른 것이기는 하지만, 이익 역시
인류가 공동으로 지향해야 할 목표를 華에 두고 있기 때문이다."[169]라
고 말하였다.

조광은 "조선후기에 이르러서는 지리적 지식이 확대됨에 따라 지역
중심의 화이관을 극복해 나갔으며, 尊王攘夷的－小華的 自尊意識도
점차 극복되어 가고 있었고, 文化를 척도로 하는 새로운 화이관이 등
장했던 것이다.……이러한 새로운 기준의 화이관은 전통적 화이론과는
상당한 차이를 드러내는 발전적 현상으로 인식될 수 있다.……그러나
문화를 척도로 한 화이관을 조선후기의 실학자들이 가지고 있었다 하
더라도, 이는 역사에 대한 화이론적 인식과 틀을 완전히 벗어난 것은
아니었다. 여기에서 실학자들의 화이론적 역사인식이 가지고 있는 한
계성이 드러나는 것이다."라고[170] 하여, 한영우의 평가와는 달리, 조선

---

167) 한영우, 앞의 책, 1989, 200쪽.
168) 한영우, 위의 책, 200~201쪽.
169) 조성을, 주 133)의 글, 2003, 128~129쪽, 주 4).
170) 조광, 주 86)의 글, 1985, 154~155쪽.

중화주의의 화이론과의 질적인 이질성을 인정하지 않고 있다.

실학의 小華意識은 조선중화주의와 문화적 화이론이라는 점에서 공통되지만, 후자는 조선에는 기능개념의 화이론을 적용하지만, 조선 이외에는 실체개념의 화이론을 적용하는 사실상의 血界(=種族) 基準의 화이론 즉 닫혀진 화이론, 말을 바꾸면 철저한 自己中心主義, 自民族中心主義(Ethnocentrism), 조선중심주의였음에 반하여, 후자는 기능개념의 화이론을 보편적으로 적용하는 純化된 문화적 화이론 즉 열려진 화이론, 말을 바꾸면 文化多元主義, 民族多元主義였고 따라서 전통적 화이론을 否定하고 止揚한 것이며, 따라서 조선전기의 화이론이나 조선중화주의와는 그 역사적 境位를 질적으로 달리 하는 것이라고 생각한다.

2) 國家對等化

조선중화주의에서는 주 113)에서와 같이, 春秋大義가 禽獸로부터 人間을 가르고, 야만으로부터 文明을 가르며, 따라서 인간의 문명사회를 성립시키기 위한 기본적인 질서원리로 되는 것이었다. 현실적인 對淸 국가관계인 事大=事淸은 人欲으로서 春秋大義에 어긋나는 것이었다. 따라서 조선중화주의에는 조선의 淸과의 국가관계가 구상되고 調整되는 정치적 구상이나 대응책이 案出될 수 있는 思惟構造가 결핍될 수밖에 없었다. 바꾸어 말하면 조선중화주의는 "사실상 실현 불가능한 復讐雪恥를 관념의 세계에서 실행해 가는 하나의 방법이기도"171) 한 것에서 끝나는 것이었다. 물론 조선중화주의자도 현실에서는 淸에 대한 외교정책을 생각할 수 있다. 그러나 북벌론 이외의 외교정책은 조선중화주의의 사유방식 그 자체의 전개의 일환으로서는 안출될 수 없었다는 이야기이다.

---

171) 金駿錫, 『朝鮮後期政治思想史硏究』, 지식산업사, 2003, 359쪽.

주 112)에서와 같이 "국가가 破亡하고 君臣上下가 싸라기처럼 무너지고 고기처럼 문드러져서 땅에 발리는 한이 있다 하더라도", "중국을 尊하고 臣下의 節義를 지키며 큰 은혜를 갚고 大義를 伸하려는" 斥和論이 관철되어야 한다면 북벌 이외의 대응은 구상될 여지가 없는 것이었다. 또한 주 101)에서처럼 事明이나 事淸이나 모두 정치적으로는 事大인데, 주 100)에서처럼 天理와 人欲으로 극단적으로 가치 대극화되면 현실적 대외정책이 합리적으로 구상될 여지는 없어진다.

이러한 思惟는 치욕감을 분풀이하거나 해소하는 것은 될 수 있지만, 국가의 安保와 주민생활의 안정을 제1의로 삼는 治人之學은 되기 어려운 것이었다. 그런데 그 "교육 理想이 正心誠意로부터 시작하여 修身齊家를 거쳐 治國平天下를 궁극 목표로 하고 있"는172) 儒學에서, 특히 經世致用을 제1의적 과제로 여기는 실학에서, 治人之學이 되기 어려운 思惟는 극복·止揚되지 않으면 안되었을 것이다.

주 43)에서와 같이 華夷原理는 지리적 개념, 문화적 개념, 권력적 개념을 겸한 것으로서 중심(강국 : 인용자)과 주변(약국 : 인용자)을 질서짓는 국제원리는 '禮'와 '力'이었고, 그 표현이 事大였다. 조선중화주의는 朝淸關係에서 '力'의 원리에 대하여 盲目일 수밖에 없었고, 위의 克復·止揚은 이 盲目의 극복·지양이기도 하였다.

李瀷은 국가간 관계에서 '力'의 문제에 대하여 깊이 인식하고 있었다.

고려 때부터 시작하여 반드시 망령되이 고원한 이론을 내세우다가, 무릇 외적의 침입이 있으면 한갓되이 大國의 힘에 의존하고, 그렇지 않으면 형세가 궁하여 외적에게 애걸할 뿐이다. 오늘날의 광경은 또 다르다. 明이 오랑캐 元을 소탕한 뒤로 華夷之辨은 더욱 엄중해져서 강약의 형세는 생각하려고도 하지 않는다. 廟堂의 정책은 內修할 생각

---

172) 李佑成, 「이조 유교정치와 山林의 존재」, 『韓國의 歷史像』, 창작과 비평사, 1982(1975), 256쪽.

318

은 않고 밖으로 攘夷하는 데에 팔을 걷어붙이며, 무신을 극히 천하게 대우하면서도 장차 사변이 있으면 써먹으려고 기대하니 그 그릇되고 어긋남이 이와 같다.173)

國家의 정치적 自主의 원리를 前面에 내세우면서, 북벌론의 尊華攘夷 화이론을 신랄하게 비판하는 것으로 보인다.174) 즉 조선중화주의는 '力'의 원리에 맹목이어서 그 대외정책이 전혀 현실성이 없다고 비판하였다고 보인다.

隣國을 대하는 道理에서는 弱小國이 强大國에 敵對하면 안된다. 때문에 藤나라는 齊나라와 楚나라 사이에 끼어 그들을 오직 정성스럽게 섬겼다. 그러고도 禍를 면하지 못하면, 피하여 멀리 하기를 周 太王이 狄人에 하듯이 하면 되지만, 갈 만한 곳이 없는 경우에는 멸망을 기다릴 수 밖에 없다. 그러나 망하기 전에 해 볼 수 있는 일은 오직 皮幣와 犬馬로 섬겨서 요행히 면하기를 바라는 것 뿐이다. 이 밖에 다른 방책이 없다.175)

이익은 다시 정치적 자주의 원리를 강조하면서, 강대국과 약소국 사이의 엄중한 '力'의 원리를 냉엄하게 인식하고 있다. 그리고 약소국의 현실적 대외정책은 以小事大 밖에 없다고 확언하였다.

이미 나의 힘으로는 적의 침입을 막을 수 없음을 알고, 또 적에게 패배하여 멸망하는 것도 싫고, 내심으로는 참으로 걱정하고 겁내면서도, 겉으로는 모멸하는 거만을 나타내면서, 반드시 다치고 죽고 함을 당한 뒤에야 和好를 빌고 항복을 애걸하는 무모한 일이 많았다. 孟子는 "小는 진실로 大에 대적할 수 없고, 寡는 진실로 衆에 대적할 수 없고, 弱

---

173)『성호사설』上, 인사문, 卷9, 華夷之辨, 322쪽.
174) 송찬식, 주 8)의 글, 1976(1970), 374~375쪽.
175) 주 173)과 같음.

은 진실로 强에 적대할 수 없다.”고 하였으니, 그 무모함의 곡직은 따질 것도 없다. 헛 기세를 과장하면서 제 힘은 생각하지도 않고 大敵에 대항하다가 요행으로 멸망하지 않고 숨결이 조금 진정되면 이내 空論을 날리어 노여움을 꾸미고 위엄을 장하게 하여 兵事를 말하고 전투를 말하니, 이것이 큰 저자에서 두들겨 맞고서 캄캄한 방 안에서 용기를 부리는 것과 무엇이 다르겠는가.176)

‘力’의 원리에 맹목인 현실성 없는 대외정책은 위선적이고 비굴하기까지 하며 겉 다르고 속 다르다고 비판하면서, 孟子를 끌어들여서 事大政策이 ‘力’의 질서에서는 현실적임을 주장하였다.

　　君子가 戎狄을 대함에서 禮를 양보하여 피해를 피한 경우가 진실로 있으니, 太王과 文王의 일에서 증명된다. 고로 또한 大國이지만 小國을 섬기면서도 부끄러워 하지 않은 경우가 있었다.……漢의 文帝는 예전 일(戎이 침입한 일 : 인용자)을 잊고 戎과 修好하여 對等의 禮로 대하니 民生이 안정되었다. 武帝는 비록 匈奴를 멀리 내쫓았지만 天下가 이 때문에 傷害를 입었다. 고려 태조는 거란을 배척하여 절교하였고 定宗은 광군사를 따로 설치하여 거란을 방어하였다. 그러나 여러 代를 이어 그 虐毒을 받아오다가 成宗에 이르러서는 양보하고 낮추어서 일을 순하게 하니 나라가 이 때문에 康寧하였다. 金나라가 갑자기 興隆해짐에 仁宗은 여러 반대 의논을 물리치고 表를 올려 臣이라 칭하였고 대대로 歡好와 맹세를 맺어 드디어 국경에 걱정이 없게 되었던바 역사책에서 옳게 여겼으니 어찌 春秋의 會盟의 義가 아니겠는가.177)

李瀷은, 국가의 안보와 주민의 생활안정을 제1의로 삼는 治人之學에서는 ‘力’의 질서로서의 국가간 관계에서 强弱의 관계를 최중요의

---

176)『성호사설』上, 인사문, 卷13, 和戰, 465쪽.
177)『성호사설』下, 경사문, 卷25, 會戎, 329쪽.

문제로서 인식하였다. 강약관계에서는 以小事大가 국가안보와 주민생활의 안정을 위해서 절대적 과제라고 강조하였다.

　　대저 隣國과 교제함에는 오직 친목을 중히 여겨서 감정을 풀고 정성을 기울여서, 그 宗廟와 社稷을 보존하고 백성들을 안식시키는 것을 때에 맞게 할 뿐이다. 孟子는 "以小事大는 畏天者이다"라고 말하였다. 부지런히 戎狄을 섬기는 것은 세력상 부득이해서인데도 이것을 畏天이라고까지 한 것은 무슨 까닭인가. 天은 곧 理이니 畏天은 順理이다. 만일 강약을 헤아리지 않고 함부로 거센 敵과 부딪쳐서 백성들이 도탄에 빠지고 국가가 멸망하기에까지 이른다면 이것이 어찌 理이겠는가. 지금 우리들이 밥먹고 사는 것은 倭와 和親한 힘이 관여되어 있지 않다고는 할 수 없다.178)

이익은 以小事大하여 종묘와 사직을 보존하고 민생을 안정시키는 것이 天이고 理라고 하여 가치극대화하였다. 국가간 관계의 정책에서 필수의 전제가 되는 國家安保와 民生安定이 조선중화주의에서는 春秋大義보다 下位 價値에 놓이게 되었고, 따라서 國家가 破亡하고 民生이 破綻되어도 春秋大義가 훼손되어서는 안된다는 것이었다. 李瀷의 小華意識에서는 國家安保와 民生安定이, 그리고 國家間關係가, 그 자체 實在의 世界로서 獨自化되고 또 天, 理로 價値化되어 春秋大義보다 價値優先化되었다.

　　적과 이웃하는 방법에는 두 가지만이 있을 뿐이다. 첫째는 和好할 수 있으면 화호하는 것이고, 둘째는 절교할 수 있으면 절교하는 것이다. 그 중간의 불분명한 태도는 있을 수 없다. 적과 절교하면 적이 반드시 노하고, 노하면 반드시 침입해 오는데, 두 경우가 있게 된다. 하나는 나의 힘을 스스로 헤아려서 막을 수 있으면 막는다. 다른 하나는 혹

---

178) 『성호사설』上, 인사문, 卷12, 萬曆恩, 428쪽.

힘이 적대할 수 없어 막을 수 없으면, 비록 패배하여 멸망하더라도 후
회가 없어야 한다. 여기에 義가 있는 것이니 어쩔 수 없다. 약한 처지
에 있으면서 강한 자를 대함에는 다시 다른 방법이 없다.179)

국가간 관계에서는 和好와 絶交＝敵對의 두 경우만이 있고, 후자의
경우에는 반드시 敵國의 침입이 있게 되며, 그 경우 自力으로 막는 경
우와 그러지 못하여 멸망하는 경우가 있는데, 후자의 경우에도 후회가
없어야 한다는 것이 이익의 매우 決然한 주장이다. 여기에서 우리는
국가의 정치적 자주의 원리가 강력하게 주장되고 있음을 보게 된다.
그리고 또 하나, 국가간 관계에서 和好와 敵對라는 두 가지만이 있다
는 것에서는, 국제질서에서 모든 국가는 형식상 對等한 관계에 있다는
인식이 강하게 부각되고 있다. 그리고 국가의 자주성의 원리와 모든
국가의 형식상 대등의 원리는 상호 적합적이고 상호 전제적이라고 생
각된다. 이익의 이러한 국제질서 인식은 선행의 연구에서도 이미 다음
과 같이 해명되었다.

  이익이 추구하고자 한 현실의 국제관계는 전통적인 화이질서나 義理
관념에 매달리는 것이 아니라 냉엄한 힘의 강약을 기초로 하여 强國과
弱國의 평화적 공존을 추구하는 것이며, 강자와 약자 사이에 事大관계
는 불가피한 공존 방식으로 받아들이고 있었다. 따라서 역사적으로 우
리나라가 중국 역대 왕조와 사대관계를 맺은 것은 그 상대가 中華냐
夷狄이냐를 불문하고 우리의 自存을 위해 정당한 것으로 받아들인다.
이를테면 遼·金·元은 夷狄이니까 和好를 거부해야 하고, 宋·明·
은 中華니까 事大해야 한다는 생각은 잘못이다. 이익은 약육강식이 지
배하는 국제사회에서 생존을 보장하는 방책으로서의 事大의 불가피성
을 다음과 같이 긍정한다.180)

---

179) 주 176)과 같음.
180) 한영우, 앞의 책, 1989, 201～202쪽.

이익은 국내정치만이 아니라 국제관계도 약육강식의 힘의 논리가 지배하는 시대로 인식하였으며, 따라서 힘이 지배하는 국제관계에서는 국방을 강화하는 것이 요체일 수밖에 없고, 힘이 약하면 불가피하게 事大外交로써 국가 보존을 추구할 수밖에 없다는 實勢論的 國際觀을 가지고 있었다.[181]

이러한 새로운 국제질서관은 한치윤에서도 나타나고 있었다.[182]

찬자(한치윤 : 인용자)는 청·조선·일본 등 동양 3국의 국가관계를 역사적으로는 事大交隣의 전통적 질서 속에서 이해하면서도, 현실적으로는 전통 질서를 극복하고자 하는 입장을 견지하였다. 이는 事大交隣의 名分이 담긴 '本紀'·'世家' 등 용어를 버리고 가치 중립적인 '世紀'라는 용어를 선택한 것과, '事大朝貢'이라는 용어 대신 '交聘'이라는 용어를 志의 명칭으로 선택한 사실에서 단적으로 드러난다. 다시 말하면 事大는 과거의 질서요, 交聘은 찬자가 바라는 미래의 당위적 질서인 것이다. 交聘은 君臣·上下 관계를 부정하는 水平的 국제질서다. 따라서 한치윤은 主權을 전제로 한 水平的 국제질서를 當爲로서 받아들이고 있다는 점에서 근대적인 국가주권 의식과 국제관계를 지향했다고 할 수 있다.

"실학자들의 민족의식과 대외인식은 중국에 대한 독립성과 우월성만을 강조하는 것이 아니라 국제사회에서의 국가간의 상대성·대등성·독자성을 인정하고 있다는 점에서 17세기 노론계의 소중화의식(조선중화주의 : 인용자)과 구별되며 근대적 국제관념과 민족주의에 가깝다고 할 수 있다."고[183] 인식되었다. 세계가 諸國家로서 구성되어 있다는 것을 인정하는 것은 어려운 일이 아니었다. 예컨대 事大·朝貢

---

181) 한영우, 위의 책, 1989, 190쪽.
182) 한영우, 위의 책, 1989, 442쪽.
183) 하우봉, 주 54)의 글, 2001, 173쪽.

—字小·冊封 관계나 交隣關係도 위를 전제로 하고 있는 것이었다. 그러나 그 국가들이 형식상 대등·동등의 자격에 서는 국가인 것을 인정하는 것은 전통적인 사고에서는 매우 어려운 일이었다. 그러한 思考가 실학에서 비로소 이루어졌다고 할 수 있다.

　實學에서 國家對等化가 어떻게 가능하였는지를 생각해 보려고 한다. 앞의 文化多元化 節에서 보았듯이, 실학에서는 각 문화가 가치의 우열을 잴 수 없이 다원화되고 따라서 개성화되고 개체성으로서 고유의 가치를 가지게 되었다. 조선전기의 화이론은 사대·조공—자소·책봉 체제, 즉 상하수직적 국가관계론의 일환으로서의 기능도 가지고 있었는데, 실학에서는 문화가 다원화되고 각 문화가 개체성으로서 고유의 가치를 가지게 되니까, 상하수직적 국가관계론이 흔들리게 되었다. 게다가 각각의 국가의 자주성이 인식·강조되고 實在의 世界로서의 '力'의 국가간관계가 부각되니까, 상하수직적 국가간관계론이 허물어지고 형식상 대등한 국가간관계론으로 전환될 수 있게 되었다.

　한편 조선중화주의의 治人之學 결여성이 부정·止揚되고 국가안보·주민생활 안정을 위한 국가의 외교정책이 정면에서 추구되며, 각 문화가 가치의 우열을 잴 수 없이 다원화되고 따라서 개성화되고, 개체성으로서 고유의 가치를 가지게 되니까 국가간 관계가 實在의 世界로서 독자성이 인정되고, 따라서 '力'의 국가간 관계가 그 자체로서 인정되니까, 모든 국가들이 형식상 대등한 자격에 놓여지게 되었다고 생각된다.

　이렇게 볼 때, 실학의 국가 대등화 인식은, 實在의 世界로서의 국가간의 '力'의 관계를 그 자체로서 독자화시켰다는 점에서, 조선전기의 화이론과도, 조선중화주의의 화이론과도, 다른 역사적 성격을 가지는 것이었다.

3) 天下觀과 正統論

실질상에서는 强弱의 차이가 있지만 형식상 대등한 자격에서 국가들이 존재한다는 이익의 국제질서관은, 그의 天下觀에서의 변화와 적합관계에 있다.

> 지금 중국이라는 것은 大地 중의 한 조각 땅(片土)에 지나지 않는다.……邵子는 말하기를 一身에도 또한 하나의 乾坤이 있다고 하였는데 一國에 대하여서도 또한 마찬가지이다. 그 上下左右는 머리와 발, 좌우의 양팔과 같은 것이다.……크게는 九州(=중국 전체 : 인용자)도 하나의 나라지만 작게는 楚도 하나의 나라이고 齊도 하나의 나라이다.[184]

통일 제국으로서의 중국 전체도 하나의 나라이지만, 중국이 분열되었을 때의 각각의 國들(楚나 齊도 : 인용자)도 하나의 나라라는 것이다. 그리고 중국 전체도 하나의 天下이지만 楚나 齊와 같은 각각의 國들도 하나의 天下라는 것이다. 하나의 天下는 주 18) 19)에서와 같이 하나의 價値體로서의 歷史的 世界이니까, 위의 주 184)는 앞에서 본 바와 같은 諸國家의 형식상에서의 대등성과 적합관계에 있게 된다.

세계 속에서의 국가간 관계에 대한 이러한 새로운 사고방식은, "耶蘇會士들이 제작한 漢譯 世界地圖를 통하여 중화적 세계의 지리인식을 극복하고, 폭넓은 자연지리지식의 解得에 의하여 形而上學的 世界觀에서 이탈했다. 또한 서양과학기술에 대하여도 다각적인 검토를 가하여 그 선진성을 이해하였다."라고[185] 하듯이, 당시의 주도적인 사상에서는 異端으로 배척되었던 西學에 대하여 개방적인 자세를 취하고 특히 서양의 과학기술을 적극적으로 수용한 것과 관계가 깊었다. 그

---

184) 『성호사설』 上, 天地門, 卷2, 分野, 32~33쪽.
185) 李元淳, 『朝鮮西學史研究』, 일지사, 1986, 153쪽.

단적인 표현이 지구구체설의 수용이었다.

전통적 화이론·천하관의 바탕에 있었던 天圓地方說에서는 지구에 하나의 중심밖에 있을 수 없었고, 그것이 중국이라는 것이 당시의 지배적 인식이었다. 지구구체설의 입장에 서게 되면 지구상에는 하나의 중심이란 있을 수 없고, 중국이 세계의 중심이 될 수 없었고, 중국 중심의 天下觀도 성립되기 어려워지게 되었다.

> 대저 서양은 중국에 소속되지 않는다. 각기 皇王이 있어서 자기의 境內를 다스리고 있다. 서양인들이 멀리 중국을 찾아 온 것은 특히 救世의 뜻으로서인데,……중국의 君과 臣이 그들로부터 여러 가지 가르침을 받으면서도 우물 안 개구리 格으로 그들을 陪臣(＝屬國의 신하 : 인용자)이라고 부르고 있으니 트인 눈으로 보면 비웃음꺼리가 된다.186)

天下는 정치적으로 독립된 국가들이 상호 대등하게 존재하는 것이라는 인식이었다. 주 184)에서와 같이 그 정치적 독립국마다 하나의 天下이니까, 정치적 독립국마다의 天下라는 多數의 天下의 竝存, 다수의 역사적 세계의 竝存이라는 새로운 세계질서인식이 성립되었다. 즉 종래의 '하나의 天下'의 分節化, 바꾸어 말하면 分節化된 天下觀이라고 생각된다. 이익은 "天下는 天下人의 天下이지 一人의 天下가 아니다"라고187) 하였고, 박지원도 "어찌 유독 華에만 君主가 있고, 夷狄에는 君主가 없겠는가. 天地는 넓고 넓어 한 사람 홀로서 지배할 수가 없고, 우주는 넓고 넓어 한 사람이 오로지 할 수가 없다. 天下는 天下人의 天下이지 한 사람의 天下가 아니다"라고188) 하여, 다수의 天下의 竝存

---

186) 『성호선생전집』 下, 卷55, 題跋, 跋天問略, 386쪽.
187) 『星湖全書』 4, 『孟子疾書』, 藤文公 下篇, 8章, 여강출판사, 1984, 542쪽. 원문에는 "天下의 天下이지"라고 되어 있는데, 文脈上 "天下人의 天下이지"라고 해야 뜻이 분명해진다고 보여 "天下人의"로 번역하였다.
188) 『연암집』 卷14, 별집, 「열하일기」, 口外異聞, 羅約國書, 291쪽.

326

을 주장하였다. 다수의 天下의 竝存은 다수의 역사적 세계의 竝存이
고, 이러한 기반에서 한국사에도 正統論이 도입·적용되었다고 생각
된다.

이익의 正統論 수용은 조선중화주의의 정통론 수용과는 다른 성격
이라고 생각된다. 이익의 正統論은, 주 122) 123)에서와 같이 성리학
이해가 심화된 결과이거나, 명청교체로 인한 소중화의식의 확대의 결
과이기도 하지만, 그보다는 더, 정치적 독립국마다의 '역사적 세계'로서
의 가치 인정의 결과로서 보아야 할 것이며, 그런 점에서 조선중화주
의의 정통론과는 역사적 성격을 달리 하는 것이라고 생각된다.

따라서 이익은 올바른 正統이 무엇인가를 따지는 데에서도 종래와
는 다른 모습을 보인다. 안정복은 중국사에서의 정통 문제에 대하여
"漢·唐·宋의 건국은 진실로 善을 기리는 원칙, 褒善之義를 적용해
야 할 것이니, 나라를 세운 시초에 당연히 정통에 접속되어야 하지 않
을까 합니다."라고[189] 하여 善의 기준에 합당하므로 정통으로 삼아야
하지 않겠느냐고 질문하였다. 이익은 唐 高祖는 "叛臣"이고,[190] 宋 太
祖는 "善에 배치"되고 "마음 쓰임새가 미워할 만하지만",[191] "褒善은
스스로 포선이지 정통과 무슨 관계가 있는가. 모두 마땅히 帝號로써
단안을 내려야 한다."라고[192] 하여, 나라를 통일하여 황제로 되었으면
정통이지, 정통과 善과는 관계가 없다고 말하였다.[193] 이익의 정통론
은, 도덕에 기준을 두는 조선중화주의의 정통론을 배격하면서 포선과
는 관계 없는 "실제적 정치력에 중점을 두는 현실주의"적인[194] 正統論
이었다. 李瀷은 "正統의 說에는 끝내 궁한 데가 있다. 仁義는 三代 후

---

189)『성호선생전집』上, 卷25, 書, 答安百順問目, 458쪽.
190) 위의 글.
191) 위의 글.
192) 위의 글, 459쪽.
193) 송찬식, 앞의 글, 1976(1970), 370쪽.
194) 加賀榮治, 앞의 글, 1968, 287쪽.

에는 듣지 못하였고, 公正은 漢나라가 조금 가깝다"라고[195] 하여, 仁義와 公正을 기준으로 하는 正統論은 이미 현실적합성이 없다고 파악하였다.

5. 時勢論과 歷史發展論

조선전기의 역사인식은 "역사 그 자체의 실증적 파악보다는 정치적 윤리적 성향을 띤 것이었고 程朱學的 가치관에서 포폄 서술"하는[196] 것이었고, "주자학을 최고 이념으로 하여 그 밑에 종속된 사유체계를 형성한 것"이었다고[197] 평가되고 있다. 이렇게 주자학 가치관에 종속되어서 역사를 인식함에 따라 그 역사인식의 방향은 鑑戒主義(＝敎訓史觀)와 尙古主義로 귀결되고, 역사 흐름의 인식에서는 循環史觀으로 귀결되었다.

이러한 鑑戒主義史觀, 循環史觀에서는 春秋大義 즉 春秋筆法이 강조됨으로써 역사운동을 규정하는 객관적 정세나 조건이 정면으로 인정되기는 어려웠다.

> 이익이 勢를 강조한 것은 일찍이 孟子가 '雖有智慧 不如乘勢'라고 했고, 『戰國策』에서 '時勢者 百事之長也'라고 한 대목을 연상시킨다. 사람의 지혜나 덕성이 반드시 성공의 충분한 조건이 아니라는 생각은 일찍부터 있어 온 것으로서 이익이 勢를 중요시하는 것도 그의 독창적 견해일 수는 없다.[198]

---

195)『성호선생전집』上, 卷25, 書, 答安百順問目, 458쪽.
196) 李元淳,「조선전기 史書의 역사인식」,『한국사론』6, 국사편찬위원회, 1981, 91쪽.
197) 한영우,『조선전기 史學史 연구』, 서울대학교출판부, 1981, 276쪽.
198) 한영우,『조선후기 사학사연구』, 일지사, 1989, 194쪽.

　儒家의 歷史觀에서 "時勢와 도덕이 원래 분리된 개념"이었듯이[199] 時勢 개념은 이익의 독창적 개념은 아니었다. "그러나 이익은 이러한 先儒들의 견해를 받아들여 역사적 사실들을 설명하는 데 직접 응용하였다는 점에서 독자의 공헌이 있다고 할 수 있다."라고[200] 하듯이, 이익이 역사운동·역사사실의 인식에서 가장 중요한 실질적 요인으로서 時勢를 인식하고 實在의 世界로서 獨自化시켰다는 점에 역사적 의의가 있다고 생각된다.

　이익은, 역사서술이 成敗가 이미 이루어진 후에 이루어지는 속성 때문에, 愚智에 따라서 成敗가 판가름 난다는 法則과 善惡의 因果應報의 法則이 마치 관철되는 것처럼 보이기도 한다라고[201] 하고, 따라서 愚智에 따른 판가름의 법칙과 善惡의 因果應報의 법칙이 역사서술의 원칙으로 되어 왔던 바, 거기에는 역사학의 목적 즉 "懲惡勸善하려는 지극한 뜻"이[202] 관류하고 있다고 파악하였다. 역사서술에서의 권선징악의 의도는 세계적으로도 널리 보이는 현상이었지만 특히 동아시아 유교문화권에서 두드러졌다.

　동아시아 유교문화권에서는 과거의 인간의 사실의 지식＝역사 속에서, 인간생활의 규범 또는 인간의 기본적인 윤리를 획득하는 것, 특히 군주까지도 규제할 수 있는 규범을 밝히는 것을 제1의의 목적으로 삼고 있었다. 즉 역사를 가지고서 인간의 언행을 비추어 보는 鑑으로 삼고, 그것에서 자기에 대한 경계를 얻으려고 하는 鑑戒主義가 전통적·유교적 역사서술의 기본적 성격이었다.[203] 鑑戒主義的 역사서술에 따르는 愚智之判, 善惡應報, 才德之判(才德에 따른 판가름)은[204] 積德

---

199) 신항수, 주 123)의 글, 2001, 62쪽, 주 71).
200) 한영우, 앞의 책, 1989, 194쪽.
201) 『성호사설』 下, 經史門, 卷20, 讀史料成敗, 96쪽.
202) 위의 책, 古史善惡, 87쪽.
203) 高柄翊, 「中國人의 歷史觀」, 『중국의 역사인식』 上, 1985, 50~51쪽.
204) 『성호사설』 下, 經史門, 卷27, 陳迹論成敗, 417쪽.

累仁, 應天順人으로도[205] 이해되었다. 이익은 이러한 권선징악의 역사
서술에 대하여 다음과 같이 깊은 의문을 나타내었다.[206]

　　나는 史書를 읽을 때마다 늘 의심이 생긴다. 善한 것은 지나치게 善
　하고 惡한 것은 지나치게 惡하다. 당시의 사실에서는 반드시 그렇지는
　않았을 것이다. 역사서술에서의 권선징악하려는 지극한 뜻에서 말미암
　은 것이었지만, 오늘날 사람들의 치우치지 않은 입장에서 본다면, 善한
　자는 진실로 마땅히 저래야 하지만, 惡한 자는 어찌 저다지도 惡할까
　하고 생각하게 된다. 사실은 善 속에도 惡이 있고, 惡 속에도 善이 있
　는 것이다.

　善惡二元論으로는 설명될 수 없는 인간생활에서의 사실을, 勸善懲
惡의 의도에서 선악이원론의 二分法으로 파악·서술하니까 믿어지지
않는다는 비판이었다. 史書에서 보이는 바는 善은 기리고 惡은 미워하
는(善善惡惡) 편견이 많다고[207] 하여, 그것은 편견이라고 비판하였다.
또 史書를 읽을 때에는 善惡·愚智의 是非에 홀리면 사실 인식을 그
르치게 된다고[208] 하여, 이익은 善惡二分法의 鑑戒主義 역사서술은
객관적인 역사사실에 부합되지 않음을 명백히 하였다.
　그러면 역사사실은 어떻게 전개된다고 이익은 생각하였는지를 살펴
볼 차례이다. 이익은 "나의 생각으로는 古今의 興亡은 모두 時勢에 몰
려 일어나는 것이지 반드시 사람의 才德에 말미암은 것은 아니었다"라
고[209] 하여, 역사사실은 時勢에 推動되어 전개된다고 하였다.
　時勢는 "그것이 필연적으로 그럴 수 밖에 없었던 勢",[210] 또는 특정

---

205) 위의 글.
206) 주 202)와 같음.
207) 위의 글.
208) 『성호사설』下, 經史門, 卷20, 古史善惡, 87쪽.
209) 『성호사설』下, 經史門, 卷27, 陳迹論成敗, 417쪽.
210) 한우근, 주 4)의 글, 1961(1957), 161쪽.

한 개인의 주관과 관계없이 "객관적으로 움직이는 각 시대의 사회적 제관계의 형세",211) 또는 "그러한 勢가 특정한 시기에 나타나는 기회 혹은 정세"로212) 파악되고 있다. 즉 인간의 주관과는 독립되어 객관적으로 움직이는 정치적·경제적·사회적 제관계의 형세라고 생각된다.

李瀷은 "史書에 보이는 古今의 成敗와 利益·損害는 진실로 그 때의 우연에서 일어나는 것이 많다. 史書에서 보이는 善·惡이나 賢明·不賢明의 분별도 반드시 사실에 들어 맞는 것이 아니었다."라고213) 하여, 時勢의 우연적 전개를 말하였다.

> 사람들은 매양 陳迹(=결과 : 인용자)으로써 成敗를 논하기 때문에 착오가 많다. 예컨대 약으로써 병을 치료함에서, 병에는 깊고 얕은 차이가 있고, 약에는 독하고 순한 차이가 있는데, 어찌 모든 병을 같게 보고 똑 같은 방법으로 치료할 수 있겠는가.214)

時勢는 우연적일 뿐만 아니라 모든 時勢는, 모든 병에는 깊고 얕은 차이가 있듯이, 전부 서로 이질적인 것이었다. 모든 時勢는 우연적이고 이질적이므로, 약에는 독하고 순한 차이가 있고 모든 病을 같게 보고 똑 같은 방법으로 치료할 수 없듯이, 영구불변의 법칙 예컨대 善惡의 因果應報나, 一治一亂의 끝없는 循環法則으로는, 時勢에 의하여 推動되는 역사는 설명될 수 없다는 것이었다.

時勢는 어떠한 형태의 法則性도 거부하는 전혀 우연적인 것이며, 동시에 특수적인 것이었다. 時勢의 성격은 인간을 둘러싸고 있는 객관적인 與件·情勢로서, 전혀 무법칙적으로 운동하면서, 인간의 意志·希望에 관계없이 역사를 기본적으로 규정하는 역사의 원동력이면서,

---

211) 송찬식, 주 8)의 글, 1976(1970), 370쪽.
212) 한영우, 주 76)의 책,1989, 193쪽.
213) 『성호사설』 下, 經史門, 卷20, 讀史料成敗, 96쪽.
214) 위의 책, 陳迹論成敗, 417쪽.

역사 속에서 우연성·특수성으로 나타나는 것이었다. 이와 같이 時勢 개념은 종래의 循環史觀이나 善惡因果應報史觀을 거의 全面的으로 부정하게 되었다.215)

뿐만 아니라, 三代는 仁義와 公正의 도덕적 시대였으나 下代로 내려오면서 역사는 타락하였다는 是古非今史觀 및 尙古主義도 부정하는 성격을 이익의 時勢 개념은 내장하고 있었다. 이익은 철저하게 역사를 우연적인 끝없는 변화의 모습에서 인식하였던 것이다. 그러면 역사는 時勢의 우연성에 의해서만 전개되는 것인가.

"옛날에 漢 文帝가 韓信·彭越·英布의 年間에 즉위하였다면 天下가 반드시 태평하지는 않았을 것이고, 武帝가 文帝와 景帝의 뒤를 잇지 않았다면 반드시 全安하지는 못하였을 것이다."라는 郝甑山의 말은, 역사를 읽음에서 밝은 거울이 되는 것이다.216)

역사에는 요행(幸)으로 成하고 요행이지 않아서(不幸) 敗한 일이 많았다.……당시에는 훌륭한 智謀(嘉謀)임에도 不成하고, 졸렬한 계책임에도 우연히 들어 맞는……경우가 있었다.217)

時勢의 우연성에 의하여 규정되는 각 시대의 특수성에 인간의 營爲가 요행히 적합하면(幸會), 成·興하고, 요행이지 않아서 부적합하면(不幸會), 敗·亡한다는 것이었다. 宋 太祖 趙匡胤은 "善에 배치되고 마음 쓰임새가 미워할 만하지만"218) "五代 아침에 세웠다가 저녁에 갈아치우는 시대"219) "五代 反覆이 무성한 시대"220) "통일되어 가는 餘

---

215) 조성을은 이익이 순환사관을 완전히 극복하였는지는 더 검토가 요구되지만 순환사관에 일정 부분 변화를 가져온 것만은 분명하다고 하였다(주 133)의 글, 2003, 149쪽, 주 57)).
216) 주 214)와 같음.
217) 주 213)의 글, 96쪽.
218) 주 195)의 글, 458쪽.

332

勢"[221]에 적합하여(幸會) 중국을 통일하고 帝位에 올랐다는 것이었다.

> 天下事는 부닥치게 되는 時勢가 上이고, 요행의 與否(幸不幸)가 그
> 다음이며, 是非는 下이다.[222]

역사운동·역사전개(天下事)에서 時勢가 가장 기본적인 규정력이
고, 인간의 營爲의 時勢에의 적합 여부는 부차적이며, 善惡·愚智의
是非는 거의 관계가 없다고 본 것으로 생각된다. 바꾸어 말하면 時勢
와 幸·不幸의 통일로서의 成敗·興亡＝역사운동과 도덕적 시비는
분리되고 차단되며, 따라서 각각은 自立化되는 것이었다. 李瀷은, 객
관적 實在로서의 역사사실의 인식에서, 善惡의 因果應報, 一治一亂의
순환, 春秋大義＝仁義·公正은 무용한 것으로 생각하였다고 볼 수 있
다. 그 단적인 표현이 "强弱은 形勢이고 大義는 天이다"[223]였으니, 객
관적 事實·實在로서의 역사와 도덕적 인식·평가로서의 역사와의 철
저한 분리·차단과 각각의 自立化였다.[224]

이러한 形勢(＝實在로서의 역사)와 大義(＝도덕적 평가로서의 역
사)의 別立化·自立化라고 하여, 이익이 形勢를 가치화하고 大義를
非가치화하였다는 뜻은 전혀 아니다. 이익은 역사를 도덕적으로 가치
평가하는 것을 가장 중요하게 생각하였다. "이익의 역사인식이 추구하
는 가치는 '時勢'에의 造命보다는 是是非非에 따른 도덕적 행동으로
해석되어야 할 것이다".[225] 그러나 전혀 大義에 규정되거나 제약되지

---

219) 『성호사설』 下, 경사문, 卷24, 宋祖乘勢, 261쪽.
220) 위의 책, 卷27, 陳迹論成敗, 417쪽.
221) 주 219)의 글.
222) 위의 책, 讀史料成敗, 96쪽.
223) 『성호선생전집』 下, 卷47, 雜著, 三韓正統論, 231쪽.
224) 拙稿, 「實學의 歷史觀」, 『茶山의 政治經濟思想』, 창작과 비평사, 1990, 38쪽
　　에서, 이 말을 가지고서 "春秋大義를 가치적으로 극대화하였다"라고 한 것은
　　착오였다.

않은 形勢가 '實在의 世界로서 독자화되어 있음'이 인식·인정되고 있
다는 것이 핵심적 중요 사항이다.

> 이익은……매우 현실적인 역사해석을 시도했지만, 역사서술의 목적
> 은 어디까지나 도덕적 가치평가에 있음을 부정하지 않았다. 따라서 그
> 의 史觀은 기본적으로 도덕사관이요 그의 正統論도 도덕적 가치에 기
> 준을 둔 것이다. 勢의 중요성을 인식한 이익의 역사해석은 正統性理學
> 者들의 그것에 비한다면 功利와 覇道에 일보 더 접근한 것이지만……
> 이익은 王道主義에서 功利主義로 넘어가는 시기의 과도적 위치에 있
> 다고 할 수 있다.226)

이익의 역사관의 역사적 위치는 왕도주의에서 공리주의에로의 진전
선상에서 定位할 수도 있지만, "理念의 世界(大義)로부터 實在의 世
界(形勢)를 분리하여 實在의 世界를 그것 자체로서 獨自化시켜가는
思考의 발전" 線上에서227) 역사적으로 定位하는 것이 보다 적극적인
인식·평가이지 않을까 생각된다.

春秋大義에 의하여 도덕적으로 가치평가되는 역사서술은, 과거에서
미래에 걸치는 인간 사회 전반에 타당하는 보편적이고 영구적인 법칙
의 존재와 그 탐색을 전제로 하지 않을 수 없고, 따라서 "역사사실 그
것이 장래에도 반복된다는 것, 곧 사실이 가지는 순환성이 전제로 되
지 않으면 안된다. 春秋學은 결국에 있어서 순환사관에 서는 것이
고,……春秋學的 思惟는 순환사관의 성격을 가지는 것"으로228) 된다.
時勢 개념에 의해 파악되는 역사사실·역사운동은, 특수성과 우연성을
그 핵심 내용으로 하는 것이므로, 春秋大義的 역사 서술·평가나 순환

---

225) 신항수, 주 123)의 글, 2001, 62쪽, 주 71).
226) 한영우, 앞의 책, 1989, 227쪽.
227) 朴忠錫, 「朝鮮朱子學」, 주 87)의 책, 2002, 415~416쪽.
228) 加賀榮治, 「역사관」, 주 19)의 책, 1968, 276쪽 ; 重澤俊郎, 「東周以後におけ
　　　る唯心主義世界觀」, 『中國哲學史硏究』, 法律文化社, 1964, 160쪽.

334

사관과는 모순되는 것이었다. 즉 이익에게서 時勢 개념에 의해서 파악되는 객관적 實在・事實로서의 역사인식 즉 存在論 차원에서의 역사인식과, 春秋大義的 역사 서술・평가 즉 價值論 차원에서의 도덕적 가치 평가는, 모순되는 것임에도 불구하고 竝存하고 있었다고 할 수 있다.

바꾸어 말하면 이익의 역사인식에서, 존재론적인 根據性으로서의 所以然之故와 규범적・당위적인 법칙성으로서의 所當然之則의 분열이 전개되고 있었던 것이다. 다시 바꾸어 말하면 이것은 存在와 價値의 分裂인데, "存在와 價値가 분열한다고 하는 것은, 存在가 當爲性의 束縛을 벗어나 存在 그 자체의 논리, 법칙성에 의하여 그 存在性을 完徹한다는 것이고",229) 이것은 存在가 항상 그러해야 한다고 하는 理念에로 향하여 存在性이 규정되어 있는, 存在와 價値가 통합되어 있는, 상태로부터 벗어나는 것이므로,230) 위에서의 非兩立性과 矛盾은 어떤 새로운 상태로의 止揚을 준비하고 있는 것이지 않은가 생각된다. 새로운 상태가 "도덕주의와 절연된 현실주의"가231) 아님은 말할 것도 없다. 새로운 상태란 무엇일까에 대하여 생각해 보려고 한다.

李瀷은 역사의 전개를 우연성과 끝없는 변화로 인식하였다. 그 끝없는 변화는 전혀 방향성이 없는 것인지도 궁금하다. 이익은 주 222)에서 인간의 영위의 時勢에의 우연적인 적합 여부를 역사운동에서 부차적인 규정 요인으로 보았다. 따라서 이익의 역사인식에서 인간의 營爲와 時勢의 관계 구조는 매우 중요하다. 이익은 "역사 전개에서는 時勢를 타는 것(乘勢)이 上이고, 智力은 그 다음이다."라고232) 하였는데, 이 말은 時勢와 인간의 영위의 관계를 설명한 것이라고 생각된다. 시세를 탄다는 것은 인간이 시세에 대응하는 것을 가리킨다고 보인다.

---

229) 溝口雄三, 「中國近世の思想世界」, 『中國という視座』, 平凡社, 1995, 124쪽.
230) 溝口雄三, 위의 글.
231) 조성을, 주 133)의 글, 2003, 129쪽.
232) 『성호사설』 下, 經史門, 卷24, 宋祖乘勢, 261쪽.

李瀷은 "造命이라는 것은 時勢에 맞닥뜨려서 人力이 參與하는 것이다."라고[233] 하여, 시세에 대응하는 인간의 영위가 造命이라고 하였는데, 그것은 곧 乘勢이기도 하다고 생각된다. 인간이 자신의 智力에 근거하여 乘勢하는 것이 造命이므로, 인간의 營爲의 時勢에의 적합 여부는 전적으로 우연적이지만은 않게 된다고 보인다. 그 적합 여부에 인간의 주체적 의지가 개입되고 있기 때문이다. 이렇다면 幸·不幸과 時勢의 통일로서의 역사운동도 전적으로 우연적이지만은 않다.

> 君主와 宰相만이 造命하는 것이 아니고 士庶(＝士族과 庶民 : 인용자)도 造命한다. 예컨대 부지런히 힘써 부모님을 모시고 妻子를 養育하고 낌새를 알아서 凶事를 피하는 따위의 행위는 족히 禍福을 바꾼다. 가만히 보건대 역사적 전환기에는 위에서와 같이 禍福을 뒤바꾸는 경우가 많은데, 예컨대 貴賤이 뒤바뀌는 경우를 볼 수 있다. 지금 朝鮮의 俗에서는 신분을 차별하는데, 奴婢와 下賤은 百代를 내려 가도 榮達할 수 없고, 宰相의 가문에서는 천치 바보도 모두 등용되니, 아 애석하도다.[234]

가족을 돌보고 時勢의 동향에 대응하면서 신분을 상승시키는 轉禍爲福의 행위, 즉 私的 利益을 실현하기 위하여 時勢에 대응하는 士族과 庶民의 주체적 영위는, 이익이 노비제도의 개혁을 주장하였으며, 그것을 역사의 발전으로 인식하였다는 점으로 보아, 역사의 발전을 실현하는 것이기도 하였다. 이렇게 士族과 庶民의 주체적 營爲가 역사운동(天下事)에 관련되어서 주목되고 있는 것은, 土地所有에 관련되어서도 나타나고 있었다.

> 人이 있으면 土地가 있게 된다. 土地는 모두 民(＝士族과 庶民 : 인

---

233) 『성호사설』 上, 天地門, 卷3, 造命, 87쪽.
234) 위의 글, 87~88쪽.

용자)의 田이다. 聖人이 우물 井字로 구획하여 民에게 田을 주었다고
하지만, 民이 王의 田을 받은 것이 아니었다. 곧 王은 民의 所有대로
經界하고 그 相互 爭奪을 禁하였을 뿐이다. 그러고서 1/10稅를 賦課
하였는데, 이것은 王이 그 9/10를 덜어서 民에게 준 것이 아니라, 民이
그 1/10을 내어서 王에게 제공한 것이다. 故로 天下는 天下人의[235] 天
下이지 一人의 天下가 아니다.[236]

士族과 庶民이 土地所有의 主體로 등장하고 있다. 王은 토지소유에
서 배제되고 있다. 왕을 토지소유의 客體로 밀어 내면서 民이 土地所
有의 당당한 主體로 등장한 것은 刮目해야 할 현상이었다. 1/10稅도
이념적으로는 民이 주체적으로 왕에게 제공하는 것이었다. 따라서 天
下(＝歷史世界 : 인용자)는 天下人(＝民＝士族과 庶民 : 인용자)의 것
이지 一人(＝王 : 인용자)의 것이 아니라는 것이었다. 天下를 움직이는
主體도 民(＝士族과 庶民)이라는 것이었다.

王莽은 王政을 본받고자 하여 天下의 田을 이름하여 王田이라고 하
였는데, 그 본디를 잃은 것이다. 오직 그 1/10稅制는 참으로 賦課에 맞
는 것이었다. 故로 비록 民으로부터 1/10을 取해도 虐政이 안되고, 이
를 넘으면 그 1/10 이상분은 모두 남의 物을 빼앗는 것이다. 비유컨대
吾(＝民 : 인용자)가 物을 所有하여 남에게 혜택을 베푸는 경우에는
혹 때를 늦추면서 혜택을 베풀고자 하지 않아도 무방하지만, 이미 吾
物이 아니면 稅를 가볍게 하는 與否는 吾(＝王 : 인용자)가 마음 내키
는 대로 할수 있는 바가 아닌 것과 같다.[237]

---

235) 주 187)과 같음.

236)『성호전서』 4,『맹자질서』, 藤文公 下篇 8章, 여강출판사, 1984, 542쪽(朴忠
錫,『한국정치사상사』, 삼영사, 1982, 102쪽 ; 李光虎,「성호 이익의 사상」,
『泰東古典研究』 2, 한림대부설태동고전연구소, 1986, 54~55쪽 ; 金泰永,「조
선후기 실학에서의 현실과 이상」,『한국사상사방법론』, 소화, 1997, 278~279
쪽 등에서 재인용).

237) 위와 같음.

王은 稅 賦課에서도 주도권이 부정되고 객체화되어 있다. 民 즉 士族과 庶民은 土地所有의 主體일 뿐만 아니라 자기의 생산물의 1/10을 주체적으로 王에게 제공하는 존재였다. 天下事 즉 역사사실·역사운동의 主體로서 民, 즉 士族과 庶民이 확고하게 자리잡고 있는 것이다. 이러한 士族과 庶民의 현실적인 營爲가 역사의 발전에 관련되어 적극적으로 인식되고 있다는 것은, 存在와 價値의 分裂의 止揚과 관련되어 매우 주목된다. 즉 士族과 庶民의 현실적인 營爲라는 '存在'(事實)를 중심으로 하여, 價値를 통합하는 새로운 방향이 앞에서 말한 止揚의 방향이지 않은가 짐작된다.

이렇게 存在와 價値의 分裂의 止揚에 관련되어 역사에서의 인간의 주체적 力能이 인식됨으로써 發展의 개념도 명확하게 떠오르게 되지 않았는가 짐작된다. 이익은 과학기술과 수학의 부문에서는 시간의 흐름과 함께 발전이 있다고 다음과 같이 분명히 말하고 있다.238)

무릇 器械와 數學의 法은 후대로 내려올수록 더 精巧해진다. 비록 聖人의 智慧라도 다 발휘되지 못함이 있다. 후대인이 그것을 계승하면서 더욱 발전시키면 시대가 내려올수록 더욱 정교해지기 마련이다.

이러한 발전의 개념이 丁若鏞에서 더욱 開花되고 있었다. 조선후기 실학사상의 역사적 전개과정에서의 정약용의 역사적 위치는, "茶山은 시기적으로 실학의 제2기와 제3기에 걸쳐 있었다는 시대적 이유뿐만 아니라, 그의 학문이 經世致用과 利用厚生에 兼長해서 제1기(경세치용 : 인용자)와 제2기(이용후생 : 인용자)의 실학 思潮가 다산에 이르러 일대 滙合點을 이루게 되었"다고239) 평가되고 있다. 실학의 역사관에서도 위와 같은 위치라고 보인다.

정약용은 다음과 같이 말하였다.

---

238) 『성호사설』 上, 天地門, 卷2, 曆象, 50쪽.
239) 이우성, 「실학연구서설」, 『한국의 歷史像』, 창작과 비평사, 1982(1970), 22쪽.

338

> 나는 星湖 선생의 옥고를 얻어 읽고서 기꺼이 학문에 뜻을 두게 되었다.[240]

> 星湖의 저술은 거의 백 권이 된다. 스스로 생각건대 우리들이 天地의 大와 日月의 明을 알 수 있게 된 것은 모두 이 분의 힘 때문이었다. 그 분의 저술을 편집하여 文集을 만드는 일은 내가 해야 할 일인데도, 나는 돌아갈 날이 아득하여, 이에 진실로 감히 相通할 수 없으니 장차 어찌 하리오.[241]

정약용은 이익의 경세치용의 學을 계승하여 자신의 學을 대성하였지만, 역사관의 경우에도 이익의 연장선상에 위치한다. 정약용은 1816년에 유배지에서 집에 보내는 편지에서, "天下에는 두 개의 큰 저울(衡)이 있는데, 하나는 是非의 저울이고, 하나는 利害의 저울이다."라고[242] 하였는데, 利害와 是非는 이익에서의 事實과 道德에 해당되는 것이었다. 정약용도 이익을 계승하여 事實과 道德을 일단 분리·自立化시켰다고 생각된다. 그러나 단순한 踏襲은 아니었다. 民의 주체적 行爲로서의 일상적 생산활동을 적극적으로 평가하는 것이 그 표현이었다.

> 하늘은……사람에게는……智慮와 巧思가 있기 때문에 그들로 하여금 技藝(＝과학기술 : 인용자)를 습득하여 자기의 생활을 자기가 하도록(自給) 하였다. 智慮의 발전에는 한계가 있고, 巧思가 事理를 연구함에는 점진성이 있다. 때문에 비록 聖人이라도 천만인이 함께 하는 의논에 당할 수 없고, 비록 聖人이라도 하루 아침에 완전한 것을 얻을

---

240) 『증보여유당전서』 1, 1集, 16卷, 詩文集, 自撰墓誌銘(壙中本), 330쪽.
241) 위의 책, 20卷, 시문집, 書, 上仲氏 辛未冬, 428쪽.
242) 丁奎英 編, 『丁茶山全書 完, 俟菴先生年譜』, 文獻編纂委員會, 1961, 194쪽. 茶山에서 利害와 是非의 관계에 대해서는 金泳鎬, 「茶山 實學에 있어서 倫理와 經濟」, 『東方學志』 54·55·56 合輯號, 1987에서 깊이 천착되고 있다.

수는 없는 것이다. 때문에 사람들이 많이 모일수록 그 기예는 정밀하
게 되고, 시간이 흐를수록 그 기예는 더욱 교묘해진다. 이것은 필연적
인 事勢이다.243)

정약용은 인간으로서의 본질을 智慮와 巧思에 의한 技藝의 습득과
그 技藝에 의한 生活自給에서 찾았다. 그리고 技藝는 民에 의하여 발
전하고 시간이 흐를수록 발전하며, 그것은 필연적 事勢라고 하였다.
이익의 과학기술과 수학에서의 발전의 개념을 계승하고, 더욱 발전시
켜서, 발전을 필연화시켰고 그 주체를 衆民으로 못박았다. 여기에서도
우리는 정약용이 이익의 서민의 일상생활을 통한 造命＝역사 참여를
발전적으로 계승하였음을 읽을 수 있다.

   농업의 技藝가 정교하면……織造의 기예가 정교하면……武器의 기
 예가 정교하면……醫術의 기예가 정교하면……온갖 工匠의 기예가 정
 교하면……진실로 그 法을 다 알아서 힘써 실행한다면, 국가가 부유해
 지고 兵力이 강하게 되며, 民은 裕足하고 오래 살게 된다.244)

   近世에 琉球人은 중국의 太學에 10년이나 있으면서 오로지 그 文物
 과 기능을 배웠으며, 일본은 江蘇와 浙江에 왕래하면서 오로지 온갖
 工匠의 섬세하고 교묘한 것을 배워 오는 데 힘썼다. 때문에 유구와 일
 본은 바다 가운데 외딴 지역에 있으면서도 그 기능은 중국과 맞먹게
 되어, 民은 부유하고 軍隊는 강해져서 이웃 나라가 감히 침략하지 못
 하게 되었다.245)

   농업, 직조, 무기, 의술, 온갖 工匠 등의 技藝가 발전하면 富國强兵
 과 民의 裕壽(유족하고 오래 삶)가 이루어지며, 일본과 유구에서도 선

---

243) 『증보여유당전서』 1, 1集 11卷, 시문집, 論, 技藝論1, 226쪽.
244) 위의 책, 기예론2, 227쪽.
245) 위의 책, 기예론3, 227쪽.

340

진의 과학기술이 수용됨으로써 民裕 兵强이 이루어졌다. 이러한 문제
와 관련하여 정약용의 다음과 같은 말도 주목된다.[246]

> 일본은……중국과 호상 무역을 하여 배의 왕래가 끊이지 않는다. 禮
> 義・문물이 있어서, 그들의 경솔・천박하고 탐욕・도적하는 습속을 크
> 게 변화시키지 않았다면, 어찌 여러 천년 동안이나 고치지 못하였던
> 것을, 하루 아침에 편안히 고치기를 이와 같이 할 수 있었겠는가.……
> 지금은 일본의 배가 바로 강소와 절강에 통하여 중국의 物貨를 구해갈
> 뿐만 아니라 여러 물건을 제조하는 방법까지도 아울러 배워 돌아가서
> 는 自造하여, 그들의 사용을 넉넉하게 하고 있다.

이 말을 주 245)와 관련시켜서 보면, 일본은 중국과의 호상 무역을
통하여 중국의 과학기술을 배워서 富國强兵과 民裕壽를 이루었고 文
物도 이루었으며, 나아가서는 禮義까지도 이루게 되었고, 침략의 습성
도 고치게 되었다는 것이었다. 여기에서도 과학기술의 발전이 富國,
强兵, 民裕壽, 文物備를 규정한다는 정약용의 思想을 볼 수 있다고 생
각한다.

정약용은 "대체로 事物이 오래면 弊害가 생기는 것은 事物의 이치
이다. 聖人이 聖人을 계승하면서도(殷의 夏 계승과 周의 殷 계승：인
용자) 오히려 덜고 더함이 있었는데, 하물며 후세의 법에 있어서랴"라
고[247] 하였고, 또 "夏后氏의 禮는……殷나라 사람들이 夏나라를 교체
함에 덜고 보탬이 없을 수 없었고, 周나라 사람들이 殷나라를 교체함
에 덜고 보탬이 없을 수 없었다. 무엇 때문인가. 世道(＝세상의 道理：
인용자)는 강물이 흘러 가는 것과 같다. 한번 정해지면 만 년이 지나도
변동되지 않는다는 것은, 이치가 그렇게 될 수 있는 것이 아니다."라
고[248] 하였다. 세상의 道理는 순환하지 않고 역사 속에서 끝없이 변해

---

246) 위의 책, 日本論1, 241쪽.
247) 위의 책, 9卷, 시문집, 策問, 弊策, 173쪽.

가는 것이었고, 그 변화에 규정되어서 禮도 바뀐다고 하였다. 주 245)
에서 주 248)까지를 종합하면, 과학과 기술의 발전은 富國, 强兵, 民裕
壽, 文物備를 결과하고 이는 다시 禮의 발전을 가져 온다는 생각이라
고 보인다.

> 대체로 孝弟는 天性에 근원하고, 聖賢들의 글에 밝혀져 있어, 진실
> 로 擴充하고 修明하면 禮義가 俗을 이루게 된다. 이는 진실로 바깥에
> 나가서 배워 오거나 뒤에 나올 것을 빌릴 일이 없다.249)

> 이른바 중국이란 무엇을 가리키는 것인가. 堯·舜·禹·湯의 정치가
> 있으면 중국이라 일컫고, 孔子·顔子·子思·孟子의 學이 있으면 중
> 국이라 일컫는다.250)

정약용은 聖賢의 書 즉 공자, 안자, 자사, 맹자의 學에 밝혀져 있는
孝弟＝道德을 확충하고 修明하면 禮義가 俗을 이루게 된다고 하였다.
이를 위의 해석과 관련시키면, 도덕과 과학기술은 禮義에서 접합되고
있다. 정약용의 경우, 도덕의 발전의 문제는 역사전개 과정에서는 일단
외면되고 있었지만 그러나 그 전개 과정과의 접합점만은 일단 확보되
어 있었다고 생각된다. 정약용은 과학기술의 필연적 발전은 禮義의 발
전을 결과하며, 다시 그것은 도덕의 발전을 결과할 수 있는 가능성을
가지고 있다고 인식하였다고 볼 수 있다. 따라서 정약용은 대체로는
역사를 발전하는 것으로 인식하였다고 할 수 있다.

---

248)『증보여유당전서』5, 5集 1卷, 政法集,『경세유표』卷1, 引, 1쪽.
249) 주 245)와 같음.
250)『증보여유당전서』1, 1集, 13卷, 시문집, 序, 送韓校理致應使燕序, 270쪽.

6. 맺음말

이상에서 주로 조선중화주의와 실학의 소화의식을 대조하여 실학의 소화의식 내지 세계관, 世界像을 드러내어, 실학의 歷史意識 내지 歷史觀을 드러내고자 하였다. 아울러 조선전기의 화이론과의 차이도 나타내려고 하였다. 우선 조선전기의 화이론과 조선중화주의를 비교하면, 대체적으로는 동질이었지만 중요한 점에서 이질이었다. 후자는 他者化의 論理였음에 反하여 전자는 그것이 아니었고, 전자는 국가안보와 민생안정의 중요성을 전제로 한 국가간 관계 調整의 정치사상이었음에 反하여, 후자는 春秋大義의 第一義性에 밀려서 국가안보와 민생안정의 중요성, 그리고 국가간 관계 조정의 정치사상이 空洞化되는 것이었다. 그러나 후자에 있었던 自民族中心主義, 朝鮮中心主義는 전자에는 결여되었다.

조선중화주의와 실학의 小華意識의 차이를 생각해 볼 차례이다. 조선중화주의는 조선에는 기능개념의 화이론을 적용하고, 他者에게는 실체개념의 화이론을 적용하는 철저한 自己中心主義였다. 따라서 대외관계에서는 실체개념의 화이론으로, 世界認識에서도 실체개념의 화이론으로 나타나게 되었다. 그 결과가 他者化 論理로서의 화이론이었다. 즉 差別의 논리였다. 他國은 排除와 疎外와 排斥의 대상으로서만 의식되었으므로 國家間 關係의 調整의 對象으로서 의식되지 않았다. 나아가서 他國이 철저하게 배제되어야 함은 春秋大義이므로, 그것에 어긋나는 限에서는 국가안보와 민생안정도 고려의 대상이 될 수 없었다.

이에 대한 철저한 止揚이 實學의 小華意識이었다. 실학에서는 기능개념의 화이론으로 세계를 인식하였다. 普遍主義的 世界觀이었다. 따라서 他國에 대하여 他者化의 논리 즉 差別의 논리로서가 아니라 差異의 論理로서 인식하고 대응할 수 있었다. 그 결과 自者와 他者가 보편적 차원에서 연속되었고 나아가서는 個性化되고 多元化되었다. 그

전형적 표현이 홍대용의 '華夷一也'論이었다. 화이론의 解體였고 揚棄였다. 他者 認識에서의 '差異의 論理'의 필연적 귀결이었다고 생각된다.

'華夷一也'論은 또 國家對等性 인식, 文化多元性 인식으로 귀결되었고, 따라서 國家間 關係에서 强弱關係로서의 '力의 秩序'가 그 自體로서 '實在의 世界'로서 獨自化되어 인식되었고, '實在의 世界'로서의 '力의 秩序'가 春秋大義나 華夷論에서 해방되어 別立化·自立化되었으니 現實主義的 思惟의 開花였다. 따라서 國家安保와 民生安定이 第一義的 중요성을 띠게 되었고, 그것을 위해서 '力의 秩序'인 國家間 關係 調整의 政策이 정면에서 追究되었다. '治人之學'으로서의 實學의 성격이 全面 開花된 것이었다. 국가간 관계 조정의 정책이 天으로 理로 가치 극대화되었다.

實學의 小華意識은 文化多元主義, 民族多元主義였고, 現實主義的 思惟였으며, 國家安保와 民生安定을 第一義的으로 價値化하였고, 世界 속에서 他者를 差異의 논리에서 인식하였다는 점에서 近代 民族主義(Nationalism)의 맹아였다고 생각된다.

이러한 현실주의적 思惟의 前面化는 實學의 歷史認識에도 반영되기 마련이었다. 李瀷은 역사사실의 전개와 역사운동에서, 인간의 주관과는 독립되어 객관적으로 움직이는 정치적·경제적·사회적 제관계의 形勢인 時勢를 크게 주목하여, 그것을 역사사실의 전개와 역사운동을 제1차적으로 규정하는 推動力으로 보았다. 인간의 營爲의 時勢와의 우연적 적합(幸會)·부적합(不幸會)은 그 제2차적 규정요인으로 보았다. 이들 제1, 2차적 요인은 도덕적 평가(是非)와는 거의 무관한 것으로 인식하였다.

이 연장선 위에서 丁若鏞은 역사에서 과학기술의 발전은 필연의 추세이고, 그 담당 주체는 衆民으로 보았으며, 그 발전은 禮와 道德의 발전을 결과한다고 봄으로써 역사는 대체적으로 발전한다는 史觀을 성립시켰다고 생각된다. 그러나 이익과 정약용 그리고 實學에서는 역사에 대한 도덕적 평가를 確守하였다.

이것은 存在(事實)와 價値(道德)의 分裂이라고 생각된다.[251] 종래의, 價値를 중심으로 하여 存在가 統合되어 있던 統一의 分裂을 의미한다고 생각된다. 그 분열을 극복하는 새로운 統一의 방향은 存在(事實)를 중심으로 하여 價値(道德)를 통합하는 것으로 생각된다.

그 새로운 방향을 示唆하는 것이, 民(＝士族과 庶民)의 역사사실 전개·역사운동·역사발전에서의 主體로서의 確立과 王의 客體的 存在에로의 낮아짐이었고, 民의 造命에 대한 가치부여라고 생각된다. 이러한 모든 새로운 思惟의 전개의 바탕에는 기본적으로, '理念의 世界'로부터 '實在의 世界'를 분리하여 '實在의 世界'를 그것 自體로서 獨自化시켜 가는 思考가 깔려 있었다는 것이 주목되며, 그것이 實學에 독자적 성격을 부여하게 되었다고 생각된다. 그 實學의 歷史意識·歷史觀은, 세계와 他者를 差異의 논리로서 인식하였고, 文化多元意識과 民族多元意識을 성립시켰으며, 國際秩序를 '力'의 秩序로 보는 國家對等意識을 성립시켰고, 인간 특히 民의 주체적 영위에 의하여 역사가 발전한다는 史觀을 성립시키고 전통적 循環史觀을 止揚하였다는 점에서, 實學은 근대 Nationalism의 萌芽, 近代思想의 萌芽라고 할 수 있지 않을까 여겨진다.

---

251) 조성을은 주 133)의 글, 129쪽, 주 5)에서, 存在와 價値의 分裂이라는 이해방식을 丸山眞男의 모방이라고 비판하였다. 그러나 필자의 이해방식은, 自然的 思惟(自然 政治 道德의 連續)로부터 作爲的 思惟(자연 정치 도덕의 分離)에로의 전개과정에 일본사상사의 근대화 과정을 讀取하려는 丸山眞男의 이해방식과는 다르다고 생각한다.

조선후기 역사지리학의 발달

정 구 복[*]

1. 머리말

역사지리학이란 조선후기에 성행된 역사학의 한 분야로서 역사적 고지명(국가, 종족, 수도, 강, 산, 강역, 관방) 등에 대하여 고증적으로 연구하는 역사학을 지칭한다. 이는 조선후기 실학의 한 학문 경향으로 역사학의 새로운 경향이었다고 할 수 있다. 한국의 역사지리학은 韓百謙(1552~1615)으로부터 시작되었다.[1] 종래의 역사학은 교훈 위주의 역사학으로 정치사 중심의 역사학이었고, 특히 조선후기에 발전한 강목형의 역사서술은 성리학적 의리와 명분을 강조하는 정통론을 중시했다.

이전의 역사학이 정치적 교훈을 주기 위한 목적으로 편찬되었기 때문에 역사는 정치의 예속물이거나, '體'로 인식되던 유교적 경학 이론의 종속화를 면할 수 없었다. 이는 조선후기의 강목형의 역사서술에서도 마찬가지였다. 따라서 역사학은 독자적인 영역을 확보하지 못했을 뿐만 아니라, 역사가의 비판의식은 도덕적 비판이 주였고, 사실의 진위

* 한국학중앙연구원 교수

1) 鄭求福, 「한백겸의 동국지리지에 대한 일고-역사지리학파의 성립을 중심으로」, 『전북사학』 2, 1978 ; 鄭求福, 「한백겸의 사학과 그 영향」, 『久庵遺稿·東國地理誌』, 일조각, 1987 ; 尹熙勉, 「한백겸과 그의 학문」, 『久庵遺稿·東國地理誌』, 일조각, 1987.

를 따지는 비판의식은 약했다.

역사지리학의 연구대상은 정치적인 사건이 아니라 지리적 측면이므로 정치적, 도덕적 교훈을 주려는 목적은 완전히 배제되고 역사적 진실을 밝히기 위한 연구가 진행되었다. 그 결과 역사학은 사실의 진위를 논하는 학문이 되었다. 역사지리학이 발전하면서 역사학은 도덕적 평가에서 벗어나 경학으로부터 학문적으로 독립할 수 있었다. 그러나 역사지리학은 지리를 대상으로 했기 때문에 사회와 역사의 변화에 방향을 제시하지 못하는 한계점도 있다. 즉 역사의식의 부족이 그것이다. 하지만 문헌고증적인 사실의 규명은 객관성을 추구했다는 점에서 당시 실학의 학문적 성향과 일치한다.

실학의 성격은 근대지향적 성격과 민족적 성격으로 규정되고 있는데, 여기서 근대지향적이란 합리성, 실용성, 현실성을 뜻한다. 이를 달리 표현하면 중세 체제의 모순을 극복하려는 것이었다고 할 수도 있다. 실학자들이 제시한 방법이나 사회 개혁의 대안이 비록 전통적인 것이었다고 해도 그것은 사회를 새로이 개혁하려는 의지의 표현이었다. 또한 민족적인 성격이란 중세의 보편적인 체제로부터 개별성을 확인하는 우리나라 역사와 문화에 대한 독자성의 인식이었다고 할 수 있다. 실학자들이 민족이란 용어를 직접 사용하지는 않았지만, 민족의 실체에 대한 인식의 확대가 후일 민족주의로 연결되는 계기가 되었다. 이는 종족의 문제와 당시 세계사인 중국 역사로부터 우리나라 역사에 대한 존중, 국토와 지형에 관한 연구가 그것이다. 보편에서 개체에 대한 인식이며, 전체에서 부분에 대한 인식의 확대였다.

실학자들에 의한 역사지리학의 연구성과는『동국문헌비고』의「여지고」 17권[2]을 편찬한 신경준에 의하여 수렴되었다.『동국문헌비고』는

---

2)『증보문헌비고』에서는 27권으로 확장되었다. 이는 이만운이『동국문헌비고』를 수정보완하여『증정문헌비고』로 편찬할 때에「여지고」가 22권으로 증가하였고, 또 그가 편찬한「宮室考」를 합쳐저 27권으로 되었다. 박인호,『조선 후기 역사지리학 연구』, 이회, 1996, 149, 204, 249쪽 표 참조.

「여지고」를 기초로 확대 편찬된 저술이었다. 본고에서는 역사지리학의 발생과정과 그 배경을 살펴보고 대표적인 역사지리학자의 학문적 성과와 특성을 실학과의 관련성 하에서 살펴보고자 한다. 그리고 실학의 성격을 밝히는 하나의 과정으로서, 사학사적인 관점에서 역사지리학이 차지하는 성격을 규명해 보기로 한다.

2. 역사지리학의 연원

엄격히 역사지리학이라고 할 수는 없어도 이와 유사한 분야의 학문이 형성된 시원은 기전체 역사에서 지리지가 설정되면서부터라고 할 수 있다. 사마천의 『사기』에는 지리에 관한 부분으로 河渠書가 있는데, 이는 江河에 관한 기록으로 홍수를 다스리기 위한 목적에서 언급된 것이다. 즉 인간의 역사에 엄청난 재난을 가져다 주는 지리적 요소를 언급한 것이다. 그러나 하천이 홍수와 관련짓지 않더라도 농경지, 도로망, 관방의 구실을 한 것은 사실이지만 지리의 총체적 개념이라고 할 수는 없다.

후한의 班固에 의하여 편찬된 『한서』에서는 지의 자리가 확실하게 잡혀졌다. 이에는 지리관계의 지로서 地理志와 溝洫志가 있다. 『한서』에서 지리지 작성의 목적은 중앙의 지방통치를 파악하기 위한 것으로 생각된다. 전국 산하의 구역을 설명하고 각주의 산과 河, 남녀의 비율, 특산물 등을 명기하고 각 지방단위마다 연혁, 戶數와 인구수, 소속현의 수를 기록하고 있다. 지리지의 이런 파악방식은 이후의 기전체 역사서에 실린 지리지의 기본성격이 되었고, 『삼국사기』, 『고려사』의 지리지도 이와 유사한 양식을 띠었다. 그리고 이들 지리지 이외에 지리서인 『세종실록』 지리지나 『동국여지승람』에서 각 지방의 역사적 연혁을 다루고 있어 이들 자료는 역사지리학의 선구적 업적이라 할 수 있다. 역사지리학의 창시자라 할 수 있는 韓百謙은 吳澐이 편찬한『東史纂要』에 실려 있는 지리지의 역사적 지명 고증에 문제점이 있음을 보고『동국지리지』를 쓰게 되었다고 한 점3)을 보면 역사서 중에 지리지와의 관련성을 결코 무시할 수 없다.

또한 역사지리학은 지방 읍지의 편찬과도 연관된다. 우리나라에서 읍지의 편찬은 16세기 중엽부터 시작되었다. 최초의 읍지는 李耔가 1507년에 편찬한 의성읍지인『聞韶志』이지만 현존하지 않으며, 16세기 이후 여러 지방의 읍지가 편찬되었다.4) 읍지에는 당해 군현의 역사적 변천이 실려 있다. 역사지리학과 읍지의 편찬은 직접적인 연관이 없지만 지방 읍지도 시대를 반영하고 있어 역사지리학과의 관계를 무시할 수 없다. 예컨대『동래지』,『탐라지』,『북관지』,『강도지』등에 왜란과 호란의 영향이 강하게 나타나고 국가의 방어적인 측면이 강하게 나타난 점은 이를 입증한다고 하겠다.5)

3. 역사지리학의 발생 배경

역사지리학의 발생 배경으로 먼저 들 수 있는 것은 지리에 대한 관심의 고조이다. 인간의 지리에 대한 관심은 태고적부터 있었다. 인간은 자기가 살고 있는 땅에 대한 관심을 가지지 않을 수 없다. 동양인은 고대부터 인간과 하늘, 땅을 가리켜 三才라고 칭하였고, 하늘과 땅을 경외의 대상으로 여겨 각종 제사를 행하였다. 삼재를 중시하는 사상은 중국의 정통사서인 25사의 志를 天・地・人의 순서로 정리한 것에서도 확인할 수 있다.6)

---

3) 한백겸,『東國地理誌』, 서문 참조.
4) 이에 관하여는 楊普景,「조선중기 사찬읍지에 관한 연구」,『국사관논총』81집, 국사편찬위원회, 1998. 47~53쪽.
5) 양보경, 위의 논문, 65~66쪽.

지리는 인간 생활의 기반이므로 그 중요성을 일찍부터 의식하였다. 하지만 역사지리학의 연구대상인 지리는 자연지리가 아닌 국가 차원에서의 지리이므로 국가의식의 발전과 깊은 관계를 가진다. 국가의식은 외침을 당하면서 고조되어 간다. 이는 16세기 말 왜란을 당하자 17세기 초에 국가의식이 강렬하게 나타났던 역사적 상황에서 단적으로 증명된다. 왜란의 영향은 많은 사람을 이동하게 하였다. 군대의 이동은 물론 피난 등으로 사족은 물론, 일반 양인과 노비층이 주거지를 옮기게 되는 계기가 되었다. 임란 후에 도망 노비가 속출하는 현상은 집권력의 해이에도 그 이유가 있지만, 많은 사람들이 주거지를 옮기는 상황이었기에 가능하였다. 사족의 이동은 그후 종법제도의 실현, 재산상속 양식의 변화와 관련이 깊다. 즉 재산이 자녀균분제에서 아들 위주 또는 장자 위주로의 전환 등으로 인해 처가로 이주하던 관행이 축소되고, 처향에서 다른 곳으로 이사하는 현상을 가져왔다.

한편 임란으로 왜적의 침입을 당하면서 지리의 요새처와 관방에 대한 관심이 고조되었다. 의병들이 왜적을 패퇴시킬 수 있었던 주요 원인 역시 지리에 밝았기 때문임을 간과할 수 없다. 외적의 방어를 위하여 관방을 중시하게 되면서 과거 역사상에서 전투의 중심지가 된 관방이 어디인가를 밝히는 작업이 활발하게 진행되었다. 조선후기에 육지의 관방뿐만 아니라 海防이『동국문헌비고』에 설정된 점에서도 이를 확인할 수 있다. 우리나라는 삼면이 바다로 둘러싸여 있기 때문에 수군의 강화 및 海防에 대한 강조는 안정복의『동사강목』에서도 나타난다.

조선후기에 들어서 지리에 대한 관심이 커지자, 각 지역간의 거리에도 관심을 갖게 되었다. 예를 들면 당시 만든 지도에 남원과 전주간의 거리는 얼마이며, 남원의 크기는 동서 몇 리 남북 몇 리인지, 서울로부터의 거리는 얼마인가를 기술하였다. 군현의 지리적 크기와 다른 군현

---

6)『宋史』부터 이런 경향을 파악할 수 있다.

과의 거리에 대한 것은 1602년 유성룡의 권유를 받아 權紀에 의하여 편찬된 안동읍지인 『永嘉誌』에 나타난다. 이처럼 거리에 대한 인식의 고조는 과거응시자들이 복시에 응하기 위하여 서울에 왕래하면서 점차 확인되기 시작하였고, 자기가 살고 있는 지역 이외의 타 지역에 대한 인식이 확대되었다. 한편 전국을 하나의 지리적 공간으로 파악하게 된 배경으로 16세기 이후 장시의 발달에 따라 전국이 단일 유통경제권으로 된 것과 이에 따른 화폐경제 시대로의 돌입을 들 수 있다. 화폐의 통용은 물류의 유통만이 아니라 사람의 왕래를 활발하게 만들었기 때문이다.

역사지리학 발생의 두 번째 배경으로는 서양지식의 도입으로 인한 세계관의 변화를 들 수 있다. 즉 세계의 중심이 이제는 중국이 아니라 각자의 자기 나라라는 인식이 역사지리학의 발전에 반영되었다. 이러한 세계관의 변화와 더불어 우리도 문화국가라는 의식이 싹텄고, 문화의 발전에 따라 華夷가 나누어 진다는 화이관의 변화가 역사지리학의 발전을 이끌었다. 왜냐하면 중국만이 아니라 어느 곳에 살아도 문화가 발전하면 '華'가 된다는 의식은 자기가 살고 있는 국토에 대한 자긍심을 심어줄 수 있기 때문이다. 이러한 지리상의 인식 변화는 정확한 지도의 제작과도 결코 무관하지 않다.

세 번째, 문화적 배경으로는 중국전적의 유포를 들 수 있다. 현재처럼 중국의 25사를 손쉽게 이용하지는 못했지만 학자들이 『사기』, 『한서』 이외에도 『당사』나 『송사』를 보는 기회가 많아졌다. 한백겸의 경우 『한서』, 『후한서』를 주 자료로 활용하였다. 특히 중국사서에 대한 이해는 실학자들이 역사지리학을 발달시키는데 크게 영향을 주었다. 조선전기에는 옛 우리의 역사를 우리 문헌을 중심으로 이해하려고 하였다. 그 위에 만주지역은 우리의 강역이 아니었기 때문에 이에 관한 지리적 지식을 얻을 수가 없었다. 그러나 다양한 중국 전적의 도입과 유포는 역사지리에 대한 새로운 시각을 제공해 주었다. 이들 전적은 특히 잦은 북경 연행사들을 통하여 직접 들어온 것으로 이해된다. 신경준이 『遼史』와 『盛京誌』를 이용한 것은 그 예라 할 수 있다.

한편 실학에서 역사지리학이 크게 관심을 끌게 된 배경으로 지적하여야 할 것은 지리의 역사적 고찰에 많은 혼선이 있어 왔고, 이에 대한 시비의 판별이 학문의 중요 쟁점으로 인식되었다는 점이다. 또한 실제 이용에 필요한 역사학이 무엇인가에 대한 자각이 역사지리학 발전의 원인이었다고 할 수 있다. 안정복이 강역의 확인은 역사가의 중요한 일이라고 강조한 점이나, 유형원이 『東國興地誌』를 편찬한 것은 국가적인 제도개혁이 국토의 현실적 파악을 기초로 해야 한다는 의식과 무관하지 않다.

4. 역사지리학의 발달

1) 17세기의 역사지리학

우리나라에서 역사지리학을 개척한 사람은 久庵 韓百謙(1552~1615)이다. 그는 1552년 서울에서 경성부 판관 韓孝胤의 장남으로 태어나 서경덕의 문인인 閔純에게 수학하였다. 28세 때에 생원시에 합격하였고, 『近思錄』이나 性理書 등을 열심히 공부하였다. 그는 『경서훈해』를 출간할 때 교정관으로 근무하면서 행정능력을 인정 받았다. 그러나 1589년 정여립의 옥사에 연루된 정여립의 조카 李震吉의 시신을 거두어 준 죄로 함경도로 유배되었다가 3년 후 임진왜란의 발발로 사면되었다. 그 후 당상관인 통정대부에 올라 파주목사 등에 임명되었으나 사직하였다.[7] 그가 주역의 강관을 지낸 것이나 『周易傳義』 교정에 참여한 점으로 보아 수리에 밝았음을 알 수 있고, 평양에 갔을 때에 箕

---

7) 그의 생애에 대한 연보는 윤희면, 「한백겸과 그의 학문」에서 상세한 연보를 작성하였다. 앞의 책, 『동국지리지』, 2~3쪽 참조.

田圖를 실제로 측량하여 그림으로 남긴 점에서 실무에 깊은 관심을 가졌던 것으로 추측된다. 물론 성리학에도 조예가 깊었으며, 예에 관해 관심을 표명한 바 있다.[8] 그는 1614년 오운이 『東史纂要』를 쓰면서 지리지에서 삼한에 대한 혼란스런 이설[9]을 그대로 수용한 것을 보고 『동국지리지』를 쓰기 시작하여 1615년에 완성하였다. 그는 맹신적인 독서가 아니라 독서와 사색을 겸하여 항상 의문을 가지고 책을 읽는 습관을 가지고 있었다. 사료의 합리적 해석을 통하여 결론을 도출해 내고, 비판적인 견해로 일관한 것은 바로 사색의 결과였다.

한백겸은 삼한에 관한 우리나라의 문자기록이 없지만 중국의 『한서』와 『후한서』에 그 실상이 소상히 나타나 있다고 보고 이를 통해 고대사의 사실 파악을 하고 있다. 그의 역사지리학의 내용을 이해하기 위하여 『동국지리지』에 어떤 내용이 실려있는지를 파악해 볼 필요가 있다. 이 책은 다음과 같은 순서로 되어 있다.

「전한서 조선전」
「후한서 고구려전」
「후한서 동옥저전」
「후한서 예전」
「후한서 부여국전」
「후한서 읍루전」
「후한서 삼한전」
「四郡」
「二府」
「二郡」
삼국 고구려

---

8) 구암유고에 『深衣圖』가 있음을 통하여 확인할 수 있다. 이는 옛 것을 논증하려는 그의 학문적 태도를 읽을 수 있다.
9) 최치원은 마한은 고구려, 변한은 백제, 진한은 신라가 되었다고 파악하였고, 권근은 마한은 백제, 변한은 고구려, 진한은 신라라는 설을 제기하였다.

(국도) : 졸본부여, 국내성, 환도성, 평양, 동황성, 장안성, 남평양
封疆 : 요동, 부여국, 고구려, 서개마, 上殷台, 낙랑, 昭明都尉, 不而都
　　　尉, 동옥저, 북옥저
형세, 관방 : 압록강, 패강, 살수, 신성, 武厲邏
附　발해국
백제
국도 : 위례성, 북한산성, 웅진, 泗沘
封疆 : 남대방, 마한 舊地, 탐라국
형세, 관방 : 백강 탄현, 청목령, 관미성, 고목책, 장령성, 보덕성
附　기준성
신라
국도 : 금성, 월성, 명월성, 만월성, 남산성, 관문성
封疆 : 진한구지, 변한구지, 대마도, 우산국
　　　문무왕 이후 백제·고구려 統合爲一
形勝, 관방 : 계립령, 죽령, 마현, 청해진, 당항성, 우수주, 북한산, 명주
　　　소경, 국원소경, 長嶺五柵
附　금관국
　　태봉국
　　후백제
고려
국도 : 개성부, 서경, 남경, 동경, 江都, 중흥전, 신궁, 北蘇宮
封疆, 형승, 관방 : 경기급 5도양계, 안변대호부 登州, 의주 등
　　함주대도독부 웅주, 영주, 공험진 등
　　서경평양부
　　강계부 등

『동국지리지』의 목차가 정연한 것은 아니었다. 삼국 이전의 국가에
대하여는 『후한서』 어느 나라전이라 하여 『후한서』의 내용을 발췌하
여 소개하고, 삼국 이후는 각국의 국도와 형승, 관방을 서술하는 형태
를 취하였다. 나라를 지키는 요새로서의 관방에 주목했다는 점에서 일

354

반 지리지와 크게 다르고, 국가를 외적의 침략으로부터 지키는 것을 중시했음을 보여 준다. 이는 임란의 충격에서 생긴 것이라 할 수 있다.

목차를 통해 볼 때 주목할 만한 점은 삼국의 순서를 고구려, 백제, 신라순으로 서술하였다는 점이다. 이는 중국측 자료를 보았기 때문으로 생각되지만, 이런 순서를 우리나라 역사에서 처음으로 시도한 사람은 유희령이었다.[10] 그의 『標題音注東國史略』에서 그렇게 서술한 이래 한백겸의 『동국지리지』가 그 두 번째이다. 그리고 신라사를 삼국통일 전후로 구분하여 서술한 것도 그가 국가의 강역을 중시한 결과였다. 이후 발해국이나 금관국, 태봉국, 후백제국을 부로 붙이고 있다. 발해사를 주목한 것은 국가의 강역을 요동까지 파악하는 역사의식을 반영한 것이다. 그의 요동지역에 대한 강역의식은 통일신라의 마지막 부분에 붙인 아래의 사론에 잘 나타나고 있다.

나라를 세우고 도읍을 정할 때에는 규모를 작게 잡을 수 없으며, 형세를 살피지 않을 수 없다. 신라가 (삼국을) 통합하였을 초기, 당나라 군대가 철수하여 돌아간 후에 곧바로 국토의 중앙지역으로 도읍을 옮기고, 사방을 장악했더라면 고구려의 옛 영토를 거두어 들여 요동과 심양, 부여의 땅이 우리의 영토가 될 수 있었다. 저 거란, 여진이 어찌 홀로 함부로 국경 밖에서 강성함을 다투게 하였는가?[11]

여기에서 그는 만주지역의 고토의식을 강하게 표명했음을 확인할 수 있다. 그의 강역 의식은 삼국의 역사를 올바로 파악하는 계기가 되었다. 고구려의 강역에 요동, 부여국, 고구려, 서개마, 上殷台, 낙랑, 昭明都尉, 不二都尉, 동옥저, 북옥저를 포함시키고 있다. 여기서 고구려

---

10) 정구복, 「16~19세기의 사찬사서」, 『전북사학』 1, 1977.
11) 久菴 韓百謙, 『久菴遺稿·東國地理誌』, 일조각, 251쪽, "愚按 立國定都之時 規模不可以不大 形勢不可以不審 當新羅統合之初 唐兵撤還之後 旋卽移都 土中 控制四裔 則高句麗舊疆 可以收拾 而遼瀋扶餘之地 爲我版籍矣 彼契 丹女眞 豈獨擅雄疆於境外哉".

는 현토군의 고구려현으로 초기 국가의 강역을 의미한다. 강역이 일정했던 것이 아니라 시기에 따라 확대되었음을 그의 사론에서 밝히고 있다. 후한 때에 사방 2천 리, 남북조 시기에는 사방 천 리로 축소되었다가 수 당대에 동서 6천 리가 된 것으로 이해하였다. 이러한 고구려 강역에 대한 발전적 인식은 우리나라 역사에서는 최초의 주장이라 할 수 있다. 물론『삼국사기』고구려 본기에서도 고구려의 강역이 이들 모든 국가가 소유했던 강역을 흡수한 과정이 소개되어 있고,『동국통감』에도 서술되어 있다. 그러나 조선전기에 마련된『동국여지승람』에서는 고구려의 고지명을 반도 안으로 끌어들였다. 이런 상황에서『동국지리지』에서는 요동이 고구려의 강토였음을 확인한 것이다. 그가 비록 遼東城, 安市城, 白巖城, 建安城, 蓋牟城, 烏骨城, 卑奢城, 新城 등이 요동지방에 있어 그 원근의 거리와 형세를 상세히 알 수 없다고 하였으나 전후 사료를 통하여 그 위치를 대략적으로 파악할 수 있다고 하였다.[12]

또한 그는 조선, 고구려, 예, 옥저, 읍루 등을 같은 시대에 있었던 국가로 인식하였다. 중국의『후한서』傳을 인용하면서 서술한 부분에서도 강역의 확대와 축소, 나라의 도읍지, 현재의 위치, 종족문제, 물산, 풍속 등을 주된 관심으로 서술하였다. 즉『삼국사기』,『동국통감』등의 정통 역사서에서 배제된 부여, 가야, 옥저, 동예 등 소국가에 대한 서술을 중시하였다. 그리고 그의 역사의식은 고려조의 역사까지를 포괄하고 있다. 그리고 서술체재는 자료를 인용하여 서술한 부분과 거의 모든 사항에 자신의 견해를 붙인 사론 부분으로 나눌 수 있다. 사론은 '愚按'이란 표제를 붙여 서술하였다. 그러나 사론에서 도덕적 평가는 전혀 없이 그는 오직 사실의 고증으로 일관하고 있다. 그에게 사실의 고증은 진실 여부를 밝히려는 노력이었던 것이다.

한백겸이『동국지리지』에서 우리나라의 역사를 특징적으로 서술한

---

12) 위의 책, 224쪽, 신성 다음의 사론 참조.

356

것은 우리 민족의 구성을 다루었다는 점이다. 이는 중국 사서 중『삼국지』에서 비교적 상세히 다루어졌는데, 이를 기초로 쓴『후한서』를 그가 주 자료로 인용하였기 때문에 가능했던 것으로 생각된다. 즉 부족국가의 종족명을 밝히는 데에 그는 이 자료를 놓치지 않고 이용하고 있다.13) 이는 종래의 한국 史書에서는 별로 다루어지지 않았던 문제이다.『삼국유사』에서 다루어졌지만 이 책은 조선시대의 역사가들이 참고도 하지 않은 자료였으며, 조선조의 역사가 중에 종족문제를 이처럼 구체적으로 밝히는 작업은 그동안 없었다고 해도 과언이 아니다.

한편 그는 한강 남쪽의 辰國을 조선과 같은 시기에 존재한 것으로 파악하였다.14) 진국에 대한 그의 견해는 이병도 박사에 의하여 구체적으로 심화 연구되었고, 이후 학자들에 의하여 마한의 목지국으로 설명되었다. 목지국은 익산 지방으로 파악되고 있지만15) 아직 고고학적 유물로 정확히 입증되지 않고 있다.

그의 역사지리학의 백미는 삼한의 강역에 대한 논의이다. 그는 옛부터 남북의 역사가 별도로 진행된 것으로 파악하였다. 한강 이북은 조선과 한사군 이부로, 한강 이남은 진국과 삼한이 존재하였고, 삼한 중 마한은 경기도 한강 이남과 호서·호남지방이었고, 영남은 진한과 변한이 위치하였다는 설이다. 즉 신라의 땅을 진한으로, 가야지방을 변한으로 파악하였다. 이 설은『동국여지승람』에서 인용한 최치원, 권근의 삼한 위치 비정에 대한 잘못을 수정한 것으로 조선후기에 거의 정설로 인정받았다. 또한 삼한은 漢나라의 부용이 된 적이 없으며, 경주를 낙랑이라 칭한 것이나 평양을 변한으로 칭한 것은 후인의 무지에서 온

---

13) 정구복, 앞의 논문, 30~32쪽.

14)『史記』朝鮮傳에 "眞蕃傍 辰國欲上書見天子 又擁閼不通"이라고 나오고 있다.『동국지리지』에서는 이를 인용하여 쓰고 있다.『後漢書』에서는 "韓 古之 辰國"으로 서술되어 있다.

15) 이에 관한 종래의 연구성과에 대하여는 김정배,「준왕 및 진국과 삼한정통론의 제문제」,『한국사연구』13, 1976 참조.

것으로 해석하였다.

그는 사료비판을 통하여 합리적으로 해석하는 방법론을 취했으며, 상고사에 관한 우리 측 기록의 부재를 중국문헌을 통하여 해결하였다. 역사상의 문제점을 깊이 사색하고 이를 사료를 통하여 입증하는 방식은 역사학의 커다란 진전을 가져왔다. 그러나 그의 사료비판학은 아직 체계적인 방법론을 정립한 것이 아니라 그의 명철한 비판력에 의존하였다. 그가 이런 문제의식을 가지고 중국측 자료를 폭넓게 이용한 계기는 오운의 『동사찬요』로부터 비롯되었지만, 『동사찬요』는16) 『동국통감』을 계승한 것이므로 결국은 조선전기의 사학에 대한 그의 불만에서 나왔다고 할 수 있다. 즉 과거 기록을 맹신하던 조선전기의 사학으로부터 벗어나 과거의 기록을 비판하는 안목이 생겼다. 또한 조선전기의 지리서인 『세종실록』 지리지나 『고려사』 지리지, 『동국여지승람』 등의 역사지리17)에 대한 비판이기도 하다. 물론 오운의 『동사찬요』에서 『세종실록』 지리지 등을 참고하지 않았지만 『동국여지승람』을 참고하였기 때문에 간접적으로 영향을 주었다고 생각된다.

역사지리학의 발전을 가져온 이로는 제도개혁적 실학사상의 창시자라 할 수 있는 반계 유형원(1622~1673)을 들 수 있다. 그는 제도개혁론에서 모든 사람이 자신의 능력을 발휘할 수 있는 사회로 만들기 위한 것임을 분명히 밝혔다. 이를 위해 지금까지 능력을 발휘할 수 없도록 되어 있는 문벌, 지벌을 타파해야 한다고 하였다. 그 중 지벌을 타파하기 위해 지방마다 균형된 발전이 요구되었고, 지방의 인구와 토지 면적을 기초로 교육과 인선에 있어서 지방할당제가 마련되어야 한다

---

16) 이에 관하여는 정구복, 「16-17세기의 私纂史書」, 『전북사학』 1, 1977 ; 한영우, 「17세기 초 동인의 역사서술-오운의 동사찬용와 조정의 동사보유」, 『조선후기사학사연구』, 일지사, 1989 참조.

17) 조선전기의 지리서에 나타난 역사지리의 인식은 박인호, 「조선전기에 나타난 지리서의 역사지리 인식과 특성」, 『조선사연구』 10, 조선사연구회, 2001 ; 박인호, 『조선시기 역사가와 역사지리 인식』, 이회, 2003 참조.

358

고 주장하였다.[18] 이에 기초하여 그는 지방사정을 총괄할 수 있는 『東國輿地誌』를 편찬하였다.[19] 이 책은 단순한 지리서가 아니라 역사적 인식을 담고 있는 역사지리학의 또 하나의 업적이라 할 수 있을 뿐만 아니라 실학적인 연구성과라 할 수 있다.

『동국여지지』는 『동국여지승람』을 기초로 하여 17세기 전반기의 변화된 양상을 담는 지리서로서, 『동국여지승람』 편찬자들이 화려한 문장만 좋아하고, 實이 없는 사람들이어서 체제에 맞지 않는 문학기록을 많이 실은 것을 비판하면서 명나라 『一統志』에 의거하여 輿地의 實跡을 기술하겠다고 천명하였다.[20] 즉 『동국여지지』의 서술체재는 명의 『일통지』의 체재를 그대로 수용하였다. 그러나 이런 전국적인 지리지를 자신이 계획한 대로 만들 수는 없음을 실토하고 추후의 보완을 요구하되, 마지막에 목록을 붙여 圈·點을 찍어 자신이 직접 가 본 곳과 읍지를 구해본 곳을 표시한다고 하였다.[21] 여기서 현지 답사의 중요성을 중시한 유형원의 실학적 태도를 읽을 수 있다. 그가 실질을 존중한 요소는 인물을 본관조에 싣지 않고 실제 거주지에 실은 점이나 군현의 소속된 토지와 인구를 파악하여야 한다고 한 점, 城의 크기가 실제와 같은지를 실사하여 사실대로 기록하여야 한다고 한 점 등에서 확인할 수 있다.[22]

이 책은 이처럼 실학적인 지리서로서 역사적 변화를 총체적으로 서술한 총서 부분에서는 그의 역사지리학적 관점을 여실히 보여주고 있다. 이에 대하여 주목할 만한 견해는 다음과 같다.

---

18) 정구복, 「반계 유형원의 사회개혁 사상」, 『역사학보』 45, 1970.
19) 박인호, 「유형원의 동국여지지에 대한 일고찰－역사의식과 관련하여－」, 『청계사학』 6, 1989.
20) 『東國輿地誌』(규장각 소장), 아세아문화사 영인본, 범례1 참조.
21) 위의 책(영인본), 12쪽, 마지막 법례. 그러나 이 자료는 현전하지 않는다.
22) 위의 책, 범례 참조.

1) 우리나라는 한 면이 대륙에 이어지고 3면이 바다로 둘러싸여 있으며 동서 1,000리 남북 2,300리임.
2) 前朝鮮 : 단군이 즉위하여 건국되고 도읍을 평양에 정함.
3) 후조선 : 기자가 5천 명을 이끌고 와서 도읍을 평양에 정함. 주 무왕이 봉함. 42대를 유지함. 강역은 요동 이서와 한반도 북부임. 浿水는 명의 折江임. 『周史』, 『한서』, 『후한서』, 『당서』, 『요동지』를 들어 요동이 본래 조선의 땅임과 기자 조선의 강역이었음을 확증함.
4) 위만은 기준을 축출하고 위만조선을 세웠고, 이웃의 지방을 병합하여 조선의 강역이 수천 리에 이름.
5) 한사군 중 낙랑군의 치소는 평양, 임둔군의 치소인 동이현은 강릉, 현도군의 치소인 옥저성은 함경도, 진번군의 치소인 霅縣은 요동내로 비정함.
6) 조선 남쪽은 삼한의 땅으로 마한 54국 서쪽에 있었고, 진한은 12국, 그 남쪽에 변한 12국 모두 옛날 진국이었음.
7) 삼국의 전성기 강역 : 고구려는 동으로는 바다, 남으로는 한수, 서북으로는 요하를 넘어서 옛 조선의 땅을 모두 회복함.
   신라는 동과 남은 바다, 서로는 지이산, 북으로는 한수까지, 백제는 동으로는 지이산, 서쪽과 남쪽은 바다, 북으로는 한수까지로 파악함.

그의 역사지리학의 특징은 다음과 같이 정리할 수 있다.

첫째, 중국 사서의 기록을 통하여 고조선의 고토를 요동지역으로 파악하였다. 둘째, 이승휴의 『제왕운기』를 계승한 『동국통감』 기록을 수용하여 고조선을 전조선, 후조선, 위만조선으로 파악하였다. 셋째, 『동국여지지』의 참고 서목에는 비록 『동국지리지』가 없지만 그의 사론에서 확인되듯이 한백겸의 설을 인용하여 삼한의 설을 정설로 채택하였다. 넷째, 한사군의 강역이 한강 이남으로 내려오지 않았음을 분명히 밝히고 있다. 이는 『동국여지승람』에서 남원을 남대방이라고 기록한 것을 부정한 것이다. 이 외에도 고구려가 조선의 요동 땅을 모두 수복하였다고 한 점, 삼국을 고구려·신라·백제 순으로 파악한 점, 삼국을 초기에는 소국이었으나 점차 이웃을 병합하여 마침내 鼎峙하게 된 것으로 삼국의 발전 과정을 이해한 점, 고구려가 멸망한 후 신라와 발해가 강역을 차지하였다고 본 점을 들 수 있다.

결국 만주에 대한 고토의식이 한백겸보다 더욱 분명히 제시되었으며, 강역의 문제에서 당시의 강역으로 확대되는 과정을 소상하게 서술하고 있는 점은 그의 현실문제의식과 직결된 것이라 할 수 있다. 그의 역사지리학의 특징은 그가 제시한 사회개혁사상이 토지문제를 통한 개혁이었던 점과 깊은 연관관계를 가진다. 또한 그는 자료의 이용에 있어서도 중국측 사료를 폭 넓게 이용하였고, 금석문 자료를 이용하기도 하였다.[23] 또한 사료를 비판적으로 이용한 점은 한백겸의 역사학으로부터 한 단계 수준을 높인 것이라 할 수 있다. 그는 이전 역사지리서를 비판하면서 다양한 방법을 통하여 현실적이고 실용적인 지리서를 만들려고 노력하였다.

유형원의 역사지리학은 순암 안정복과 여암 신경준(1712~1781)에 의하여 계승되었다. 안정복(1712~1791)은 『동사강목』을 집필하면서 유형원의 「동사강목가고」를 필사한 「東史例」를 토대로 지리변증설을 부록으로 붙였고[24] 이에 따라 유형원의 지리인식이 크게 반영되었다. 신경준은 『동국문헌비고』를 편찬하면서 『동국여지지』의 설을 크게 수용하였다.

한때 소론의 영수였던 남구만(1629~1710)과 그의 제자 李世龜(1646~1700)에 의하여 역사지리학은 보다 더 실증적 성격을 지니게 되었다. 남구만은 「東史辨證」에서 『삼국유사』 단군기록의 허구성을 조목조목 비판하였고, 중국의 자료에 따라 패수를 압록강·청천강·대동강·저탄으로 볼 수 있다는 다양한 해석의 여지를 남겼다. 『삼국유사』 이후 『동국통감』 등에서 언급한 한사군 2府 중 2부가 설치된 적이 없

---

23) 박인호, 「유형원의 동국지리지에 대한 일고찰」, 74~75쪽.
24) 강세구, 「지리고의 저술과 강역지도」, 『동사강목연구』, 민족문화사, 1994.

음을 논증하였고, 이는 안정복에 의하여 수용되었다.[25] 또한 진번의 위치를 요동지역으로 고증하였다.

이세구는 「동국삼한사군고금강역설」에서 남구만과 같이 삼한에 대하여는 중국의 여러 자료와 우리나라의 자료를 검토한 결과 한백겸의 설을 타당한 것으로 수용하고, 4군과 낙랑군에 임둔군이 합쳐지고 현도군에 진번군이 합쳐진 2군 체제로 수정하였으며, 진번을 요동지역으로 설정하였다. 曹魏 시의 남대방 설치를 황해도로 비정하였고, 졸본이 곧, 평안도 성천이라는 『동국여지승람』의 설을 비판하여 『문헌통고』를 인용했고, 국내성·환도성을 압록강 이북으로 추정하여 한백겸이 麟州로 파악한 견해를 수정하였다. 또 비류수를 만주에 있는 狄江으로 파악하여 선초 이래 고구려의 초기 수도를 반도 내의 지역에 비정하던 견해를 수정하였다. 특히 그는 삼국이 초기부터 강역이 넓었던 것이 아니라 점차 영토를 확장해 갔음을 강조하여 역사를 발전적으로 파악하였다. 이는 한백겸 이래 유형원을 거쳐 강역을 연구한 학자들의 역사발전에 대한 공통적인 새로운 인식이라 할 수 있다.[26]

2) 18세기의 역사지리학

1712년에 청나라와의 국경문제 확정을 위한 백두산 정계비 설립을 계기로 북방 폐사군과 두만강변에 대한 변경의식이 강화되었다.[27] 백두산 정계비는 당시 우리측 담당관의 무성의함이 비판되었고, 이로 인하여 우리의 강토가 축소되었다고 비난받기도 하였지만, 송화강으로

---

25) 박인호, 「남구만과 이세구의 역사지리연구」, 『역사학보』 138, 1993, 48~53쪽.
26) 17세기의 역사지리학과 관련을 가진 자로는 鄭克後(1577~1658), 許穆(1595 ~1682), 李頤命(1658~1722), 홍만종(인조~숙종)이 더 언급되고 있다. 박인호, 「조선시기 역사지리학의 추이와 특성」, 『조선사연구』 7, 조선사연구회, 1998, 193쪽.
27) 조광, 「조선후기의 변경의식」, 『백산학보』 16, 1974.

흘러 들어가는 토문강으로 그 경계를 설정함으로써 실제는 두만강 북쪽으로 경계가 그어졌다.[28] 이런 현실적 문제는 과거 만주 땅이 우리나라의 고토였다는 의식과 연결되었다. 즉 고조선·고구려와 발해 때에 요동지방이 우리의 강역이었음을 강조하는 역사지리학은 현실적인 국경문제와 연관되어 더욱 깊은 관심을 끌게 되었다. 다만 이를 학계에서 실지회복 사상으로 보는 점을 경계해야 한다.[29] 실제로 과거에 요동지방이 우리나라의 영토였다고 하여 그 고토를 회복하여야 한다는 의식으로 확대해석해서는 안 된다. 실지회복 사상은 당시의 군사, 정치, 외교, 국력과 밀접한 연관을 갖는 것으로 고토의식과 실지회복 사상을 혼동하여 사용할 수는 없다. 즉 만주지역은 과거에 우리의 영토였지만 이를 그대로 확보해야 한다는 사상으로 발전할 수 있는 여건이 조선후기에 형성되지 못하였기 때문이다.

이익(1681~1763), 홍양호(1724~1802), 신경준(1712~1782), 이종휘(1731~1806), 유득공(1749~1807), 이긍익(1736~1806) 등은 역사지리학에 깊은 관심을 가진 실학자들이었다. 그 중 耳溪 홍양호[30]는 서울에서 태어났으며 소론계 학자였다. 그는 어머니가 일찍 돌아가시자 외가에서 자랐고, 계모와 함께 충청도 덕산으로 낙향하였다가 과거에 급

---

28) 유봉영, 「백두산정계비와 간도문제」, 『백산학보』 13, 1972. 백두산에서 발원하여 송화강으로 유입하는 북쪽의 제2波의 근원이 토문강이었다. 두만강은 명나라, 청나라의 지리지에는 그이름이 보이지 않고 두만강의 원류는 그 남쪽의 제4波 5波라고 한다. 90~95쪽.

29) 조성을, 「조선후기 사학사 연구동향」, 『한국사론』 24, 국사편찬위원회, 1994, 374쪽.

30) 홍양호의 학문적 성격은 역사학과 국문학 쪽에서 연구된 바 있는데, 오히려 국문학 쪽의 연구가 활발한 편이다. 이에 관하여는 진재교, 『홍양호 시문학에 있어서 민족정서의 수용과 형상화-그의 현실주의적 문학의 성격-』, 성균관대 박사학위논문, 1991 참조. 그의 역사학적 사상에 대한 연구로는 조광, 앞의 논문 ; 김영주, 「이계 홍양호의 목민사상」, 『숙대사론』 11·12합집호, 1982 ; 원유한, 「이계 화폐경제론」, 『홍대논총』 16, 1984 ; 서인원, 「이계 홍양호의 북학사상연구」, 동국대 석사학위논문, 1985 등이 있다.

제하여 한림에 발탁되면서 서울로 돌아왔다. 그는 박학하기로 소문이
나 있었고, 현실적인 부국강병론자이며 이용후생론자로 알려지고 있
다. 그는 1758년 강동현감, 1760년 홍주목사 등 지방관으로 나가서 제
방을 쌓고 식목사업을 일으킨 실천적 지식인이었다. 연경에 사신으로
두 번 다녀온 후 청나라의 발전된 기술을 수용할 것을 적극 주장하였
다. 즉 車制의 수용, 벽돌 기술의 수용 등이었다. 또한 그는 중국중심
적 세계관에서 탈피하여 세계에 대한 인식을 새롭게 하였다. 지구에
한대·온대·열대의 기후지대가 있음과, 서양의 지리상의 발견 등에
대한 인식을 가지고 있었던 것이 그 예이다. 그는 새로운 시대의 변화
를 예견하였고, 민족적 개체에 대한 인식을 분명히 하였으며, 합리적이
고 과학적인 새로운 사상을 흔쾌히 수용한 지식인이었다.

홍양호의 역사지리학은 북변의 廢四郡에 대한 부활을 주장하였고,
요동이 과거 우리나라의 땅임을 인식하고 두만강 이북 700리에 있는
先春嶺에 대한 문제를 새롭게 제기하였고, 안시성의 답사 등에도 깊은
관심을 가졌다. 안시성을 답사하고 그 자신은 고구려의 후예라고 언명
하였다.31) 이에 따라 6진 지역의 군사력 강화, 폐사군 중 厚州에 邑을
설치하는 등 실천적 일도 병행하였다. 그리고 우리 산맥이 백두산으로
부터 뻗어 내렸다는 백두대간에 대한 인식을 가졌다.32) 그는 금석문을
탁본 조사하는 열의를 보이기도 하였다. 마운령의 진흥왕순수비를 확
인하였고, 문무왕 비문, 백월보광탑비를 찾아내기도 하였다.

그리고 그는 부여, 고구려, 왜구, 왜란 등과 국토에 대한 강렬한 애
착의식을 가지고 시를 썼으며,33) 국토를 지켜온 해동 명장들의 전기도
썼다. 그는 북변 지역의 민요를 시로 옮기는 작업을 하였는데, 이는 그
가 경흥부사 등으로 북방에 있을 때 민중의 의식을 소중히 여겼음을

---

31) 『耳溪集』 권13, 安市城記.
32) 磨天嶺이란 시에서 白頭之山 奔騰二千里라고 표현하였고, 함관령은 아들이
   되고 철령은 손자가 되었다고 표현하고 있다.
33) 진재교, 앞의 논문.

알게 해준다. 그의 변방의식을 보여주는 자료로는 『北塞記略』이 있
다.34) 이 책은 북방 변경지역의 역사지리서인 동시에 그곳의 민속지로
서 중요한 가치를 가진다. 특히 그 중 「백두산고」는 상세한 지도와 大
澤, 산과 강에 대한 서술을 하였는데, 이는 백두산 정계비에 대한 영향
에서 작성된 것으로 생각된다. 또한 「海路考」, 「嶺路考」 등은 당시 현
지의 지리적 파악에 소중한 자료를 제공해 주고 있다.

　18세기의 역사지리학의 전문가로는 여암 신경준을 들 수 있다. 그는
전남 순창에서 태어나 43세 때에 홍양호에 의하여 전주에서 과거시험
에 발탁되어 일생동안 홍양호와 친밀한 관계를 가졌다.35) 신경준은
1756년에 우리나라 각 시대 각 국가의 국도와 강역을 기술한 『疆界
考』36)를 필두로, 전국의 변방 국경선을 이루고 있는 군현의 지형과 거

---

34) 『耳溪集』 外集 권12에 실려 있다.

35) 그의 생애에 대한 연구는 이상태, 「신경준의 역사지리 인식」, 『사학연구』 38,
　　1984 ; 박인호, 「신경준의 생애와 학문」, 『조선후기 역사지리학연구』, 이회출
　　판사, 1996, 80~88쪽에서 상세하게 다루어졌다.

36) 이 책은 『疆界誌』, 또는 『疆界志』로 알려져 있다. 『旅菴遺稿』 13권. 이 책의
　　권3 서문에는 『疆界誌』로 되어 있고, 이에는 본 지는 전하지 않는다는 세주
　　를 달고 있어 원본을 보지 못한 상황에서 서문을 실은 것으로 생각된다. 이
　　문집은 그의 사후 곧바로 출간된 것으로 판단된다(정구복, 『旅菴全書』 I·II,
　　경인문화사 영인본, 1976, 해제 참조). 『여암유고』는 경인문화사간 문집총간
　　본 2487, 2488번으로 재영인되었고 『여암전서』에도 영인되었다.
　　위의 『여암전서』 영인본에는 여암의 5세손인 宰休編, 鄭寅普, 金春東이 同校
　　한 활판 인쇄본을 추가해 실었는데 이에는 『疆界考』의 내용을 전문 싣고 있
　　다. 그리고 이 전서본에는 「疆界考序」로 되어 있다. 고려대 도서관의 귀중고
　　서 518번에 필사본은 零本 3책으로 일부만 전한다. 이것이 그의 초고친필본
　　임을 확인할 수 있음은 서문 끝에 "上之32年丙子(1759) 淳州 申景濬"으로
　　되어 있기 때문이다. 그 서문제목은 「疆界考序」로 되어 있고, 表題에는 『疆
　　界志』로 되어 있고 이 책의 서명은 『疆界誌』로 기술하였다(『고려대학교 장
　　서목록 제18집 漢籍目錄(舊藏)』, 1984, 1쪽 참조). 이 필사본의 表題는 후인
　　의 기록일 가능성이 있다. 또한 『여암전서』 189쪽의 「강계고서」에서도 서문
　　끝에 "상지32년병자 순주 신경준"으로 되어 있다. 『여암유고』의 서문에는 원
　　래는 제목이 없이 서문으로 표제되었을 가능성도 있고. 처음에 지은 서문에

리 및 일본해로 등을 고찰한『四沿考』, 전국의 산과 강의 맥을 파악한 『山水考』, 전국 군현간의 거리를 파악한『道路考』(1770년 作) 등 역사 지리서를 연이어 저술하였다. 그의 역사지리학이 한백겸과 유형원의 영향을 받아 이루어졌음은『강계고』에 인용한 90여 종의 서목 중 한백 겸의『동국지리지』가 37회, 유형원의『輿地誌』가 42회 인용되어[37] 조 선후기의 자료 중 가장 많은 인용을 한 점에서도 입증된다. 굳이 이렇 게 논증하지 않더라도 그가 이들의 영향을 받아 역사지리학을 연구하 게 되었음은 이미 지적되었다.[38] 신경준은 음운학, 지리학에 해박한 실학자였다. 그의 역사지리에 대한 관심은 국가와 국토에 대한 애정에 서 비롯되었으며, 통속적으로 혼란되어 있는 상식에 대한 학문적 정리 라 할 수 있다. 그가『동국문헌비고』[39]를 편찬하게 된 직접적 동기는 1769년(영조 45) 울릉도에서 채취하는 인삼문제였고[40] 이후 신경준의 역사지리학은『동국문헌비고』편찬의 토대가 되었다.[41]『동국문헌비

「강계지서」라고 썼다가 후일 원 책의 정서본에서는「강계고서」로 고쳤을 가 능성도 있다. 요컨대 위의 고려대 도서관 소장본에 의하여 신경준 자신이 『彊界考』라고 썼음을 확인할 수 있다. 또한 그의 다른 저술인『四沿考』,『山 水考』,『道路考』,『伽藍考』등의 그가 쓴 서명과 연관된 저술이라는 점, 그 저술 내용이 자신의 견해를 강하게 표출한 저술이란 점 등에서『강계고』란 명칭이 타당하다고 생각한다. 그러나 원본에 이처럼 혼동을 가져와『한국민 족문화대백과사전』의 '신경준' 항목에서는『彊界志』(또는『彊界考』)로 기술 하였고, '설씨부인 신경준 유지' 항목에서는『彊界志』로 기술하고 있다. 이상 태는 앞의 논문에서『彊界誌』로, 정구복, 박인호는『彊界考』란 책으로 썼다. 이상의 논증으로 본 책이름은 앞으로『彊界考』로 칭함이 옳다고 본다.

37) 이상태, 앞의 논문, 407~408쪽, <표 5> 인용사서목록 참조.
38) 정구복,「韓百謙의 東國地理誌에 대한 一考」,『全北史學』2, 1978 ;「한백겸 의 사학과 그 영향」,『震檀學報』63, 1987(『久菴遺稿·東國地理誌』, 일조각, 1987 재수록).
39)『동국문헌비고』의 편찬배경에 대하여는 박인호,『조선후기 역사지리학 연 구』, 이회문화사, 1996, 24~34쪽 참조.
40) 박인호, 위의 책, 29~31쪽.
41) 박인호, 위의 책, 84~85쪽.

고』의 輿地考에는 그의『疆界考』,『四沿考』,『山水考』,『道路考』등의 제 저술이 종합적으로 정리되었다.

신경준의 역사지리학 연구는 첫째, 문헌고증적인 방법을 취하고 있다. 그는 한백겸 이래 선배들이 해오던 학문방식을 더욱 정치하게 하였다. 자료를 인용하고, 자신의 생각을 '按'으로 밝히고, 이론이 있는 경우 '辨'을 붙여 논증하였다. 그의 변설은『강계고』에서 20편이 찾아지고 있다.42) 이런 문헌고증학은 중국의 문헌고증학을 수용한 위에 성리학 논변을 통하여 얻어진 것으로 유추할 수 있다. 또한 그의 문헌고증학에는 중국의『遼史』,『盛京誌』,『明一統志』등 만주지역의 중국측 자료도 함께 다루어졌다.

둘째, 그는 문헌고증방법을 취하면서 동시에 사료에 대해 해석과 비판을 가했다. 즉 그는 음운에 대한 깊은 이해를 토대로 과거의 기록을 석독하여야 할 것과 음독할 것을 구분하여 읽어야 한다고 주장하는 등 사료비판에 있어서 한걸음 발전하였다.

셋째, 그의 역사지리학은 단순히 문헌고증만이 아니라 당시 현지의 사정을 채록하고 지도를 통한 현장조사를 겸하였다는 점에 중요한 특징이 있다. 이는 그의 학문이 실용적인 성격을 갖게 된 것과 밀접한 관련을 가지고 있으며 당시 지도학이나 지리서 등의 발전과도 깊은 상관관계를 가진다.

넷째, 그는 정사는 물론, 야사, 개인기술, 중국측 자료 등을 폭넓게 수렴하고 금석문 등의 자료도 이용하여 논증을 하였다. 그의 역사지리 인식은 옛 고구려와 조선의 강역이 만주지역을 넘어서는 광대한 것이었다고 이해하는 수준이었다.43) 이는 조선전기에 옛 강역을 반도 내로 비정했던『동국여지승람』의 역사지리 인식을 수정하려는 것이었다. 이

---

42) 박인호, 위의 책, 90~91쪽.
43) 기자 조선이 강성할 때에 요서지역인 고죽국까지가 영토였다고 파악하였다 (박인호, 위의 책, 100~103쪽).

러한 연구는 국토와 역사에 대한 애정을 바탕으로 한 것이었으며, 토지개혁을 염두에 둔 실학사상과 청나라 문화를 수용하여야 한다는 북학사상을 공유한 실학적 역사학이라 할 수 있다.

이런 조선후기 역사지리학의 발전은 안정복(1712~1791)의 『東史綱目』에 크게 반영되었다. 그는 역사란 어느 시대에도 없어서는 안되는 것임을 강조하였고, 역사의 서술에는 사료의 수집이 필수적임을 강조하는 등 실학적인 특징을 보였다.44) 또한 역사를 서술하려면 먼저 강역을 알아야 한다고 주장하여45) 역사가 지리적 토대 없이 이루어질 수 없음을 강조하였다. 그가 『동사강목』의 서두에 역대의 강역도를 붙인 것은 역사연구에서 지리에 얼마나 많은 비중을 두었는가를 확인하게 한다. 그는 유형원의 『동사례』로부터 지대한 영향을 받았다. 그는 『동사강목』의 지리지에서 고지명에 대한 지리고증에 '按'을 붙여 서술하였다.46) 또한 부록으로 붙인 '考異', '괴설변증', '잡설', '지리고'는 그의 철저한 학문적 고증을 보여주며, 특히 '지리고'에서 당시 역사상 이설이 있는 지명에 대한 제설을 검토하였다.

수산 이종휘는 양명학을 연구한 학자로 이론의 실천과 학문의 실용을 강조한 학자였다.47) 역사지리서를 쓰지 않았고 기전체의 방식으로 서술한 미완의 『東史』와 史論48)이 그의 문집에 전하고 있다. 그는 출처주의의 중화관을 극복하여 문화적 화이관을 주장한 학자였고, 옛 사람과 지금 사람이 같은 땅에서 같은 음식을 먹어 古人과 今人이 상통

---

44) 강세구, 「안정복의 역사이론의 전개와 그 성격」, 『국사관논총』 93, 2000 참조.
45) 안정복, 『順菴集先生文集』, 東史問答 上星湖先生書 을해, "有國者 必疆理經界 作史者 必整理地理".
46) 안정복이 『동사강목』에 붙인 안설은 633개이며, 이 중 지리 고증으로 붙인 안설이 60개에 달하고 있다. 강세구, 「안정복의 역사이론 전개와 그 성격」, 『국사관논총』 93, 2000, 286쪽.
47) 한영우, 「18세기 소론 이종휘의 역사이론」, 『조선후기사학사연구』, 일지사, 1989, 234~237쪽.
48) 『修山集』 권11에 실려 있다.

한다는 의식을 가졌다. 그의 고대사 인식은 현대사와 직결된다는 의식의 표현이라 할 수 있다.[49] 특히 단군조선, 고구려, 발해의 역사를 강조한 점이 특색이다.

유득공은 「21都懷古詩」와 『발해고』를 지어 발해사에 대한 자료를 정리하고 발해가 신라와 더불어 남북국을 이루었음을 강조한 학자로, 이후 발해사를 우리의 역사로 설정함에 크게 기여하였다.[50]

3) 19세기의 역사지리학

조선후기 경세치용적 실학과 이용후생의 북학파의 실학을 집대성한 다산 정약용(1762~1836)은 역사지리학에 깊은 연구성과를 내었다. 그는 역사 전체를 다룬 적은 없으나 역사지리서로서 『疆域考』와 『備禦考』를 지었다.[51] 그가 본 과거시험의 책문이 역사지리학에 관한 것이었던 점에서 당시 이에 관한 학문적 관심이 보편화되었음을 확인할 수 있다. 그는 『동국문헌비고』의 잘못을 지적한 『文獻備考刊誤』를 저술하였는데 대부분이 「여지고」에 대한 수정이었다는 데서 그의 역사지리학에 대한 깊은 관심을 알 수 있다.

그의 『강역고』는 한백겸의 설을 수용하여 한강 이북의 조선사회와 한강 이남의 韓사회를 기본적으로 인정한 바탕 위에, '한'을 '크다'는 뜻으로 이해하고 종족적으로 조선족과 구별되는 것으로 이해하였다. 삼한을 삼국과 연결짓는 통설을 부정한 점에서 한백겸의 설을 계승하면서도 삼한의 역사적 실체를 파악함에 한 걸음 진전하였다. 그는 삼

---

49) 한영우, 앞의 글, 251쪽.

50) 박인호, 「발해고에 나타난 유득공의 역사지리인식」, 『한국사학사학보』 6, 2002 ; 박인호, 『조선시기 역사가와 역사지리 인식』, 이회문화사, 2003.

51) 그의 나이 39세 때인 1811년에 완성을 하였으나 후일 발해관계의 자료인 속고를 1833년에 추가하였다. 한영우, 「19세기 초 정약용의 역사관과 대외관」, 『조선후기사학사연구』, 일지사, 1989, 363쪽.

한사회를 한강 이북의 조선사회와 같은 시기에 존재하였던 것으로 이
해하고, 마한이 기준의 망명으로 이룩된 것이 아님을 강조하여[52] 마한
정통론을 수정하는 견해를 피력하였다. 특히 경기도·충청도·전라도
에 걸친 마한의 경제적·산업적 위치를 언급하여 가야와 신라도 마한
의 영향 하에 이루어진 사회임을 강조하고, 신라중심적 역사이해에서
탈피하여 한강유역의 백제가 신라보다 선진사회였음을 밝혔다.

한편 부여와 고구려의 주종족이었던 예맥족을 매우 천한 종족으로
이해하였다. 예맥족을 천시한 이유는 일정한 곳에 정착하지 못하고 떠
돌아 다니는 종족으로 파악했기 때문이다. 이에 비하여 농경을 생업으
로 하는 조선족과 한족을 우리 종족으로 이해하였다.

그는 발해에 깊은 관심을 가졌다. 발해는 200년간 우리의 역사였고,
고구려보다 강역이 더 넓었음에도 불구하고 우리 지리서에서 다루지
않았음을 비판하고 유배에서 풀려 나온 후『遼史』,『宋史』,『고려사』,
『해동역사』로부터 자료를 뽑아『강역고』의 속고를 썼다.[53] 이 속고에
서 발해사를 집중적으로 다루었다. 그가 발해사를 그처럼 존중한 것은
바로 강역의식의 소산이며,[54] 그러한 역사적 강역의식은 자국의 역사
와 강토에 대한 애정으로부터 나온 것이다. 그는 여진족을 발해 멸망
후의 종족이름으로 파악하여 그들이 세운 요·금·청나라에 대한 친
근감을 나타냈다. 이는 당시 멸청의식이 유행하던 상황에서 그가 북학
파의 사상 경향을 띤 것과 관련이 있다.

그의 강역의식은 해방론에도 영향을 미쳤다. 즉 그는 이웃 국가인
일본에 대하여 많은 관심을 보였다. 그가 일본에 관심을 가진 것은 우
리나라를 다시 침략할 것인지에 대한 우려에서 나왔다. 그는 일본이
武的인 데에서 文的인 것으로 발달을 한 점을 들어 앞으로 일본의 침

---

52) 한영우, 위의 책, 360~370쪽.
53) 한영우, 위의 책, 374~375쪽.
54) 이에는 수산 이종휘의 역사인식이나 유득공의 역사인식이 영향을 준 것으로
   이해된다.

입은 걱정할 필요가 없다는 안이한 평가를 내리게 되었다. 그가 일본
인들의 유학 저술을 읽은 학자라는 것은 이미 잘 알려진 사실이다.

그러나 정약용은 무예와 기술의 발전, 경제적 발전이란 측면에서 역
사를 이해하려고 한 발전적 역사관의 소유자였다. 그의 역사관의 특징
은 다음과 같이 정리할 수 있다. 먼저 고대사의 강역을 당시 역사가들
과는 달리 한반도 내로 비정하려는 경향을 띠었다. 특히 한사군의 강
역을 한반도 내로 비정하였다. 그러면서도 발해사는 우리나라 역사로
파악하고 그 강역이 고구려보다 더 넓었던 것으로 이해하였다. 또한
삼한의 역사적 실체에 대한 인식의 고조, 한족의 실체에 대한 명확한
인식 등을 그의 역사관의 특징으로 지적할 수 있다.

한치윤이 중국·우리나라·일본 등의 많은 자료를 수집하여 역사를
분류사적으로 정리한55) 『해동역사』를 편찬한 후 그의 조카 한진서가
1823년에 정리하여 붙인 「지리고」 15권이 있다. 여기에 고금강역도 11
장을 붙여 안정복의 『동사강목』에서 시도한 역사지도를 발전시켰다.
『해동역사』에 나오는 강역의식은 고조선의 강역을 요서 쪽으로 확대
시키고, 발해 중심지를 영고탑으로 비정하는 등 고증적인 역사인식과
구체적이고 합리적인 것이었다.56)

19세기 중반기에는 역사지리학을 집대성하고 정확한 지도를 그린
지리적 인식 위에서 종래의 역사지리학을 정리한 金正浩의 학설을 주
목할 필요가 있다.57) 김정호58)는 우리나라의 지형을 상세하게 그린
『靑丘圖』와 『대동여지도』를 남겼을 뿐 아니라 지리지인 『大東地志』

---

55) 예를 들면, 藝文志, 交聘志, 風俗志, 釋志 등을 들 수 있는 바 이는 그의 문화
   의식의 확대와 역사의 사실 확인에 한 걸음 발전한 것이라 할 수 있다.
56) 박인호, 「해동역사속 지리고에 나타난 한진서의 역사지리인식」, 『조선사연
   구』 11, 2002.
57) 이에 관하여는 박인호, 「大東地志, 方輿總志에 나타난 金正浩의 역사지리인
   식」, 『한국학보』 89, 1997 참조.
58) 그의 생존연대는 현재까지 미상이다. 대체로 1800년이후 출생하여 1866년 경
   까지 생존한 것으로 이해되고 있다.

를 썼다. 이는 총 32권으로 권24까지는 각 도의 군현별로 지리 내용을 기술하였고, 뒤에 권25의 「山水考」, 권26의 「邊防考」, 권27~28의 「程里考」, 권29~32의 「方輿總志」를 싣고 있다. 이 중 「方輿總志」는 역사지리학의 총론이라 할 수 있는 부분이다. 단군조선으로부터 역대 각 국가의 기년, 국도, 군현, 강역 등을 주로 기술하였으며, 고려조에서는 漕倉, 浦倉, 驛道, 牧場 등이 추가 서술되었다.

『대동지지』에 인용된 책은 65종으로 국내외 관련 역사지리학의 저서를 총망라하였으며, 지리고증에는 인용처를 밝히기도 하였다. 그의 역사지리학은 안정복, 신경준, 이만운, 이긍익, 한진서, 박지원, 유득공, 정약용의 제설을 인용 또는 비판한 것이다. 그의 역사지리인식의 특징은 다음과 같다.

먼저 삼한의 강역을 대동강과 철령 이남으로 확대 해석하였다. 이는 『고려사』의 기록에 의한 것으로 마한은 평안·황해·충청·전라도에 걸친 나라로, 변한은 경상도 낙동강 이서·이남 및 전라도 연해지역으로, 진한은 철령 이남의 강원도·경상도 지역으로 파악하였다. 또 삼국은 백제·가야·신라였으나 후에 고구려가 남진하여 가야 대신 삼국에 들어간 것으로 보았다.

한사군에 대해서는 정약용이 이를 한반도 내에 비정한 것을 비판하여, 살수 이북 요동지역에 설치된 것으로 이해하였다. 그리고 기자의 受封지역은 중국 내지로 파악하고 평양의 기자 유적을 부정하였다.

한편 그는 신라와 발해를 남북국으로 이해한 유득공의 이해를 계승하였다. 그리고 고려를 수·당대에 고려로 칭해진 고구려 국호의 계승이라고 인식하고 경제활동의 자료인 조창, 역마, 목장 등에 주목하였다.

5. 조선후기 역사지리학의 성격과 의미

이상에서 살펴본 것을 토대로 조선후기 역사지리학의 총체적 성격은 무엇이며,[59] 왜 조선후기에 역사지리학이 발전하였는가, 나아가 그것이 가지는 사학사적 의미는 무엇인가를 살펴보겠다.

조선후기 역사지리학은 임진왜란으로 국토가 유린된 후 자국의 영토와 지리에 대한 새로운 자각 위에서 일어났다. 이는 한백겸의『동국지리지』로부터 연원하며, 전란으로부터 국가를 지키는 데 관방이 얼마나 중요한지에 대한 새로운 인식이 역사지리학으로 나타났다. 뿐만 아니라 지리에 대한 관심의 고조는 실학적 개혁안과 밀접한 관련을 가졌다. 토지중심적 개혁안은 지리에 대한 관심을 가지지 않을 수 없었다. 즉 유형원이『반계수록』에서 토지에 기초하여 신분간·지역간의 평등을 구현할 것을 강조하였는데, 이런 개혁안은 지방의 토지를 정확히 파악하는 지리적 인식 위에 가능하였다. 이 점에서 그의 토지중심 개혁안과 그가 쓴『동국여지지』가 사회개혁이란 점에서 연관된 것임을 파악할 수 있다. 그리고 1712년 청나라에서 청태조의 출신에 대한 신성성을 강조하기 위하여 穆克登에게 백두산 정계비를 세우게 한 것을 계기로, 세종 때에 설치하였다가 이후 폐지된 4군을 중심으로 한 북방의 강역에 대한 관심이 고조되었다.

또한 조선전기의 詩文을 중시한『동국여지승람』체제의 지리지 인식에서 시문보다 지역 현실을 존중하여야 한다는 의식이 고조되었고, 삼한설을 삼국에 연계시키는 것은 상고사에 대한 착종된 역사 인식이라고 파악하였다. 이에 중국측 자료를 통하여 삼한의 역사가 한강 남쪽에 조선과 같은 시기에 공존하였다는 한백겸의 인식을 정설로 취하

---

59) 이에 대하여는 조광,「조선후기의 역사지리연구」, 국사편찬위원회 제9호 한국사학술회의 발표문, 1987 ; 박인호,「조선시기 역사지리학의 추이와 특성」,『조선사연구』, 조선사연구회, 1998 ; 박인호,『조선시기 역사가와 역사지리인식』, 이회문화사, 2003 등의 선행 연구가 있다.

였다. 그리고『동국여지승람』에서 고조선의 강역과 고구려의 강역, 지명을 반도 안으로 비정하던 역사인식을 비판하고, 중국측 자료를 통하여 요동과 요서지역으로 확대해 파악하는 인식이 일어났다. 이는 요동지역에 대한 지리적 인식이 확대 심화되었기 때문에 가능한 것이었다. 즉『遼史』,『金史』,『明一統志』,『盛京志』,『淸一統志』등에 의하여 만주지역에 대한 역사적 성찰이 한 단계 수준이 높아졌다. 17세기 이후 만주는 과거 조선, 고구려, 발해의 강역이었음이 유형원 등에 의하여 주장되어 18세기에 이르면 국내 지식인의 보편적 인식으로 확산되었다.

역사지리학은 자국의 역사와 영토를 존중하고 아끼는 열정의 산물이다. 역사적으로는 옛 국가의 강역과 국도의 위치를 확인하고, 현실적으로는 자국의 산천에 대한 이해, 도로, 변경지역에 대한 이해를 높여주게 되었다. 자국의 지리와 강역에 대한 애정은 민족적인 성향의 발로라고 할 수 있다. 또한 만주지역에 대한 고토의식은 현실적으로 강역을 확대해야 한다는 의식으로 발전하지는 않았지만, 멸청사상이나 북벌론을 강조하던 정치이념과도 관련을 가진다. 한편으로는 멸청사상에 반하여 발전한 청나라 문화를 수용하여야 한다는 실학의 북학사상으로 발전하였고, 다른 한편으로는 만주지역에 대한 지리적 인식과 고토의식으로 북벌론자에게도 관심을 끌 수 있었다. 물론 북벌론은 명나라에 대한 복수를 기치로 내세운 정략적인 차원의 노론 집권이념이었으므로 현실 가능성은 없었다.

18세기에 이르러 역사지리학은 고조선, 한사군, 고구려의 위치를 반도 내로 비정하던 조선전기의 역사인식을 바꾸어 놓았고, 고조선과 발해의 강역을 요서지방으로 비정하는 견해가 지배적이었다. 또한 통사에서 한사군 시대에 모든 지역이 그 지배를 받은 것처럼 이해되었으나, 그 때에 우리 역사가 단절되지 않았음을 밝히기도 하였다.[60] 이전

---

60) 이종휘의 학설이 대표적이다. 한영우, 앞의「18세기중엽 소론 이종휘의 역사

374

에 발해의 역사를 우리나라 역사에서 배제하던 상황이었지만, 지리적 관점에서 발해를 우리나라의 역사로 취급하여야 한다고 주장하여, 신라와 발해의 200년간의 역사를 남북국의 역사로 인식하였다.

한편 역사지리학은 소국가에 대한 관심을 고조시켰으며 그 결과 해당 종족에 대한 이해를 증진시켰다. 그 중 특히 삼한사회에 대한 인식의 고조가 특색이다. 조선과 같은 시기에 한강 이남에 삼한사회가 발전하였으며, 삼한에서 출발한 백제가 신라보다 강하고 선진 국가였음을 밝혀냈다. 이런 인식은 많은 국내외 사료를 수집하고 이를 면밀하게 분석 고찰한 성과라고 할 수 있다. 또 이들이 채택한 학문적 방법은 금석문을 활용하고 언어학적 방법을 도입했으며, 지도 위에서 현재의 지리적 상황을 고려한 점에서 문헌고증학의 발전된 모습을 보여주는 것이었다. 삼한의 역사적 실체에 대한 인식은 정약용에 의하여 보다 확실히 인정되었고, 김정호에 의하여 대동강 철령 이남 지역으로 확대되었다. 이는 후일 대한제국의 성립에 이론적 근거가 되었다고 할 수 있다.

역사지리학은 당색에 구애되지 않고 거의 모든 당색의 학자들이 참여하였으며 그 이론의 전수도 당색에 구애됨이 없었다. 당색별로 분열된 학파를 역사지리를 통하여 하나의 통합된 논제로 발전시켰다고 할 수 있다. 역사지리학은 당시 몇몇 전문적인 역사학자만의 관심이 아니라 지식인들의 공통된 관심사였다. 이는 과거시험의 책문의 시제로 나올 정도로 보편화된 인식이었다.

또한 역사지리학은 우리나라에서 자생적으로 발전한 역사학의 한 유형이다. 역사지리학이 우리나라에서 자생한 이유는 문헌부족을 이유로 기존의 역사서에서 고대사에 대한 서술이 부족하였고,[61] 소국가에 대한 이해의 부족, 요동지역에 대한 지리인식의 부족으로 지리적 고증

의식」, 256~257쪽.
61) 『삼국사기』 지리지 권4는 미상지명분이라고 하여 한권의 자료를 쓰고 있다.

이 없었으며 역사해석에서 착종된 견해가 산적했던 결과에 기인한다. 그런 구체적인 예가 삼한에 대한 이해였다. 삼한에 대한 오해는 고려조에 삼국을 삼한으로 대칭하여 불렀던 데 기인한다. 예컨대 고려 태조가 후삼국의 통일을 삼한의 통일이라고 칭한 점이나, 고려의 공신을 삼한공신으로 책봉한 점 등이 그 예이다.

역사지리학은 종래 중국을 세계의 중심으로 파악하다가 서양지식의 수용으로 중국 중심의 세계인식을 탈피하면서 보다 활성화되었다. 이는 자국의 지리에 대한 정확한 인식을 가져야 한다는 생각으로 발전하였고, 결국 자기 정체성을 확립하는 계기가 되었다. 즉 우리나라의 산맥의 줄기와 강에 대한 인식은 山水에 대한 관심으로 발전하였고, 지방과 지방간을 잇는 도로에 대한 인식, 그리고 정확한 지도의 제작, 그리고 이 지역에 사는 사람의 종족을 밝히려는 노력이 역사지리학으로 발전하였다.

그리고 역사지리학의 발전은 전국적으로 유통경제망이 생기고, 전국이 경제적으로 하나의 생활권이 되었으며, 화폐경제가 활성화된 경제적 발전과도 관련을 가진다. 유통경제의 활성화는 사람의 왕래를 촉진시켰으며 그 결과 지리에 대한 인식의 고조를 가져오게 되었다. 지방간의 거리가 조선후기의 지도에서 강조된 것은 이를 말해준다고 할 수 있다. 이런 역사지리학과 유통경제의 관계는 이중환의 『택리지』에서 잘 보여준다.

또한 조선후기의 역사지리학은 명청의 교체로 인하여 조선이 중화문화를 계승한 국가라는 의식, 그리고 화이는 출신보다 문화의 발전에 따라 결정되어야 한다는 화이관의 변화와도 관련을 가진다. 문화인의 뜻인 華라는 표현은 중국인에게만 사용하는 것이 아니라 종족과 지역에 관계없이 문화를 발전시킨 국가는 화이고 그렇지 못한 국가와 종족은 夷라고 구별하는 화이관이 조선후기에 팽배하였다. 중국중심적 화이관의 극복은 자국의 역사와 지리에 대한 자긍심을 갖게하는 사상적

조류라 할 수 있다.[62]

역사지리학이 갖는 사학사적 의미는 다음과 같이 정리할 수 있다.

첫째, 역사지리학은 역사에서 경학적 교훈을 주기 위하여 쓰여졌던 국가 홍망사나 정치적 사건을 떠나 사실의 여부를 밝히는 문헌고증학적인 학문으로 발전하였다. 사실의 여부는 삼국 중 고구려, 백제, 신라의 순으로 역사가 발전하였다고 인식하여 『삼국사기』의 신라중심적 역사관에서 탈피하였다. 또한 삼국이 초기부터 일정한 강역을 가진 것이 아니라 점차 발전해 가면서 강역이 증대, 또는 축소되어 갔음을 확인하게 되어 삼국의 발전과정을 인식하게 되었다.

둘째, 역사지리학을 통해 역사학의 독자적인 영역이 개척되었다고 할 수 있다. 역사가 그 무대인 現場의 토대가 없이 쓰여서는 안 된다는 점에서 강역의 파악이 역사에서 대단히 중요한 것임이 강조되었다. 그 결과 역사서에서 역대 강역도를 붙이는 경향이 나타났다. 이는 안정복의 『동사강목』과 김정호 『대동지지』의 「방여총지」로 발전하였다. 우리나라가 삼면이 바다로 둘러싸인 반도였음을 역사지리학자들은 분명하게 인식하였다.

셋째, 이들이 택한 문헌고증학은 단순히 문헌만의 고증이 아니라 현장의 지리적 고찰을 겸한 것이었다. 유형원의 『동국여지지』, 홍양호의 『북새기략』, 신경준의 『강계고』, 정약용의 『강역고』, 김정호의 『대동지지』 등에서 그러한 성격을 찾을 수 있다. 이 점에서도 역사지리학은 현실과 사실을 존중하는 실학정신의 산물이었다고 할 수 있다.

넷째, 조선후기의 역사지리학은 성리학적으로 정통을 강조하는 도덕적 역사관에서 벗어나 역사의 실체에 대한 인식의 강화로 나타났다. 즉 종래 기자의 후손인 기준이 남래하여 마한왕이 되었다는 것을 정통론으로 이해하던 윤리적 관점에서 벗어났다. 기준이 일대에 한하여 왕이 되었을 뿐 마한은 이전에 이미 존재하였다고 보았다. 또한 역사의

---

62) 조성을, 「조선후기 화이관의 변화」, 『전국역사학대회 발표요지』, 1993.

실체에 대한 인식은 신라사보다 고구려·백제사가 선진이었음을 밝히
는 결과를 가져왔다.

다섯째, 역사학이 독자적인 영역을 확보하고 그 성과는 국가와 관련
이 있어야 한다고 인식한 점에서 실용적인 성격을 가진다. 이런 역사
지리학은 재야학자들의 학문적 관심에서 발전하여 국가의 편찬물인
『동국문헌비고』에 수렴되기도 하였다. 이후 이 학문은 재야학자의 관
심으로 이어져 일제시기의 역사학자인 황의돈, 이병도에 영향을 준다.

여섯째, 한국의 문화를 남방문화(삼한, 백제, 신라)와 북방문화(조선,
고구려, 발해)로 구분하여 파악했고 한족의 종족적 실체에 대한 명확
한 인식을 하게 되었다. 종래 지리서로서 지리에 대한 현실적 파악 이
외에 시문을 중시하던『동국여지승람』의 체제에서 지리적 현실을 존
중하는『明一統志』의 영향을 받아 조선후기 지방지의 변화에 기여하
게 된다.

마지막으로, 역사지리학은 조선전기의 역사인식을 크게 수정하였다.
『동국여지승람』,『동국통감』에서 고조선과 옛 소국과 한사군, 그리고
고구려의 강역과 지명을 반도 내로 비정하던 데에서 벗어나 이를 만주
지역으로 확대하였고, 요동지역이 옛 우리의 강역이었음을 인식하게
되었으며 삼한과 삼국을 연계시키던 인식을 탈피하여 삼한사회에 대
한 인식의 고조를 이루었다. 또 삼국의 역사발전으로 점진적으로 강역
을 넓혀 왔다는 인식을 갖게 되었으며, 발해사를 우리의 역사로 인식
하게 된 것도 강역에 의한 고토의식과 밀접한 관련을 가진다고 할 수
있다.

그러나 역사지리학은 정치와 사회발전의 문제를 도외시하여 역사학
의 발전이란 사회사적인 중심과제를 저버림으로써 근대 역사학으로
발전하는 데 한계점이 있었다. 국토와 강역에 대한 애정은 강하게 표
출되었으나 역사를 통하여 사회현실의 문제를 해결하는 데 소홀하였
다고 할 수 있다. 즉 문화와 사회, 정치를 배제한 역사학이었다고 할

수 있다. 역사지리학의 발전은 사회사적인 역사학의 발전을 가져오지 못하였고, 근대시민사회를 준비하는 역사학으로서, 민족주의를 주창하는 역사이론으로 발전하지 못하는 커다란 한계가 있었다.

또한 역사지리학은 역사이론을 정립함에 실패하였다. 그 다루는 대상이 지리적 고증이었기 때문에 이용자료의 폭이 넓어지고, 자료를 보는 인식의 차이에 따라 역사학에는 발전적인 측면을 가져왔으나 역사학적 이론, 사회이론을 창출하지 못하였다. 그 결과는 문헌고증적인 역사지리학의 발전에 한계가 있었음을 지적할 수 있다.[63] 역사이론으로 발전하지 못한 데에는 정통론이나 성리학적 역사를 본격적으로 비판할 수 없던 시대상황도 고려될 수 있지만 역사지리학의 연구대상과 방법론에 더 중요한 문제가 있다고 본다.

6. 결론

조선후기의 역사지리학은 실학시대에 발전한 우리나라 역사학의 한 조류이다. 실학시대에는 성리학적인 강목형의 역사학이 발전하였다. 이는 사림들의 역사의식의 주류를 이루었다. 강목형의 역사에서는 명분과 의리를 강조하는 정통사상이 그 핵심을 이룬다. 강목형의 역사이면서도 안정복의 『동사강목』은 정통을 강조하는 동시에 조선후기에 도도히 발전한 역사지리학의 연구성과를 크게 수용하였다. 조선후기 학자들은 국내의 자료는 물론, 중국·일본의 자료를 광범위하게 수집하여 역사를 편찬하였으니 한치윤의 『해동역사』가 그것이다. 『해동역사』에서 역사지리학의 연구성과가 지리지에 반영되었다. 그리고 기사본말체로 역사가 정리된 이긍익의 『연려실기술』에서도 지리지가 설정

---

63) 이는 역사지리학이 박학으로 흘러 더 이상의 큰 진전이 없었음이 지적되고 있고, 尹廷琦(1814~1879), 朴周鐘(1813~1887) 등에서 확인할 수 있다. 박인호, 앞의 「조선시기 역사지리학의 추이와 특성」, 199~200쪽.

되었다.

역사지리학은 역대 왕조의 강역, 국도, 관방, 종족을 중심으로 연구하는 학문으로 사실의 여부를 밝히는 역사문헌고증학이라 할 수 있다. 이는 기전체의 역사서에서 지리지와 깊은 연관 관계를 가진다. 그런데 우리나라 고대의 기록은 문헌기록의 부실과 부족으로 지리지의 내용이 그동안 미상지명으로 남아 있는 것이 많았고, 심지어 고대국가의 경우 그 국도가 어디인지 불명확한 경우가 많았다. 또한 삼국과 삼한을 직접 연계시키려 한 점에서 최치원, 권근 등의 설이 너무 큰 차이를 보이고 있었다. 이런 착종은 중국문헌을 통하여 확연하게 결론지을 수 있는 문제였으므로 종래 중국문헌을 이용하지 않고 추리하던 모순을 역사지리학은 극복하였다. 그래서 중국문헌을 통하여 국가의 강역과 국도의 위치를 밝히려는 학문 경향으로 발전하였다. 그러나 역사지리학은 외래 학문의 영향을 받아서 이루어진 것이 아니라 우리나라에서 독자적으로 발생하여 하나의 학문적 주류를 이룬 역사학이었다.

역사지리학은 역사에서 그 활동무대인 강역을 다루는 것이 소중하다는 것을 깨닫고 역사서에 강역도를 붙이는 경향으로 발전하였다. 또한 역사지리학은 강역만이 아니라 고대 소국가의 종족문제에도 깊은 관심을 가졌다. 우리의 종족이 조선족과 삼한의 한족을 중심으로 이루어졌다는 이해를 정립하기에 이르렀다. 실학시대에 역사지리학이 역사학자들의 공동의 관심사가 된 것은 우리나라 역사에서 지리적 혼란이 많았던 점에서도 그 이유를 찾을 수 있다.

문헌고증학은 국내외 사료를 폭넓게 이용하였으며, 금석문을 활용하고, 언어학적 분석방법을 원용하기도 하였다. 과거의 한자가 음독과 석독으로 사용되었음을 밝히기도 하였다. 우리나라 재야학자들이 이처럼 역사자료를 폭넓게 이용한 것은 특기할 만한 것이고 이들의 문헌고증학은 최고 수준이었다고 할 수 있다.[64] 즉 낱개 글자의 교정이 아니라

---

64) 김철준은 조선후기 우리나라 문헌고증학의 수준을 일인 학자들이 따를 수 없

역사 전반의 분위기를 총체적으로 이해한 위에 사실을 고증하는 수준이었던 것이다.

조선후기의 역사지리학은 고조선으로부터 고구려, 발해를 거치는 동안 만주지역이 우리나라의 강역이었음을 확인하였다. 그 결과 북방의 경계와 변방을 중시하는 사상으로 발전하여 四沿考나 海防論이 다루어지고 이웃 나라인 유구, 일본에 대한 인식도 강조되었다. 또 우리나라 국토 및 산맥과 강, 도로 등에 대하여도 깊은 관심을 가지게 되었다. 실학시대의 역사지리학은 그 발생과정에서 토지중심의 개혁사상과 이용후생의 실학과 밀접한 관련을 가진다. 그러나 역사지리학이 실학 개혁사상의 본질 문제인 사회경제적 문제를 도외시한 점에서 한계가 있었다고 할 수 있다.

역사지리학은 정확한 지도의 제작과 더불어 후일 민족주의의 학문적 기초가 되었다. 이는 당색에 관계 없이 거의 모든 국학자들의 관심의 대상이었고, 조선후기의 중요한 역사학의 한 분야였다고 할 수 있다. 조선전기의 고구려와 고조선, 한사군을 반도 내로 비정하던 역사인식을 바꾸어 만주 일대로 비정하는 연구성과를 가져왔다. 그리고 우리나라 문헌 중심으로 고대사를 이해하려 한 조선전기의 역사학의 분위기에서 탈피하여 중국측 자료를 모두 수렴하여 역사의 실상을 밝히는 데 커다란 진전을 가져왔다.

조선후기 역사지리학의 학문적 방법은 문헌고증학을 통하여 역사를 객관화하는 데 크게 기여한 학문방법론이었다. 그 문헌고증학의 방법은 전체의 성격을 이해한 후에 구체적인 사실고증을 한 점에서 근대역사학의 기초가 되었다고 할 수 있다.

을 정도로 문화역량이 폭넓고 깊었다고 강조한 바 있다. 그는 민족의 문화능력에 대한 무한한 신뢰를 하였는 바 이는 조선후기의 문헌고증학의 발달에 대한 이해로부터 나온 것으로 이해된다. 안정복의 고증학적 방법은 근대적인 방법과 비교할 때에도 과히 손색이 없다고 평하였음을 통하여 확인할 수 있다. 김철준, 「한국의 역사학」, 『한국사학사연구』, 서울대출판부, 1990, 424쪽.

찾아보기

【ㄱ】

『家禮疾書』　238
價値　274
鑑戒主義　304, 327, 328
姜瑋　21
강화학파　96
개화파　203
『經書釋義』　48
경세론　229, 235, 242, 244, 247
『경세유표』　265
經學　87, 98, 229
『古今圖書集成』　55
「皐陶謨」　248
『古文尙書寃詞』　57
高攀龍　49
고봉　141
顧炎武　55, 70, 267
『곡량전』　247
孔安國　57
『공양전』　247
孔子　208
廣域秩序理念　282
校正廳　48
歐陽修　276

丘濬　73
국가간 정치질서　283
國家對等意識　344
國家對等化　323
국제질서　280
「國朝典禮考」　254
『群書標記』　60
君臣之盟　283
君臣之分　280
權近　46, 78, 219, 281, 356, 379
權尙夏　50, 287
權日身　97
권철신　94, 95, 108, 142, 242, 261
規範的 區分　275
근기남인학파　238, 239
근대민족주의 역사학　301
근대적 역사학　272
근대지향　19
金昌翕　54
기년설　239
기능개념으로서의 華夷論　286, 294, 296, 307, 342
기독교　122, 173
氣數　304
「技藝論」　64

기준 376

기해복제 239

기해예송 242

기호학파 219, 228, 238, 239

金鉤 47

金萬均 236

金汶 47

金相國(金壽恒) 50

金尙憲 288, 293, 299

金星圭 21

金若行 287

김용섭 20, 21

김원행 164, 168

金履安 286

金長生 36, 219, 234, 239, 240, 256, 257, 258

金在魯 219, 228

金正浩 370, 374, 376

金正喜 56, 70

金鍾厚 287

김준석 21

金集 293

金昌緝 54

金昌協 50

【ㄴ】

남구만 360

남당 152

南蠻 279

남인학파 251

內藩 273

內外 275

老論 52

老子 86

노장학 121

凌廷堪 70

【ㄷ】

다산학 118

『檀弓箋誤』 265

「答顧東橋書」 112

大同 298, 308

「대우모」 248

大宗法 257

대청복수론 290

『大學』 248

『大學衍義』 73, 74

『대학연의보』 73, 74

『大學類義』 73

『대학장구』 52

『大學章句補遺』 52

『大學吐釋』 48

德義 274

도교 82, 83, 121

도날드 베이커 29

道德 276

도덕경제 25

도덕적 규범주의 303

도덕적 평가 272

道學 82, 94

『讀禮通考』 56

『東國文獻備考』 301

『東國史綱目條例』 300

『東國史略』 281

『東國通鑑』 281

『東國通鑑提綱』 281, 300

東道西器 190, 191

『東史會綱』 301

동아시아 국제질서 283

東夷 279

同春堂 228

【ㄹ】

力 280
力의 秩序 343
理 279

【ㅁ】

마테오 리치 150, 169, 170, 178
孟子 207
名物의 訓詁 52, 53
毛奇齡 33, 55, 56, 59, 63, 70
慕華 288
穆克登 372
『목민심서』 259
묵수주자학 113
墨子 86
묵적 121
文明 278
문화 기준의 화이론 287
文化多元性 343
文化多元主義 316, 343
文化多元化 323
文化世界 274
文化의 象徵體系 275
文化自尊意識 288, 301
문화적 화이관 314
문화적 화이론 291
文化振興 285, 286
문화질서 284
未發已發說 132
民無二王 281
閔純 351
民族多元主義 316, 343

민족의식 271
민족적 굴욕감 277
민족적 의식 293
민족주체 19

【ㅂ】

박세당 28, 29, 66
朴時衡 282
朴齊家 44, 56, 92, 93, 94, 97, 204, 207
朴知誡 234
朴趾源 92, 93, 94, 97, 204, 207, 288,
　　313
反封建 17
反帝反封建 17
反帝抗日 17, 18
拔本塞源論 92, 93, 111, 112
변증법적 발전 22
보편이념 283
보편주의 234
普遍主義的 世界觀 278, 342
보편주의적 화이론 307
복제론 239
본연지성 160
북벌론 318
北狄 279
北學派 92, 204, 205, 207
분별주의 234
불교 82, 83, 121
卑主貳宗說 241

【ㅅ】

沙溪 228
『四庫全書』 55
事功學 86

사단칠정론 139
사단칠정설 136
事大 278, 279, 283
事大關係 282
事大-字小 279
事大政策 319
事大朝貢體制 281
『四書大全』 54, 62
『사서삼경대전』 49
『四書諺解』 48
『四書五經口訣諺解說』 48
『四書五經大全』 47, 48, 61, 62, 64, 66
『四書朱子同異條辨』 54
『四書集註』 49
『四書吐釋』 48
四夷 282
四夷八蠻 281
『四七新編』 136, 138, 140, 141
史學의 經學化 303
三綱五倫 234
『三段說』 137, 141
三島倭 282
삼비아소 178
三韓正統論 304
三魂說 130, 145, 169, 171, 195
尙古主義 331
『상례비요』 256
『喪禮四箋』 258
상산학 121
『尙書』 275
「喪儀匡」 258
『喪儀節要』 260
上下垂直的 國家間關係 298
徐居正 47, 281
徐乾學 55, 56
西道西器 190

서상수 204
西世東漸 38
西用西體 190
徐有榘 59, 71
西戎 279
西人 52
『書傳諺解』 48
『書集傳』 49
徐瀅修 61, 72, 73
善惡의 因果應報 332
善惡二元論 329
善惡因果應報史觀 331
禪學 86, 87
성기호설 149
成大中 287
『성리대전』 129
性三品說 145
聖學 98
성호좌파 261, 263
성호학파 203, 204, 243
세계보편주의 293
세종 47, 372
小農經營 22
소농사회론 25
昭穆 240
小中華 282, 285
小中華意識 282, 284, 288, 305
『소학』 47
『小學諺解』 48
小華 282
小華意識 314, 316, 320, 342, 343
宋時烈 20, 21, 49, 228, 230, 231, 232,
    235, 239, 240, 243, 252, 288, 293
宋疇錫 50
宋浚吉 293
修身齊家治國平天下 177

循環史觀   327, 331, 344
『詩經講義』   59, 63
時勢   272, 304, 329
『詩傳諺解』   48
『詩集傳』   49
신경준   360, 362, 364, 365, 376
신기   174, 183
臣母說   241
臣服   280
申綽   69
신플라톤주의   172
신후담   139, 141, 145
實在의 世界   333, 343, 344
실제적 정치력   276, 277
실체개념으로서의 화이론   296, 307, 342
실학   271
실학의 역사이론   273
실학파   272
『십삼경주소』   66
心卽理   109, 120
心學   98, 119

【ㅇ】

아담 샬   139
아리스토텔레스   38, 172, 175, 176, 179
『雅誦』   63
安鼎福   36, 86, 108, 109, 110, 142, 351,
      360, 367, 370, 376, 378
梁得中   93, 95, 97
양명학   82, 83, 88, 91, 94, 95, 96, 101,
      103, 107, 108, 109, 113, 114, 116,
      118, 121, 134
楊朱   86, 121
양지   109
여불위   261

『麗史提綱』   300
呂留良   55
『易本義』   49
역사관   271, 272, 273
역사서술   273
역사운동   272
역사의식   271, 272, 273, 275, 276
역사이론   305
역사인식   272, 305
歷史的 世界   275
易姓革命   276
『易傳』   49
연암그룹   204
연암학단   203
『영언여작』   178
영혼불멸설   147
『瀛環志略』   77
禮   275, 280
『禮記』   246, 265
『禮記類編』   54
『禮記集說大全口訣』   47
예론   249
예송   229, 232, 233, 236, 242, 252, 255
『禮式』   238
禮樂文物   288
禮의 作興   285, 286
예학   229
오랑캐   279
『五禮通考』   55, 56
오리엔탈리즘   35, 238
吳澐   348, 352, 357
翁方綱   70
阮元   55, 70
王柏   49
汪份   54
王陽明   45, 55, 92, 93, 111, 112, 115,

118

王鴻緒 71

外藩 273

외족에의 대항감 277

用夏變夷 296, 307, 311

「原牧」 248

元宗追崇論爭 234

爲我主義 87

兪棨 300

유교적 가치관 314

유교적 역사서술 328

유득공 204, 362, 368, 371

유성룡 350

柳崇祖 48

유행지리 186, 188

柳馨遠 22, 28, 52, 300, 351, 357, 372,
      373, 376

유희령 354

柳希春 48

陸象山 45

陸學 285

允祿 71

윤선도 241

尹集 299

尹鑴 22, 65, 72, 230, 231, 232, 235, 238,
      241, 242, 243, 244, 249, 251, 252,
      253

율곡학파 202, 232, 233

음양오행설 262

『儀禮』 250, 256, 265

『儀禮經傳通解』 265

『疑禮問解』 257

『疑禮問解辨疑』 257

「豎山問答」 90, 92, 93, 111, 168

夷 275, 278

이간 160, 164

李匡師 69

李光地 55, 71

이긍익 362, 378

이기 21

理氣心性論 127

理念의 世界 333, 344

異端 44, 84, 86, 98

이단하 236

李德懋 35, 56, 204, 205, 206, 207, 209,
      210, 214, 215, 218, 219, 220, 221,
      223, 224, 227, 313

伊藤仁齋 70

이서구 204

『李先生禮說類編』 238

李世龜 360, 361

以小事大 280, 318

李睟光 22, 36, 84, 97, 98, 99, 101

이승휴 359

李彦迪 52, 66

李令翊 69

李珥 26, 161, 280

李瀷 25, 28, 32, 35, 66, 84, 95, 97, 103,
      105, 107, 126, 128, 129, 131, 132,
      134, 140, 141, 167, 195, 203, 204,
      238, 239, 240, 241, 257, 272, 308,
      311, 319, 326, 330, 343, 362

李潛 241

夷狄 273

이정 29

李種徽 289, 362, 367

李震吉 351

李沛霖 54

異學 81, 82

異學觀 82

李滉 28, 33, 48, 52, 139, 141, 251, 258,
      280

人物同心論 167
인물성동론 152, 164, 165
人物性心相同論 168
人欲 317
「逸周書克殷篇辨」 248
一治一亂의 순환 332
林象德 301

【ㅈ】

자국중심의식 301
自己로서의 華 298
自己中心主義 316
自民族中心主義 296, 298, 316, 342
字小 278, 279, 283
자아발견 272
『紫陽書詩類』 49
自主之權 153, 156
자최삼년설 239
『자치통감강목』 276
張維 44
章學誠 72
荻生徂徠 70
錢謙益 55
『전습록』 112
『節酌通編』 49
鄭經世 49
正名思想 277
鄭夢周 46
鄭思肖 277
丁若鏞 20, 25, 27, 28, 29, 35, 36, 45,
    57, 59, 64, 69, 74, 76, 87, 88, 91,
    94, 97, 116, 117, 118, 121, 126, 142,
    145, 146, 148, 152, 156, 157, 167,
    195, 199, 203, 204, 238, 242, 244,
    245, 247, 248, 251, 253, 255, 258,

259, 260, 262, 263, 264, 267, 268,
    272, 313, 337, 343, 368, 371, 374,
    376
정여립 351
正義 276
程伊川 49
정인보 36, 111
鄭齊斗 92, 111
정조 33, 59, 61, 62, 64, 72, 73, 74
정주학 96, 103
『正體傳重辨』 242, 243, 245
正統 276, 277, 281
正統觀 277
정통관념 276
正統論 272, 276, 277, 280, 281, 300, 326
正統理論 276
정하상 95
正學 87
鄭玄 57, 220, 221, 261, 266
『祭禮考定』 259
朝貢 278, 279, 280, 283
조공제도 280
조광조 26
朝勤 277
趙文命 287
조선소중화의식 293
조선주자학 303
朝鮮中心主義 298, 342
조선중화의식 288
朝鮮中華主義 23, 32, 284, 286, 288,
    303, 314, 320, 342
조선중화주의의 정통론 326
조선중화주의의 화이론 307
朝鮮學 271
「존언」 111
存在와 價値의 分裂 334

388

尊華攘夷 318
宗藩 280
宗主 280
主氣論 27
『周禮』 250, 265, 266, 285
『朱文公家禮』 265
『朱文酌海』 49, 50
『朱書百選』 63
『周易講義』 59
『周易諺解』 48
『周易傳義口訣』 47
『朱子家禮』 234, 238, 239, 256, 259
『朱子大全』 48, 49, 50
『朱子大全箚疑』 49, 50
「朱子晚年定論」 55
주자서 52
『朱子書節約』 63
『朱子書節要』 49, 50
『朱子書節要記疑』 49, 50
『朱子語類』 48, 49
『朱子節要』 49
朱子學 280, 285
『주제군징』 139
朱熹 29, 57, 103, 186, 206, 214, 218,
　　　　224, 227, 264, 276, 278, 305
『重跋』 137, 139, 142
중세사회 해체기 20
중체서용론 191
中華 282
중화의식 283
중화적 세계질서 관념 292
中華之治 296
卽心見性 101
地界 286, 308
지구구체설 325
지리적·인종적 화이관 291

지역중심의 화이관 315
지행합일 120
지행합일설 110
眞德秀 73, 74
珍山사건 260
秦蕙田 55, 56
陳澔 219, 220, 222, 228

【ㅊ】

差異의 論理 343
참위설 262
참최삼년설 239
참최설 242, 244
蔡濟恭 241
蔡沈 49
冊封 278, 279, 283
斥和論 317
斥和派 288
천당지옥설 147
天理 280, 317
天命 274, 275
天無二日 281
天圓地方 292
天圓地方說 325
天子 274, 281, 287
천주교 130, 135, 145, 156, 157, 158, 171,
　　　　181, 188, 195
『天主實義』 169, 178, 179, 263
天主學 82, 86, 121
天下 273, 275, 276, 287, 325
天下論 277
天下의 竝存 325
天下人의 天下 325
초민족의식 293
超越的 規範 278

崔錫鼎 54
최익한 20
최치원 356, 379
崔漢綺 30, 34, 36, 77, 78, 79, 89, 119,
     122, 126, 173, 175, 177, 178, 181,
     183, 185, 186, 189, 190, 191, 192,
     193, 195
崔恒 47
追崇論 234, 239, 255
『춘추고징』 77
春秋大義 300, 303, 316, 320, 327, 342
春秋學 333
致良知說 117
「緇衣」 265

【ㅋ】

칸트 190
코페르니쿠스 169

【ㅌ】

他者로서의 夷 298
他者化 282, 342
「湯論」 248
太宰春臺 70
토마스 아퀴나스 38, 145, 154, 172, 175,
     176, 179
토미즘 149
『통감강목』 277
『通經考』 78
『通志堂經解』 55
퇴계학파 202, 232, 233

【ㅍ】

플라톤 179, 189

【ㅎ】

漢민족 중심주의 292
韓百謙 345, 348, 351, 354, 355, 359,
     361, 368, 372
韓元震 21, 285, 294
韓致奫 272, 322, 370, 378
韓孝胤 351
『海國圖志』 77
허견의 옥사 241
허균 94
허목 22, 238, 239, 241, 242, 243, 252
許傳 21
血界 286
호배휘 267
홉스 158
洪大容 36, 86, 91, 92, 93, 94, 95, 97,
     111, 113, 115, 126, 159, 160, 161,
     164, 167, 168, 169, 195, 204, 287,
     305, 311, 343
洪奭周 53
홍양호 362, 363, 376
洪汝河 281, 300
홍이섭 36
『弘齋全書』 60
華 275, 278
華夷 275, 279
화이관 283
華夷論 277, 278, 280, 281
화이론적 역사인식 315
華夷認識 282
華夷一也 343
華夷差別否定論 315
華夏 278

黃景源　285
『皇淸經解』　55
회교　122
『孝經諺解』　48
훈고학　121

연세국학총서 61

韓國實學思想硏究 1 哲學·歷史學篇

연세대학교 국학연구원 편

2006년 12월 15일 초판 1쇄 발행

펴낸이 · 오일주
펴낸곳 · 도서출판 혜안
등록번호 · 제22-471호
등록일자 · 1993년 7월 30일

㉾ 121-836 서울시 마포구 서교동 326-26번지 102호
전화 · 3141-3711~2 / 팩시밀리 · 3141-3710
E-Mail hyeanpub@hanmail.net

ISBN 89 - 8494 - 288 - X 93910

값 25,000원